UTB **2951**

W0173709

Eine Arbeitsgemeinschaft der Verlage

Beltz Verlag Weinheim · Basel
Böhlau Verlag Köln · Weimar · Wien
Verlag Barbara Budrich Opladen · Farmington Hills
facultas.wuv Wien
Wilhelm Fink München
A. Francke Verlag Tübingen und Basel
Haupt Verlag Bern · Stuttgart · Wien
Julius Klinkhardt Verlagsbuchhandlung Bad Heilbrunn
Lucius & Lucius Verlagsgesellschaft Stuttgart
Mohr Siebeck Tübingen
C. F. Müller Verlag Heidelberg
Orell Füssli Verlag Zürich
Verlag Recht und Wirtschaft Frankfurt am Main
Ernst Reinhardt Verlag München · Basel
Ferdinand Schöningh Paderborn · München · Wien · Zürich
Eugen Ulmer Verlag Stuttgart
UVK Verlagsgesellschaft Konstanz
Vandenhoeck & Ruprecht Göttingen
vdf Hochschulverlag AG an der ETH Zürich

Prof. Dr. Günther Schorch ist Lehrstuhlinhaber für Grundschulpädagogik mit den Teilgebieten Erziehung und Unterricht, Didaktik des Schriftspracherwerbs und Didaktik des Sachunterrichts.

STUDIENBUCH GRUNDSCHULPÄDAGOGIK

Die Grundschule als Bildungsinstitution und pädagogisches Handlungsfeld

von

Günther Schorch

3., überarbeitete und erweiterte Auflage

VERLAG
JULIUS KLINKHARDT
BAD HEILBRUNN • 2007

Die Deutsche Bibliothek – CIP-Einheitsaufnahme
Die Deutsche Nationalbibliothek verzeichnet diese Publikation in der Deutschen
Nationalbibliografie; detaillierte bibliografische Daten sind im Internet über
http://dnb.d-nb.de abrufbar.
ISBN 978-3-7815-1538-3 (Klinkhardt)
ISBN 978-3-8252-2951-1 (UTB)

Einbandgestaltung: Atelier Reichert, Stuttgart
Druck und Bindung: Friedrich Pustet, Regensburg.

Printed in Germany 2007.
Gedruckt auf chlorfrei gebleichtem alterungsbeständigem Papier.

UTB-Bestellnummer: 978-3-8252-2951-1

Inhalt

Einleitung

Anliegen des vorliegenden Bandes ist die Verbindung von Berufsfeld- *und* Wissenschaftsorientierung als Grundlage für eine theoriegeleitete Praxis.

Ausgegangen wird vom *Theorierahmen der Grundschulpädagogik* als Wissenschaftsdisziplin, die zwar an einer allgemeinen Theorie pädagogischen Handelns unter schulischen Bedingungen orientiert ist, sich aber vor allem auf stufenspezifische Voraussetzungen und Ziele dieser Schulart konzentriert. In Vordergrund steht demnach nicht das, was allgemein schulpädagogisch und damit *auch* für die Grundschule gilt, sondern die Frage, was die Grundschule deutlich von anderen Schulstufen bzw. -arten abgrenzt und ihr besonderes „pädagogisches Profil" ausmacht. In diesem Verständnis besitzt Grundschulpädagogik (relative) Eigenständigkeit und zwar im Hinblick auf Berufsfeld *und* Forschungsthemen.

Es geht dabei nicht um Auflistungen möglichst vieler Stichwörter, Literaturbelege oder Einzeluntersuchungen, sondern um Kerngedanken, die dazu verhelfen sollen, grundschulpädagogische Studien- und Arbeitsgebiete in ihren Grundstrukturen zu erfassen. Damit soll Studierenden, Referendaren, praktizierenden Lehrern, aber auch in der Lehrerbildung Tätigen ein Denkraster angeboten werden, das komplexe Zusammenhänge durchschaubarer macht und Verantwortlichkeiten zu klären sucht.

Gerade in einer Zeit, in der Wohlbefinden und Gesundheit der Lehrkräfte zum gesellschaftlichen Problemfeld geworden sind (Stichwort „burn-out"), ist eine solche „Außensicht" notwendig; die grundsätzliche Unterscheidung nämlich, was einerseits durch persönliches pädagogisches Handeln des Lehrers vor Ort tatsächlich umgesetzt (und damit beruflich erwartet) werden kann und was andererseits als institutionelle Rahmenbedingungen vorgegeben und allenfalls durch (bildungs-)politische Entscheidungen veränderbar ist.

Hierzu bedarf es einer strukturellen Analyse der Institution Grundschule; erst dadurch entsteht ein Systembewusstsein, das professionelle Einschätzung und Umsetzung pädagogischer Handlungs- und Einwirkungsmöglichkeiten erlaubt.

Dargestellt werden deshalb *institutionelle Rahmenbedingungen* der Grundschule in ihrer historischen Bedingtheit und in Orientierung an einer Theorie der Grundschule. Folgende Hauptcharakteristika dieser Schulstufe werden dabei in den Mittelpunkt gestellt:

– Als Basis des Schulsystems leistet die Grundschule grundlegende Bildungsarbeit für weiterführende Lernprozesse,
– als erste (allgemeinbildende) Schule vermittelt sie zwischen Spiel- und Arbeitswelt und führt in schulische Lernweisen ein,
– als gemeinsame Schule für alle Kinder des Volkes muss sie mit der großen Heterogenität einer noch unausgelesenen Schülerschaft zurecht kommen und gleichermaßen individuelle wie gemeinsame Lernprozesse fördern und
– als kindgemäße Schule muss sie schließlich altersspezifische Merkmale und Kindheitsbedingungen berücksichtigen.

Vor diesem Hintergrund des institutionellen Bildungsauftrags der Grundschule soll das *pädagogische Handlungsfeld* des Lehrers – mit seinen Einschränkungen und Chancen – analysiert und strukturiert werden (Teil C). Hier erweisen sich Professionalität und pädagogischer Takt, distanzierter Überblick und pädagogische Nähe, Theorieverständnis und situiertes Handlungswissen. Im Unterschied zur deskriptiven Erfassung der institutionellen Vorgaben liegt der Schwerpunkt (auf normativ-pragmatischer Ebene) bei Hilfestellungen für Praktiker, wie in realistischer Einschätzung schulischer Bedingungsfaktoren pädagogisch angemessen gehandelt werden *sollte*.

Zurückgegriffen wird auf Grundmomente des Handlungsbegriffs als „pädagogische Grundkategorie": Zwecksetzung und Handlungsmotivation, Handlungsentwurf einschließlich Mittelwahl sowie Mitteleinsatz zur Zweckverwirklichung. Entsprechende professionstypische Bearbeitungsstrategien basieren auf der Kenntnis des Handlungsfelds, seiner Bedingungen, Möglichkeiten und Grenzen.

Dieser Handlungsbegriff korrespondiert mit dem „Kompetenzbegriff", wie er in *„Standards für Lehrerbildung"* der Kultusministerkonferenz beschrieben wird: „Standards in der Lehrerbildung beschreiben Anforderungen an das Handeln von Lehrkräften. Sie beziehen sich auf Kompetenzen und somit auf Fähigkeiten, Fertigkeiten und Einstellungen, über die eine Lehrkraft zur Bewältigung der beruflichen Anforderungen verfügt. Aus den angestrebten Kompetenzen ergeben sich Anforderungen für die gesamte Ausbildung und Berufspraxis" (KMK 2004, S. 281). Die KMK verwendet dabei erneut die Grundstruktur der *allgemeinen Berufsaufgaben des Lehrers,* wie sie bereits vom Deutschen Bildungsrat („Strukturplan für das Bildungswesen" 1970) entwickelt wurde: *Unterrichten – Erziehen – Beurteilen – Beraten* und *Innovieren.* Diese Aufgaben werden als „Kompetenzbereiche" in eine Vielzahl von Wissens- und Könnenszielen aufgeschlüsselt und „Standards für die praktischen Ausbildungsabschnitte" zugeordnet (vgl. die Übersicht bei Helsper 2006).

Sie liegen sozusagen „quer" zu den genannten grundschulspezifischen Aufgabengebieten und müssen in diesen Arbeitsfeldern stets mitbedacht werden. So ergibt sich insgesamt ein dichtes Raster allgemeiner und spezieller Aspekte pädagogischen Handelns in der Grundschule. Von den Leitlinien der Grundschulpädagogik her ist es geboten, solche allgemeinen Berufsaufgaben an den konkreten Vorgaben der

Bildungsinstitution Grundschule festzumachen. Allgemeine Lehrerkompetenzen werden also in den systematischen Rahmen schulartspezifischer Erziehungs- und Bildungsaufgaben gestellt.

Daraus ergeben sich eigene Gewichtungen, die der professionellen Spezialisierung dienen, ohne das allgemeine Anforderungsspektrum aus dem Auge zu verlieren.

So müssen nicht solche Facetten pädagogischen Handelns angesprochen werden, die ohnehin von der Allgemeinen Pädagogik und der Schulpädagogik bearbeitet werden. Vielmehr liegen die Akzente auf grundschulspezifischen Herausforderungen im Hinblick auf

– den Auftrag grundlegender Bildung,
– die Bedeutung des Schulanfangs für Lern- und Lebensweg des Kindes,
– große Vielfalt der Ausgangsbedingungen,
– kindliche Entwicklungs- und Lernvoraussetzungen.

Notwendig ist es, insbesondere für Berufsanfänger, grundschulpädagogische Leitlinien erfolgreicher Praxisbewältigung aufzuzeigen. Ein entsprechendes Handlungsmodell entwirft eine Grob- und Feinstruktur, die institutionelle Rahmenbedingungen (mit den dahinter stehenden bildungspolitischen Entscheidungen) ebenso als empirisch beschreibbare, normativ zu verantwortende und rational zu analysierende Handlungen ansieht wie das schul- und unterrichtspraktische Alltagshandeln.

Ein Grundproblem stellt die Anwendung von Forschungswissen auf das pädagogische Handlungsfeld dar, weil selbst gut bestätigte empirische Befunde nicht notwendigerweise auch praktischen Nutzen haben: „An vielen Beispielen aus der psychologischen Forschung zeigt er (Weinert) eindrucksvoll auf, wie banal und manchmal irreführend Empfehlungen und Instruktionsprinzipien für schulische Praxis sind, die den direkten Weg vom Forschungslabor in die Klassenzimmer suchen" (Rauin 2005, S. 649). So bedarf es, über ein mehr zufälliges Mosaik von Einzeluntersuchungen hinaus, einer Zwischeninstanz und übergeordneten Konzeption, die vom *pädagogischen Auftrag* der Schulstufe bzw. Schulart (und damit normativ) geleitet wird.

Erforderlich ist eine systematische Zusammenstellung von Kernaufgaben bzw. von „Konstruktionsbausteinen" der Grundschule als pädagogische Institution. Die genannten vier Hauptmerkmale der Grundschule als grundlegende Schule, erste Schule, gemeinsame Schule für alle Kinder und als Kinderschule besitzen dabei hinreichende Trennschärfe der Abgrenzung von anderen Schulstufen und weisen zugleich die Schwerpunkte gezielten grundschulpädagogischen Handelns auf.

Hierzu wird auf die Argumentationszusammenhänge und Literaturbezüge des Teils B zurückgegriffen, so dass auf erneute Begründungen und Belege weitgehend verzichtet und das Hauptaugenmerk auf die praktische Umsetzung der Leitlinien gelegt werden kann. Im Vordergrund stehen nun nicht mehr wissenschaftliche Belege und strukturelle Erwägungen, sondern Grundideen für ein praktisches Handeln, das dem pädagogischen Profil der Grundschule verpflichtet ist.

Aus der Interdependenz der vier oben genannten Bedingungskomponenten ergibt sich eine entsprechende Binnenstruktur, die pädagogische Handlungsmöglichkeiten und Grenzen innerhalb des aufgezeigten Rahmens zu erfassen sucht:
Es ist die Ebene praktischer Gestaltung von Erziehung und Unterricht in der Grundschule durch Lehrer und Lehrerteams in Zusammenarbeit mit Schulleitung, Schulverwaltung, Eltern und Lehrerbildungsinstitutionen aller Phasen. Ziel ist eine berufswissenschaftliche Identität, die sich durch handlungsorientierte Theorie und theoriegeleitetes Handeln auszeichnet. Dabei ist ausdrücklich festzustellen, dass die einzelne Lehrkraft nicht „die Schule" an sich repräsentiert („Du bist nicht die Schule!" Bauer 2006), sondern selbst Teil des Systems ist.

Die Komplexität der Bezüge und Anforderungen zeigt: Auch die Grundschule ist keine „einfache Schule". Sie ist die Schulart im Bildungswesen, die sich aufgrund ihrer exponierten Anfangsstellung mit den wohl meisten Zusatzbedingungen und -erwartungen auseinandersetzen muss.

A Erziehungswissenschaftlicher Theorierahmen der Grundschulpädagogik

Im ersten Hauptkapitel geht es darum, Selbstverständnis und Kernaufgaben der Grundschulpädagogik als Wissenschaftsdisziplin zu umreißen. Diese Standortbestimmung soll dazu verhelfen, Möglichkeiten und Grenzen der „Grundschule als pädagogisches Handlungsfeld" und des dahinter stehenden Theorie-Praxis-Bezugs genauer zu bestimmen. Implizit werden so konstituierende „Bausteine einer Theorie der Grundschule" zusammengestellt, die Grundlage der Grundschule als Institution im Bildungswesen und damit Rahmenbedingungen für pädagogisches Handeln als Lehrerprofession darstellen.

1 Grundschulpädagogik als schulpädagogische Bereichsdisziplin

Versteht man Schulpädagogik als Teildisziplin der Erziehungswissenschaft, bezogen auf den Erfahrungsraum Schule, kann man *Grund*schulpädagogik zunächst als eine Schulpädagogik bezeichnen, die auf den Erfahrungsraum „*Grund*schule" begrenzt ist.

Insofern stellt Grundschulpädagogik selbst wieder eine „Bereichsdisziplin" der Schulpädagogik dar, die Entstehung, Funktion und Aufgaben einer bestimmten Schulform bzw. Schulstufe thematisiert. Sie orientiert sich am Wissenschaftscharakter der Schulpädagogik, wie diese von der Allgemeinen Pädagogik her ihre Begründung findet. Dabei ist nicht zu verkennen, dass es kein einheitliches Verständnis von Schulpädagogik gibt, sondern verschiedene Konzeptionen und Schwerpunktsetzungen im Gegenstandsbereich (vgl. den Überblick bei Apel/ Sacher 2005), was auch für das unterschiedliche Verhältnis dieser Positionen zu Nachbardisziplinen wie Anthropologie, Philosophie, Soziologie und Psychologie gilt.

Im Unterschied zur Allgemeinen Pädagogik, die alle Felder der Pädagogik (auch Sozialpädagogik, Andragogik usw.) im Blick hat, grenzt sich die Schulpädagogik auf den Themenbereich Schule ein, so dass sie als *berufsfeldorientierte* Wissenschaftsdisziplin zu charakterisieren ist. Sie kann zwar nicht aus dem Gesamtfeld allgemeinpädagogischer Reflexion herausgelöst werden (vgl. Wittenbruch 2005), besitzt aber einen eindeutigen *Anwendungs*bezug im Hinblick auf das pädagogische Handeln unter den Bedingungen der Institution Schule und hat sich in dieser Hinsicht als „Professionswissenschaft für Lehrer" etabliert (vgl. z. B. Böllert/ Gogolin 2002).

Als „soziale Handlungswissenschaft" unterliegt die Schulpädagogik in besonderer Weise der Theorie-Praxis-Problematik (vgl. z. B. Habermas 1970). Unter aufklärerischem Anspruch ist sie als kommunikative Theorie zu sehen, die institutionelle Bedingungen, Möglichkeiten und Grenzen aufzuhellen versucht; im Hinblick auf praktischen Handeln soll sie eine Art „Technologie" vermitteln, die Praktikern Handlungsstrategien und -muster in sozialen Situationen an die Hand geben.

Als „Reflexionstheorie" ist die Schulpädagogik dabei auf eine systematische und konsistente Selbstbeschreibung angewiesen, die allerdings zur Kenntnis nimmt, dass die Komplexität der Situation „Schule" niemals völlig durchschaubar ist, zumal es sich bei den darin Agierenden nicht um „triviale Maschinen" mit klar berechenbarem „Input und Output" handelt (vgl. Luhmann 2002).

Diese „Grundzüge" wissenschaftlicher Schulpädagogik sind prinzipiell übertragbar auf theoretische Bestimmungsstücke, Aufgabengebiete und Problembereiche der Grundschulpädagogik, so dass ohne weitere Vorbehalte auf einschlägige Literatur zum Selbstverständnis und zur erziehungswissenschaftlichen Einordnung der Schulpädagogik verwiesen werden kann (z. B. Steindorf 1976, Apel 1990, Benner 1995, Dietrich 1992, Arnold/ Pätzold 2002, Glöckel 2003, Apel/ Sacher 2005).

Die Schulpädagogik untersucht „kritisch" die Schule als historische Institution, reflektiert Möglichkeiten ihrer Weiterentwicklung, analysiert Erziehen, Unterrichten, Leben und Lernen unter schulischen Bedingungen und nutzt dazu Methoden der empirischen Sozialforschung. Dadurch konstituiert sich eine Theorie pädagogischen Handelns (auch in der Auffassung als „Theorie einer Praxis für die Praxis"), die keine Meisterlehre traditioneller Art mehr darstellt. Innerhalb der Schulpädagogik werden demnach verschiedene Teiltheorien integriert: Theorie der Schule und Schulentwicklung, Theorie des Lehrplans, Theorie des Unterrichts, Theorie des pädagogischen Handelns unter schulischen Bedingungen. Diese favorisieren wiederum unterschiedliche Perspektiven, wie politische und juristische, organisationssoziologische und institutionspsychologische, bildungstheoretische und philosophische, anthropologische, entwicklungs- und lernpsychologische, biologische und neurophysiologische, ... Begründungszusammenhänge.

Gemeinsamkeiten von Schulpädagogik und Grundschulpädagogik können so zusammengefasst werden (vgl. Hansel 1999):

Unter generalisierendem Aspekt besitzen beide eindeutige Zweckbestimmung in der Lehrerbildung mit entsprechender Wissenschafts- und Handlungsorientierung sowie Praxisverantwortung. Als theoriebildende und zugleich praktische Disziplin haben sie die Aufgabe, Erziehungspraxis zu reflektieren und fortzuentwickeln. Unter integrativem Aspekt wird das pädagogische Profil der Schule selbst zum Gegenstand wissenschaftlichen Zugriffs, sind beide auf die gleichen Bezugsdisziplinen angewiesen, verlangen diesen aber auch Stellungnahme zu Fragen der Bildung und Erziehung ab.

Anzumerken ist, dass sich diese Auffassung (im Sinne einer „Integrationsthese") von der Annahme einer „Differenzthese" abhebt, nach der Theorie (Wissenschaftliche Pädagogik) und Praxis (Profession) unterschiedliche Bereiche darstellen, die nicht unmittelbar voneinander lernen und ihre Systemgrenzen nicht überschreiten können bzw. dürfen. Einig ist man sich jedoch darin, dass professionelle Kompetenz nicht unabhängig von Handlungsvollzügen und Kontextbedingungen der beruflichen Praxis erworben werden könne (nach Nölle 2002, S. 48/49).

Zu bedenken ist jedenfalls, „daß es eine eigene, allein auf die Grundschule bezogene Theorie der Schule nicht geben kann, und daß die schultheoretischen Belange der Grundschule nur im Kontext einer schulartübergreifenden Theorie der Schule sinnvoll zu bearbeiten sind" (Duncker 1994).

Dennoch zeichnet sich auch hier, wie in der allgemeinen Entwicklung der Wissenschaftsbereiche überhaupt (z. B. Medizin), die kontinuierliche Tendenz zu immer stärkerer Differenzierung und Spezialisierung ab. Dabei muss angesichts historischer Dimensionen beachtet werden, dass die Grundschulpädagogik eine noch sehr junge Wissenschaftsdisziplin darstellt, die erst in den 1970-er Jahren mit Einführung der akademischen Lehrerbildung für Grundschullehrer (1966 erster Lehrstuhl für Grundschuldidaktik: Erwin Schwartz in Frankfurt) universitären Status erreicht hat.

Wie eine Bestandsaufnahme von Götz (2000) nachweist, ist mittlerweile eine deutliche Profilbildung der Grundschulpädagogik (einschließlich Grundschuldidaktik) als erziehungswissenschaftliche Subdisziplin erkennbar: Deren fachliche Identität basiert auf einer eigenständigen Grundschulforschung und auf einer immer dichter begründeten Bildungstheorie der Grundschule bzw. Primarstufe.

2 Eigenständiges Profil der Grundschulpädagogik

„Das Originäre der Grundschulpädagogik und -didaktik, ihre Unverwechselbarkeit erwächst aus der Erziehungs- und Unterrichtsbrauchbarkeit, also aus der Ausrichtung auf die Grundschule..." (Hansel 1999, S. 9).

Aus grundschulpädagogischer Sicht ist deshalb ein Perspektivenwechsel in der Theoriebildung erforderlich. Leitlinie ist nicht die allgemein erziehungswissenschaftlich-schulpädagogische Feststellung, was *auch* für die Grundschule gilt, im Vordergrund stehen vielmehr Fragen wie: Welche Stellung hat die Grundschule im Bildungswesen? Welche Bedeutung hat sie im Kontinuum von Bildungsanschlüssen und in den individuellen Bildungswegen? Wie können spezifische Grundschulprobleme erfasst und gelöst werden und was können Schulpädagogik und andere Bezugsdisziplinen dazu beitragen?

Weil die Schulpädagogik nicht alle speziellen Probleme sämtlicher Schularten bzw. -stufen gleichermaßen gründlich bearbeiten kann, bedarf es demnach der Spezialdisziplin Grundschulpädagogik. Das gilt grundsätzlich auch für die Fachdidaktiken, die nicht einzeln und voneinander isoliert Grundschulunterricht zu bestimmen vermögen, sondern ihren schulstufenbezogenen Stellenwert erst durch ein grundschulpädagogisches Rahmenkonzept erhalten. Exemplarisch zeigt sich dies an grundschulspezifischen Lernbereichen wie Schriftspracherwerb oder Sachunterricht, deren Inhalte und Methoden nicht allein aus inhaltlicher Systematik der Fachdisziplinen (Germanistik bzw. Biologie, Geographie, Geschichte usw.) ableit- und begründbar sind.

Das spezifische Aufgabenfeld der Grundschulpädagogik ist vornehmlich von Differenzen her anzulegen, die von einem Teilbereich (System) gegenüber der eigenen Umwelt als wichtig erkannt werden. So gilt (in Analogie zur systemischen Begründung einer eigenständigen Heilpädagogik nach Speck 2003), dass auch die Grundschulpädagogik ein *eigenes System* darstellt, das (bei aller Zuordnung zur allgemeinen Pädagogik) eigene Aufgaben aufgreift, weil diese anders nicht gelöst werden können.

Als Defizit der gegenwärtigen Grundschulpädagogik wird, u. a. wegen vielfältiger unzusammenhängender empirischer Studien, zunehmend der Verlust einer „Sinnmitte" beklagt (Wittenbruch 2005, S.17 f.).

Umso mehr ist die gegenstandsbezogene Binnenstruktur, die Grundschulpädagogik als *relativ eigenständige* erziehungs- und bildungswissenschaftliche Bereichsdisziplin legitimiert, herauszuarbeiten. Zwar wird eine trennscharfe Abgrenzung zu Nachbargebieten (in disjunkter Begrifflichkeit) nicht möglich sein, wohl aber (im Sinne injunkter Bestimmung als Konzentration auf den Begriffskern) die *Akzentuierung spezieller Aufgaben und Inhalte* im Bezug auf die *Grundstufe* des Schulwesens. Gestützt wird dies durch konstruktivistisch-orientierte Auffassungen, dass verschiedene erziehungswissenschaftliche Konzepte stets auf unterschiedliche Grundbegriffen beruhen (nach König/ Zedler 1998, S.232).

2.1 Pädagogik der Grundstufe

(a) Der Begriff „*Stufen*pädagogik" bezieht sich auf die Rahmenvorgabe eines in Stufen gegliederten Schulsystems, wie es ideengeschichtlich z. B. schon durch Comenius theologisch, durch Condorcet gesellschaftspolitisch und durch Süvern neuhumanistisch begründet wurde (vgl. Beckmann 1991, S. 681).

Seit Einführung der obligatorischen und für alle Kinder einheitlichen Grundschule in Deutschland ist der Begriff „Stufenschule" gebräuchlich und mit dem Strukturplan des Deutschen Bildungsrats (1970) bildungssystematisch eingeführt (Eingangs-, Grund-, Orientierungs-, Sekundar*stufe*). Im heutigen Schulwesen hat die Grundschule (abgesehen von der Sonderfunktion der Förderschulen) die alleinige Funktion einer grundlegenden bzw. ersten („Primar-") Stufe.

Die Vorgabe „*Stufe* im Bildungssystem" führt zwangsläufig zu bestimmten Sichtweisen des (erziehungs-)wissenschaftlichen Gegenstands und damit zu typischen Fragen einer Pädagogik der ersten Schulstufe, so z. B.: Funktion und Stellenwert im Bildungssystem einschließlich „stufenspezifischer" und „stufenübergreifender" Zielsetzungen, Problematik der „Stufenränder" und „Stufenübergänge", „stufengemäße" Auswahl und Anordnung der Bildungsinhalte usw.

(b) Die zweite Rahmenvorgabe besteht in der *Grund*funktion dieser Schulstufe: Als *Basis* des Bildungssystems hat sie die Doppelaufgabe, eine eigenständige pädagogische Zielsetzung zu verfolgen *und* auf Anforderungen weiterführender Schulen vorzubereiten. In diesem Spannungsverhältnis steht die zentrale Frage nach einer angemessenen „Grundlegenden Bildung" bzw. „Grundlegung der Bildung".

Es geht um die *gesellschaftliche* Begründung, die sich aus dem „Reproduktionsproblem" ergibt, d. h. dass jede Gesellschaft das Anliegen hat, ihre Kultur, Errungenschaften, Wertvorstellungen usw. an die nachfolgende Generation weiterzugeben und zu erhalten, auch wenn die einzelnen Mitglieder der Gesellschaft „biologisch ausgetauscht" werden. Hierzu dient die Schule als „kompensatorische Einrichtung", in der explizit gelernt werden muss, was nicht bereits an Kultur im Alltagsleben angeeignet wird (vgl. u. a. Olechowsky/ Wolf 1990, S. 47-51).

Die Grundschule hat dabei eine Schlüsselfunktion inne, nämlich die Einführung in die sog. *Kulturtechniken* und sie schafft somit – insbesondere durch die gezielte Förderung des Schriftspracherwerbs – *die* Grundvoraussetzung für Kulturaneignung in unserem Kulturkreis überhaupt: Man denke an die kulturelle Evolution durch Schriftlichkeit, an Disziplinierung und Befreiung des Denkens durch Schrift.

Grundschulpädagogik ist so gesehen auch eine spezialisierte *kulturwissenschaftliche Pädagogik*, die sich um beginnende und anschlussfähige Enkulturationsprozesse bemüht: Einerseits im Hinblick auf Kultursicherung und Kulturbewahrung, andererseits im Hinblick auf Anbahnung von Einstellungen und Fähigkeiten zur Zukunftsbewältigung. Gerade beim Umgang mit explosionsartiger „Wissenskumulation" wächst die gesellschaftliche Bedeutung der Grundschule in ihrer Hilfestellung gegenüber der (überforderten Familie).

Die Notwendigkeit einer (relativ) eigenständigen Grundschulpädagogik liegt weiterhin in einer *anthropologischen Begründung* (vgl. z.B. Becher 1981, Maurer 1992, Duncker 2007). Die Aufmerksamkeit wird hier besonders auf die Entwicklung im Grundschul*alter* gerichtet, in dem kognitive, affektive und psychomotorische Determinanten nachhaltig beeinflusst werden. Lern- und entwicklungspsychologische Untersuchungen (z. B. Bloom, H. Roth, Bruner, Gagné) stützen die These, dass das

Grundschulalter die „bildsamste Phase im menschlichen Leben" sei, eine Phase, die sich durch größte Plastizität und Weltoffenheit auszeichnet.

Es ist plausibel, dass die (im Gegensatz zum Tier) zeitlich sehr ausgedehnte) *Spiel- und Lernzeit des Menschen* durch gezielte Bildungsangebote optimal zu nutzen ist, und dass sich entsprechende pädagogische Bemühungen an der entwicklungsbedingten *Verschmelzung von Spielen und Lernen* orientieren müssen, vor allem durch eine angemessen pädagogisch gestaltete Lernumwelt (vgl. Wulf 2001). Grundschulpädagogik versteht sich demnach als erziehungswissenschaftliche Disziplin mit „eigener Identität" (Lersch 1997, S. 59), „deren Gegenstand Erziehungsund Unterrichtsprozesse eines grundlegenden Schulwesens ist, insofern diese das Menschwerden der Kinder planmäßig intendieren" (Silberer 1976, S. 12). Dabei werden erziehliche und unterrichtliche Zielsetzungen reflektiert, die das Spannungsverhältnis zwischen Zuliefererfunktion für weiterführende Schulen einerseits und Schonraumfunktion andererseits berücksichtigen. Grundschule kann weder nur zukunftsorientierte „Zubringerschule" noch ausschließlich gegenwartsbetonte „pädagogische Idylle" sein, auch wenn in der Geschichte entsprechend extreme Pendelbewegungen zu verzeichnen sind (vgl. Wittenbruch 1995).

Das ist Kernpunkt der „Grundschulreform" (vgl. Neuhaus 1994), die seit den 1970-er Jahren von der (bildungstheoretisch begründeten) Bemühung um eine möglichst *autonome Zielsetzung der Schulstufe* getragen ist und dieser alle organisatorischen und methodischen Einzelmaßnahmen unterzuordnen versucht.

2.2 Grundschuldidaktik

Wie aus den bisherigen Überlegungen hervorgeht, wird Grundschulpädagogik als Oberbegriff verstanden, der Fragen des Lehrens und Lernens einschließt. Grundschuldidaktik stellt dabei einen *Kernbereich* der Grundschulpädagogik dar, der Inhalte *und* Methoden des Unterrichts im Blick hat. Diese Bedeutungszuordnung trägt auch der historischen Tatsache Rechnung, dass sich Grundschulpädagogik als Wissenschaftsdisziplin aus der Grundschuldidaktik entwickelt hat (vgl. Götz 2000, S. 529).

Die Aufgaben der Grundschuldidaktik „gliedern sich in *allgemeindidaktische* und *fachdidaktische*, je nachdem, ob sie Unterrichtsprozesse eines grundlegenden Schulwesens unabhängig oder abhängig von fachspezifischen Gesichtspunkten untersucht oder beurteilt" (Silberer 1981, S. 17).

Zu Grunde liegt ein weiter Didaktikbegriff, der „Didaktik als Theorie der Bildungsinhalte, ihre Struktur und Auswahl sowie der Unterrichtsmethoden und -medien umfaßt. Neben diesem allgemeindidaktischen Bezug verweist der Terminus Grundschuldidaktik auf einen fachdidaktischen Aspekt, nämlich auf die Unterrichtsfächer bzw. Lernbereiche der Grundschule, deren Lehrplan, Inhalte, Methoden und Medien aus grundschulspezifischer Sicht zu untersuchen und zu vertreten sind" (Neuhaus-Siemon 1993, S.89).

Besonders im Verhältnis zu den Fachdidaktiken wird die Notwendigkeit eines grundschulpädagogischen Rahmenkonzepts deutlich. Grundschulfächer konstituieren sich nicht als fachsystematisch angelegte und voneinander isolierte „Minilehrgänge", sondern in erster Linie durch ihre grundschulpädagogische und -didaktische Gesamtbegründung. Die historische Konzeption des „Gesamtunterrichts", die Organisation des „Grundlegenden Unterrichts" im ersten und zweiten Schuljahr oder die aktuelle Diskussion um „Lernbereiche" und „fächerübergreifende Bildungsaufgaben statt Schulfächer sowie um Formen „offenen Unterrichts" sind Beispiele dafür, Ziele, Inhalte und Arbeitsformen den kindlichen Lernvoraussetzungen, den veränderten Anforderungen und damit den notwendigen Bildungsanschlüssen anzupassen.

Für Fächer wie Mathematik, Musik, Sport, Kunst, Werken und Religion ist zwar die Eigengesetzlichkeit der Unterrichtsgegenstände und damit auch die Zuständigkeit der jeweiligen Fachdidaktik unerlässlich (vgl. Altenberger 2002), „andererseits gilt, daß Umfang, Ziel, Inhalte und Verfahren der Unterrichtsfächer von der Gesamtkonzeption des Grundschulunterrichts mitbestimmt werden, deren Entwurf die Grundschuldidaktik zu leisten hat" (Rabenstein 1981, S. 25).

Grundschuldidaktische Schwerpunkte liegen in den Bereichen

– *Didaktik des Anfangsunterrichts* als „Allgemeine Didaktik" eines vor- bzw. fächerintegrativen Unterricht im ersten und zweiten Schuljahr,
– *Didaktik des Sachunterrichts* und
– *Didaktik des Schriftspracherwerbs* (früher „Didaktik des Erstlese- und Erstschreibunterrichts").

Es handelt sich hier um „Fächer" bzw. „Lernbereiche", die es nur in der Grundschule gibt und die schon von daher einer stufendidaktischen Fundierung bedürfen. Für die beiden letztgenannten Gebiete liegen in der Reihe „Studientexte zur Grundschulpädagogik und Grundschuldidaktik" folgende Bände vor: Der Sachunterricht und seine Didaktik (Kahlert 2005), Schreibenlernen und Schriftspracherwerb (Schorch 1995) sowie Lesenlernen und Schriftspracherwerb (Meiers 1998).

Zusammenfassend ist festzustellen, dass aufgrund besonderer Verknüpfung von schulpädagogischen, stufen- und fachdidaktischen Komponenten die *Grundschulpädagogik* als erziehungswissenschaftliche Disziplin *„relative"* Eigenständigkeit besitzt und sich als komplexes Aufgabengebiet erweist, das durch keine Nachbarwissenschaft ersetzt werden kann.

3 Forschungsbasiertheit der Grundschulpädagogik

Die Forschungsbasiertheit der Grundschulpädagogik und der Grundschullehrerbildung hat in den letzten 25 Jahren hohe Standards erreicht, wobei die Orientierung am universitären Prinzip der Verbindung von Forschung und Lehre mit anderen Wissenschaftsdisziplinen vergleichbar ist. Als professionsorientiertes Fach befasst sich die Grundschulpädagogik mit Erziehung und Unterricht in der ersten Schulstufe. Dies erfolgt insbesondere unter historischem, systematischem, vergleichendem und empirischem Erkenntnisinteresse erfolgt.

3.1 Themenbereiche grundschulpädagogischer Forschung

(a) *Historisch orientierte Grundschulpädagogik* beschreibt und interpretiert die Grundschule als Entwicklung einer Institution, vor allem in ihrer politisch-gesellschaftlichen Abhängigkeit sowie pädagogischen Programmatik (vgl. z. B. Rodehüser 1989). Da die Grundschule als gesetzlich verankerte Bildungseinrichtung in Deutschland erst mit der „Weimarer Verfassung" 1919 / 1920 datiert werden kann, wird die vorausgegangene historische Entwicklung meist als „Vorgeschichte" (z. B. in Schulentwürfen von Comenius bis zur Einheitsschulbewegung) behandelt. Die „eigentliche Grundschulgeschichte" wird als „Standardgeschichte" in der Regel epochal anhand pädagogischer Programme bearbeitet: „Weimarer Grundschule" – Grundschule im Nationalsozialismus – „Rekonstruktion der Reformpädagogik" in der Nachkriegszeit – „Wissenschaftsorientierte Grundschule" der 1970-er Jahre – Bemühung um Kind- *und* Wissenschaftsorientierung in den 1980-er Jahren – Aufarbeitung der soziologischen Kindheitsforschung („Veränderte Kindheit") in den 1990-er Jahren. (Die aktuelle Entwicklung angesichts internationaler Vergleichsforschungen und „Neuer Lernkultur" entzieht sich noch einer distanzierten Bewertung.)
Die Historiographie der Grundschule hat bisher hauptsächlich die „Idealgeschichte" verfolgt und zwar (nach Tenorth 2000) in drei Richtungen: Die Geschichte der Akteure (Namhafte Persönlichkeiten), die Geschichte der Entfaltung leitender Ideen (pädagogische Programme) und die Geschichte der exemplarischen Realisierungen (bildungshistorische Lokalstudien). Tenorth kritisiert generell, dass die meisten Darstellungen zu einer „Idyllisierung der schulischen Wirklichkeit" und beschönigenden Reformgeschichte neigen, die politische Rückschläge, gegenläufige Diskurse und unüberwindliche Praxisprobleme un-/bewusst ausklammern.
Zweifellos besteht ein Forschungsdesiderat bei der „Realgeschichte" der Grundschule sowie entsprechender quellenfundierter und methodisch kontrollierter Einordnung von Einzelthemen (vgl. Götz/Sandfuchs 2005) – obwohl hierfür vielfältige methodische Zugriffsweisen wie sozialhistorischer, historisch-vergleichender oder biographiegeschichtlicher Zugang vorliegen. Hier könnte historische Grundschul-

forschung „dazu beitragen, heutige Entscheidungen in ihrer Vorgeschichte und ihrem Entstehungskontext zu klären, indem sie Erfahrungen der Vergangenheit in die Reflexion einbezieht" (Neuhaus-Siemon/ Götz 1998, S. 65). Trotzdem zeichnet sich gegenwärtig in Forschung und Lehre die Tendenz ab, angesichts geforderter „Berufsfeldorientierung" und „Handlungsprofessionalität" die historische Dimension zu vernachlässigen. Damit besteht allerdings die Gefahr zunehmender „System- und Entwicklungsblindheit" und die Neigung, „das Rad immer wieder neu zu erfinden" (Beispiel: Die Erfahrungen nach dem berühmten „Sputnik-Schock" der westlichen Welt: die entsprechenden Bildungskonzepte bis hin zu denen des Dt. Bildungsrats 1970 werden nach dem „PISA-Schock" kaum zur Kenntnis genommen, obwohl durchaus Analogien in Ursachen und Wirkungen erkennbar sind).

(b) *Systematisch orientierte Grundschulpädagogik* steht in engem Kontext zu ihren Bezugswissenschaften und hier insbesondere zur systematischen Pädagogik. Deren Aufgabe es ist, handlungstheoretische Fragestellungen der Erziehungswissenschaft und den Zusammenhang von pädagogischer Praxis, pädagogischer Handlungstheorie und (auch empirischer) erziehungswissenschaftlicher Forschung zu klären.

Dabei sind (auf der Grundlage von Wissenschaftstheorie, Prinzipien- und Kategorialanalyse sowie Vermittlung zwischen Wissenschafts- und Handlungstheorie) vor allem folgende Grundsätze systematischer pädagogischer Handlungstheorie zu nennen: Das Prinzip der Aufforderung zur Selbsttätigkeit und Mündigkeit, der Bildsamkeit sowie der institutionellen Absicherung des Zusammenhangs zwischen der individuellen und der gesellschaftlichen Seite pädagogischen Handelns (vgl. Benner 1989).

Analog zur allgemeinen systematischen Pädagogik baut auch die systematisch angelegte Grundschulpädagogik auf Resultaten der Erfahrungswissenschaften auf, bleibt aber nicht bei deren Beschreibung stehen, sondern richtet das Hauptaugenmerk auf Aufgaben, Ziele und Möglichkeiten von Erziehung und Unterricht in der Grundschule. Auf der Grundlage einer möglichst realistischen Analyse des institutionellen Bedingungsrahmens geht es um eine (normativ verpflichtete) Handlungstheorie, die Bedingungen, Möglichkeiten und Grenzen grundschulpädagogischer Entscheidungen und Aktivitäten aufzeigt.

Versucht man unter dieser Vorgabe die Vielzahl der Aspekte grundschulpädagogischer Forschung und Lehre zu strukturieren, zeichnen sich folgende *Themenbereiche* mit entsprechenden (beispielhaft angeführten und weiter auszubauenden) Arbeitsschwerpunkten ab:

Entwicklung einer Theorie der Grundschule
– Die Grundschule und ihre Funktion für die Gesellschaft (z. B. Schwartz 1969).
– Die Grundschule und ihre Stellung als Institution im deutschen Bildungswesen im Spannungsverhältnis zwischen Eigenständigkeit und Anschlussfähigkeit (z. B. Faust-Siehl u. a. 1996, Bellenberg/ Klemm 2005).

– Schulentwicklung der Grundschule, Entwürfe und Evaluation neuer Schulformen und -modelle (z. B. Drews u. a. 2000, Kap. 16, Heinrich 2001, Sigel 2001).

Entwicklung einer Theorie von Unterricht und Erziehung in der Grundschule

– Systematisierung grundschulrelevanter Unterrichtskonzeptionen und -formen (z. B. Bönsch 1998, Knauf 2006).

– Entwurf und Erprobung neuer Unterrichtsmodelle, insbesondere des „offenen Unterrichts" (z. B. Lipowsky 1999, Brügelmann 2000, Graumann 2002).

– Weiterentwicklung von Modellen stufengemäßer Unterrichtsvorbereitung und -planung sowie kindgemäßer Unterrichtsgestaltung (z. B. Köck 2000, Schorch 2001, Maras 2003).

– Das schulische Verhältnis von Unterricht und Erziehung, „Erziehender Unterricht" (z. B. Koch/ Schorch 2004).

Entwicklung einer Theorie grundschulspezifischer Bildungsinhalte

– Vergleich und Analyse von Grundschul-Lehrplänen unter bildungstheoretischen Aspekten (z. B. Horn 2002).

– Grundlegende Bildungsinhalte und „Kerncurricula" für die Grundschule (z. B. Schorch 1994, Lersch 1997, Einsiedler 2001, Rehle/ Thoma 2003 Kap.9).

– Ausbau einer eigenständigen Didaktik grundschulspezifischer „Lernbereiche" (z. B. Burk 1976) sowie Weiterentwicklung der Didaktiken des Sachunterrichts (z. B. GDSU 2002, Kahlert 2005) und des Schriftspracherwerbs (z. B. Mannhaupt 2001).

Valtin (2000, S. 558) resümiert, dass es noch kaum gelungen sei, eine geschlossene grundschulpädagogische Theorie der Grundschule zu erarbeiten (und nennt als vorläufigen Ansatz nur die Grundschulpädagogik von Schorch 1998). Auch deshalb wird hier der Versuch unternommen, die Bemühungen um Weiterentwicklung einer systematischen Grundschulpädagogik voranzutreiben.

(c) *Vergleichende Grundschulpädagogik* befasst sich mit Länderstudien im föderalistischen Bildungssystem Deutschlands und innerhalb Europas (z. B. Hörner 1996/ 2005), in Entwicklungsländern (z. B. Kruse/ Waterkamp 2005) und im interkulturellen Vergleich (z. B. Glumpler 1997).

In den letzten Jahren hat die Bedeutung der vergleichenden Schulentwicklungsforschung durch die internationalen Bildungsstudien der OECD enorm an Bedeutung gewonnen, insofern aus Ergebnisanalysen vor allem der Studien TIMSS (Third International Mathematics Science Study) und PISA (Programme for International Student Assessment) auch Rückschlüsse und Konsequenzen für die Förderung von Basiskompetenzen und Schlüsselqualifikationen in der Grundschule gezogen werden.

Grundschulspezifisches Material für den nationalen und internationalen Vergleich liegt insbesondere mit der IGLU-Studie (Internationale Grundschul-Lese-Untersuchung) vor, mit der Lesekompetenzen, orthographische naturwissenschaftliche und mathematische Kompetenzen am Ende der vierten Jahrgangsstufe erhoben wurden. Pädagogisch bedeutsames Einzelergebnis ist die in Deutschland besonders hohe Abhängigkeit der Schulleistung von der Sozialschicht der Eltern (nach Bos u. a. 2004).

(d) Bei *empirisch orientierter Grundschulpädagogik* handelt es sich um eine Wissenschaftsdisziplin, die sich um datengestützten, (hinsichtlich Erhebung, Aufbereitung, Auswertung und Interpretation) methodisch kontrollierten und nachvollziehbaren Erkenntnisgewinn bemüht. Sie setzt sich ab von zufälligen Alltagserfahrungen, aber auch von rein theoretischen Deduktionen und Analogieschlüssen. Ihr Gegenstand ist die faktisch vorfindbare Organisation von Erziehung und Unterricht in der Bildungsinstitution Grundschule und der darin Handelnden. Diese Aufklärung über die Komplexität der Erziehungswirklichkeit ist zwar eine notwendige, aber nicht hinreichende Grundlage normativer Anleitung pädagogischen Handelns, da – um den „naturalistischen Fehlschluss" zu vermeiden – aus wertfreien deskriptiven Sätzen keine normativen Schlüsse gezogen werden können bzw. dürfen. Empirische Ergebnisse haben jedoch eine wichtige regulative Funktion innerhalb der pädagogischen Handlungstheorie: „Eine gute Grundschulpädagogik lehrt, den Weg selbst zu finden, und empirische Forschung gibt Hinweise, wo man nicht weiter suchen muss" (Valtin 2000, S. 568).
Bei einem Überblick über empirische Grundschulforschung (vgl. Einsiedler 1997 a; zu neueren Projekten vgl. z. B. Carle/ Unckel 2004) zeichnen sich folgende Schwerpunktbereiche ab: Forschung zum gemeinsamen Klassenunterricht und zur Unterrichtsqualität (z. B. SCHOLASTIK-Projekt: Weinert/ Helmke 1997), zu Offenem Unterricht und Freiarbeit (z. B. Roßbach 1996), zur Heterogenitäts- und Leistungsproblematik (z. B. Martschinke u. a. 2002), zum Schriftspracherwerb (z. B. Einsiedler u. a. 2002, Kirschhock 2003) und zum Sachunterricht (z. B. Spreckelsen u. a. 2002, Giest 2002, Möller u. a. 2002). Laufende Projekte befassen sich mit Bildungsprozessen und Selektionsentscheidungen im Vor- und Grundschulalter (Forschergruppe BiKS Bamberg 2007) sowie mit Lernentwicklungen im Grundschulalter (Greb/Faust/Lipowski 2007). Koordinierende Funktion hat in den letzten Jahren die Kommission Grundschulforschung der Deutschen Gesellschaft für Erziehungswissenschaft übernommen.

3.2 Forschungsmethodische Ansätze

„Weder für die Wissenschaft insgesamt noch für die Erziehungswissenschaft im Besonderen lassen sich allgemein verbindliche Methodologien bestimmen, die für das konkrete Handeln im konkreten Forschungsprozess Gültigkeiten haben. Wissenschaftliche Methoden haben jeweils unterschiedliche Relevanz bei spezifischen Fragen; keineswegs können sie für Gegenwart oder gar Zukunft eine generelle Akzeptanz erwarten. Abgesehen davon, dass es unumstößliche Regeln und Standards unabhängig von Raum und Zeit nicht gibt, würden sie den Fortschritt wissenschaftlicher Erkenntnis – wie die Wissenschaftsgeschichte zeigt – zweifellos behindern" (Roth 2001, S. 47).

Vor diesem Hintergrund muss prinzipiell von einer Gleichwertigkeit der Forschungsmethoden ausgegangen werden (vgl. Popper 1934), die aber gegenwärtig durch gesellschaftliche und bildungspolitische Einflüsse gefährdet ist. Ausgelöst durch die Berichterstattung der Massenmedien über internationale Vergleichsstudien (TIMSS- und PISA-Schock) konzentriert man sich derzeit auf die empirische Sozialforschung. Deren Vertreter (z. T. selbst keine Erziehungswissenschaftler) werden politisch zu einer übergeordneten Wissenschaftsinstanz erhoben, wobei die dadurch entstehende Machtposition zur Diskriminierung, ja Diskreditierung anderer Wissenschaftszugänge genutzt (siehe Evaluationen der Erziehungswissenschaften), Einfluss auf die Wissenschaftsförderung (DFG, Drittmittel) sowie Lehrstuhlbesetzungen und andere Wissenschaftseinrichtungen genommen wird.

Grundschulforschung ist durch hohe Komplexität der Forschungsfelder gekennzeichnet, die im Prinzip einen Verbund verschiedener Forschungsmethoden erfordert. Ihr Aspektreichtum bedingt die Verschiedenheit wissenschaftlicher Verfahren. So müssen u. a. institutionelle Rahmenbedingungen, Intentionalität (Bildungsziele), Geschichtlichkeit pädagogischen Handelns und Denkens, Verantwortung für die pädagogische Praxis und tatsächliche Erfahrungen Berücksichtigung finden. Diese Vernetzung erschwert rein experimentelle Verfahren im Sinne klinisch-naturwissenschaftlicher Variablenabgrenzung ebenso wie rein hermeneutische Vorgehensweisen. Wenn von Verbund, Kombination oder gar von Integration der Forschungsmethoden die Rede ist, bedeutet dies allerdings nicht methodische Vermischung oder gar Verwässerung, sondern Nutzung jeweiliger methodologischer Fragestellungen, Erhebungsformen, Auswertungen und Interpretationsspielräume und zwar in funktionaler Abhängigkeit von Forschungsinteresse und -gegenstand.

In Anlehnung an zentrale Methoden der Erziehungswissenschaft (vgl. Krüger 1997) und allgemeiner Unterrichtsforschung (vgl. Terhart 1997, S.71 ff.) sind für grundschulpädagogische Studien – neben der o. g. historischen und vergleichenden Grundschulforschung – vor allem folgende Grundansätze von Bedeutung:

(a) Für *geisteswissenschaftlich orientierte Forschungsmethoden* (im weiteren Sinne auch kulturwissenschaftliche) ist die „Erziehungswirklichkeit" Ausgangspunkt, nicht Theorie selbst oder bestimmte Prinzipien (Erziehungswirklichkeit ist z. B. der Lehrplan als Begriffs- und Inhaltsgefüge). Notwendige erkenntnistheoretische Kategorie ist nach Dilthey das „Verstehen" (Erleben und Nacherleben des Anderen und in Beziehung-Setzen mit dem eigenen Selbst). Dabei stellt die *Hermeneutik* („Interpretationskunst", „Kunstlehre der Auslegung von Schriftdenkmalen": Dilthey V 1962/66, S. 320) das zentrale Verfahren dar. Kriterien, die in die Interpretation bzw. Hypothesen eingehen, sind sachliches Wissen des Forschers (z. B. über geschichtliche Zusammenhänge), Logik und Begriffsanalyse.

Grundschulpädagogische Forschung verwendet diesen Zugriff nicht nur im Hinblick auf das Verstehen von Texten und Interpretation empirischer Ergebnisse, sondern auch als Methode im Sinne von *Dokumentenanalyse*: Untersuchung von Lehrplänen, Schulbüchern, Lehrnachweisen, Stoffverteilungsplänen, Schulheften, Kinderaufsätzen, biographische Erhebungen usw. (z. B. Loch 1996, Scholz 1996, Schorch/ Steinherr 2001). Dieser Ansatz ist im größeren Kontext einer allgemein kulturwissenschaftlichen Fragestellung anzusiedeln, die systematisch und historisch „Lernen als Kulturaneignung" (Duncker 1994) untersucht.

Eine Forschungsrichtung, die hermeneutische und erfahrungswissenschaftliche Zugangsweisen zu verbinden sucht (im Sinne pädagogischer Tatsachenforschung nach Petersen 1951) und die, trotz gelegentlicher forschungsmethodischer Einwände, die Grundschulpädagogik und -praxis nachhaltig geprägt hat, ist die analysierende und systematisierende *Dokumentation der Praxis* bewährter und innovativer Modelle des Grundschulunterrichts. Wegweisend hierfür war die schriftliche und bildhafte Präsentationsform, wie sie beispielsweise Ilse (Lichtenstein-) Rother mit ihrer Dokumentation „Schulanfang" (7 Auflagen 1954-1969 und Lichtenstein-Rother/ Röbe 2005) geprägt hat. Seither liegen zahlreiche in dieser Form veröffentlichte Projekte vor, u. a. in den (weit über 100) Bänden „Beiträge zur Reform der Grundschule" des Arbeitskreises Grundschule bzw. des Grundschulverbandes.

Als Bezugswissenschaft der Grundschulpädagogik verknüpft die *Anthropologie des Kindes und der Kindheit* geisteswissenschaftliche und empirische Zugänge, wobei (nach Liegle 2003) folgende Schwerpunkte relevant sind: Anthropologische Pädagogik unter besonderer Berücksichtigung von Ausdrucksformen des Kinderlebens, Pädagogische Anthropologie des Lebenslaufs und Soziale pädagogische Anthropologie unter besonderer Berücksichtigung der Kindheit als sozialer Status.

(b) *Empirische Methoden* stellen keine unvereinbare Alternative zum geisteswissenschaftlichen Vorgehen, sondern eine weitere Möglichkeit der Analyse von Wirklichkeit dar, wobei die Hypothesenbildung das erkenntnisleitende Interesse konkretisiert (vgl. Roth 2001). Während bei *quantitativer* empirischer Forschung die statistische Auswertung des Datenmaterials (Experiment, Beobachtung, Befragung und

Test) im Vordergrund steht (z. B. Mittelwert-, Varianz-, Korrelationsanalyse), spielt das Kriterium der statistischen Repräsentativität bei *qualitativen Untersuchungen* keine Rolle. Die Auswahl des empirischen Materials (Fälle, Untersuchungsgruppen, Institutionen) wird hier nach Interpretation der ersten Fälle für eine weitere Theoriebildung neu festgelegt und erst abgeschlossen, wenn eine „theoretische Sättigung" einer Untersuchungsgruppe erreicht ist, d.h. sich nichts Neues mehr ergibt. Die Interpretationsverfahren richten sich auf beschreibende Erschließung von Lebenswelten und auf den Nachvollzug subjektiven Sinns (nach Krüger 2000). Grundschulpädagogisch bedeutsam sind dabei die qualitative Inhaltsanalyse (z. B. Mayring 2002) und die Konversationsanalyse (mittels Transkriptionen von Tonband- oder Videoaufzeichnungen), beispielsweise um „guten Unterricht aus Schülersicht" oder „subjektive Theorien" im Professionalisierungsprozess von Grundschullehrern zu erfassen (z. B. Godemann/ Stoltenberg 2004).

Als Regulativ und Entscheidungshilfe für pädagogisch-didaktische Praxis *und* Theorie sind empirisch-realistische Grundlagen unabdingbar (vgl. die regulierende Rolle empirischer Studien im sog. „Methodenstreit" des Offenen Unterrichts oder des Erstleseunterrichts). In grundschulbezogener Forschung haben entsprechende Verfahren einen akzentuierten Stellenwert: Beobachtung (als „klassische" Methode), Befragung (Interview / Fragebogen: gut geeignet zur Erfassung der Meinung von Lehrern, Schülern und Eltern über Schulwirklichkeit), Test als Untersuchungsverfahren mit dem Ziel quantitativer, fundierter Aussagen über den relativen Grad individueller Merkmalsausprägung. Selbstverständlich ist hierbei die Orientierung an Methoden allgemeiner Unterrichtsforschung für grundschulpädagogische Theoriebildung hilfreich, so z. B. neuere Untersuchungen zur „Schulleistung", bei der als Einflussstärke kognitive Kompetenzen der Schüler im Vordergrund stehen (siehe Helmke/ Weinert 1997) und der Faktor „Vorwissen und -erfahrung der Kinder" (z. B. „Weltwissen der Siebenjährigen": Elschenbroich 2001).

Reine „Lehr-Lern-Forschung" würde aus grundschulpädagogischer Sicht allerdings eine Einengung des Forschungsfelds bedeuten (vgl. Reichenbach/ Oser 2002). Generell muss bedacht werden, dass Grundschulpädagogik, wie jede Pädagogik, zwar von empirischen Wirkungsaussagen abhängt, aber zwangsläufig auch *normativen* Sätzen verbunden ist. Problematisch ist die Übertragung empirischer Erhebungsresultate als „direkte Konsequenz für Praxishandeln" ohne Abgleichung durch eine übergeordnete Theorie der Grundschule (eine solche Gefahr besteht u. a. in voreiligen pädagogischen Konsequenzen aus Ergebnissen der neueren Kindheitsforschung). Zu vermeiden ist jedenfalls der sog. „naturalistische Fehlschluss", nämlich die direkte und monokausale Umsetzung empirischer Fakten in normative Setzungen.

(c) Mit *ethnographischen Forschungsmethoden* werden „Lebenswelten" (Husserl 1954) und soziales Handeln im Alltag der verschiedenen Bereiche von Erziehung und Bildung untersucht. Während in der empirischen Forschung eine objektive Distanz zum Untersuchungsgegenstand eingehalten wird und der Forscher selbst nicht unbedingt die Praxis aufsuchen muss, setzt die ethnographische Forschung voraus, dass der Forscher in sein Untersuchungsfeld involviert ist und sich immer stärker dem pädagogischen Feld mit den darin agierenden und interagierenden „actors", ihren Denk- und Handlungsweisen als Rollenträger nähert. Einen Zugang stellen biographische und narrative Interviews, Gruppeninterviews, Tagebuchaufzeichnungen und biographische Dokumente aller Art dar, die in Interaktion mit den befragten Personen re-interpretiert und „kommunikativ validiert" werden (nach Roth 2001, S. 65 ff.; zur Biographieforschung der Kindheit vgl. Behnken/ Zinnecker 2001a).

Das Verständnis des Forschungsprozesses als sozialer Prozess ist bei Verfahren der sog. *„Handlungsforschung"* (action-research) besonders ausgeprägt, da hier eine Veränderung des pädagogischen Feldes durch den Forscher intendiert ist. Dieser Ansatz gewinnt zunehmend wissenschaftliche Akzeptanz (z. B. im Begründungszusammenhang steter systemischer Interaktion aller Beteiligten, vgl. Speck 2003, Luhmann 2002) und ist Grundlage von Begleitforschung im Rahmen vieler Aktivitäten der Schulentwicklung und Schulprofilbildung, zumal auf eine lange Tradition seit den 1970-er Jahren zurückgegriffen werden kann (z. B. Klafki 1977: Schulnahe Curriculumentwicklung und Handlungsforschung im „Marburger Grundschulprojekt").

Danach ist Handlungsforschung von Anfang an auf pädagogische Praxis bezogen. Sie dient der Lösung praktischer Probleme, greift als Forschung unmittelbar in die Praxis ein (nicht erst nach einem abgeschlossenen Forschungsprozess) und versucht, die weithin bestehende Beziehungslosigkeit zwischen Forschung und Schulpraxis zu überwinden, indem sie Gruppen von Forschern und Praktikern in ein Verhältnis direkter Zusammenarbeit bringt. Es geht dabei in schrittweise Präzisierung von Zielen und Inhalten um gemeinsame Erkenntnis- und Planungs- sowie arbeitsteilig-kooperative Handlungs- und Evaluationsprozesse, die den unterschiedlichen Aufgabenfeldern und Kompetenzen (professionelle Forscher, Studierende, Schulleiter, Lehrkräfte usw.) angemessen sind.

Trotz einiger Kritikpunkte (z. B. Aufgeben der distanzierten Haltung zur Alltagspraxis) wird dieser Ansatz der Praxisforschung, vor allem im Bereich der Evaluationsforschung, Organisationsentwicklung und Schulbegleitforschung ständig weiter entwickelt. Koring (1997, Kap.6) schlägt allerdings vor, die Phasen von Forschung und Deutung (Wissenschaft) einerseits, sowie Innovation und Versuchshandeln (Praxis) andererseits, möglichst getrennt zu halten.

Nützlich ist die forschende Praxisreflexion besonders für Lehrerbildung und Lehrerfortbildung (Krüger 1997, S. 197). Unter dem neuen Oberbegriff *Forschendes Lernen* werden nicht nur Stufenmodelle zur Analyse von Forschungskompetenz und reflexivem Lernen in der Lehrerbildung, sondern auch Projekte wie Teamforschung, Forschungswerkstatt, forschendes Lernen in schulpraktischen Studien und entsprechende Praxisberichte vorgestellt (siehe die Übersicht bei Obolenski/ Meyer 2003). Das Programm „Lehrer erforschen ihren Unterricht" (Altrichter/ Posch 2007) zielt darauf ab, Lehrerprofessionalität als Handlungs- *und* Forschungskompetenz auszuweisen. Lehrer als Unterrichtsforscher formulieren ihr Professionswissen aus und machen es für den Wissenschaftskontext diskursfähig. Mit Wecken von Forschungsinteresse bereits im Studium wird implizit auch die Problematik des wissenschaftlichen Nachwuchses für Grundschulforschung und -pädagogik aufgegriffen, insofern bei konkreten Aufgabenstellungen (Erfahrungen in Praktika, Zulassungsarbeiten) Berührungsängste zwischen Praxishandeln und Forschung abgebaut werden.

Insgesamt unterscheiden sich die genannten Methoden vor allem durch die Distanz des Forschers zum Forschungsgegenstand. Bedenken entstehen einerseits, wenn diese Distanz zu gering wird und beispielsweise Einzelfallanalysen zu unzulässigen Verallgemeinerungen führen sowie andererseits, wenn der Forscher den direkten Bezug zum Grundschulkind verliert und seine Tätigkeit allein in der Auswertung von Datenmengen liegt, die andere erhoben haben.

Da sich die Grundschulpädagogik als junge Wissenschaftsdisziplin noch im Etablierungsprozess befindet, kann sie es sich kaum leisten, in Randgebieten zu forschen, sondern sollte sich auf zentrale Problembereiche und Forschungsfelder konzentrieren. Dabei ist vom Fachverständnis her Praxisverantwortung und schulpraktischer Anwendungsbezug zu berücksichtigen: Grundschulpädagogik muss sich auch in der Forschung ihrer vermittelnden Rolle zwischen praxisreflektierender Theorie und theoriegeleiteter Praxis bewusst sein. Angesichts von Methodenspezialisierung und Gewährleistung wissenschaftlicher Standards sollte der Adressatenkreis der (akademisch gebildeten) Lehrer nicht aus dem Auge verloren werden. D.h. auch, dass Veröffentlichungen wissenschaftlicher Ergebnisse der Form nach nicht nur für Wissenschaftler, sondern auch für Praxisvertreter abzufassen sind. Das Theorie-Praxis-Verständnis der Lehrerschaft wird sich positiv verändern, wenn der Nutzen der Forschung als Reflexions- und Entscheidungshilfe und damit für die Verbesserung der Praxis noch klarer erkennbar wird.

Für Analyse, Reflexion und Entscheidungen der Grundschule als pädagogisches Handlungsfeld des Lehrers eignen sich in besonderer Weise die beschriebenen Ansätze der Handlungsforschung, während die Bedingungsfaktoren der Grundschule als Bildungsinstitution schwerpunktmäßig Gegenstand historischer, vergleichender und systematischer Forschung sind.

Zusammenfassend sind drei Hauptkriterien einer um Eigenständigkeit bemühten Forschungsbasiertheit der Grundschulpädagogik zu nennen:
– Unter *methodischem* Aspekt die Berücksichtigung des komplexen Forschungsfeldes, das auf einen Verbund verschiedener Forschungsmethoden angewiesen ist.
– Unter *inhaltlichem* Aspekt die Konzentration auf zentrale Praxis- und Studienbereiche der Grundschulpädagogik und -didaktik.

– Unter *intentionalem* Aspekt die Priorität pädagogisch-didaktischer Fragestellung (z. B. Ziel-Mittel-Rechtfertigung), die Akzentuierung der Konsequenzen für die Praxis im Zusammenhang mit wissenschaftlich begründeten Entscheidungen.

4 Theorie pädagogischen Handelns in der Grundschule

Verschiedene Theorien der Schule basieren auf unterschiedlichen Erkenntnisinteressen, Fragestellungen, methodischen Zugängen und führen damit zu unterschiedlichen Ergebnissen (vgl. Tillmann 1987). Systematische Grundschulpädagogik steht im Spannungsverhältnis, sich einerseits an einer allgemeinen Theorie der Schule zu orientieren, andererseits hinreichende Kriterien für eine eigenständige Profilbildung bereit zu stellen.

4.1 Orientierung an einer allgemeinen Theorie der Schule

Angesichts der Vielfalt wissenschaftlicher Zugänge zielt nach Fend (1980) eine Theorie der Schule auf „Zusammenwirken umfassender systematischer und historischer Sachkenntnis mit einer klaren Vorstellung von den regulativen Ideen der Humanität und Menschenwürde" (S. 11). Damit ist eine Intentionalität angesprochen, die sich nicht auf die rein gesellschaftliche Funktion der Schule beschränken lässt.
Eine lediglich soziologische Funktionsbestimmung würde nicht zum Kern pädagogischer Tätigkeit in Erziehungs- und Unterrichtsprozessen vordringen, um von dort aus die Auswirkungen gesellschaftlicher Implikationen identifizieren zu können. Notwendig ist deshalb eine *pädagogische* Sichtweise auf die Schule als gesellschaftliche Institution, deren Struktur als Bedingung für gesellschaftliche Einflüsse auf Erziehung und Unterricht anzusehen ist (nach Tillmann 1987).
Es bedarf also einer erziehungswissenschaftlichen Ausrichtung, die – neben Erziehungs- und Bildungstheorie – eine Theorie pädagogischer Institutionen entwickelt (vgl. Benner 1991). Dies ist keineswegs als eine isolierte Sichtweise zu verstehen, sondern trägt selbstverständlich der Tatsache Rechnung, dass auch das Bildungswesen von der allgemeinen gesellschaftlich-kulturellen Entwicklung getragen wird (vgl. Paulsen 1906).
Zu einer solchen Theorie der Schule gehört implizit auch die Theorie des Unterrichts, die wiederum institutionelle Voraussetzungen mit bedenken muss: „Lehrende und Lernende und ihre Interaktionen im Unterricht werden von den institutionellen Bedingungen, unter denen Unterricht erfolgt, beeinflusst, und zwar auch und z. T. gerade dann, wenn sie sich dessen gar nicht bewusst sind" (Klafki 1997, S. 792).

Bevor also das pädagogisch beeinflussbare Handlungsfeld thematisiert wird, sind die Rahmenbedingungen der Institution Schule zu analysieren:

Institutionen als gesellschaftliche Einrichtungen dienen der Regelung sozialer (normativer und organisatorischer) Probleme und der Entlastung des individuellen Handelns.

Pädagogische Institutionen dienen vornehmlich der Entlastung der Familie in ihrer Verantwortung für zunehmende Spezialisierung der Lernprozesse. Sie brauchen hierfür professionelles Personal, das in zweifacher Hinsicht ausgebildet ist: Einerseits in den Inhalten selbst (Fachwissen), andererseits in der Kompetenz, hierbei Personalisation, Enkulturation und Sozialisation in Einklang zu bringen.

Schulen als pädagogische Institutionen sind geschichtlich entstandene und als (in der Regel staatlich) organisierte Einrichtungen Teil des Bildungssystems, die in Differenzierung nach Schularten unterschiedliche Zugangswege zu Berufsfeldern eröffnen (vgl. Apel 1995, S. 32 ff.). „Schulen sind bürokratische Institutionen der Gemeinschaft und durch diesen Umstand zusätzlichen Einschränkungen unterworfen" (Gardner 1993, S. 177).

Vor diesem allgemeinen theoretischen Hintergrund wird im Folgenden eine systematische Sichtweise entwickelt, die von der Annahme einer relativ eigenständigen „Theorie pädagogischen Handelns im Bedingungsrahmen Grundschule" ausgeht.

4.2 Bestimmungsmerkmale einer grundschulpädagogischen Handlungstheorie

Die Professionalität pädagogischen Handelns als „verantwortete Praxis" (vgl. Duncker 2007) erweist sich in institutionalisierten sozialen Strukturen, die ein Bindeglied zwischen Theorie und Praxis darstellen. Professionen rekonstruieren ihren Deutungs- und Handlungszusammenhang im Kontext einer spezifischen Semantik (Fachwissen/-sprache), wobei Teile dieser Semantik als Code im Handeln fungieren. Dieser Code ist als heuristischer Regel- und Wissenskomplex zu verstehen, mit dem Sinnstrukturen von einem System in ein anderes übersetzt werden können (nach Koring 1989, S. 81). Dabei kann an dieser Stelle nicht geklärt werden, ob (im Habermas'-schem Sinne) die Lehrerhandlung *planbare* Auswirkungen auf die Adressaten haben kann, oder ob (nach Luhmann) die Informationen des „Senders" Lehrer vom „Empfänger" Schüler niemals als direktes Abbild aufgenommen werden und die unterrichtliche Kommunikation prinzipiell offen und riskant bleibt.

Für den Handlungsbegriff als „pädagogische Grundkategorie" ist festzuhalten: „Handeln wird oder ist dadurch pädagogisch resp. erzieherisch, dass es sich auf Lernen bezieht und es zu bestimmen versucht" (Prange/ Strobel-Eisele 2006, S. 13). Es lässt sich dabei nach drei Momenten differenzieren: „nach der Seite der Zwecksetzung und Handlungsmotivation, der des Handlungsentwurfs und Mittelwahl sowie der des Mitteleinsatzes zur Zweckverwirklichung" (Wigger 1983, S. 131, in Anlehnung an Derbolav 1971).

Entsprechende professionstypische Bearbeitungsstrategien basieren einerseits auf der Kenntnis des Handlungsfelds, seiner Bedingungen, Möglichkeiten und Grenzen. Auf Professionalität des Lehrerhandelns abzielende wissenschaftliche Aktivitäten der Grundschulpädagogik und -forschung werden um so überschaubarer, gezielter und effektiver angelegt sein, je genauer der *Gegenstandsbereich Grundschule* umrissen und strukturiert wird.

Diese Bedingungsanalyse mündet in eine *analytische Handlungstheorie*, die empirische, normative und rationale Ansätze umfasst. So untersucht die empirische Handlungstheorie beobachtbares und beschreibbares Verhalten, die normative Handlungstheorie sucht nach Normen, die Handlungen als (eher) richtig oder (eher) falsch qualifizieren, und die rationale Handlungstheorie versucht, das kontingente (wirkliche oder mögliche) Handeln im Sinne einer heuristischen Entscheidungstheorie als (folge-)richtig zu beschreiben. „Damit ist die Frage nach der Praxisbezogenheit der Handlungstheorie gestellt. Jede Handlungstheorie impliziert ein Handlungsmodell, in welchem mögliche Handlungen entworfen bzw. aus welchem vollzogene epistemologisch abgeleitet werden können. Jedes Modell kann somit innerhalb seines eigenen Geltungsbereichs Handlungsmängel bzw. -überschüsse aufzeigen und Handlungsstörungen ausschalten" (Johach u. a. 1978, S. 5).

Ein grundschulpädagogisch ausgerichtetes Handlungsmodell entwirft eine Grob- und Feinstruktur, die institutionelle Rahmenbedingungen (mit den dahinter stehenden bildungspolitischen Entscheidungen) ebenso als empirisch beschreibbare, normativ zu verantwortende und rational zu analysierende Handlungen ansieht wie das schul- und unterrichtspraktische Alltagshandeln.

Schwerpunkt des vorliegenden Bandes ist deshalb zunächst die Analyse von Bestimmungsmerkmalen des Handlungsrahmens Grundschule.

„Eine solche Reflexion wird die generelle Frage zu beantworten haben, was denn im allgemeinen die Grundschule zu bewirken hat und welche ihre Gesamtaufgabe ist, an der – jedenfalls der Idee nach – ihr Unterricht in den verschiedenen Fächern mitwirkt. Um auf diese Frage eine Antwort vorzubereiten, ist die Vorfrage zu stellen, was sie tatsächlich leistet, was sie faktisch bewirkt, nicht als ob hier aufs neue der natürliche Fehlschluß vom Sein aufs Sollen begangen werden sollte, sondern um einen sicheren Ansatzpunkt für die grundsätzliche pädagogische Reflexion zu gewinnen" (Koch 1998, S. 61).

Erforderlich hierfür ist eine *systematische Zusammenstellung* von Kernaufgaben bzw. von „Konstruktionsbausteinen" der Grundschule als pädagogische Institution.

„Systematische Darstellung heißt, den Gegenstand hinsichtlich seiner Besonderheiten zu betrachten, die ihn von anderen, evtl. ähnlichen Gegenständen unterscheidenden Merkmale herauszuarbeiten und über die Zusammenstellung beobachtbarer Merkmale wie Organisation, Struktur, Praktiken von Unterricht und Umgang zur Analyse von Auswirkungen fortzuschreiten" (Apel 1995, S. 19).

Unter dieser Vorgabe kann es nicht um die vollständige Darstellung einer Vielzahl von Bezügen der Grundschule zu *allgemeinen* Bildungs-, Erziehungs-, Schul- und Unterrichtsthemen und schon gar nicht um „Modethemen" gehen, sondern um Konturieren (relativ überdauernder) konstitutiver Merkmale dieser Schulstufe im Fokus pädagogischen Handelns.

Im Blickfeld steht nicht, was generell über Schule zu sagen ist, sondern vornehmlich, was die Grundschule von Voraussetzungen und Anspruch her im Kernansatz („core") ausmacht.

In systematischer Begrenzung konzentriert sich das weitere Vorgehen deshalb auf pädagogische Basisprobleme und -aufgaben der Grundschule. Es gilt, *Problemstrukturen* herauszuarbeiten, mit denen man logisch operieren kann. Im Gegensatz zu „Erkenntnisproblemen", die mit ihrer Lösung nicht mehr existieren, geht es im pädagogischen Bereich um „Handlungsprobleme", die dauerhaft und identisch sind und stets neu überdachter Lösungsversuche bedürfen.

Solche zentralen Handlungsprobleme sind durch Auftrag und Funktion der Grundschule und ihre Stellung im Bildungswesen bis heute dauerhaft bestimmt. Eine systematisch verstandene Grundschulpädagogik unterscheidet demnach zwei Betrachtungs- bzw. Begründungsebenen:

a) Institutionell bedingte Spezifika der Grundschule
Durch die Vorgabe der Beschränkung auf *Kernbereiche*, in welchen sich die Grundschule tatsächlich, in Idee und Realität, von anderen Schularten und Schulstufen abhebt, kann die Theorie der Grundschule als pädagogisches Handlungsfeld durch *vier charakteristische Funktionsmerkmale* bestimmt werden. Diese sind seit der Weimarer Verfassung und entsprechender Reichsgrundschulgesetze im Erziehungs- und Bildungsauftrag der deutschen Grundschule bis heute enthalten:
Auftrag, Funktion und Problematik
1. der Grundschule als *kindgemäße Schule* (im Gegensatz zu weiterführenden Schulen, die mehr auf Jugend und junge Erwachsene ausgerichtet sind),
2. der Grundschule als *erste* (allgemeinbildende) *Schule* im institutionalisierten Bildungssystem,
3. der Grundschule (einschließlich staatlich genehmigter Privatschulen und abgesehen von bestimmten sonderpädagogischen Einrichtungen) als *gemeinsame Schule für alle Kinder* des Volkes und
4. der Grundschule als *grundlegende Schule*, welche die Basis für weiterführende schulische Bildung bildet.

Diese Merkmale der Grundschule besitzen hinreichende Trennschärfe der Abgrenzung von anderen Schulstufen und weisen zugleich auf die Voraussetzungen hin, die bei weiterführenden Bildungsprozessen berücksichtigt werden müssen.

Im Unterschied zu anderen Schulen für Kinder (Vorschulen, Musikschulen usw.) unterliegt die Grundschule einem durch Schulpflicht verankerten Allgemeinbildungsauftrag, den sie als erste Schule im staatlichen Bildungssystem zu erfüllen hat (jedenfalls so lange im Vorschulbereich noch kein verbindlicher Bildungsplan und keine flächendeckende „Beschulung" vorliegt). In keiner nachfolgenden Schulart sind unausgelesen alle Kinder beisammen, da stets vorher eine Selektion erfolgt ist. Zwar besitzen auch andere Schulen Grundlegungsfunktion für anschließende Bildungsprozesse, sie bauen jedoch immer auf die vorher erworbenen (Basis-)Kompetenzen auf.

Das folgende *Strukturmodell* zeigt in stark vereinfachter Form die Grundzüge einer systematisch angelegten Grundschulpädagogik und deren Wechselwirkungen auf (Abbildung 1):

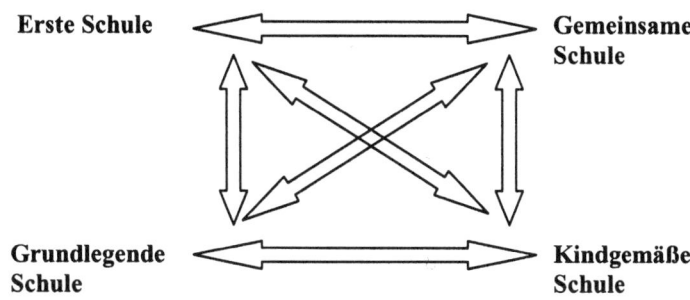

Abbildung 1

Die Erhellung dieser Grundstruktur ist als eine Art grundschulpädagogische „Betriebswirtschaftslehre" gedacht, die zunächst Voraussetzungen, Funktionen und Ziele des „Betriebs Grundschule" klärt, bevor Rückschlüsse für „innerbetriebliches Handeln" gezogen werden. Das bedeutet z. B.: Abstimmung der Arbeitsbereiche, Überprüfung der Arbeitsorganisation, gezielte Personalentwicklung, Stärken der Stärken und Entdramatisierung der Schwächen, Qualitätssicherung und Öffentlichkeitsarbeit (vgl. Herrmann 2004).

Damit wird dem möglichen Einwand entgegengewirkt, dass ein solches Konstrukt theoretische Strukturen an realen Gegebenheiten ausrichte und Gefahr laufe, als „Theorie für die Praxis" systemblind Bedingungsfaktoren als unveränderbare Setzungen hinzunehmen. Notwendig ist es vielmehr, auch die zugrunde gelegten Kriterien – mögen sie noch so plausibel sein – auf ihre Berechtigung hin zu untersuchen, da Wissenschaft immer die Aufgabe hat, auch Selbstverständlichkeiten in Frage zu stellen. Anzustreben ist eine reversible Beziehung zwischen Theorie und Praxis: Die Wechselseitigkeit theoriegeleiteter Praxis und praxisorientierter Theorie, damit die pädagogische Handlungsebene nicht zum reinen Ausführungsprozess degradiert wird.

b) Grundschule als pädagogisches Handlungsfeld

Aus der Interdependenz der vier genannten Bedingungskomponenten kann eine *Binnenstruktur* entworfen werden, die *pädagogische Handlungsmöglichkeiten und Grenzen* innerhalb des aufgezeigten Rahmens zu erfassen sucht. Es ist die Ebene praktischer Gestaltung von Erziehung und Unterricht durch Lehrer, Lehrerteams und Lehrerkonferenz in Zusammenarbeit mit Schulverwaltung, Eltern und Lehrerbildungsinstitutionen.

Die Komplexität des Handlungsfelds als Geflecht zahlreicher Querverbindungen und Rückbezüge verhindert auf dieser Ebene eine absolut trennscharfe Abgrenzung pädagogischer Einzelhandlungen und der dahinter stehenden Entscheidungen. Erforderlich ist deshalb, eine schulbezogene Grundstruktur zu finden, die die Professionalität pädagogischen Handelns nach Kompetenzbereichen beschreibt. Nur so kann auch für die Lehrerbildung eine berufswissenschaftliche Identität erreicht werden, die sich durch eine handlungsorientierte Theorie und theoriegeleitetes Handeln auszeichnet.

Systematisch bietet es sich an, sich stringent an der aufgezeigten Grundstruktur zu orientieren und korrespondierende Handlungsfelder zuzuordnen. So entsprechen in der Gliederung die vier zusammengefassten pädagogischen Aufgaben- und Handlungsbereiche den vier institutionellen Bedingungsfaktoren.

Der Zusammenhang von Bedingungsrahmen und pädagogischem Handlungsfeld ist in folgender Tabelle verdichtet. Sie stellt sozusagen das „Leitgefüge" für die weiteren Ausführungen dar (Abbildung 2).

Systematischer Überblick grundschulpädagogischer Kernbereiche

	Grundlegende Schule	Erste Schule	Gemeinsame Schule	Kindgemäße Schule
Grundschule als Bildungsinstitution (Rahmenbedingungen)	• Basis des Bildungssystems • Stätte „grundlegender" Bildung	• Vermittlerschule • Stätte der Schulpropädeutik und Schulbefähigung	• Schule der Vielfalt und Gemeinsamkeit • Schule der Selektion und Förderung	• Pflichtschule für Kinder • Kindgemäße Schule
Grundschule als pädagogisches Handlungsfeld (Leitlinien und Gestaltungsmöglichkeiten)	• Anschlussfähigkeit der Bildungsprozesse berücksichtigen • Einführung in Kulturtechniken pädagogisch gestalten • Unterricht wissenschaftsnah anlegen • Auf künftige Herausforderungen vorbereiten	• Den Schulanfang pädagogisch gestalten • Den Anfangsunterricht pädagogisch arrangieren • Positive Arbeitshaltung und Lernbereitschaft anbahnen	• Pädagogischer Umgang mit Heterogenität • Förderung individuellen Lernens • Förderung gemeinsamen Lernens	• Berücksichtigung altersspezifischer Merkmale und Interessen • Berücksichtigung von Vorwissen und -erfahrungen • Kindgemäße Gestaltung von Lernumgebungen

Abbildung 2

B Die Grundschule als Bildungsinstitution

1 Die Grundschule als *grundlegende* Schule

Schon ihrem Namen nach ist die Grundschule untrennbar mit der Kernaufgabe der Grundlegungsarbeit verbunden. „Grundlegung" ist zunächst nur ein formaler Begriff, der noch keine inhaltlichen Angaben umfasst; er ist eine relative Bestimmung, die generell für gezielte Vorarbeiten im Hinblick auf nächste (Schul-) Stufen gilt. Grundlegung findet nicht nur in der Grundschule, sondern auch in Vorschule, Gymnasium oder in einem „Grundkurs" an der Universität statt, je nachdem auf welchen Anschluss Bezug genommen wird. Und: Weder für Grundlegung (institutio: Hineinstellen in eine Ordnung von Menschen) noch für Bildung (formatio) hat Schule einen Alleinvertretungsanspruch (vgl. von Hentig 1996).

Der hier gemeinte Grundlegungsbegriff muss im *Kontext der Stufung des Bildungssystems* schärfer gefasst werden: Mit der *Grund*-Schule beginnt die organisierte Zusammenfassung und verpflichtende Kollektivierung Gleichaltriger zum Zwecke gemeinsamen, systematischen und zielführenden Lernens.

Der Schwerpunkt der Zielsetzung liegt in der Gewährleistung anschlussfähiger Bildungsprozesse, vor allem in der soliden Grundlage für das Lernen an weiterführenden Schulen. Da noch keine verbindliche Schule vorausgegangen ist, ergibt sich allerdings eine (zunehmend in sich verändernde) Doppelschichtigkeit der Aufgabe: Auf Schule erst einmal vorzubereiten (Schulpropädeutik), dabei aber selbst schon Schule zu sein.

Aus dieser Konstellation ergibt sich ein erstes Spannungsverhältnis unterschiedlicher Ansprüche: In sich geschlossener Bildungsauftrag einerseits, Zubringerfunktion für weiterführende Schulen andererseits.

1.1 Die Grundschule als Basis des Bildungssystems

Der Begriff „Bildungssystem" versteht sich hier funktional in seiner äußeren Verknüpfung mit vorangehenden und anschließenden Bildungsinstitutionen. (Systemtheoretisch: „Leistungsaustausch" der Teilsysteme; vgl. Luhmann 2002).

Ein *Vergleich europäischer Schulsysteme* (vgl. Schmitt u. a. 1992) zeigt, dass unterschiedliche Formen der Systemverknüpfung möglich sind (Hörner 1996, Fthenakis 2004):

Verknüpfung mit dem Vorschulbereich: (a) Vollständig getrennte Institutionen (z. B. Deutschland), (b) getrennte, aber unter derselben Schulverwaltung stehende Institutionen (z. B. Frankreich), (c) einheitliches System einer integrativen Elementar- bzw. Basisbildung (z. B. Niederlande, England).

Verknüpfung mit dem Sekundarbereich: (a) Selektion im Hinblick auf ein schulartendifferenziertes weiterführendes Schulsystem (z. B. Deutschland), (b) Vorbereitung auf eine einheitliche Sekundarstufe I bzw. Gesamtschule (z. B. Frankreich, England), (c) Grundschule und untere Sekundarstufe als integriertes Einheitsschulsystem (z. B. Schweden).

Es ist deutlich, dass sich die deutsche Grundschule – im Vergleich mit den europäischen Nachbarn – in den Anschlüssen nach unten und oben durch einen geringeren Integrationsgrad abhebt. Sie stellt sich als relativ eigenständige Schulform im Bildungssystem mit ausgeprägtem pädagogischem Profil dar (was auch dem eingangs dargestellten Verständnis von Grundschulpädagogik entspricht). Das bringt allerdings den strukturbedingten Nachteil verstärkter Übergangsprobleme an den „Rändern" mit sich. Nicht so sehr die Funktion als „Bindeglied" zwischen dem Elementar- und dem Sekundarbereich steht im Vordergrund, sondern eher das Anliegen einer geschlossenen („autopoietische") Einheit, die sozusagen notgedrungen Kontakt („strukturelle Koppelung") zu den angrenzenden Systemen aufnehmen muss.

Die Ursachen hierfür liegen in weiteren äußeren Faktoren wie:
- Relativ kurze Grundschuldauer von nur 4 Jahren (Berlin und Brandenburg 6 Jahre),
- relativ starres Jahrgangsstufensystem (und Klassenlehrersystem),
- relativ große Klassenstärken.

Solche Vorgaben erzwingen geradezu die Konzentration auf „das Wesentliche" und ein internes pädagogisches Organisationskonzept, das stark auf zeitsparende Bewältigung schulstufeneigener Problemen ausgerichtet ist.

So gesehen erweist sich der Anspruch *Grundlegender Bildung als Qualitäts- und Problemformel,* die Idee und Realität die Grundschule bis heute widerspiegelt.

Bereits in der Reichsverfassung von 1919 wurde gesetzlich verankert, dass das öffentliche Schulwesen „organisch" auszugestalten sei: „Auf einer für alle gemeinsamen Schule baut sich das mittlere und höhere Schulwesen auf" (§ 146). In den 1921 folgenden Richtlinien zur Aufstellung von Lehrplänen für die Grundschule wird dieser Auftrag konkretisiert:

„Die Grundschule als gemeinsame Schule für alle Kinder der ersten vier Schuljahre hat die Aufgabe, den sie besuchenden Kindern eine *grundlegende Bildung* zu vermitteln, an die sowohl die Volksschule der oberen vier Jahrgänge, wie die mittleren und höheren Schulen mit ihrem weiterführenden Unterricht anknüpfen können. Sie muß deshalb alle geistigen und körperlichen Kräfte der Kinder wecken und schulen und die Kinder mit denjenigen Kenntnissen und Fertigkeiten ausrüsten, die als Grundlage für jede Art von weiterführender Bildung unerläßliches Erfordernis sind" (zitiert nach Menke 1970, S. 117).

In den Richtlinien über Zielbestimmung und innere Gestaltung der Grundschule (Reichsministerium des Innern) von 1927 wird auch der pädagogische Rahmen näher bestimmt:

„Diese vier ersten Schuljahre haben ein eigenes Ziel und ein einheitliches Arbeitsgebiet ... Durch diese Zielbestimmung aus der kindlichen Entwicklung mit dem Ausgleich zwischen ihr und den Kulturforderungen schafft die Grundschule aus ihrem Wesen selbst heraus die Grundlage für jede weiterführende Bildung ..." (S. 115).

Aus den historischen Vorgaben heraus wird deutlich, dass die Grundschule bis heute nicht nur als Subsystem oder „Puzzle-Teil" neben anderen verstanden wird, sondern ihr die gesamte Verantwortung der *Grundlage für das gesamte Bildungssystem* obliegt. Die folgende Grafik aus einer Elternbroschüre des bayerischen Kultusministeriums zeigt geradezu beispielhaft die „tragende" Funktion der Grundschule im Bildungssystem (Abbildung 3).

Die Grundschule als Basis des Bildungssystems

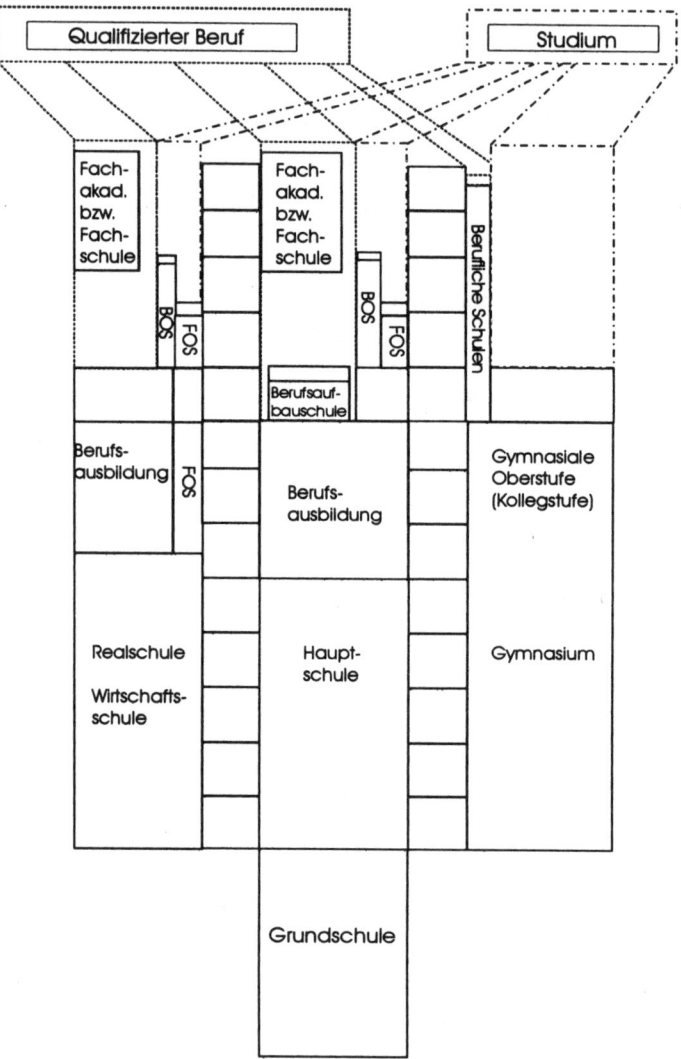

Abbildung 3

Im Investitionsvergleich mit weiterführenden Schularten und angesichts einseitiger Sparmaßnahmen ist aber auch die Kehrseite des Modells nicht wegzuleugnen (Abbildung 4):

Abbildung 4

Wie bedeutsam ein solides Fundament des Bildungssystems ist, zeigen neueste Berechnungen der Weltbank, die ergeben, dass Investitionen in die Grundschulbildung (nicht nur in der 3. Welt) die vergleichsweise größte Renditeaussicht haben.

Auch in den neuesten internationalen Schulleistungsvergleichsstudien wird die Grundlagenrelevanz der Grundschule nachdrücklich hervorgehoben. So heißt es z. B. in der Zusammenfassung der Internationalen Grundschul-Leseuntersuchung (IGLU):

„Die Grundschule als diejenige Einrichtung, die als einzige für die Förderung aller Schülerinnen und Schüler unabhängig von sozialer Herkunft und Vorleistungen zuständig ist, hat eine Funktion, die gerade im Rahmen der derzeitigen Gesamtarchitektur des deutschen Schulwesens von herausragender Bedeutung ist. Was auf der Ebene der Grundschule nicht gelingt, lässt sich, wenn überhaupt, nur noch schwer nachholen. Das auf der Ebene der Grundschule erreichte Niveau hat wesentlichen Einfluss auf den weiteren Verlauf von Bildungskarrieren" (Bos u. a. 2004, S.188/ 189).

Zum funktionalen Aspekt kommt eine *pädagogische Prämisse* hinzu: Grundschulzeit wird nicht nur als „Durchgangsstadium im Bildungsgang", sondern als „Eigenwert" verstanden, der in folgender Doppelaufgabe zu berücksichtigen ist:
– Erschließung der Lebenswirklichkeit des Kindes, Hilfe bei der Bewältigung seiner Lebensaufgaben *und*
– Vorbereitung des Kindes auf Angebote und Anforderungen weiterführender Schulen.

Hier ist das Grundverständnis einer humanen Schule angesprochen: Schutz des Eigenwertes jeder Altersphase einerseits, Vorbereitung auf spätere Lebens- und Berufsanforderungen andererseits. Entsprechende „Ausbildung" ist notwendig, zur „Bildung" wird sie erst, wenn über Wissen und Können hinaus Daseinserfüllung angestrebt, über Einsicht Haltung angebahnt, wenn fachliche Erkenntnisse dazu verhelfen, Lebenswirklichkeit klarer zu durchschauen und lebenspraktische Situationen besser zu meistern. Nach Oelkers ist „Bildung nicht Verdienst, sondern Leistung und lässt sich mindestens wie folgt bestimmen:
1. Bildung bezieht sich auf den Aufbau und die fortlaufende Qualität des persönlichen Wissens und Könnens.
2. Verlangt wird nicht nur anfängliche, sondern die fortgesetzte Initiation in symbolische Welten, die für Verstehen und öffentliche Verständigung unerlässlich sind.
3. Der Prozess und sein Verlauf sind abhängig von gestuften Schwierigkeiten.
4. Die Qualität der Bildung beseht letztlich in der Akzeptanz von Niveaus und Standards, die das persönliche Urteil und den individuellen Geschmack bestimmen" (2001, S. 4).

Die skizzierte eigentümliche Mischung aus normativem Anspruch des Bildungsbegriffs (deutscher Tradition) einerseits und institutioneller Funktionsbestimmung andererseits kennzeichnet den spezifischen Bildungsauftrag der Grundschule, der von „gestuften Schwierigkeiten" ausgeht und „grundlegende Bildung" von „weiterführender Bildung" abgrenzt.

1.2 Der Auftrag „Grundlegender Bildung"

Im Begründungszusammenhang einer systematischen Grundschulpädagogik wird „Grundlegung" als eines von vier Bestimmungsmerkmalen verstanden, die den äußeren Bezugsrahmen für internes pädagogisches Handeln darstellen. Dabei hat der Begriff „Grundlegung" Rückwirkungen auf das pädagogische Selbstverständnis der Grundschule, je nachdem wie die Akzente gesetzt werden:
– *Grundlegung als Basis für etwas* bedeutet, dass sich die Grundschule an den Anforderungen weiterführender Schulen orientiert und im Sinne eines deduktiven Modells ihre Aufgaben „von oben nach unten" ableitet.

– *Grundlegung als gelegter Grund* impliziert, dass sich das weiterführende Schulsystem an den gegebenen Voraussetzungen ausrichtet. Dahinter steht die Vorstellung eines kumulativen Modells mit der Intention eines Aufbaus „von unten nach oben". Diese Differenzierung spiegelt sich auch in den Begriffen „Grundlegung der Bildung" bzw. „Grundlegende Bildung" wider (vgl. die Kontroverse Haarmann 1991–Meiers 1990).

Der Topos *Grundlegung der Bildung* (wie er z. B. bei Lichtenstein-Rother/ Röbe 2005 verwendet, allerdings nicht weiter expliziert wird) konzentriert sich mehr auf Grundlegung, auf die Vorbereitung des Bildungsprozesses. Eine häufig verwendete Metapher hierfür ist „Fundament": Es hat zwar tragende Funktion, aber noch keinen eigenen Gebrauchswert. Das kann zu dem Missverständnis führen, dass es sich „nur" um Vorbildung, um den „Vorhof" der Bildung, nicht um „eigentliche" Bildung handele. Außerdem wird suggeriert, dass man relativ genau bestimmen könne, wann „Grundlegung" aufhöre und „eigentliche" Bildung begänne.

Der Topos *grundlegende Bildung* legt den Akzent stärker auf „Bildung" und erklärt damit die Grundschule von vornherein zur gleichwertigen Bildungseinrichtung, die das Kind beim langfristigen Prozess des Hineinwachsens in die objektive Kultur begleitet.

Die beiden Auffassungen stellen keinen unvereinbaren Gegensatz, allenfalls die „zwei Seiten einer Medaille" dar: Einerseits definierte Grundlage, Schulbefähigung und Zubringerfunktion, andererseits Kontinuität und Öffnung im bzw. für den weiteren Bildungsgang. Für individuelles Lernen heißt das: Nicht „gleiche Decke", sondern „gemeinsamer Boden".

Verbindendes Konstruktionsmerkmal ist der Bildungsbegriff, der nicht vorschnell zugunsten des modernen (nur auf operationalisierbare Fertigkeiten abzielenden) Kompetenzbegriffs aufgegeben wird, sondern die lange Entwicklung der wissenschaftlichen Auseinandersetzung mit Bildung seit der Aufklärung berücksichtigt (vgl. Benner/ Brüggen 1997; Köck 2000, S. 20 ff.). Auch wenn vielfältige Begriffsvarianten in der historischen Entwicklung bis heute zunehmend durch inflatorische Begriffsverwendung die Akzeptanz erschweren, ist ein völliger Verzicht auf den Bildungsbegriff kaum denkbar.

Die Rückbesinnung auf „klassische" Kernaussagen des Bildungsgedankens stellt für die systematische Grundschulpädagogik eine Orientierungshilfe dar, die vor Einseitigkeiten der stufenspezifischen Bildungsaufgabe zu bewahren vermag.

Der Bildungsbegriff beschreibt nicht nur Qualitätsmerkmale der Persönlichkeit, sondern auch ihre Beziehung zur Umwelt (vgl. Gauger 2006). So kann Bildung verstanden werden als „Erwerb eines Systems moralisch erwünschter Einstellungen durch die Vermittlung und Aneignung von Wissen derart, dass Menschen im Bezugssystem ihrer geschichtlich-gesellschaftlichen Welt wählend, wertend und stellungnehmend ihren Standort definieren, Persönlichkeitsprofil bekommen und Lebens-

und Handlungsorientierung gewinnen" (Kößler 1997, S. 113). Bildung umfasst also das, was über den Erwerb von Kenntnissen und Fertigkeiten hinausgeht und den Aufbau von Verständnis und Einsicht, die Anerkennung von Werten, moralische Urteilsfähigkeit sowie ein konstruktives Wirklichkeitsverständnis ermöglicht. Damit ist ein hoher normativer Anspruch verbunden, der die Bildungsarbeit der Grundschule in folgenden Leitzielen konturiert (in Anlehnung an Kahlert 2005, S. 29):
– Über Bestehendes aufklären.
– Für Neues öffnen.
– Zum Handeln ermutigen.
– Sinnvolle Zugangsweisen ermöglichen.
Wird Bildung als intransitiver, reflexiver Vorgang und persönliche Selbstgestaltung verstanden (sich selbst bilden), bedarf auch schon der institutionelle Bedingungsrahmen entsprechender Impulssetzung: Die Lern- und Lebensform Schule selbst trägt zu grundlegender Bildung bei.

Da das Grundschulkind allerdings noch stark auf Erziehung (als transitivem Vorgang) angewiesen ist, erhält die Kernaufgabe grundlegender Bildung eine eigene grundschulspezifische Qualität: Bildungs- und Erziehungsbegriff liegen enger beisammen als bei weiterführenden Bildungsprozessen (vgl. auch Oelkers 2001). So geht es unter dem Erziehungsaspekt mehr darum, beim Erwerb der kulturellen Lebensweise, sozialer Einstellungen und Haltungen sowie beim Selbständig- und Mündigwerden *Hilfen zu geben*. Die Grundkomponenten der Erziehung „Fürsorge – Unterstützen – Gegenwirken" (Flitner 1985) erweisen sich als notwendige, wenn auch stetig abzubauende Bestandteile grundlegender Bildung.

Der Auftrag der Grundlegung stellt somit als „geleitete Entwicklung" den Prozess „freisetzender Erziehung" (Schwartz 1969) dar: Behutsame und zielführende Anbahnung der Selbstbildung in Ausgestaltung persönlicher Fähigkeiten und individueller Kräfte sowie Teilhabe an allen Lebens- und Kulturbereichen. Damit sind die Bildungsideale Wilhelm v. Humboldts (1767-1835) „Individualität – Totalität – Universalität" angesprochen, die maßgebend für alle Schulpläne (nicht nur für das humanistische Gymnasium) geworden sind.

Bereits Comenius (1592-1670) hat die Frage, *wer* diese grundlegende Bildung erhalten soll, *was* ihr Inhalt sei und *wie* sie vermittelt werden kann, aufgegriffen und auf die berühmte Formel gebracht:

OMNES OMNIA OMNINO – alle sollen alles in einer auf das Ganze, das Wesentliche bezogene und naturgemäße Weise lernen!

OMNES

Gleiche und gemeinsame Bildung für alle: Gemeinsam erworbene Bildung – Ausgleichende Bildung – Differenzierung.

OMNIA

Allseitige, vollständige und ausgewogene Bildung: Totalität und Universalität, formales und materiales Prinzip, Lernen mit „Kopf, Herz und Hand", Wissen und Haltung; Geschichtlichkeit und qualitative Vollständigkeit der Inhalte; Orientierung am Kind, Gegenwarts- und Lebensnähe...

OMNINO

Verfahrensweisen umfassender Bildungsarbeit: Kind-, Sach- und Zielgemäßheit; Planung zwischen Festlegung und Offenheit; Einbettung ins Schulleben.

Angesichts der aktuellen (wiederum von den USA ausgehenden) Entwicklung zunehmender Privatisierung auch im allgemeinbildenden Schulwesen, hat der Auftrag ausgewogener Bildung weiterhin und sogar vermehrt zukunftsweisende Bedeutung. Es geht um die demokratisch verfasste Verantwortung, allen Kindern des Volkes gleiche Bildungschancen zu gewähren. Gerät die Definition grundlegender Bildung erst in die Abhängigkeit privater Schulträger und deren dahinter stehenden Interessen, besteht die – sich bereits abzeichnende – Gefahr einseitiger Ausrichtungen (z. B. in Richtung musischer, naturwissenschaftlicher, fremdsprachorientierter oder leistungssportlicher „Grundbildung") sowie weltanschaulich-ideologischer Verzerrungen (z. B. pädagogische Modeerscheinungen). Zwar sind auch staatlich verfasste und kontrollierte Bildungspläne nicht interessenfrei, es kann aber zumindest davon ausgegangen werden, dass bis zur Festlegung allgemeiner Bildungsaufgaben und -inhalte ein demokratisch angelegter Entscheidungsprozess stattgefunden hat, der von „Gemeinsinn" als abwägendes Regulativ getragen wird.

Vor diesem Hintergrund ist auch die derzeitige Tendenz der „Profilbildung" und „autonomen Schule" kritisch zu sehen, wenn dies zu isolierter Nischenbildung führen und als Alibifunktion für neue „pädagogische Provinzen" dienen würde. Hier trägt der Staat auch unmittelbar pädagogische Verantwortung, indem er für einen schulischen Bedingungsrahmen Sorge trägt, der allen Kindern eine anschlussfähige Bildung gewährleistet und die grundsätzliche Möglichkeit späterer persönlicher Eigenentscheidungen der weiteren „Selbstbildung" sichert. Jedenfalls muss vermieden werden, um es mit Schleiermacher auszudrücken, dass die Gegenwart des Kindes einer ungewissen Zukunft „aufgeopfert" wird. Verfrühte Spezialisierung und Expertenzüchtung widerspricht dem Anliegen grundlegender Bildung ebenso wie Beliebigkeit des Bildungsangebots!

Klafki (1992) hat (in kritisch-konstruktivem Anknüpfen) das klassisch-aufklärerische Bildungsdenken weitergeführt:

– *Bildung für alle*,
– *Bildung im Medium des Allgemeinen* (Aneignung der die Menschen gemeinsam angehenden Frage- und Problemstellungen),
– *Bildung in allen Grunddimensionen menschlicher Interessen und Fähigkeiten* (kognitiv, handwerklich-technisch, sozial, ästhetisch, ethisch-politisch).

Der Aspekt des „Allgemeinen" im Bildungsbegriff ist konstituierend für das Anliegen grundlegender Bildung. „Im Grunde handelt es sich um zwei Aspekte der gleichen Sache, bei der ‚Allgemeinbildung' mehr auf das Ziel, bei der ‚grundlegenden Bildung' mehr auf den Anfang bezogen" (Glöckel 1994, S. 18). In Kombination beider Aspekte kann *grundlegende Bildung als Anfang der Allgemeinbildung* bestimmt werden. Dies bezieht sich auf Inhalte (allgemein verbindliche Bildungspläne), pädagogische Intentionen (Das Allgemeine aus dem Besonderen abheben können) und Schulorganisation (Beginn der allgemeinen Schulpflicht).

1.3 Grundlegende Bildungsinhalte

Grundlegende Bildung in engerem Sinne legt den Schwerpunkt auf die Frage, welche Inhalte das Prädikat „grundlegend" erhalten sollten. Die Grundschulpädagogik ist zwar noch nicht zu einer eigenen „Theorie der Bildungsinhalte" vorgedrungen, in der grundschuldidaktischen Literatur werden aber immer wieder einschlägige Versuche unternommen. Hendricks (1989, S. 106-115) schlägt z. B. folgende Zusammenstellung vor:
– Vermittlung grundlegender Lerntechniken (richtiges Fragen, genaues Hinsehen und Beobachten, Unterscheiden, Abstrahieren, Registrieren, Tabellarisieren, Skizzen anfertigen, Protokollieren, Ordnung halten...).
– Entfaltung fachbezogener Kenntnisse, Fertigkeiten, Fähigkeiten und Begabungen (Lesen, Schreiben, Rechnen; grundlegende natur- und gesellschaftswissenschaftliche Bildung; musische Bildung; ...).
– Vermittlung grundlegender Kenntnisse und Einsichten (Rechtschreibung, Grundrechnungsarten,... Lieder, Gedichte, Fabeln, Märchen,... Kreislauf des Wassers, Folgen der Umweltverschmutzung,...).
– Einübung grundlegender Haltungen (Sachlichkeit und Achtung vor Sachen und Natur, Verantwortung, Toleranz, Hilfsbereitschaft,...).
Bei dieser „Grundbildung" geht es um sog. *Basisqualifikationen*, die – angesichts gesellschaftlicher Vielfalt und Normenunsicherheit – für Kulturaneignung und Teilnahme am öffentlichen Leben unentbehrlich sind, und von denen erwartet wird, dass sie für weiteres Lernen nützlich sind. Freilich darf dabei – systemisch gesehen – ein Grunddilemma des Erziehungssystems nicht übersehen werden, dass nämlich auf etwas vorbereitet werden soll, das man eigentlich nicht kennt: die Zukunft (Luhmann 2002).
Insofern greift man gerne auf bekannte Strukturen zurück, von denen man annimmt, dass sie auch langfristig Bestand haben werden. So wird in den „Empfehlungen zur Arbeit in der Grundschule" der deutschen Kultusministerkonferenz (1994) herausgestellt, dass die *Schulfächer als grundlegende Inhalte* mit jeweils spezifischen Denk- und Arbeitsweisen ihre Bedeutung behalten sollten, da sie exemplarisch für bewähr-

te Wege der Welterschließung und der sinnstiftenden Ordnung von Erfahrungen stehen.
Insbesondere werden genannt: Deutsch, Mathematik, natur- und sozialwissenschaftlich orientierter Sachunterricht, Kunst, Musik, Sport und Religion.
Desweiteren sollen *Lernbereiche* Eingang in die Lehrpläne finden und im Unterricht strukturierend wirken: Spracherziehung, Medienerziehung, ästhetische Erziehung, Umgang mit Technik, Bewegungserziehung, Fremdsprachenbegegnung, Umwelt und Gesundheit, Heimatverbundenheit und Weltoffenheit, interkulturelle Erziehung...
Allein diese Auswahl aus der Fülle weiterer Inhaltskataloge für Grund(schul)bildung zeigt – auch unter der Vorgabe „grundlegend" – die stete Gefahr, den Blick auf das im Bedingungsrahmen der Stundentafeln Umsetzbare zu verlieren. Notwendig ist jedoch stoffliche Beschränkung, „denn es muss noch genügend Zeit bleiben, das Gelernte durch intensive Übung und Anwendung gründlich zu festigen und zu vertiefen" (Laudenbach 1995, S. 394).
In Anbetracht immer neuer Erziehungs- und Bildungsaufträge sowie gesellschaftlich zugewiesener „Reparaturfunktionen" ist kritisch die Tendenz zu verfolgen, dass immer neue Teilaufgaben additiv hinzugefügt werden, ohne dass ein begrenzendes bildungstheoretisches Konzept vorliegt. Erkenntnisleitend kann hier die konstruktivistische Gegenstandssicht sein, auch inhaltliche Festlegungen als „Verhandlungssache" und Machtausübung zu verstehen (vgl. u. a. Dahlke 1997), d.h. auch in diesem Fall bildungspolitischen Zufallsentscheidungen dem erziehungswissenschaftlichen Sachverstand gegenüber zu stellen. Angesichts der unausweichlichen Notwendigkeit, sich für bestimmte Inhalte entscheiden zu müssen, kann dabei der Rückgriff auf „klassische" Überlegungen bei der Suche nach grundlegenden Bildungsinhalten eine geeignete Möglichkeit sein, eine bisher weitgehend konsensfähige („viable") Ausgangsposition aufzuzeigen.

1.3.1 Grundlegende Bildung als „kategoriale Bildung"

Angesichts verwirrender Vielfalt verschiedener Konzeptionen des (Grundschul-)Unterrichts, der Zersplitterung der Wissensbereiche und immer neuer Zielkataloge für das Schullernen wirkt *Bildung* als Kristallisationspunkt, als zentrale Zielkategorie, von der aus die Frage der schulischen Lerninhalte und der Stellenwert einzelner Lernbereiche zu beantworten ist.
Konturen gewinnt der Bildungsprozess allerdings erst, wenn er zum Verstehen von Zusammenhängen, zur emotionalen Involviertheit in das Wissen, zum Bedeutsamwerden des Wissens und zu Wertungen für Lebens- und Handlungsorientierung führt. Solche Bildungserfahrungen unterstützen das Selbstverständnis, sensibilisieren für Sachverhalte, die bisher übersehen wurden und eröffnen neue Interessenfelder und neue Wertungen (nach Kößler 1989).

Dabei stellt sich für die Grundschule insbesondere die Frage, welche *Grundstrukturen* dem Kind für seine Welterschließung eröffnet werden sollen.

Johannes Wittmann hat hierfür bereits 1929 (4.Aufl. 1967) eine grundschuldidaktische Konzeption entwickelt, nach der die Kinder an einer Sache (berühmtes Beispiel: „Der Kohlkopf") Strukturmerkmale erkennen sollen (das Gebogene, das Hohle,...), deren Grundstruktur an anderen Sachen wiederentdeckt wird. „Anschauung als das Bewußtsein einer Sache" (S. 143) zielt auf Begriffsbildung, die durch den aktiven Aufbau von Beziehungsstrukturen gekennzeichnet ist – was im Übrigen durch die neuere Kognitionsforschung gestützt wird.

Im Rückgriff auf Kants Überlegungen zum Zusammenhang von Anschauung und Begriff (S. 72-74) stellt Wittmann einen Katalog grundlegender Begriffe (Zahl-, Ordnungs-, Ding-, Kollektiv-, Raum- Zeit-, Beziehungsbegriffe usw.) auf, die als „Stimmigkeitsbegriffe" auf das gesamte geistige Leben bezogen werden (z. B. Struktur des „Auseinander und Zusammen", auch in bezug auf soziale Ganzheiten). Dass solche abstrakt-erkenntnistheoretische Reflexionen durchaus in einen praktikablen Grundschulunterricht münden können, belegen eindrucksvoll Wittmanns ausgearbeitete und erprobte Modelle seiner Heimatkunde (so das Planspiel „Die ideale Stadt"), des analytisch-synthetischen Rechenunterrichts und des Lese-/ Schreibunterrichts im Rahmen der Spracherziehung.

Die Bemühung um strukturierte Auffassung, die eine sachgerechte und sinnvolle Erschließung weiterer Sachverhalte ermöglicht, zentriert sich im (nunmehr tatsächlich bereits „klassisch" geltenden) Begriff der *kategorialen Bildung*:

„Bildung ist kategoriale Bildung in dem Doppelsinne, daß sich dem Menschen eine Wirklichkeit 'kategorial' erschlossen hat, und daß eben damit er selbst – dank der selbstvollzogenen 'kategorialen' Einsichten, Erfahrungen, Erlebnisse – für diese Wirklichkeit erschlossen worden ist" (Klafki 1963, S. 44).

Mit Hilfe einer entsprechenden *didaktischen Analyse* (Klafki 1962), welche die Einheit von Inhalt und Weg betont, werden geeignete Situationen und exemplarische Inhalte erschlossen, die es ermöglichen sollen, Strukturzusammenhänge selbständig zu erfassen: Das Fundamentale, das Exemplarische, das Typische, das Klassische, das Repräsentative, die einfachen Zweckformen, die einfachen ästhetischen Formen (Klafki 1964).

Die Idee kategorialer Bildung hat Fiege (1969) mit seiner Konzeption eines kategorial bildenden Heimatkundeunterrichts für die Grundschule fruchtbar gemacht:

„*Das Elementare* nimmt eine merkwürdige Stellung zwischen dem Besonderen und dem Allgemeinen ein ... Das Besondere ist immer das Konkrete, anschaulich in der Wirklichkeit Vorhandene, das den Kindern in ihrer Heimat vor den Sinnen steht: die Tulpenblüte im Garten, die Alster bei Poppenbüttel, der Wandsbeker Wochenmarkt, die Tatenberger Schleuse.

Das Allgemeine sind die Zusammenhänge, die Gesetzlichkeiten, die in diesen Besonderen enthalten sind und an ihnen sichtbar und begreifbar werden: der Zusammenhang zwischen dem frühen Blühen und der Nahrungsspeicherung in der Tulpenzwiebel, die Gesetzlichkeit des mäandrierenden Flusses, das

Verhältnis von Angebot und Nachfrage bei der Preisgestaltung, der Zusammenhang zwischen Bauweise und Funktion der Schleuse und ihrem Zweck der Überwindung von Wasserstandsunterschieden. Das Allgemeine ist also stets ein Abstraktes, das erst aus dem Besonderen herausgehoben werden muß... Dem erfaßten Allgemeinen wohnt nun eine bildende Kraft inne. Wer nämlich das Allgemeine an einem konkreten Besonderen erfaßt hat, ist damit in die Lage versetzt, es in gleich oder ähnlich gearteten Besonderen wieder zu entdecken und diese damit geistig zu durchschauen und zu erfassen" (S. 28).

Abgesehen von unterstellbaren Ontologisierungstendenzen (vgl. „Zur Philosophie der Schulfächer": Giel 1997) und von der Grundsatzfrage, ob es einen letzten Halt des Wissens geben kann, wird deutlich, dass es auch zu den Anliegen kategorialer Bildung gehört, Behauptungen kritisch zu hinterfragen, zwischen Ursachen und Folgen, Vermutungen und Beweisen, Voraussetzungen und Schlüssen zu unterscheiden (vgl. Klafki 1985).

Die stete *Bemühung um das Elementare* – das von Sache und Kind her Einfache, das zum Schlüssel für Späteres und Komplexeres werden kann – ist eine Kernaufgabe der Grundschuldidaktik und ihrer beteiligten Fachdidaktiken (zum fachdidaktischen Selbstverständnis vgl. Giest 2005). Dazu bedarf es der „Vertiefung" in bestimmte Lernaufgaben und -gebiete, die nur durch Beschränkung auf ausgewählte Themen erreichbar ist.

Die Notwendigkeit der *Konzentration auf das Exemplarische* – dessen Begriff bis heute eng mit dem Namen Martin Wagenschein (1965) verbunden ist (siehe auch Feige 2007) – wird besonders im Sachunterricht offenkundig, da hier in wenigen Wochenstunden eine Vielzahl sach- und sozialbezogener Inhalte vermittelt werden soll (vgl. die entsprechenden Lehrpläne der Bundesländer).

„Grundlegendes Lernen muß sich daher auf die exemplarische Auswahl und Behandlung von Inhalten und Arbeitsweisen beschränken, welche eine möglichst weitreichende Erschließungsfunktion haben" (Rabenstein 1985, S. 22). Gemäß exemplarischer Lehre steht dabei ein problemorientiertes Vorgehen im Vordergrund, das mit dem Unterrichtsbeginn als „Einstieg" gekennzeichnet ist:

Unmittelbarer Zugang, ohne langwierige Hinführung; am Anfang steht ein möglichst „packendes" Problem, das während der gesamten Unterrichtseinheit im Bewusstsein bleiben und am Ende eine hinreichend begründete Antwort auf die Kernfrage abgeben soll. Das Allgemeine sollte vom Besonderen abgehoben, die gewonnenen Einsichten auf andere Fälle übertragen werden können. Vor allem sollte der Erkenntnisweg, der zur Problemlösung führt, beispielhaft fachgemäße Denk- und Arbeitsweisen aufzeigen (vgl. Schorch 1987).

Eine solche Sichtweise beinhaltet zwangsläufig kritische Aspekte für eine Auseinandersetzung mit neueren Tendenzen sog. *Fächerübergreifenden Unterrichts* bereits in der Grundschule.

So besteht z. B. die Gefahr (wie u. a. bei Fehlformen des ehemaligen Gesamtunterrichts, dass ein von Schülerinteressen geleiteter, „situationsbezogener" Unterricht Beliebigkeit der Stoffauswahl, „Häppchenmanier", Aktionismus und ungezieltes Hantieren sowie Verwässerung „der Fächer als geistige Grundrichtungen" (vgl. Lubowsky 1967) nach sich zieht. Resignation bei der Bemühung um Elementarisierung und Grundstrukturen käme aber einer didaktischen Bankrotterklärung gleich. Zu bedenken ist insbesondere, dass in der Grundschule zunächst *vorfachlich* bzw. „auf die Fächer zu", gearbeitet wird, den Kindern erst „die fachliche Brille aufgesetzt" werden muss, bevor überhaupt eine anspruchsvollere überfachliche Sichtweise gelingen kann (Fächerübergreifender Unterricht bedeutet ja nicht Auflösung, sondern Vollendung des Fachunterrichts unter neuen Fragestellungen!). Die Herstellung überfachlicher Bezüge ist Leistung der Didaktik und der Unterrichtenden, wohl kaum Aufgabe der Kinder. Wenn bereits in der Hauptschule „fächerübergreifende Bildungsaufgaben" im Vordergrund stehen, obliegt der *Grundschule* vermehrt die *Aufgabe fachlicher Grundlegungsarbeit.*

Unter Einbezug von Vorerfahrungen der Kinder geht es vornehmlich um Orientierungswissen, um Erarbeitung von Struktureinsichten und Zusammenhängen für das Verstehen: Grundlegende Bildung als Anfang der Allgemeinbildung führt in *Grundkategorien des Weltverstehens* ein.

„Die Perspektiven des Weltverstehens sind nicht nur außerfachlich oder überfachlich, sondern ganz stark fachlich bestimmt. Bildung durch Sachunterricht heißt deshalb auch: Einführung in biologisches, wirtschaftskundliches, historisches ... Denken. Dafür braucht man Zeit und einen vertiefenden Epochenunterricht, der sich auf Grundkategorien und die Denkweisen geistiger Richtungen einläßt" (Einsiedler 1997 b, S. 161).

Grundlegungsarbeit bleibt so gesehen, bei aller Ausrichtung an Lebensbedingungen, den Interessen und Bedürfnissen des Kindes sowie notwendiger „Vernetzung" von Leitthemen (vgl. Haarmann/ Horn 1998, S. 144) und dem Anspruch prinzipieller Fachorientierung und Wissenschaftsnähe verpflichtet.

1.3.2 Einführung in die „Kulturtechniken"

Mit dem Begriff grundlegender Bildung, der den Akzent nicht auf Bildungsresultat und -ideal, sondern auf den Bildungs*vorgang*, auf den Prozess des Hineinführens und -wachsens in die objektive Kultur setzt, wird die *Enkulturationsaufgabe* der Grundschule ins Blickfeld gerückt:

Kultur wird durch Bildung aufrechterhalten und Bildung findet in der Kultur ihre Inhalte. Kultur muss gelernt werden, wobei Grundschulpädagogik unter dem Aspekt einer „Enkulturationswissenschaft" stets neu reflektiert, mit welchen grundlegenden Inhalten und Fähigkeiten die Aneignung der Kultur vorbereitet und ermöglicht wird.

Nicht von ungefähr hat die Aufgabe der *Einführung in die Kulturtechniken* maßgeblich zur Einrichtung von Schulen beigetragen; für die Grundschule ist sie zur *traditionellen Kernaufgabe* schlechthin geworden.

Dem Alltagsbewusstsein fällt es dennoch häufig schwer, Lesen, Schreiben und Rechnen als anspruchsvolle Bildungsaufgabe zu akzeptieren, wie in der viel zu kurz greifenden Bezeichnung Kultur„technik" zum Ausdruck kommt.

Am Beispiel der *Einführung in die Schriftsprache* zeigt sich, dass Lesen- und Schreibenlehren wesentlich mehr sind als nur „Alphabetisierungskurse". *Schrift ist Kulturträger und selbst Kulturgut* . I. Kant formuliert dies so: „Und wie viele Cultur gehört nicht schon zum Schreiben? So dass man in Rücksicht auf gesittete Menschen den Anfang der Schreibekunst den Anfang der Welt nennen könnte" (Kant 1803/1923, S. 447). Mit Erfindung der Schrift, insbesondere der Lautschrift als phonetisches Alphabet, geschah tatsächlich ein riesiger qualitativer Sprung in der kulturellen Evolution, der die gesamte politische, wirtschaftliche, religiöse und künstlerische Weiterentwicklung, das gesamte geistige Leben bestimmte.

„Sie (die Schrift) ermöglichte eine ungeheure Kumulierung des Wissens, entlastete das Gedächtnis und machte es frei für höhere Denkleistungen bei gleichzeitiger Bewahrung des zu Erinnernden. Mit ihr erst konnte 'Wissenschaft' entstehen" (Glöckel 1986, S. 9).

Damit entwickelt sich freilich auch der Nachteil einer fortschreitenden „Atomisierung der Gedanken", der Ablösung des Wissens vom eigenen Tun und der eigenen Erfahrung. Die rasende Ausbreitung der Schriftkultur transportiert eine unüberschaubare Komplexität, Spezialisierung und Ausdifferenzierung der Informationsbestände und des kollektiven Wissens, die gegenläufig die Notwendigkeit allgemeiner und verbindlicher Verständigungsgrundlagen herausfordern.

Somit kommt der Schule eine doppelte Funktion zu:
– Sie trägt Sorge für den *Erwerb* der Schrift-/ Sprache als Voraussetzung für die Teilhabe an der Kultur (die eine Schriftkultur ist).
– Sie muss entscheiden, welche Schriften und Texte gelesen werden sollen und fragt damit nach bildungswürdigen *Inhalten*.

Kurz: Es geht nicht nur darum, *dass* lesen gelernt wird, sondern auch *was* gelesen werden soll.

„Damit ist im Zusammenhang der Schriftkultur die Bildung eines Kanons exemplarischer Texte als schultheoretische Frage rekonstruierbar... Die Schule bestimmt über den Kanon auch das Allgemeine und Verbindliche einer Kultur. Damit ist impliziert: Das Problem der Allgemeinbildung entsteht erst vor dem Hintergrund der Schriftkultur... Im Kanon der zu lesenden Schriften wird eine individuell zu bewältigende Auswahl relevanter Texte festgelegt. Wo der Kanon literaler Kulturgüter strukturiert und in eine abgestufte Reihenfolge zugunsten einer effizienten Aneignung gegliedert wird, entsteht ein *Lehrplan*. Der Lehrplan enthält die Idee des Curriculums als eines Weges in die Kultur" (Duncker 1994, S. 127).

Für die grundschulspezifische Aufgabe der Einführung des Kindes in die „neue Welt der Schriftsprache" (Schorch 1995) bedeutet dies, dass – bei aller Bemühung um eine solide Lesetechnik – die *Sinnkomponente* nicht vernachlässigt werden darf. Auch

Fibeltexte sind im obigen Sinne bereits Bildungsinhalte, wie die Geschichte des Erstleseunterrichts eindrucksvoll belegt (Anfangstexte mit religiösem, moralisierenden, vaterländischen, märchenbezogenen, volkstümlichen, politischen, emanzipatorischen, sachinformativen Inhalten).

In Wechselwirkung mit der (keineswegs einfachen) Aufgabe, Kindern das Lautschriftprinzip (in seiner Graphem-Phonem-Morphem-Korrespondenz) zu vermitteln, besteht die Enkulturationsaufgabe vor allem darin, *Besonderheit und Funktion der Schriftsprache* herauszuarbeiten. Diese unterscheidet sich (nach den Untersuchungen des Sprachpsychologen Wygotski, 1934) von der mündlichen Sprache dadurch, dass sie wesentlich abstrakter (doppelter Kodierungsprozess), eine maximal entfaltete und eine Monologsprache ist (siehe Schorch 1995, S. 13-16).

Abgesehen von Überlegungen zu Methode und Feinzielen des Lese- und Schreibunterrichts (vgl. Heuß 1993, Schorch 2003 a/b, Schenk 2004) ist festzuhalten, dass die Aneignung der Kultur"techniken" bedeutsamen Einfluss auf den Erziehungs- und Bildungs*prozess* ausübt.

Bei der Aneignung der Schriftsprache lernt das Kind demnach nicht nur das Lesen und Schreiben selbst, es erfährt vielmehr erstmals den Zwang überindividueller, wettbewerbsorientierter Leistungsanforderungen und im zielgeleiteten, langfristigen und systematischen Lernen den Arbeitscharakter der Selbstbildung. So wird deutlich: Auch wenn in der Grundschule Vieles nur angebahnt und nicht zu Ende geführt werden kann, allein mit der traditionellen Aufgabe der Einführung in die Schriftkultur konstituiert sich die Funktion der Grundschule als unersetzliche Basis des Bildungssystems.

Unter diesem Anspruch darf sich die systematische Grundschulpädagogik (als „Kulturwissenschaft") aber nicht nur auf die Aufgabe der *Traditionssicherung* und Kulturbewahrung konzentrieren, sie muss sich auch mit Fragen der *Kulturmodernisierung* und *Kulturkritik* auseinandersetzen.

So wird z. B. vorbehaltlos zu diskutieren sein, ob angesichts moderner, auf der Grundlage des Binärsystems basierender Computertechnik und Datenverarbeitung die Kulturtechnik *Rechnen* neu definiert werden muss: Ist die Eingrenzung auf das Dezimalsystem gerechtfertigt und inwieweit müssen Reformbestrebungen der „Mengenlehre" in den 70er Jahren, die das Rechnen in unterschiedlichen Zahlensystemen *und* den kindgemäßen, handelnden Umgang mit Mengen und ihren Elementen fordern wollten, neu überdacht werden? Scheiterte die damalige (Kultur)Kritik des herkömmlichen Rechenunterrichts an übermächtiger Kulturbewahrung, gesellschaftlicher Trägheit, an der Angst vor einem „Kultursprung" (und der Angst, schon Grundschulkinder könnten Erwachsenen auf einem Teilgebiet überlegen sein)? Im Zusammenhang mit internationalen Studien zu mathematischen Fähigkeiten von Schülern weiterführender Schulen (TIMSS und PISA) und dem erfassten schlechten Abschneiden deutscher Schüler werden solche Fragen nicht mehr tabuisiert werden können (vgl. auch den Studientextband „Mathematik in der Grundschule" von Graumann 2002!).

„In der Grundschule ist das flüssige Beherrschen der Grundrechnungsarten im Zahlenbereich bis etwa 1 Million zu erreichen. Jedoch muss dies verbunden sein mit strukturierenden Vorstellungen über den Aufbau des Zahlensystems, mit Wissen über die Anwendbarkeit der Mathematik in Alltag und Umwelt.

Hinzu kommt die Kenntnis geometrischer Formen und Eigenschaften... Diese Bereiche zusammen sollen eine breite kognitive Entwicklung einleiten, die Kreativität einschließt und das Beherrschen von Verfahren als Bedingung für produktives Arbeiten sieht" (BLK 1997, S. 41).

Noch offensichtlicher ist die kritische Reflexion des Zusammenhangs zwischen *Schrifterwerb als Kulturaneignung* und der *Ausbreitung neuer Medien*.

Mit dem Verfügen über die Schriftsprache wird eine Form des Erwachsenseins eingeleitet wird, die nicht an biologische Reifungsvorgänge gebunden ist, sondern das Erreichen einer Kulturstufe bedeutet. Mit seiner Schriftkompetenz wird das Kind unabhängig von (selektiver) mündlicher Information durch Erziehungspersonen und damit frei für den Weg der Selbstbildung.

Dieser an sich positiv zu bewertende Tatbestand wird durch die fortschreitende Konkurrenz der elektronischen Bild- und Tonübertragung (Fernsehen und Video) gegenüber der Schrift als Kommunikationsmedium zum Enkulturationsproblem.

Die neuen Bildmedien nämlich zerstören die in der Schriftlichkeit einer Kultur enthaltenen Prozesse der Individualisierung und der Formierung des Charakters, ohne dass absehbar wäre, ob an ihre Stelle andere Methoden träten, die beruhigend als Äquivalent zu den impliziten Leistungen der Schrift gezählt werden könnten. Auch die Schule selbst ist davon betroffen: Da sie ihre Existenz vor allem der Schriftkultur verdankt, ist sie von der Krise der Schriftlichkeit unmittelbar tangiert.

Insofern muss die Schule eine kultur- und gesellschaftskritische Haltung einnehmen; sie kann nicht mehr nur vorbereiten und einführen, sondern muss gegensteuern und kompensieren. Freilich wird der Grundschule dies nur in bescheidenem Maß gelingen können, zumal sie unter gegebenen institutionellen Rahmenbedingungen nicht alle Gefährdungen gesellschaftlicher (Fehl-) Entwicklungen ausgleichen kann.

Festzuhalten ist die schultheoretische Einsicht, dass schulische Bildung nicht lineare Funktion der Gesellschaft sein kann. Die Grundschule als Bildungseinrichtung ist mit ihrer spezifischen Möglichkeit der Beeinflussung und Steuerung grundlegender Kulturaneignung des Kindes gefordert, Wechselwirkungen notwendiger Kulturbewahrung, Kulturkritik und Kulturveränderung sorgfältig zu beobachten und in pädagogischer Verantwortung intentionale, inhaltliche und methodische Konsequenzen zu ziehen. Zu gewährleisten ist jedoch in jedem Fall die *solide Grundlegung der Kulturtechniken*.

Fazit: Zu den Kernaufgaben grundlegender Bildung gehört die Vermittlung sicherer *Beherrschung kultureller Basiswerkzeug;* in erster Linie die Beherrschung der mündlichen und schriftlichen Sprache sowie hinreichende Vertrautheit im Umgang mit mathematischen Symbolen.

1.3.3 Kerncurriculum und Bildungsstandards

Die Pflicht des Staats, Chancengleichheit und Bildungsgerechtigkeit zu gewährleisten, geht einher mit Lehrplanvorgaben, die Inhalte, Lernziele, Reihenfolge und schulspezifische Auswahl festschreiben. Damit wird umrissen, welche schulischen Lernanforderungen die Gesellschaft an die nachfolgende Generation stellt. Die Entstehung der Lehrpläne steht somit in direktem Zusammenhang mit der Entwicklung des Schulwesens überhaupt (vgl. den historischen Rückblick bei W. Müller 2002, S. 97-104). In der traditionellen geisteswissenschaftlichen Lehrplantheorie wurde „der Kampf um den Lehrplan" als „Kampf geistiger Mächte" (Weniger 1975, S. 216) verstanden, bei dem der Staat als „neutrale Macht" eine regulierende Funktion einnimmt und das (historische wandelbare) „Bildungsideal" festlegt.

In Kritik an dieser Theorie (Staatsoptimismus, unzureichende Konkretisierung und Wirksamkeitskontrolle) kam in den 1960-/70-er Jahren die „Curriculumtheorie" auf, die auch auf die Entwicklung der Grundschullehrpläne großen Einfluss nahm („Wissenschaftsorientierter Grundschulunterricht"). Hauptmaximen waren Aktualisierung der Inhalte, Hierarchisierung, Operationalisierung und Kontrolle der Lernziele sowie permanente Evaluation und Revision der Curricula.

Die auch hier bald einsetzende Kritik (Zersplitterung in Einzelcurricula, technologische Verkürzung des Bildungsbegriffs auf Einzelqualifikationen und Kompetenzen, Wissenschaftsgläubigkeit, behavioristisches Lehr-Lern-Verständnis mit Einengung auf messbare Leistungen, „teacher-proof-concept" usw.) führte u. a. zur Bewegung des „Offenen Unterrichts", die mehr Freiraum für Lehrer und Schulen einforderte und in Rückbesinnung auf reformpädagogische Grundgedanken einer „Pädagogik vom Kinde aus" ein ausgewogeneres Verhältnis von Kind- und Wissenschaftsorientierung anstrebte.

Die aktuelle Lehrplan- bzw. Curriculumentwicklung ist stark geprägt von den bildungspolitischen Auswirkungen der Ergebnisse internationaler Schulleistungsvergleichsstudien wie TIMSS und PISA (vgl. Knauf/ Liebers/ Prengel 2005). In den USA haben die schwachen Ergebnisse bei der TIMS-Studie zu einer verstärkten staatlichen Steuerung des Schulwesens geführt, die unter dem Begriff *Kerncurriculum* (Core Curriculum) zusammengefasst werden kann.

So wird von der Schulbehörde für jeweils 6 oder 9 Wochen detailliert vorgeschrieben (und den Eltern zugestellt), was in den verschiedenen Fächern (writing, spelling, grammar, math, science, social studies, visual arts, music, physical education) erwartet wird. Dies ist Basis der Leistungsbewertung, die anhand standardisierter Tests (meist im Multiple-Choice-Verfahren) stattfindet und für einen landesweiten Wettbewerb mit entsprechenden Auszeichnungen und Veröffentlichungen ausgewertet wird. Ein nationales Leistungs-„Ranking" veröffentlicht das dadurch definierte Renommee der Schulen und ihrer Lehrer.

In Deutschland wird der traditionelle Bildungsbegriff derzeit stark durch Methoden der empirischen Sozialforschung beeinflusst: Bildung wird in „Kompetenzen" zerlegt und diese wiederum auf wenige messbare „skills" reduziert. Da humanistische Bildungsmerkmale wie Urteilsfähigkeit, Einbildungskraft, Phantasie und Kreativität kaum operationalisierbar sind, spielen sie ebenso wenig eine Rolle wie umfassende, den ganzen Menschen berücksichtigende Bildungsvorstellungen (von Platon, Augustinus über Comenius, Vico, Kant, Schleiermacher und Humboldt bis Klafki...). Zwischenzeitlich hat sich allerdings eine Gegenbewegung formiert, die vor allem folgende Punkte kritisiert: Reduzierung von Schulleistung auf abfragbares Wissen (vgl. Kohn 2001, Ruhloff 2007), Uniformität statt Individualität, Sekundärmotivation (Belohnung und Auszeichnung) statt Eigenverantwortung, Testvorbereitung statt nachhaltiger Unterricht, Diskriminierung benachteiligter Schulen und Schüler (nach Leßmann 2003).

Nach Tenorth (2004 b) bestehen für Theorie und Praxis schulischer Grundbildung noch viele offene Probleme, insbesondere im Hinblick auf den Kompetenzbegriff, die Konstruktion von Kanon bzw. Kerncurriculum der Grundbildung, die Schulstruktur und Organisationsfrage sowie auf zentrale didaktische und methodische Erwartungen. „Die Bildungskarrieren der Heranwachsenden als subjektiv bedeutsame und institutionell ermöglichte ‚Bildungsgänge' zu betrachten, ist deshalb aufschlussreicher als die Analyse vor dem Hintergrund der Schultypen..." (S.180).

Die in Deutschland (nach dem „PISA-Schock" verstärkt) geführte Diskussion um Kerncurricula – vor allem ausgelöst durch die Denkschrift der Bildungskommission NRW „Zukunft der Bildung – Schule der Zukunft" (Neuwied 1995) – findet inzwischen auf einer höheren Ebene statt, insofern Autonomie der Schulen *und* Festlegung „curricularer Kerne" in Einklang gebracht werden sollen: „Wer größere Selbständigkeit der Schulen und Beachtung der Heterogenität der Schülerinnen und Schüler will, muss wegen der staatlichen Verantwortung für Bildungsgerechtigkeit curriculare Kerne festlegen, die für alle Schulen bei aller Eigenständigkeit bindend sind" (Bartnitzy 2003, S. 279).

Im Zusammenhang einer neuen Standard-Diskussion (Fixierung bundesweiter Bildungsstandards, Vergleichsarbeiten) werden o. g. Bedenken wie technizistisches Verständnis des Lernens als Input-Output-Schema, falsches Bild vom Menschen als „Trivial-Maschine" (Luhmann), Beschränkung auf fachbezogene Leistungen und das Messbare, Vernachlässigung der Qualität von Lernprozesse, Verkennen der Entwicklungsdifferenzen von z. T. mehreren Schuljahren, Unterstützen weiterer Selektionstendenzen usw. den Vorteilen gegenüber gestellt: Verlässlichkeit und Anschlussfähigkeit der Lernbestände, Zielorientierung für alle Beteiligten, realistische Akzeptanz gesellschaftlicher Bildungserwartungen, Sicherung eines gemeinsamen kulturellen Bildungsgrundniveaus.

Auffällig an der Diskussion ist einerseits die Wiederbelebung des Curriculumgedankens der 1970-er Jahre (Operationalisierung von Lernzielen, „Teacherproof Instruction" usw.), andererseits auch die Berufung auf den (klassischen) Bildungsbegriff im Sinne Humboldtscher Modi der Welterschließung: Mathematisches, historisches, linguistisches, ästhetisch-expressives und philosophisches Verstehen der Welt.

Dies mag belegen, dass in der Theoriebildung aus historischen Erfahrungen gelernt werden kann, ist aber noch kein hinreichendes Indiz dafür, dass in der konkreten bildungspolitischen Umsetzung nicht doch frühere Fehler wiederholt werden. Immerhin scheint sich ein gewisser Konsens in der Festlegung folgender *Basiskompetenzen* abzuzeichnen (z. B. Bildungskommission 2003):
– Beherrschung der Verkehrssprache
– Mathematische Mitteilungsfähigkeit
– Selbstregulierung des Wissenserwerbs
– Beherrschung moderner Informationstechniken
– Fremdsprachenkenntnisse

Beispiel für eine grundschuldidaktische Initiative, die sich um Bildungsstandards innerhalb eines Lernbereichs der Grundschule bemüht (ohne von vornherein die beschriebenen Negativfolgen verkürzter Kerncurricula zu implizieren), ist der *Perspektivrahmen Sachunterricht* der Gesellschaft für Didaktik des Sachunterrichts (2002). Hier wird der „Bildungsanspruch des Sachunterrichts" hervorgehoben:

„Die spezielle Aufgabe des Sachunterrichts ist es, Schülerinnen und Schüler darin zu unterstützen, sich die natürliche, soziale und technische gestaltete Umwelt bildungswirksam zu erschließen und dabei auch Grundlagen für den Fachunterricht der weiterführenden Schulen zu legen... Um seiner Aufgabe gerecht zu werden, muss der Sachunterricht Fragen, Interessen und Lernbedürfnisse von Kindern berücksichtigen sowie das in Fachkulturen erarbeitete, gepflegte und weiter zu entwickelnde Wissen nutzen. Damit unterstützt er die Kinder dabei, sich kulturell bedeutsames Wissen zu erschließen und eine zuverlässige Grundlage, sowohl zur zunehmend eigenverantwortliches Handeln als auch für weiterführendes Lernen als Voraussetzung für neue Ideen und tragfähige Lösungen" (GDSU 2002, S. 2).

In diesen Aussagen werden o. g. klassische Bildungsideen nicht über Bord geworfen, sondern als Grundlage für verbindliche, aber nicht auf Input-Output verkürzte Bildungsstandards verstanden, was im Begriff der „Perspektiven" nachvollziehbar ist. Die Konkretisierung erfolgt anhand der sozial-/ kulturwissenschaftlichen, der raumbezogenen, der naturbezogenen, der technischen und der historischen Perspektive. Die Perspektiven sind hinreichend trennscharf, berücksichtigen Alltagserfahrungen der Kinder und bieten dennoch Anschlussmöglichkeiten für weiterführendes fachliches Lernen.

Präzisiert wird der Bildungsanspruch in beschreibbaren Kompetenzen, die auch Könnensziele enthalten und Lernfortschritte sichtbar machen. Es geht nicht aber nicht nur um abfragbares deklaratives Wissen, sondern auch um Handlungsfähigkeit und Urteilsfindung. So werden operationalisierbare Fähigkeiten definiert und durch inhalts- und verfahrensbezogene Beispiele erläutert. Z. B. bei der raumbezogenen Perspektive: „Sich Räume mit Hilfe von Karten, Skizzen, Beschreibungen und anderen Hilfsmitteln erschließen und Raumgegebenheiten erfassen" (S. 12). Als beispielhafte Inhalte werden angeführt: „Schule, Schulgelände, Schulgarten, Schulwege; Dorf/ Stadtteil, Stadt; Wohnen und Wohnumgebung, ..." (S. 14). Mit Vernetzungsbeispielen wird auf fächerverbindende Aspekte hingewiesen: „Wie haben die Menschen in unserem Ort in früheren Zeiten gewohnt?" u. ä.

Gerade der Beispielcharakter erfüllt das Bildungsprinzip des Exemplarischen, das der jeweiligen Lebenswelt der Kinder entstammt und im Besonderen das Allgemeine entdecken lässt.

Dieses Grundkonzept ist geeignet, auch auf andere Bildungsbereiche der Grundschule wie Musik, Kunst, Sport und Bewegung sowie Religion übertragen zu werden.

Die Weiterentwicklung muss systemkritisch gesehen werden: Bildungsstandards dürfen nicht nur als Zuordnungen zu bestehenden Institutionen des Schulsystems gesehen werden, sondern verstärkt auch als variable *Bildungsgänge* im Sinne biographischer Lernwege, die individuell wählbar, in Ähnlichkeiten zugeordnet, an den lokalen Möglichkeiten (nicht zentralistisch) orientiert sind sowie soziale Ungleichheiten ausgleichen. Dabei sollte „die Phase der Grundbildung nicht zu rasch übersprungen werden" (Tenorth 2004 a, S.660).

Damit wird *Grundschule* nicht als eine „für immer" festgelegte Institution definiert, sondern als *„offenes System" für grundlegende Bildungsgänge*, das sich um steten Ausgleich von Spannungsfeldern bemüht:
– Akzeptanz von Heterogenität *und* Gewährleistung gleicher Bildungsstandards,
– Spielraum für individuelle Entwicklungen *und* Einhaltung von Bildungsstandards,
– pädagogische Freiräume für die einzelne Schule *und* Selbstverpflichtung zur Einhaltung vergleichbarer Leistungsmaßstäbe.

1.4 Schulische Bildung als Lebenshilfe

Die Funktion der *Schulpropädeutik* (Befähigung zum schulischen Lernen, Vermittlung von Basiskompetenzen, die weiterführendes Lernen im Bildungssystem ermöglichen) bedarf der Ergänzung durch die Aufgabe der *Lebenspropädeutik*: Schulische Bildung als Lebenshilfe, Anbahnung von Selbständigkeit, Mündigkeit und Urteilsfähigkeit. Grundbildung ist darauf ausgerichtet, dem Kind „Basiswerkzeuge" zur Erschließung seiner Lebenswirklichkeit anzubieten. Mit Hilfe kategorialer Einsichten und fachorientierter Methoden wird es besser gelingen, auch lebenspraktische Probleme zu meistern: Anwenden von Rechenfertigkeit beim Einkaufen und Spielen, Symbolverständnis beim Interpretieren von Pictogrammen, beim sinnverstehenden Lesen von Gebrauchsanleitungen, gezielte Fragetechnik beim Einholen von Informationen, Verwenden von Plan und Karte bei räumlicher Orientierung, Kenntnis der Körperfunktionen als Grundlage gesunder Ernährung, Erkennen sozialer Wechselbeziehungen als Voraussetzung für Bewältigung sozialer Konflikte usw. Insofern steht nicht künstliche Trennung, sondern beabsichtigte Wechselbeziehung von fachlichem und lebenspraktischem Lernen im Vordergrund. In der Grundschule liegt der Akzent darauf, die Anbahnung fachlicher Kenntnisse und Fähigkeiten in den Dienst gegenwärtiger und zukünftiger Lebensbewältigung zu stellen. Dabei ist didaktisch zu berücksichtigen, dass viele lebenspraktische Themen und Probleme sozusagen „quer" zu den Fachstrukturen liegen und deshalb „fachcurricular" nur schwer einzuordnen sind. Wenn die Grundschule den Eigenwert des Kindseins ernst nimmt, wird sie sich aber auch dort um „Lebenshilfe" bemühen, wo traditionelle Schulfachgliederungen an ihre Grenzen stoßen. Entsprechende Thematisierung vor- bzw. überfachlicher „Lernbereiche" (vgl. Burk 1976) oder des „Lebensweltbezugs" (in Aufarbeitung von Husserl 1924/1954; vgl. auch Maurer 1992) ist deshalb für die Grundschulpädagogik und -didaktik obligatorisch.

Von der komplexen Aufgabe *„Erziehung als Lebenshilfe"* (Brezinka 1971) ausgehend, zeigt sich jedoch, dass die Schule als Teilausschnitt des Lebens nur beschränkte Möglichkeiten der Einflussnahme auf außerschulische Lebensvollzüge hat, wie auch die seit Herbart (1806) während Diskussion um *„erziehenden Unterricht"* belegt (vgl. Koch/ Schorch 2004). Das Problem stellt sich aber noch grundsätzlicher:

„Erfahrungen, die im Rahmen formalisierter Bildungsprozesse angeboten werden, sind immer stellvertretende Erfahrungen – ausgewählt und präpariert mit dem Ziel, Lernprozesse anzubahnen und zu unterstützen, die aber, um erfolgreich zu verlaufen, als persönliche und authentische Erfahrungen wahrgenommen und verarbeitet werden müssen. Je stärker sich die Bildungseinrichtungen darum bemühen, Alltagserfahrungen in ihre Programme aufzunehmen, desto deutlicher wird das Paradoxon. *Schulische Erfahrungen sind immer pädagogisierte Erfahrungen...*" (BLK 1997, S. 16).

Für die Grundschule ergeben sich hierbei vielleicht noch die besten Chancen, wenn man von altersbedingter Offenheit und Plastizität der Schüler, vom Klassenlehrerprinzip und dem hohen Stellenwert des Schullebens als neue „Lebenserfahrung" für das Kind ausgeht.

Die Aufgabe der Lebenspropädeutik, soweit sie im Handlungsfeld der Schule möglich ist, besteht in der Anbahnung von Selbstbildung; sie muss im Kindes- und Jugendalter durch erzieherische Maßnahmen flankiert werden. Dabei sind (anlehnend an die Gedanken Schleiermachers und die entsprechenden Ausführungen Flitners 1985), nochmals die bekannten drei Momente der Hilfestellung hervorzuheben: Erziehen als Behütung und Fürsorge, Erziehen als Gegenwirken (Grenzziehung und Kompensation) und Erziehen als Unterstützen.

Grundlegende Lebenspropädeutik ist sowohl auf gegenwärtige wie auch auf zukünftige lebenspraktische Herausforderungen bezogen, die Sozial-, Sach- und Selbstkompetenz betreffen.

Im *Gegenwartsbezug* betreffen die gesellschaftlichen Erwartungen an die Grundschule vor allem

– Lebenssicherung (Förderung des Sicherheits- bzw. Gefahrenbewusstseins usw.),
– sozialen Umgang (Förderung von Kooperations- und Konfliktlösungsfähigkeit usw.),
– Umgang mit Dingen und Informationen (Förderung des sachgerechten Umgangs mit Arbeitsmaterial und technischen Geräten, Hilfe beim Zurechtfinden in medialer Informationsflut usw.) und

– Bewältigung von Leistungsanforderungen (Förderung der Lernbereitschaft und -
fähigkeit usw.)

Der *Zukunftsbezug* von Lebenspropädeutik unterliegt dem genannten Paradoxon,
dass Erziehung und Bildung auf etwas vorbereiten sollen, das man nicht genau bestimmen kann. Da sich schon in der Gegenwart kein klares Bild vom gesellschaftlichen Wandel ergibt, ist es umso schwieriger, künftige Entwicklungen detailliert vor-
herzusagen und hieraus gar Anforderungen an schulische Bildung abzuleiten. Eindeutig erkennbar ist jedoch, dass das Tempo der Veränderungen ständig zunimmt –
und damit die Bedeutung von Ausbildung und Bildung für die Fähigkeit „aktiver
Anpassung". Insofern ist die Suche nach Orientierungshilfen berechtigt, die sich aus
angenommenen *Tendenzen gesellschaftlicher Weiterentwicklung* ergeben.

Als entsprechende *Zeitsignaturen* (Bildungskommission NRW 1995) werden z. B. genannt: Pluralisierung
der Lebensformen und der sozialen Beziehungen (auch: Anwachsen sozialer Ungleichheiten und der
Risiken von Freiheit), Veränderung der Welt durch neue Medien, Informations- und Kommunikations-
technologie (mit entsprechender Auswirkung auf Gesellschaft und Kultur), Umweltkrise und ökologische Herausforderung (Umgang mit natürlichen Ressourcen, Grenzen des Wohlstandswachstums usw.),
Bevölkerungsexplosion und Migration (als Folge des globalen Wohlstandsgefälles), Internationalisie-
rung der Lebensverhältnisse (Globalisierung, Multikulturalität einerseits, Nationalismus, Abwehr des
Fremden andererseits), Wandel der Werte (Erosion traditioneller Werte, Suche nach neuem Wertekonsens und Gemeinsamkeit).

Mit Blick auf solche und weitere umfassende Herausforderungen ist es illusorisch,
die Grundschule heute als isolierten Schonraum einer heilen Kinderwelt und als
„pädagogische Kinderprovinz" gestalten zu wollen.

Vielmehr gilt es, das Bewusstsein zentraler Probleme der Gegenwart und, soweit
vorhersehbar, der Zukunft auf die Einsicht der *Mitverantwortlichkeit aller* zu richten. Von einer so verstandenen „Allgemein"-Bildung (im Sinne von „Gemeinsinn")
kann die Grundschule nicht ausgenommen werden.

Klafki (1992) schlägt deshalb auch schon für den Grundschul(sach)unterricht eine
Konzentration auf „epochaltypische Schlüsselprobleme" unserer Gegenwart und der ver-
mutlichen Zukunft vor: Das Problem von Krieg und Frieden, die Umweltfrage, das
rapide Wachstum der Weltbevölkerung, die soziale Ungleichheit, die Herausforderung durch Informations- und Kommunikationsmedien und das Problem der Ich-
Du-Beziehungen.

Grundschulpädagogisch ist hierbei allerdings zu bedenken, dass all die genannten
Probleme von *Erwachsenen* hervorgerufen und die Risiken der „Risikogesellschaft"
von Erwachsenen produziert sind. Es wäre pädagogisch unangemessen, Kinder mit
diesen Erwachsenenproblemen zu überfrachten und zu verunsichern sowie die Probleme einfach auf die nächste Generation zu verschieben und damit Verantwortung
weiterzuverlagern.

Angesetzt werden kann nur dort, wo Kinder im Rahmen ihrer Verständnis- und Handlungsmöglichkeiten selbst einen Beitrag zur Problemlösung leisten können. Die einlinige thematische Umsetzung komplexer „Schlüsselprobleme" in Lernbereiche der Grundschule ist weder vertretbar noch möglich: Nicht alles, was Kinder als Erwachsene benötigen, ist schon jetzt erlernbar. Zu fragen ist vielmehr nach Voraussetzungen für erfolgreiches Weiterlernen, die den (späteren) Umgang mit solchen Problemen erleichtern.

Anregungen hierfür ergeben sich z. B. durch den aktuellen Rückgriff auf die pädagogische Diskussion um sog. *Schlüsselqualifikationen*, vor allem, wenn handlungsbezogen das Entdecken, Erkunden, Fragen, Beschaffen, Ordnen, Vergleichen, Prüfen und Bewerten von Informationen gemeint ist (vgl. Knauf 1997).

„Schlüsselqualifikationen sind erwerbbare allgemeine Fähigkeiten, Einstellungen und Strategien, die bei der Lösung von Problemen und beim Erwerb neuer Kompetenzen in möglichst vielen Inhaltsbereichen von Nutzen sind. Zu ihnen gehören Erkenntnisinteresse und eigenständiges Lernen, Reflexion und Optimierung der eigenen Lernprozesse und damit die Fähigkeit dazu zu lernen, das Zutrauen in die eigene Selbstwirksamkeit als Grundeinstellung, Flexibilität, Fähigkeit zur Kommunikation und zur Teamarbeit, kreatives Denken. Sie sind nicht auf direktem Wege zu erwerben, zum Beispiel in Form eines eigenen fachlichen Lernangebots; sie müssen vielmehr in Verbindung mit dem Erwerb von intelligentem Wissen aufgebaut werden" (Bildungskommission NRW 1995, S. 113, 115).

In einer solchen bildungstheoretischen Orientierung wird nicht von vornherein ein unmittelbarer Transfereffekt erwartet. Insbesondere die Grundschule als Schulstufe, die noch am weitesten vom Erwachsenenalter entfernt ist, wird von gesellschaftlichen Ansprüchen entlastet, wenn sie nicht an direkter Anwendung des Wissens gemessen, sondern schon ihre Bemühung um Anschlussfähigkeit für nachfolgendes Lernen anerkannt wird.

Die grundschulspezifischen Kernaufgaben sollten nicht konzeptionslos und nur an Modeströmungen orientiert erweitert werden. Unumgänglich ist es jedoch, den Grundbestand traditioneller Kulturtechniken zu erweitern, wobei vor allem die Vermittlung von Grundkenntnissen einer modernen Fremdsprache (vgl. Klippel 2000, Böttger 2005) sowie die Einführung in den für Selbstbildung genutzten Umgang mit dem Computer zu nennen sind.

Fazit: Die pädagogisch-didaktische Konstruktion der *Grundlegung* ist nicht mit „Vereinfachung" gleichzusetzen, vielmehr steht dahinter die „hohe Kunst" der *Elementarisierung* und das anspruchsvolle Prinzip des *Exemplarischen*: Nur wenn Ziele und Inhalte weiterführender Bildung in ihrer vollen Breite, Tiefe und Zukunftsbedeutung erfasst werden, können die erforderlichen Voraussetzungen bestimmt werden. Das bedeutet: Je klarer grundlegende Bildung präzisiert wird, desto komplexer müssen die notwendigen bildungstheoretischen Voraussetzungen, Kriterien und Begründungen sein. Die Umsetzung des Grundlegungsgedankens in das pädagogische Handlungsfeld „vor Ort" der jeweiligen Schule erweist sich als Professionsanforderung, die weit über reine Schulfachkompetenz hinaus reicht!

2 Die Grundschule als *erste* Schule

Im vorausgegangenen Kapitel wurde nach Grundlagen für das Lernen an weiterführenden Schulen und damit nach der Anschlussfähigkeit „nach oben" gefragt. Nun soll die Perspektive auf den *Anfang* des Bildungsprozesses in seiner institutionellen und pädagogischen Bedeutung gerichtet werden.

Auch *vor* Schulbeginn können Kinder schon „schulische" Erfahrungen machen, wenn entsprechende Möglichkeiten wie „Frühförderungseinrichtungen", Musikschulen, Schulkindergärten usw. vorhanden sind. Bezeichnenderweise wird hier aber in der Regel von *„außer*schulischen" oder *„vor*-schulischen" Lernangeboten gesprochen. Demgegenüber wird hier ein engerer Schulbegriff verwendet, der maßgeblich von Schule als gesetzlich verankerter Institution ausgeht; Richtlinie ist das staatliche „Schulsystem" und die vorgeschriebene „Schulpflicht" (Schule als Machtausübung und Zwangsverordnung des Staates).

In diesem Schulsystem ist die Grundschule dadurch gekennzeichnet, dass sie grundsätzlich von jedem Kind besucht werden muss (soweit nicht die Notwendigkeit der Sonder- bzw. Förderschulzuweisung vorliegt). Im Gegensatz zu weiterführenden Schulen besteht keine Wahlmöglichkeit, so dass die *Grundschule als einzige für alle Kinder verpflichtende Schule* im Schulsystem der Bundesrepublik Deutschland anzusehen ist. *„Schulpflicht* einerseits und *Beschulungspflicht* andererseits bedingen einander und stehen in einem unauflöslichen Abhängigkeitsverhältnis, solange es öffentlich-rechtliche Schulen gibt" (Weigert 1991, S. 103).

Aus der Maßgabe „*Erste* Schule im Schulsystem" ergeben sich Grundsatzüberlegungen, die von der Gründung der deutschen Grundschule im Reichsgrundschulgesetz von 1920 (vgl. Rodehüser 1989, S. 109 ff.) bis zur gegenwärtigen Schuldiskussion (vgl. Denner/ Schumacher 2004) überdauert haben, insbesondere:

– Welches ist das optimale Schuleintrittsalter? (Diskussion „Eingangsstufe")
– Wie können die Kinder bestmöglich auf die Schule vorbereitet werden? (Diskussion Bildungsstandards für den Elementarbereich)
– Welche Voraussetzungen werden von den Kindern erwartet, die in die Schule aufgenommen werden? (Diskussion „Schuleingangsdiagnostik")
– Welchen Kriterien unterliegt eine Schule, die alle schulpflichtigen Kinder aufnimmt? (Diskussion „Integration" / „Inklusion" und „Differenzierung")
– Wie kann sich die Schule bestmöglich auf die Schulanfänger einstellen und zwischen kindlichen Bedürfnissen und gesellschaftlichen Erwartungen „vermitteln"? (Diskussion Anfangsunterricht)
– Wie ist der „Übergang" organisatorisch und pädagogisch zu gestalten? (Diskussion „Bruchloser Übergang" versus „Neuanfang").

Im Unterschied zu anderen Schulstufen und -arten (die selbstverständlich auch dem Anspruch unterliegen, die Schüler „dort abzuholen, wo sie herkommen"), handelt es sich bei Schulanfängern noch nicht um „Schüler" mit lehrplanmäßig bestimmbarem Vorwissen. Damit ist die spezielle Schwierigkeit verbunden, dass keinerlei Maßstäbe einer (gemeinsamen) schulischen Vorbildung vorhanden sind und nicht auf schulische „Vorsortierung" und Selektion aufgebaut werden kann. Während es auf späteren Bildungsstufen vor allem darauf ankommt, die Schüler in fachlichen Inhalten und entsprechenden Denk- und Arbeitsweisen „*weiter*zuführen", muss die Grundstufe erst einmal in die *Eigenart schulischen Lernens* an sich einführen.

Der pädagogische Akzent einer „ersten Schule" liegt demnach in der Frage, was die erste Erfahrung mit Schule *für das Kind* bedeutet. Es geht um eine „Pädagogik des Anfangs" (die allerdings das Ende nicht aus dem Blick verlieren darf):

„Wie keine andere Schule weiß die Grundschule um die Problematik, mit dem Lernen richtig anzufangen. Lernen vom Individuum, vom Subjekt aus, vom Kind aus zu organisieren – auf diese Herausforderung hat sich die Grundschule stets in besonderer Weise eingestellt. Im pädagogischen Schrifttum wie auch in der Praxis ist eine Fülle an Problemlösungen erarbeitet worden, die diesen Anfang des Lernens stärken. Das gilt für die Gestaltung der Lernräume und Lernzeiten ebenso wie für die Formen des miteinander Lebens und Lernens, für die Methoden und Inhalte, die Lernmaterialien und –aufgaben, auch für die Formen der Lernrückmeldung u.v.a.m. Aber die Grundschule ist nach vier Jahren zu Ende. Das frühe Ende zwingt dazu, das Lernen fertig zu machen. Was immer wir in der Grundschule anfangen, dieses Ende lässt sich nicht abschütteln" (Fischer 2003, S. 54).

Angesichts dieser Vorüberlegungen geht es im Folgenden um die Analyse einer Institution, der auferlegt ist, *erste verbindliche Sozialisationsinstitution für das Kind* zu sein. Ein solcher Blickwinkel impliziert (noch mehr als bei der bildungstheoretischen Konstruktion der „Grundlegung") verstärkt *pädagogische* Entscheidungen und Vorgaben, die Konsequenzen für die Umsetzung im schulischen Handlungsfeld erfordern. Dahinter steht eine „Theorie der Lernanfänge" und die normative Prämisse *„Auf den Anfang kommt es an!"*

2.1 Grundschule als „Vermittlerschule"

„Die Schule ist eine Institution, die aus Kindern Schüler macht!" Dieser Satz des Schweizer Lehrers und Schriftstellers Ernst Eggimann (1972) pointiert die Wechselbeziehung zwischen institutionellen Gegebenheiten und pädagogischem Handlungsbedarf.

Die Grundschule ist der Ort, an dem das Kind zum ersten Mal mit (öffentlich kontrolliertem) systematischem Lernen konfrontiert wird; damit verbunden sind neue Maßstäbe für seine Selbsteinschätzung. Es geht also nicht allein um Wissen und Können, sondern um Einstellung zum Lernen, Anstrengungsbereitschaft, Identitätsentwicklung und Wertorientierung. Neben dem bisher entwickelten sozialen und physischen Selbstkonzept beginnt nun der Aufbau eines „schulischen Selbstkonzepts". Das Kind erhält eine *neue gesellschaftliche Rolle*: Zum *„Kindsein"* kommt das *„Schüler-*

sein". Das Kind wird zum Schüler unter vielen anderen; es muss sich an neue Ordnungen und Regeln gewöhnen und ist damit einem „strukturell bedingten Sozialisationskonflikt" ausgesetzt. Das soziale Bezugsfeld der Familie wird durch die Erfüllung der Schulpflicht durch eine „öffentliche Dimension" erweitert. Mit Eintritt in die „öffentliche Schule" wird das Kind mit für alle gleichermaßen geltenden objektiven Leistungsanforderungen und überindividuellen Normen konfrontiert, so dass es von nun an ein „Doppelwesen" ist: Familienmitglied und Mitglied der gesellschaftlichen Institution Schule. Die Grundschule als „Sozialisationsinstanz" macht aus dem Kind ein gesellschaftliches Wesen (nach Koch 1998, S. 62/63).

Schon früh hat man in diesem Wechsel die Gefahr eines fatalen Bruchs in der Lernbiographie erkannt und damit die pädagogischen Aufgaben der Vermittlung zwischen den Phasen und der Kontinuität im Bildungsprozess.

Ideengeschichtlich hat bereits Joh. Amos Comenius (1592-1670) ein Schulsystem entworfen, das vom *Leitgedanken kontinuierlicher Bildung* getragen war. In seinem Konzept der jeweils sechs Jahre dauernden Bildungsstufen Mutterschule-Muttersprachschule-Lateinschule-Universität ist die „Muttersprachschule" eine Institution, die heute als modellhafter Vorläufer der Grundschule angesehen werden kann. Besondere Beachtung wurde dem möglichst gleitenden Übergang von der Familienerziehung („Mutterschule") zur schulischen Erziehung geschenkt: Aufbauen auf Bestehendes und natürliche Weiterführung des Lernens. In den Lernanfängen und deren Erleichterung sieht Comenius den Schlüssel für den Erfolg der nächsten Bildungsphase (vgl. Koch 2003).

Der Gedanke, „bei der Bildung des Menschengeschlechts dem Gang der Natur zu folgen", wurde von Joh. Heinrich Pestalozzi (1746-1827) weitergeführt. Der ersten Schulanstalt wird die Aufgabe gestellt, die „Unverdorbenheit der häuslichen Erziehung" fortzusetzen und aus der Einfachheit der Anschauung die „Natur des menschlichen Geistes" zu entwickeln. Gerade in der Anfangsphase dürfe das lebensnahe Lernen „mit Kopf, Herz und Hand" nicht „tyrannisch still" gelegt werden. Auch wenn die Schule letztlich eine künstliche Lerninstanz ist, sollten doch die eingesetzten Mittel so natürlich wie möglich sein.

Während hier die Übergangsproblematik vor allem durch Entschulung der („Buch- und Pauk-") Schule und durch „Wohnstuben-Lernen" im Anfangsunterricht zu entschärfen versucht wird, betont der „Vater des Kindergartens" Friedrich Fröbel (1782-1852) noch stärker die Vorstufe der Schulbildung und hier besonders die Notwendigkeit einer *Vermittlungsschule*. In ihrer Mittlerfunktion steht sie als pädagogische Instanz zwischen dem Kindergarten und der eigentlichen Lern- oder Begriffsschule und kann so als geistiger Vorläufer des Eingangsstufenmodells angesehen werden. Wegweisend ist Fröbel mit der differenzierenden Überlegung, nicht das Prinzip der Kontinuität zu verabsolutieren, sondern gleichzeitig bewusst die Zäsuren des Bildungswegs zu markieren.

Die Idee einer Vermittlungsschule mit eigener Qualität, die eine verlässliche Vor-schulerziehung ins Gesamtsystem einbezieht, wird aktuell unter dem Begriff „An-schlussfähige Bildung im Kindesalter" und in der Bemühung um Erstellung ver-bindlicher Bildungspläne für den Kindergarten neu diskutiert.

Insgesamt steht der Vermittlungsgedanke in engem Zusammenhang mit der erziehe-rischen Bemühung, den Einzelmenschen in die objektive Kultur hineinzuführen. Schon bei Hegel (1770-1831) wird die Grundschule als Institution gedacht, die eine Stellung zwischen der Familie und der „wirklichen Welt" hat und den Übergang vermittelt.

Diese Intention nimmt realgeschichtlich Anfang des 20.Jahrhunderts konkrete Ge-stalt an: Die Grundschule wird als „Vermittlungsschule" betrachtet, die behutsam vom „freien Kinderleben" zu den sachlich wie methodisch bestimmten Tätigkeiten des Schullernens leitet und die eigentliche Schulfähigkeit erst herbeiführt (Flitner 1966, S. 133 f., vgl. auch Schmack 1970, S. 56 ff.).

In den skizzierten historischen Ansätzen wie in der aktuellen Diskussion zeichnet sich das Grundproblem einer „ersten Schule" ab: Die Frage nach Kontinuität bzw. Diskontinuität des Lern- und Bildungsprozesses am Schulanfang. Vielfältige Lösungs-versuche machen deutlich, dass es zweifellos eines ausgeprägten „Vermittlungs-bewusstseins" der Lehrkraft einer ersten Klasse, eines behutsamen „pädagogischen Takts" und entsprechender personaler Bindung bedarf. Andererseits sind Lehrer je-doch auch „Funktionäre" der Institution Schule mit deren „objektiven" (gesellschaft-lich-politischen) Anforderungen.

In anthropologisch-pädagogischer Weiterführung dieses Gedankens versteht sich die *Grundschule als „Vermittlungsschule zwischen Kind und Welt"*. Diesem Thema wid-met sich der gleichnamige Studientextband von H.-J. Fischer (2002). Er beschreibt die Grundschule als den „Ort, an dem das Kind zum ersten Mal systematisch und auf Dauer dazu herausgefordert wird, aus seinem Leben herauszutreten, dem Leben und der Welt gegenüberzutreten, sie als etwas Gegenüberstehendes, als Gegenstand zu gewinnen. Das kann nur nahe am Leben des Kindes und im engen Bezug zu seiner Welt gelingen" (S. 234).

2.2 Problemzone Schulbeginn

Wenn Kinder zur Schule kommen, haben sie bereits ein relativ stabiles Welt- und Selbstbild, und sie haben sich schon eine subjektive Theorie des Lebens und Denkens zurechtgelegt, die das künftige Lernen beeinflusst (vgl. Gardner 1993). In der Regel sind die Bedingungen für einen guten Schulstart durchaus günstig: Die meisten Kinder freuen sich auf die Schule, sie sind neugierig und wissensdurstig, warten ungeduldig darauf, endlich lesen, schreiben und rechnen zu lernen bzw. schon er-worbene Fähigkeiten und Kenntnisse anwenden und vorzeigen zu dürfen. Weitgehend ist die grundsätzliche Bereitschaft vorhanden, sich auf die Anforderungen der Schule einzulassen.

Wenn es zu Schwierigkeiten und Krisen kommt, werden die Ursachen deshalb nicht einseitig beim Kind zu suchen sein, sondern in der strukturellen Wechselbeziehung zwischen kindlichen Voraussetzungen und den institutionell festgelegten Anforderungen.

Neben *neuen Erwartungen von Lehrern und Eltern* (Leistungsvergleich, Bewährung) entstehen neue Anforderungen in *motorischer* Hinsicht (einerseits Einschränkung der Bewegungsfreiheit, andererseits Differenzierung der Feinmotorik), im *sozialen* Bereich (neuer und ungewohnter Sozialverband, die ehemals „Großen" sind nun wieder die „Kleinen", geringere emotionale Zuwendung usw.) und im *kognitiven* Bereich (mehr angeleitetes, sachbezogenes, weniger selbstbestimmtes, emotional betontes Lernen).

Verlangt werden von Schulanfängern große Anpassungsleistungen: Einfügen in ein vorgegebenes, kompliziertes System von Schul- und Unterrichtsorganisation (Fächer- und Zeiteinteilung, Lehrerzuordnung, Raum-/ Busplänen usw.), Beanspruchung durch einen kognitiv ausgerichteten Unterricht, Triebkontrolle u.v.a.m.

Diese *Überforderung* bei äußeren institutionellen Rahmenbedingungen steht häufig in krassem Gegensatz zu inhaltlicher *Unterforderung* im Hinblick auf das, was Grundschüler bereits können, was sie vor und außerhalb der Schule gelernt haben, was sie an emotionalen, psychomotorischen und geistige Kräften mitbringen und was im gleichschrittigen Unterricht nicht zur Geltung kommen kann.

Kinder können unter diesen Bedingungen die anfängliche Lernfreude verlieren und alsbald ein „negatives Schulbild" aufbauen. Eine Kernaufgabe des Schulanfangs liegt demnach darin, frühzeitige „Verbildung der kindlichen Lernbereitschaft" zu verhindern und die *Vermittlung zwischen Kindsein und Schülersein* in den Vordergrund zu stellen.

Aufschlussreich sind hier Ergebnisse der *Biographieforschung*, die Erinnerungen Erwachsener an das Erlebnis des Schulanfangs als signifikanten Lebenseinschnitt beschreiben. Aus der Untersuchung von Erinnerungen bzw. Nichterinnerungen an den Schulbeginn ergeben sich nach Schneider (2001) folgende biographische „Erfahrungsmuster der Bewältigung des Übergangs in die Schule":

– Der Schulanfang als „Balance-Erfahrung": Das Kind balanciert seine individuelle Einzigartigkeit mit den Anforderungen des Eingepasstseins in eine Lerngruppe, seine familiäre und neu hinzu gekommene schulische Welt sozial, emotional und organisatorisch aus.

– Schulanfang als „Impulsgeber": Erfährt das Kind, dass die Schule sein ausgeprägtes subjektives Bedürfnis nach Lernen und Anerkennung weitgehend erfüllt, wird durch den Schuleintritt ein bedeutsamer Entwicklungsschub ausgelöst.

– Schulanfang als „Brucherfahrung": Der Übergang in die Schule wird zum Bruch, wenn Erwartungen enttäuscht, Ängste nicht abgebaut und negative Erlebnisse in der Schule zur Dauerbelastung werden.

– Schule als „Distanzwelt": Für das Kind hat die Schule als Pflichtveranstaltung gegenüber Erlebnissen in anderen Lebenswelten nur geringes Gewicht, Schule wird nur erduldet.

– Schulanfang als „Betreten eines Nestes": Für das Kind wird die Schule zum Hort der Geborgenheit als Gegensatz oder Ergänzung zum Elternhaus.

Wie in jeder Schwellensituation liegen demnach Chancen und Risiken dicht beieinander: Erfolgreiches Meistern der Situation wird zum Entwicklungsimpuls (Freisetzen neuer Fähigkeiten, Stärkung des Selbstkonzepts durch neuer Könnenserfahrungen), Scheitern führt zu Entwicklungsverzögerungen, -brüchen oder -rückschritten (Resignation, Verweigern, Widersetzen).

Solche Diskontinuitäten in der Entwicklung hängen maßgeblich auch mit dem beschriebenen Rollenwechsel zusammen. Pädagogisch kommt es darauf an, eine Ausgangslage zu schaffen, die es dem Schulanfänger ermöglicht, die neuen Anforderungen in sein Welt-/ Selbstbild und Handlungsrepertoire aufzunehmen. Beim Übergang in die Schule ist also auch Diskontinuität als Entwicklungspotenzial einzubeziehen. Dieses Spannungsverhältnis in ein möglichst ausgewogenes Verhältnis zu bringen, ist Aufgabe pädagogischer Gestaltung des Schulanfangs, die unter der Devise „Gleitender Übergang *und* Neubeginn" steht.

Dass der Schuleintritt in der Realität eine charakteristische Problemzone darstellt, ist vor allem schulgeschichtlich bedingt. Im Kernansatz ist das *Übergangsproblem ein Folgeproblem* der Entstehung der deutschen Grundschule als einheitliche und gemeinsame Schule für alle. Bei ihrer Gründung blieb der Vorschulbereich außer acht, so dass sich Kindergarten und Volksschule als weitgehend voneinander isolierte Bildungskulturen entwickelten und bis heute eine Abstimmung von Vorschulerziehung und Anfangsunterricht allenfalls durch amtliche Verordnungen „erzwungen" wird.

Hinzu kommt, dass bei der früheren Trennung des niederen und höheren Schulwesens das Auslese- und Verteilungsproblem kaum eine Rolle spielte, da nicht Leistung, sondern der soziale Status Hauptkriterium für Schulbesuch und -wahl war. Erst im Zusammenhang mit (demokratischen) Prinzipien wie Leistungsorientierung und (Start-) Chancengerechtigkeit wird die Frage nach einem einheitlichen „Einstiegsniveau" bedeutsam und damit zu einem „Schwellen-Problem" (vgl. Hacker 1998, S.11).

Auch wenn für das Ge- bzw. Misslingen des Schulanfangs die Lehrerpersönlichkeit von großer Bedeutung ist, wie dies in einer qualitativinter-pretativen Untersuchung zum „Bildungsprozeß des Kindes im Übergang von der Familie zur Schule" bei Witting (1989, S.341) ausgeführt wird, müssen die entsprechenden pädagogischen

Handlungsmöglichkeiten und -grenzen vor allem in ihren strukturellen Zusammenhängen gesehen werden. Denn viele der Anfangsprobleme, die bewältigt werden müssen, sind institutionell „hausgemacht", d.h. sie liegen in der Schulorganisation selbst begründet. Hier versucht, die „von unten aufbauende" *Grundschulreform* seit den 1970-er Jahren anzusetzen (vgl. Neuhaus, E.: Reform der Grundschule 1994).

2.3 Übergangsmodelle

2.3.1 Die Idee der Schuleingangsstufe

In den großen historischen Schulentwürfen und -plänen ist die erste Schule von vornherein konzeptionell ins Schulsystem eingebunden: Die „Muttersprachschule" bei Comenius, die Primarstufe im französischen Schulplan Condorcets (1792), die allgemeine Elementarschule nach Süvern im preußischen Unterrichtsgesetz (1819), die Elementarbildung und -erziehung nach Pestalozzi. Immer wird die erste Schulstufe als Grundlage des gesamten Schulaufbaus gesehen, nicht nur als Vorschule.

Mit Konstituierung der Grundschule durch die Weimarer Verfassung ist diese Funktion als erste (verpflichtende) Schule festgeschrieben. In Abkehr von reifungstheoretischen Prämissen der Entwicklungspsychologie und aufgrund zunehmender Favorisierung eines „dynamischen Konzepts der Begabung" (Lerntheorie) in den 1960-er Jahren, wird die Bedeutung der (frühen) Kindheit als „bildsamste Phase" hervorgehoben, was konsequenterweise die Forderung eines Ausbaus auch vorschulischer Bildungsangebote beinhaltet.

Diese Forderung steht im Zusammenhang mit einer umfassenden Neukonzeption des Schulsystems, wie sie der Deutsche Bildungsrat in seinem „Strukturplan für das Bildungswesen" 1970 vorgeschlagen hat: Die Aufteilung nach Elementar-, Primar- und Sekundarbereich. Der neu geordnete Primarbereich sollte die bisherige Grundschule ablösen:

„Er umfaßt vier Schülerjahrgänge oder, bei Einbeziehung der Orientierungsstufe in diesen Bereich, sechs Schülerjahrgänge und ist in zwei oder drei Zweijahresstufen gegliedert: Eingangsstufe, Grundstufe und ggf. Orientierungsstufe [2+2(+2)]. Diese Stufen sind Einheiten mit besonderer pädagogischer Zielsetzung und gleichzeitig im Rahmen des kontinuierlichen Verlaufs der Bildungsprozesse aufeinander bezogen. Als längerfristige Zielsetzung wird empfohlen, alle Kinder zum ersten Termin nach Vollendung des 5.Lebensjahres einzuschulen. Um der Gefahr vorzubeugen, daß die Grundschule in ihrer gegenwärtigen Form lediglich nach unten ausgedehnt wird, muß der Einführung des früheren Schuleintrittsalters die Veränderung der Stufung, Inhalte und Lehrverfahren im Primarbereich vorausgehen" (S. 123).

Mit dem Eingangsstufenmodell wird der Versuch unternommen, die Übergangsproblematik institutionell zu lösen. Hauptintention ist es, Startchancengerechtigkeit herzustellen, indem für alle Kinder ein angemessener Zeitraum zur Verbesserung ihrer Lernfähigkeit und -bereitschaft vorgeschaltet wird. Durch gezielte Förderung sollen soziokulturell bedingte Unterschiede abgebaut und größere Vergleichbarkeit der Lernvoraussetzungen erreicht werden, um alle Kinder auf die neuen sachlichen

Anforderungen der Grundstufe vorzubereiten. In den Empfehlungen der Bildungs-kommission wird ausdrücklich auf eine „Längsschnittförderung" hingewiesen, d.h. auf eine pädagogische Absicherung der „kritischen Zeit" des Übergangs.

Hierin wird die Brückenfunktion der Eingangsstufe deutlich, die eine kontinuierli-che Weiterführung der Lern- und Erziehungsprozesse des Elementarbereichs gewähr-leisten soll. Der oft problematische Einschnitt des Schulanfangs als „schicksalhafte Schwellensituation" soll entschärft werden. Dadurch, dass auch schon für den Elementarbereich curriculare Angaben vorhanden sind, kann im Primarbereich ge-zielt an vorschulische Erfahrungen angeknüpft werden. Das sei erforderlich, weil das herkömmliche erste Schuljahr so mit vielfältigen Aufgaben überfrachtet ist (Kultur-techniken, Sozialerziehung, Einführung ins schulische Leben, Lernen und Arbei-ten), dass hierfür eine Verteilung auf zwei Jahre angemessen sei.

Die Ausgleichsfunktion der Eingangsstufe zielt auf einen möglichst konfliktfreien Lernbeginn in der Schule ohne die übliche Auslese durch Schulreifetests ab. Vorhan-dene Benachteiligungen (sei es durch mangelnde Förderung im Elternhaus, sei es durch Lernbehinderungen usw.) sollen möglichst frühzeitig erkannt und abzubauen versucht werden. Sozialpädagogisch wird darüber hinaus das Argument angeführt, dass beim Übergang in die Grundstufe die Kinder als Gruppe zusammenbleiben und sich so die Sozialisationsprozesse stabilisieren könnten (was allerdings auch Nachteile nach sich zieht).

Aus diesen Zielvorstellungen ergaben sich grundsätzliche Forderungen für die Orga-nisation des Schulanfangs, wobei zwei Modelle entworfen wurden:

Bei der *einjährigen Eingangsstufe* handelt es sich um ein Vorbereitungsjahr, das bei den Fünfjährigen die Voraussetzungen für die Lernverfahren der Schule anbahnen soll. Vorteil ist, dass die bestehende Orga-nisation der Grundschule kaum verändert wird, Nachteil, dass durch die kurze Dauer die Möglichkeit ausgleichender und differenzierender Förderung der Kinder begrenzt ist.

Nach dem Entwurf einer *zweijährigen Eingangsstufe* sollen die Vorklasse und die herkömmliche erste Grundschulklasse zu einer Einheit verbunden werden. Der Vorteil wird darin gesehen, dass alle Kinder entsprechend ihrem Entwicklungstempo gefördert werden. Allerdings bedeutet dieses Modell eine gra-vierende Umstrukturierung der Grundschule, insbesondere beim Ausgestalten der dann unter anderen pädagogischen Bedingungen arbeitenden „Grundstufe".

Abgesehen von einzelnen bestehenden Vorklassen- und Eingangsstufeneinrichtungen in einigen Bundesländern haben sich weder die genannten noch andere ähnliche Modelle als Regelform durchgesetzt, wofür neben dem Problem der Finanzierung vor allem Einwände gegen die Herabsetzung der Schulpflicht auf das 5.Lebensjahr ausschlaggebend waren.

Die pädagogischen Innovationen der Eingangsstufenidee für eine veränderte Grund-schule sind jedoch unverändert aktuell und zeigen die Notwendigkeit, dass eine be-friedigende Lösung aller Einschulungsprobleme nicht allein mit „pädagogischem Takt" der Erstklasslehrer, sondern erst in Verbindung mit entsprechender organisa-torischer Umgestaltung der Grundschule erreicht werden kann.

Vor diesem Hintergrund wird deutlich, dass das nachfolgend dargestellte Konzept allenfalls als „Kompromisslösung" angesehen werden kann.

2.3.2 Kooperation zwischen Kindergarten und Grundschule

Um die Defizite einer fehlenden Eingangsstufe pädagogisch „abzufedern", bemüht man sich in verschiedenen Bundesländern seit langem mit amtlichen Empfehlungen oder Verordnungen um organisatorische Zusammenführung des Vorschulbereichs mit der Grundschule. So wird einerseits curriculare Kontinuität eingefordert, andererseits (wie nachfolgend am bayerischen Modell „Kooperation" exemplifiziert) die Milderung von Lernschwierigkeiten in der Eingewöhnungsphase, die Verbesserung des Lernklimas und der individuellen Fördermöglichkeiten betont:
Die Aufgabenstellung im institutionell-personellen Bereich richtet sich auf Kontinuität im Wechsel der pädagogischen Bezugspersonen und der Lernumwelt sowie auf Verminderung von Differenzen der Erziehungsauffassung von Erzieherinnen und Lehrerinnen. Im Bereich der Förderinhalte geht es um gegenseitiges Kennenlernen der Erziehungs- bzw. Unterrichtsinhalte und um Erfahrungsaustausch hinsichtlich gezielter Förderung aufgrund genauer Beobachtung kindlichen Verhaltens. Im methodischen Bereich steht die Überleitung von mehr situations-gebundenem in zunehmend zielgerichtetes, geplantes Lernen, von spielorientierten Lernformen in mehr sachstrukturierte Arbeitsformen im Vordergrund.
Als Möglichkeiten der Zusammenarbeit werden genannt: Gemeinsame Konferenz von Vertretern des Kindergartens, gegenseitige Besuche von Erziehern und Lehrern, Besuche der Kindergartenkinder in der Grundschule, gemeinsame Unternehmungen wie Feste, Feiern und Ausflüge, Anknüpfung an Lernformen des Kindergartens, gemeinsame Elternveranstaltungen der Grundschule und des Kindergartens, beratende Funktion der Erzieherin bei Fragen der Schuleingangsdiagnostik, gemeinsame Fortbildungsveranstaltungen für Erzieherinnen und LehrerInnen (vgl. auch Krenzer 1995, Barth 1996, Burgener-Woeffray 1996, S. 95-98, Hopf u. a. 2004).
Man spricht hier gerne von „Brücken" zwischen Kindergarten und Grundschule: „Brücken als hastig überschrittene Engpässe sind aber nicht das richtige Bild für die stabile Konstruktion des Übergangs. Nötig sind lebensweltbezogene *Verzahnungen von Kindergarten und Grundschule*", vor allem durch
– Schaffung eines institutionell gleitenden Übergangs zwischen Elementarbereich und Primarbereich (vgl. Skandinavien, Niederlande),
– Akzeptanz von Diskontinuität als Entwicklungsanreiz, der Übergänge („Transitionen") als notwendiges Element von Lebensgeschichte begrifft,
– Stärkung der Kinder durch eine Schulvorbereitung, die Kinder „schulfähig" und „schulbereit" macht (Knauf 2004).
Intensiviert werden könnten die Ziele und Formen der Zusammenarbeit durch verstärkte Einrichtung von („integrativen") Schulkindergärten, wobei Teams aus Ex-

perten des Kindergartens, der Schulkindergartens und der Grundschule gemeinsame Förderarbeit leisten (vgl. Stähling 2004).

Trotz verschiedener Bemühungen um „Verdichtungszonen" (vgl. die historische Aufarbeitung bei Reyer 2006) ist das Verhältnis von Kindergarten und Grundschule aber bis heute immer noch durch institutionelle Abgrenzung geprägt:

„Kindergarten und Grundschule sind in Deutschland bislang kaum füreinander anschlussfähig. Sie sind nicht nur personell, curricular und strukturell weitgehend voneinander getrennt, sondern sie folgen vor allem unterschiedlichen pädagogischen Konzepten. Zahlreiche Reformversuche wie z.b. die Einführung der Eingangsstufe oder die bildungsadministrativ verordnete Zusammenarbeit des Personals beider Einrichtungen haben bislang entgegen den ursprünglichen Erwartungen nicht zu einer besseren Abstimmung geführt" (Faust u.a. 2004, S.7).

Auch die „neue Schuleingangsstufe" fasst im Grunde nur Teilprobleme an. Das Grundproblem institutionell bedingter Hemmnisse kontinuierlicher individueller Bildungsgänge ist damit noch nicht behoben.

2.3.3 Die „neue" Schuleingangsstufe

Widersprüchliche negative Entwicklungen der letzten Jahre (unzuverlässige Schulfähigkeitsermittlung, zunehmende Rückstellungsquoten, unzureichende Förderung zurückgestellter Kinder) und weiterhin mangelnde Zusammenarbeit zwischen Kindergarten und Grundschule (vgl. Faust/ Roßbach 2004) führten zu einer Reaktivierung und Weiterführung des Eingangsstufengedankens, die sich auch in verschiedenen Empfehlungen der *Kultusministerkonferenz* (KMK) Ende der 1990-er Jahren niederschlug:

– Schulaufnahme für alle Kinder, die das 6.Lebensjahr vollendet haben,
– Flexible Handhabung der Stichtagsregelung,
– Vorzeitige Schulaufnahme auf Antrag der Eltern,
– Keine Schulfähigkeitstest und Zurückstellung (Erarbeitung der Schulfähigkeit im ersten Schuljahr),
– altersgemischte Lerngruppen im 1./2.Schuljahr (unterschiedliche Verweildauer in der Eingangsstufe),
– Einsatz von sonder- bzw. förderpädagogischem Fachpersonal,
– vertiefte Kooperation mit den Kindergarten,
– halbjährige Einschulungstermine.

„Diese programmatischen Gesichtspunkte verändern nicht nur den Einschulungsmodus. Sie bringen in der Folge u. a. einen tief greifenden Wandel für den Anfangsunterricht, für dessen Aufgabenspektrum, das Unterrichtsverständnis und die Rolle der Lehrkräfte" (Hacker 2003, S.8).

Derzeit stehen allerdings vielfach noch trennende und integrative Einschulungsverfahren nebeneinander:

– *Segretative Strategie:* Aufgrund des Kriteriums „Schulfähigkeit" werden verschiedene Lerngruppen gebildet, die entweder „normal" in eine erste Klasse eingeschult oder für ein Jahr in speziellen (sozial-/ sonder-) pädagogischen Einrichtungen gefördert werden (Versuch der Homogenisierung).

– *Integrative Strategie:* Alle schulpflichtigen Kinder werden in Eingangsklassen eingeschult, wobei die Verweildauer zwischen 1 und 3 Jahren betragen kann (Erhalt der Heterogenität).

Nach einer Untersuchung des Grundschulverbandes (Faust-Siehl 2001) zeichnen sich in allen Bundesländern (meist in Schulversuchen) nunmehr Übereinstimmungen ab im Hinblick auf integrative Förderung zurückgestellter Kinder, flexible Verweildauer, Differenzierung und Rhythmisierung, Förderdiagnostik, Zusammenarbeit mit sonderpädagogischem Fachpersonal und Elternaufklärung (Zur empirischen Bewertung der neuen Schuleingangsstufe vgl. Götz 2004, vgl. auch Faust 2006).

Die konkret umzusetzenden Schwerpunkte der Innovationen einer neuen Eingangsstufe liegen in folgenden Organisationsformen und pädagogischen Konzepten (vgl. auch Berthold 2004):

– *Altersmischung* / jahrgangsübergreifende Lerngruppen (in der Regel 1./ 2. Jgst. als pädagogische Einheit).

– *Halbjährige Einschulung* (damit sind vier Lerngruppen / „Generationen" mit unterschiedlicher Schulbesuchsdauer zusammen).

– *Flexibilisierung der Verweildauer* (zwischen 1 ½ und 3 ½ Jahren).

– *Förderdiagnostik und sozialpädagogische Betreuung* (regelmäßige Erhebung des Lernstands, Unterstützung durch sonder- und sozialpädagogisches Fachpersonal beim Aufbau von grundlegenden Fähigkeiten wie Wahrnehmung, Motorik und Sprache sowie von sozialen Beziehungen).

– *Erweiterung der Schulzeit und der Lehrerstunden* (verlässliche Halbtagsgrundschule; längere Betreuungszeiten und zusätzlicher Förderunterricht, Lehrerdoppelbesetzung von Eingangsstufenklassen).

Der internationale Vergleich zeigt, dass andere Länder der Vorschulbildung einen höheren Stellenwert zumessen, die Aufgabe der Schulvorbereitung ernster nehmen und damit auch (direkt oder indirekt) das Übergangsproblem besser meistern. Insgesamt ist festzustellen, dass aufgrund noch bestehender Einschulungsbestimmungen in Deutschland der Schulbeginn weiterhin ein neuralgischer Punkt in unserem Bildungswesen ist, der die Notwendigkeit pädagogischer Gestaltung des Schulanfangs verdeutlicht. Anderseits sind mit den Organisationsformen der neuen Schuleingangsstufe Chancen verbunden, die Erziehern und Lehrern neue Dimensionen ihres pädagogischen Handlungsfelds und Rollenverständnisses eröffnen.

2.4 Schulfähigkeit und Schulbefähigung

Die Kennzeichnung der Grundschule als „erste" Schule im Bildungssystem ist systematisch unter drei Aspekten zu sehen:

– *Gesetzliche* Bestimmungen (Regelung der Schulpflicht),
– *Theoretische Vorstellungen und empirische* Erfassung der Schulfähigkeit von Kindern (Grundlagen der Schuleingangsdiagnostik),
– *normative* Vorgaben für die Umsetzung im pädagogischen Handlungsfeld (Selektion oder Förderung, Schulfähigkeit als Voraussetzung oder Ziel).

Hierin zeigt sich wiederum die Notwendigkeit grundschultheoretischer Unterscheidung zwischen Bedingungsanalyse einerseits und pädagogisch verantworteten Möglichkeiten im Praxisfeld andererseits: Je nach Gesetzeslage sowie wissenschaftlichen Erkenntnissen und Konstrukten verändern sich die Zielvorstellungen als Leitlinien pädagogischen Alltagshandelns des Lehrers. Andererseits werden schulpraktische Möglichkeiten und Grenzen zum Regulativ theoretischer Ansprüche.

2.4.1 Schulpflicht und Einschulungsalter

Im so genannten „Hamburger Abkommen" der Kultusministerkonferenz vom 28.10.1964 wurde bundeseinheitlich festgelegt:

Kinder, die bis zum 30.6. eines Jahres das 6. Lebensjahr vollenden, werden zum 1.8. dieses Jahres schulpflichtig. Auf Antrag der Erziehungsberechtigten können Kinder in die Grundschule aufgenommen werden, die bis zum 31.12. des Einschulungsjahres das 6. Lebensjahr vollenden, wenn ihre körperliche und geistige Entwicklung erwarten lässt, dass sie mit Erfolg am Unterricht teilnehmen werden. Ein Kind, das am 30. Juni mindestens 6 Jahre alt ist, kann auf die Dauer eines Schuljahres vom Schulbesuch zurückgestellt werden, wenn zu erwarten ist, dass es nicht mit Erfolg am Unterricht teilnehmen kann. Die Zurückstellung ist nur zulässig, wenn kein Anlass auf Sonderschulzuweisung besteht.

Die „Normaleinschulung" erfolgte in der Regel zwischen 6;1 und 7;2 Jahren. Während in den 70-er Jahren noch häufig die Möglichkeit vorzeitiger Einschulung in Anspruch genommen wurde, verstärkte sich im letzten Jahren Jahrzehnt bei den Eltern die Tendenz, die Kinder vom Schulbesuch zurückzustellen. So liegt das durchschnittliche Einschulungsalter in Deutschland bei 6;7 Jahren und damit deutlich höher als in anderen europäischen Ländern. Um die Zeit bis zu Schulabschlüssen nicht noch mehr zu verlängern, versucht man nunmehr gegenzusteuern und das Schuleintrittsalter (meist bis zu einem halben Jahr) vorzuverlegen (vgl. die Übersicht bei Diehm 2004). So ist inzwischen die Regelung der Altersgrenzen in den meisten Bundesländern gelockert, so dass unter Einbezug vorzeitiger Einschulung bzw. Zurückstellung die Einschulungszeitspanne zwischen 5;6 und 8;2 Jahren liegen kann. Tendenziell zeichnet sich auch ab, keine amtlichen Empfehlungen mehr für eine bestimmte Form der Schuleingangsdiagnostik auszusprechen.

Es zeigt sich, dass die Festlegung des Einschulungsalters vornehmlich eine politische Entscheidung ist, die eher von demographischen als von pädagogischen Begründungen getragen ist (Regelungen in anderen Ländern: z. B. zwischen 5,0 und 8,0 Jahren in Europa, Einschulung der Kinder exakt an ihrem 5. Geburtstag in Australien). Die *Stichtagsregelung* wirkt sich grundschulpädagogisch in zweifacher Hinsicht aus:
– Sie zwingt zu einer „amtlichen" Bestimmung von Schulfähigkeit, da mit der Schul-

pflicht nicht unmittelbar das Recht verbunden ist, in die erste Klasse der Grundschule aufgenommen zu werden;

– sie legt jährlichen Schulbeginn und Jahrgangsklasse fest und damit bestimmte pädagogische Programme.

Erhebliche Konsequenzen für die pädagogische Gestaltung des Schulanfangs haben folgende Regelungen (wie sie mit der „neuen Eingangsstufe" angedacht, in Schulversuchen erprobt oder bereits eingeführt sind):

– Jedes Kind, das ein bestimmtes Alter erreicht hat und lernfähig ist, wird in die Grundschule aufgenommen.

– Die ersten beiden Jahre bilden eine Einheit.

– Die Einschulung erfolgt halbjährlich.

Das bedeutet: „Die ersten beiden Schuljahre als die eigentliche Zeit, in der die Schul- und Unterrichtsfähigkeit als Basis für die weitere Schullaufbahn des Kindes erreicht wird, ist personell und materiell bevorzugt auszubauen. Das Problem der Einschulung muss der isolierend-punktuellen Betrachtung enthoben werden. Es liegt in der Logik der ‚Sache' Lernfähigkeit, die Vorschulerziehung zu intensivieren, sie um den Aspekt der spezifischen Förderung zu erweitern und die Erziehenden der Vorschulzeit (Eltern inbegriffen) für ihre Aufgabe noch besser zu qualifizieren" (Meiers 2002, S.12).

Hieraus ergibt sich auch die theoretische Konsequenz für die Grundschulpädagogik, ihre „Eigenständigkeit" nicht als Abgrenzung zum *Vorschulbereich* zu verstehen, sondern gerade die Anschlussfähigkeit im Lernprozess als besondere Aufgabenstellung in den Vordergrund zu stellen. Gemeinsame Klammer ist der Bildungsbegriff im Sinne des „Anfangs der Allgemeinbildung".

Mit neuen Bestimmungen zu Schulpflicht und Einschulungsalter sowie mit der Verlagerung von Stichtagsregelung zum „Einschulungszeitraum als eigene Phase im Bildungsverlauf" verändert sich auch die Auffassung von „Schulfähigkeit".

2.4.2 Schuleingangsdiagnostik

Wissenschaftlich fundiert bearbeitet wurde das Schuleignungsproblem bereits bei Penning 1926, der aufgrund empirischer Erhebungen zum Ergebnis kommt, dass die Einschulung der Kinder grundsätzlich nach dem Entwicklungsalter, nicht nach dem Lebensalter zu erfolgen hat, aus schulorganisatorischen Gründen sich aber für eine Schulpflicht mit vollendetem 7. Lebensjahr ausspricht (S. 200).

(a) Die ersten Modelle zum Verständnis der *Schulreife* aus kinderärztlicher und psychologischer Sicht wurden in den dreißiger Jahren entworfen. Entsprechend der damals vorherrschenden Reifungs- und Stufentheorie nahm man an, dass sich Schulreife endogen, nach innerlich angelegten Reifungsvorgängen im Organismus entwickle und der Fortschritt in allen Dimensionen körperlicher und seelischer Entwicklung synchron erfolge. Als biologischer Reifungsschub wurde z. B. der Zahnwechsel angesehen. Der Hauptvertreter des Schulreifekonzepts Artur Kern ging von der Beobachtung aus, dass Sitzenbleiber nur wenig von der Klassenwiederholung profitierten („Sitzenbleiberelend und Schulreife" 1951), was er bei diesen Kindern vor allem auf reifungsmäßig zu frühen Schulbeginn zurückführte. Er plädierte deshalb für eine psychologisch fundierte Erfassung der psychischen Schulreife und entwickelte hierfür den sogenannten „Grundleistungstest" (GLT), der jahrzehntelang für viele weitere Schulreifetests als Modell diente:

Die Kinder malen ein (Schreibschrift-) Sätzchen von der Tafel ab und fertigen eine („Männchen-") Zeichnung dazu, malen Mengengestalten ab, erfassen bzw. benennen simultan Mengen und suchen aus Reihen von ähnlichen symbolhaften Abbildungen diejenige heraus, die exakt dem Vergleichsobjekt entspricht.

Die Überprüfung der Schulreife konzentrierte sich somit auf visuelle „Gliederungsfähigkeit", die als Kriterium für den gesamten Entwicklungsstand und als zentrale Grundleistung schulischer Anforderungen angesehen wurde.

(b) Mit Kritik an Reifungstheorie und biologischer Sichtweise (unzulässige Übertragung von Kriterien körperlicher auf die geistige Entwicklung) richtete sich das Interesse ab den sechziger Jahren mehr auf (vorschulische) *Lern*prozesse und auf die Komplexität menschlichen Leistungsverhaltens. Das Schulreifekonzept wurde abgelöst durch eine neue Begriffsbestimmung der *Schulfähigkeit* (vgl. Krapp/ Mandl 1977), was Einbezug weiterer Faktoren des Schulerfolgs wie Motivation, Arbeitshaltung und Schulfähigkeit bedeutete. Schenk-Danzinger (1969) ergänzte den Begriff Schulfähigkeit (notwendige kognitive Funktionen der Unterweisung im Klassenunterricht) durch den Begriff der *Schulbereitschaft*: Interessen und Einstellungen gegenüber schulischen Inhalten und Gegebenheiten. Seit dieser Zeit legt Schuleingangsdiagnostik folgende *Hauptkriterien* (vgl. z. B. Weigert/ Weigert 1991) zugrunde:

– *Körperliche Aspekte* (allgemeiner Gesundheitszustand, körperliche Konstitution, Grob- und Feinmotorik, ...),
– *Sozialfähigkeit* (Einordnen in die Gruppe, Umgang mit Regeln, gemeinsames Arbeiten in der Gruppe, Selbständigkeit und Ablösen von kleinkindhafter Bindung an familiäre Bezugspersonen, Kontaktaufnahme von Beziehungen zu Gleichaltrigen und Erwachsenen, Konfliktverarbeitungs-, Kommunikationsfähigkeit, ...),
– *Motivationale und emotionale Stabilität* (Anstrengungsbereitschaft, Ausdauer, planmäßige Aufmerksamkeit, Selbststeuerung, Bereitschaft zum Verzicht auf Durchsetzung eigener Bedürfnisse zugunsten gemeinsam übernommener Aufgaben, Spielverhalten, ...),
– *Geistige/kognitive Schulfähigkeit* (differenzierte Umweltwahrnehmung und Gliederungsfähigkeit, Sprachentwicklung, gegenstandsgemäßes und zielgerichtetes Handeln, „Werkreife", Aufgabenverständnis, Gedächtnis, Denkfähigkeit, optische und akustische Differenzierungsfähigkeit, ...).

Die *Kritik* an einer solchen Schulfähigkeitsdiagnostik entzündete sich weniger an den genannten Kriterien als vielmehr an den „Meßverfahren" entsprechender *Tests*. Einwände und Bedenken stellt Burgener-Woeffray (1996) auf der Basis empirischer Untersuchungen zusammen:
Schulfähigkeitstests erfassen vorwiegend kognitive Fähigkeiten; sie sind verkürzte Prognoseinstrumente, die die Zahl der Schulversager nicht verringern können; sie sind normorientiert, d. h. als Maßstab dient ein abstrakt gedachtes „Normalkind"; sie verringern kaum Fehlentscheidungen; sie dienen der Selektion aufgrund einseitiger Leistungskriterien; sie sind kindgerecht verpackte Intelligenztests in einem einmaligen Testakt; sie erzeugen bei schlechtem Testergebnis eine negative Leistungserwartung, die das Kind auf Dauer in seinem Selbstkonzept prägt (S. 31-36).
Insgesamt zeigt sich, dass Schulfähigkeitsdiagnostik auf bloßer („schriftlicher") Testgrundlage mit dem pädagogischen Auftrag der Grundschule des „Abholens" und „Weiterführens" nur unzureichend in Einklang zu bringen ist.

(c) Das Bemühen, weitere Bedingungsvariablen von Schulfähigkeit zu erfassen, zu systematisieren und den Stellenwert der Schule einzubeziehen, ist im *ökologisch-systemischen Schulreifemodell* nach Nickel (z. B. 1991) erkennbar, das sich an der ökologischen Entwicklungstheorie von Bronfenbrenner (1981) anlehnt. Hier wird versucht, Wechselwirkungen zwischen individuellen Lernvoraussetzungen, soziokultureller und materieller Gegebenheiten und schulischer Anforderungen in einen gesellschaftlichen Gesamtzusammenhang zu stellen. Allgemeine Ziel- und Wertvorstellungen, sozial-ökonomische Strukturen und Einstellungen zum Leistungsverhalten werden auf die drei Hauptfaktoren SCHULE – SCHÜLER – ÖKOLOGIE bezogen. Es wird nicht nur die Frage gestellt, welche Voraussetzungen das „Teilsystem" Schüler (im Sinne oben genannter Schulfähigkeitskriterien) einbringt, sondern gleichgewichtig die Frage, welchen Beitrag die Grundschule zum Schulfähigkeitskonzept leistet (Lehrpläne, Richtlinien zur Leistungsbeurteilung, Organisation des Lernens, Unterrichtsstil usw.) und – als ökologische Komponente – wie sich vorschulische und familiäre Bedingungen auswirken (vgl. auch Knörzer/ Grass 1992, S. 89-95).
Mit dieser wesentlich erweiterten Sichtweise sind in der neueren Schuleintrittsdiagnostik modifizierte Verfahren einhergegangen: *Kriteriumsorientierte Tests* basieren auf der Messung des Lernerfolgs in einem genau bestimmten Themenbereich über einen längeren Zeitraum (z. B. Erfassung des Ausgangsstandes schon in der Vorschulzeit, gezielte Intervention, Überprüfung des Erfolgs zu Schuleintritt). *Subjektive bzw. informelle Verfahren* im Sinne einer „pädagogischen Ökologie", die auch nicht-kognitive Persönlichkeitsaspekte einbeziehen, beruhen z. B. auf Beobachtungs- und Beurteilungsbögen für Erzieherinnen, auf Elterngesprächen und vorschulischen Einzeluntersuchungen von Kindern.

(d) Aufgrund einer systematisch-historischen Analyse aller bisherigen Schulfähigkeits- und Diagnosekonzepte charakterisiert Burgener-Woeffray (1996) den heutigen Stand der Schuleintrittsdiagnostik als *entwicklungstheoretisch und ökologisch orientierte Pädagogische Diagnostik.* Unter Zusammenführung der Entwicklungstheorie von Piaget, des systemisch-ökologischen Ansatzes sowie struktur-niveauorientierter Lerntheorie wird Schuleintrittsdiagnostik als komplexes Zusammenspiel von drei Aspekten ausgelegt:

– Unter dem „Aspekt der praxisnahen Entscheidung" als professionelle Zusammenarbeit zwischen Kindergarten und Grundschule in Abwägung von Erschwernissen und möglichen Erleichterungen im Lebenskontext des Kindes.
– Unter dem „Aspekt verwendbarer Theorien" als Einbezug bewährter Diagnostikinstrumente zur Erfassung mathematischer, sprachlicher, sozialer Fähigkeiten und der Aufmerksamkeitsstruktur sowie ökologischer Faktoren (Familie, Kindergarten, Hort usw.).
– Unter dem „Aspekt theoriegeleiteter Verfahren" als Arrangement subjekt- und handlungsorientierter Gesprächs-, Spiel- und Beobachtungssituationen (unter Verzicht auf klassische Testgütekriterien).

(e) In der *gegenwärtigen Diskussion* zeichnet sich die Tendenz ab, Schulfähigkeitstests in ihrer Zuverlässigkeit und Effizienz skeptisch einzustufen, vor allem, wenn sie zeitlich punktuell (Stichtag) einseitig kognitive Leistungen zu erfassen suchen. Zunehmend bemüht man sich, von einer Schuleintrittsuntersuchung als „Spätdiagnose" wegzukommen und den Schwerpunkt auf *Früherkennung schulischer Lernstörungen* zu legen. Dabei geht es nicht nur um spektakuläre Symptome, sondern um Auffälligkeiten im Alltagshandeln des Kindes, die von der Erzieherin im Altersgruppenvergleich wahrgenommen werden können (Ball fangen, auf einem Bein hüpfen, Bastelarbeiten durchführen, Lieder und Verse merken, Rhythmus mitklatschen, mit der Schere etwas ausschneiden, sprachlich etwas mitteilen ... können). Bei der Abklärung etwaiger Wahrnehmungsstörungen (taktil, kinästhetisch, vestibulär, visuell, auditiv) wird verstärkt mit weiteren Fachkräften wie Schulpsychologen, Heilpädagogen, Logopäden kooperiert.

Dies ist vor der oben beschriebenen Entwicklung zu sehen, dass in Deutschland die Zahl der vorzeitig eingeschulten Kinder rückläufig, die der Zurückstellungen aber stark gestiegen ist. Zurückstellungen können aber nicht verhindern, dass Kinder ein Schuljahr wiederholen müssen; vielmehr weisen zurückgestellte Kinder die höchste Wiederholungsquote bis ins vierte Schuljahr auf. Je älter die Kinder bei der Regeleinschulung sind, desto weniger lässt eine Zurückstellung das Aufholen von Rückständen erwarten (vgl. Barth 1997).

Insgesamt gesehen stellt das *Konstrukt Schulfähigkeit ein multifaktorielles Gebilde* dar. Zu seiner Erfassung bedarf es einer möglichst exakten und kompetenzorientierten Feststellung der Eingangsvoraussetzungen im Hinblick auf Arbeitsverhalten, Denkfähigkeit, Fein- und Grobmotorik, Gedächtnis, Gliederungsfähigkeit, Konzentration, Mengenerfassung, Selbständigkeit, Sozialverhalten, Sprachverständnis und Wahrnehmung.

Aus ökologisch-systemischer Perspektive der Schuleingangsdiagnostik ist für die Grundschule als pädagogisches Handlungsfeld vor allem folgender Bezugspunkt von Bedeutung: Die Einschätzung von Persönlichkeitsvariablen dient nicht der Selektierungsfunktion, sondern bildet in erster Linie die (empirische) Grundlage für gezielte individuelle Förderung im Rahmen pädagogisch gestalteter Lernumgebung. Bei der *Erhebung der Lernvoraussetzungen* kommt dem Lehrerurteil und damit der „subjektiven Beurteilungskompetenz" erhöhte Bedeutung zu. Die nach PISA geforderte Verbesserung der Diagnosekompetenz kann durch Einbezug vielfältiger Datenquellen genutzt werden: Informelle und standardisierte Verfahren bzw. Tests (z. B. Kieler Einschulungsverfahren von Fröse u. a. 1986) wie auch Beobachtungseinheiten („Schulspiel" und „Schnupperstunden"). Für die Orientierung an fachlichen Anforderungsprofilen liegen z. B. im mathematischen Bereich der Osnabrücker Test zur Zahlbegriffsentwicklung (van Luit u. a. 2001) und für den Schriftspracherwerb das Erhebungsverfahren zur phonologischen Bewusstheit von Martschinke/ Kirschock/ Frank (2002) vor.

Im Sinne einer „Kind-Umwelt-Diagnose" steht *Verhaltensbeobachtung in natürlichen Situationen* im Vordergrund, die durch strukturierte Gespräche und Analyse von Arbeitsergebnissen (Kinderbilder, Textproduktionen usw.) ergänzt wird. Handlungsleitend ist die pädagogische Funktion, die auf *Verbesserung der Lernvoraussetzungen* abzielt.

2.4.3 Schulbefähigung als grundschulpädagogische Aufgabe

Aus ökosystemischer Sicht ist Schulfähigkeit als soziokulturelles Konstrukt gekennzeichnet:

„Schulfähigkeit wird als soziales Phänomen betrachtet, als situationsabhängige, gemeinsame subjektive Theorie von Personen über die Einschulung. Als ein letzter theoretischer Ansatz ist Schulfähigkeit als *Erziehungsziel für alle Kinder* zu sehen. Für dessen Erreichung sind jedoch nicht nur Elternhaus und Schule verantwortlich. Da Schulfähigkeit ein sozial konstruiertes Phänomen ist und auch der soziokulturelle und materielle Rahmen sowie die gesamtgesellschaftliche Situation eine Rolle spielt, sind auch Bildungspolitiker, Kommunen, Medien u. ä. gefordert" (Kammermeyer 2000, S. 30).

Dieser Bedingungsrahmen ist zu bedenken, wenn der Grundschule die schwierige Aufgabe zugewiesen wird, Schulfähigkeit nicht nur festzustellen, sondern auch aktiv herzustellen. Während das grundschulpädagogische Hauptaugenmerk *vor* Schulbeginn auf Informationsgewinnung über vorhandene bzw. fehlende Voraussetzungen beim Kind und entsprechenden präventiven Maßnahmen liegt, geht es *nach* Schulbeginn vornehmlich darum, dem Kind zu einem *erfolgreichen Schulstart* zu verhelfen.

Alois Fischer hat dieses doppelte Anliegen bereits 1928 formuliert: „Schule in strengem Sinn setzt Schulfähigkeit voraus, und diese nach allen Seiten schaffen zu helfen, wird in erster Linie Aufgabe der Unterstufe werden" (zitiert nach Schmack 1970, S. 57).

Derzeit wird die Wechselbeziehung zwischen „Voraussetzung" und „Ziel" eher zugunsten eines Einschulungs*rechtes* des Kindes ausgelegt und gefordert: „Die Grundschule muß ihr pädagogisches Konzept so abwandeln, daß Schulfähigkeit nicht mehr vorausgesetzt, sondern in ihr erworben werden kann" (Susteck 1997, S. 424).

Schulfähigkeit wird also nicht nur als „Eingangsbedingung" gesehen, die das Kind zu erbringen hat, sondern vor allem auch als *Aufgabe der Grundschule, die Schulfähigkeit des Kindes zu fördern* (vgl. auch Hopf u. a. 2004). Damit ist ein Schwerpunkt grundschulpädagogischer Arbeit in den ersten (beiden) Schuljahren vorgegeben, wobei die Leitidee einer gemeinsamen Grundschule für *alle* Schulanfänger zugrunde liegt. Die Umsetzung dieser Aufgabe im schulpraktischen Handlungsfeld vollzieht sich in der – vornehmlich von Erstklasslehrern zu verantwortenden – *pädagogischen Gestaltung des Schulanfangs*.

Dabei ist zu bedenken, dass Übergänge zum Lebensalltag gehören und stets Gefahren und Risiken, aber auch neue Perspektiven und Chancen für die Persönlichkeitsentwicklung des Menschen beinhalten. Schulisch sind Übergänge feste Bestandteile des gestuften Bildungssystems, die auf dem Lebens- und Bildungsweg des einzelnen von schicksalhafter Bedeutung sein können. Da es sich beim Schuleintritt um den ersten (unumgänglichen) Übergang handelt, wird mit Recht die nachhaltige Wirkung dieses Ereignisses hervorgehoben: Hier wird beim Kind das *Bild von Schule,* das „Verständnis von Schule und Schülersein grundgelegt" (Lichtenstein-Rother/Röbe 2005, S.21 ff.) und geprägt, das nachhaltige Auswirkung auf den gesamten Bildungsgang hat.

Weil beim Kind die *Vorstellung von Schule* maßgeblich beeinflusst wird (vgl. die o. g. Ergebnisse der Biographieforschung), kommt der Anfangsphase der Grundschule erhöhte pädagogische Verantwortung zu. Konkretes Erleben der ersten Lehrerin bzw. des ersten Lehrers bestimmt lange das persönliche „Bild des Lehrers", das erste Schulhaus und die dort gemachten positiven wie negativen Erfahrungen erzeugen ein konkretes „Schulbild", das zur Vergleichsgrundlage bei allen nachfolgenden Etappen der Schullaufbahn wird.

„Bild" als Wortstamm von „Bildung" kennzeichnet die prägende Kraft einer ersten „Ein-Bildung" (im Sinne Kants) bzw. „Idee" (im Sinne Platons), die überdauernde Einstellungen und Haltungen gegenüber der Schule in sich trägt. Insofern stellt Schulanfang – über eine zeitliche Ausgangsmarkierung hinaus – die inhaltliche und intentionale Fokussierung des Schulsystems dar.

Unter diesem Gesichtspunkt erweist sich Schulanfang nicht nur als spezielles Teilproblem der Grundschulpädagogik, sondern auch als grundsätzliches Theorie-Praxis-Problem; dann nämlich, wenn danach gefragt wird, *welches* Bild von Schule entworfen werden soll. Orientierungshilfe kann dabei eine systematisch-pädagogische Handlungstheorie abgeben, die das Leitbild in der Aufforderung zu Selbständigkeit und Mündigkeit sieht: *Schule als Umgebung, in der das Kind erfährt, dass es für sein Lernen selbst zuständig ist und hierfür Bildungsangebote in Anspruch nehmen kann.*

Das hat Konsequenzen auch für den Übergang von der Grundschule zur Sekundarstufe: Jede weiterführende Schule muss sich darauf einstellen, welche grundlegende Schuleinstellung bei den Kindern angebahnt wurde, da dies merkliche Auswirkungen auf die Erwartung der Kinder an die neue Schule, aber auch auf die Erwartung der Schule an die aufzunehmenden Schüler hat. Analog zum Schuleintritt wird der mit dem Schulwechsel verbundene Übergang in weiterführende Schulen oftmals als Beziehungsbruch bzw. Diskontinuität im Lebenslauf, als angstvoll erlebte Bedrohung, aber auch als herbeigesehnte Chance wahrgenommen. In der entsprechenden Biographieforschung werden gravierende Selbstkonzept-Wechsel nachgewiesen, die unter dem Stichwort „Sekundarstufenschock" Eingang in die pädagogische Schulforschung (vgl. die Übersicht von Koch, K. 2004) gefunden haben: Zum einen steigt die Schulunlust kurz nach dem Übergang in die fünfte Klasse deutlich an, und zum anderen wird die Schule hauptsächlich über die Person der Lehrerin erfahren und interpretiert. Nach einer Studie von Weißbach (1985) ist der Sekundarstufenschock vermeidbar, wenn Lehrer der weiterführenden Schulen ihr pädagogisches Handeln mehr nach den Bedürfnissen und Eingangsvoraussetzungen der Schüler ausrichten. Dieser Sachverhalt sollte deshalb im Rahmen der Lehrerbildungsreform auch für Lehrer weiterführender Schule als Pflichtmodul im Studium (Vorschlag: „Anschlussfähige Bildungsprozesse") verankert werden, zumal sich jede Schulart mit ihrem eigenen Schulanfang auseinandersetzen muss und auf analoge pädagogische Grundmotive zurückgegriffen werden kann. Jedenfalls ist „Schulanfang" systematischer Bestandteil einer allgemeinen „Theorie der Schule", die sich mit der „Sachverhaltsstruktur" Schule befasst, insbesondere dann wenn Schule selbst zum (lehrplanmäßig verankerten) Unterrichtsthema und für den Schüler zum Gegenstand der Reflexion wird.

Für die Grundschule als erste Schule ergeben sich *spezifische Aufgaben für eine „Pädagogik des Anfangs"*, die im praktischen Handlungsfeld umzusetzen sind (vgl. C 2), vor allem: Gestaltung des Schulanfangs als gleitender Übergang *und* Neubeginn, pädagogisches Arrangement erster Schulerfahrungen des Kindes, didaktische Konzipierung des Anfangsunterrichts sowie die Anbahnung schulischer Lern- und Arbeitsweisen („Schulpropädeutik").

3 Die Grundschule als *gemeinsame* Schule

Die Idee „*Omnes* Omnia Omnino" (Comenius) hat nach wie vor aktuelle Bedeutung, wie die Diskussion von Ergebnissen der PISA-Studie, dass in Deutschland Schulleistung und der Besuch höherer Schulen weit überdurchschnittlich vom sozioökonomischen Status der Eltern abhängt, eindrucksvoll belegt. Die Sicherung gemeinsamer Grundbildung für Alle ist demnach keine Selbstverständlichkeit, sondern es bedarf stets neuer pädagogischer Anstrengung und bildungspolitischer Aktivitäten. In allen (demokratischen) Ländern wird die Aufgabe gesehen, bereits zu Beginn der Schulzeit Kinder aus sozial benachteiligten Schichten besonders zu fördern („No child left behind!"). Mit dem Prinzip sozialer Koedukation in der Weimarer Verfassung 1919 hat diese Aufgabe bereits früh Verfassungsrang erhalten. Seitdem setzt man auf einen „Karawaneneffekt" (ohne allerdings den „Schereneffekt" ausschließen zu können). In der aktuellen Schulstrukturdebatte (z. B. VBW 2007) wird die Verlängerung gemeinsamer Schulzeit thematisiert und entsprechende pädagogische Programme konkretisieren diese Forderung (z. B. „Länger gemeinsam lernen!" Heyer/Preuss-Lausitz/Sack 2003).

3.1 Das Problem der Heterogenität

Das moderne Bildungswesen ist gleichermaßen von homogenisierenden (vereinheitlichenden) „Disziplinierungstendenzen" *und* heterogenisierender (Pluralität erzeugender) „Befreiungsideen" geprägt, die das Spannungsverhältnis von Gleichheit und Differenz in der modernen Gesellschaft widerspiegeln: Integration *und* Selektion als Aufgabe der öffentlichen Einrichtung Schule.

„Die formale Gleichbehandlung der Kinder, und damit die Gleichheitsannahme, produziert – mit der Selektionsfunktion – auf gesellschaftlicher Ebene Ungleichheit. Heterogenität entsteht durch gleiche Anforderungen an Kinder mit unterschiedlichen Vorbedingungen: Heterogenität ist die Kehrseite der Homogenisierung" (Wenning 2004, S.571).

Im Rahmen grundschulpädagogischer Systematik ist die Problematik durch die Wechselwirkung „Erste Schule" – „Gemeinsame Schule" bestimmt, nämlich durch den verfassungsmäßigen Auftrag der Grundschule, *erste* Schule für *alle* Kinder zu sein. Dabei spielt bei der historischen Ausgangssituation eine Rolle, dass in der Weimarer Verfassung der Einheitsschulgedanke, schichtspezifisch bedingte Bildungsnachteile zu überwinden, durchgesetzt werden musste. Gemeinsamkeit wurde zum allgemeinen Prinzip erhoben, ohne anfänglich die sich daraus ergebenden Folgeprobleme, wie etwa Integration Behinderter, vollständig im Blickfeld zu haben.

Die Grundschule ist die Schulart mit der größten Heterogenität und muss mit der besonderen Belastung einer noch unausgelesenen Schülerschaft zurecht kommen: Von hochbegabten bis förderbedürftigen Schülern, von „Überfliegern" bis Langsam-Lernern, von sozioökonomisch Privilegierten bis sozial Benachteiligten. Somit ist der Grundschule das schwer zu lösende Dauerproblem des *pädagogischen Umgangs mit Heterogenität* schon ins Stammbuch geschrieben. Seit dem Grundschulgesetz haben sich die gesellschaftlichen Bedingungen weiter (dramatisch) zugespitzt, da Kinder aufgrund sich stark veränderter Familienstrukturen („Veränderte Kindheit") und differenter Sozialisationsbedingungen verschiedener Herkunftsländer bzw. Ethnien in ihren individuellen Lebensläufen und Lernvoraussetzungen in zunehmendem Maße unterscheiden (vgl. Einsiedler 2003).

Das Problem verschärft sich durch das dritte Bestimmungsmerkmal der Grundschule, dieser heterogenen Schülerschaft eine gemeinsame grundlegende – möglichst standardisierte – Bildung zu ermöglichen. So beinhaltet das gesetzlich vorgegebene Programm zwei zentrale Aufträge:

– Individuelle Förderung aller Kinder und
– Gewährleistung einer einheitlichen Grundbildung.

Die Grundschule ist demnach seit ihrem Entstehen in besonderer Weise mit dem Paradoxon konfrontiert, konträre pädagogische Aufgaben gleichzeitig bewältigen zu müssen: Die Vermittlung gleicher Bildung an Ungleiche! Damit entstehen die Spannungsfelder Homogenisierung *und* Differenzierung bzw. Integration *und* Individualisierung.

Der in Artikel 3 des Grundgesetzes verankerte Gleichberechtigungsgrundsatz beinhaltet in den Verfassungen der einzelnen Bundesländer das Recht auf Erziehung und Ausbildung, ohne Rücksicht auf Herkunft oder wirtschaftliche Lage des jungen Menschen.

In der Weimarer Verfassung erhielt die Grundschule eine Art Monopolstellung im Bildungswesen, da in ihr Bildungs*recht* und Schul*pflicht* miteinander verknüpft sind. So hieß es bereits in § 1 des Grundschulgesetzes vom 11.8.1919: „Die Volksschule ist in den vier untersten Jahrgängen als die *für alle gemeinsame* Grundschule, auf der sich auch das mittlere und höhere Schulwesen aufbaut, einzurichten".

Der zentrale Begriff „gemeinsam" richtete sich gegen die so genannten „Vorschulen" und „Progymnasien", in denen Kinder aus privilegierten Schichten, unter Umgehung einer öffentlichen Schule, direkt auf das Gymnasium vorbereitet wurden. Dem Gesetz war in der Vorgeschichte der deutschen Grundschule bis hin zur Einheitsschulbewegung (vgl. Rodehüser 1989, S. 69-108) ein langer Kampf vorausgegangen. Nun war zwar mehr Bildungsgerechtigkeit erreicht, die in der obligatorischen gemeinsamen Schule für alle in Grundsatz und praktischer Durchführung allerdings neue Belastungen und Erwartungen nach sich zog.

„Daß die Grundschule die Schule *aller* ist, bedeutet: Sie ist die einzige Schule, die von allen Kindern besucht werden muß und besucht wird. Insofern ist sie, ohne den Namen noch zu tragen, *Volksschule*. Hier besondern sich die Individuen noch nicht nach ihren Berufswünschen oder danach, was die Eltern mit ihnen vorhaben. Der Unterschied zwischen arm und reich, zwischen Mächtigen und Machtlosen, zwischen Einflußlosen und Einflußreichen zählt hier so wenig wie der Geschlechtsunterschied. In der Grundschule sind alle beisammen, eine wahrhaft 'klassenlose Gesellschaft'. Durch die Entwicklung der letzten Jahrzehnte hat sich freilich noch etwas Neues ergeben: Die Grundschule ist nicht nur Schule des 'Volks', sondern, übertrieben ausgedrückt: der Völker! Nicht nur die schichtspezifischen sozialen Unterschiede gelten hier noch nicht, sondern zunehmend nicht einmal die nationalen und kulturellen Unterschiede; so scheint sich die Grundschule unseres Landes, das einem 'Einwanderungsland' ähnlich wird, von einer 'Volksschule' zur 'Völkerschule' weiterzuentwickeln ..." (Koch 1998, S. 63).

Der verfassungsmäßige Auftrag der Grundschule, dem Prinzip nach für *alle* offen und dennoch in vorgegebenen Standards bildungswirksam zu sein, die anderen Kernaufgaben zu relativierender Interdependenz. Es handelt sich um ein strukturelles Problem, das (unter Beibehaltung der gesellschafts- und bildungspolitischen Vorgaben) die Schule grundsätzlich überfordert: „Die prägende Wirkung der Lebensverhältnisse, der familialen, biographischen und soziokulturellen Erfahrungen sowie der anthropogenen Voraussetzungen sind durch die Schule allein nicht überwindbar" (Burk 1994, S. 2).

Vor diesem Hintergrund sind viele bildungsidealistische Erwartungen, die oft mit unreflektierter Selbstverständlichkeit an die Grundschule gerichtet werden, mit Skepsis zu betrachten.

3.2 Die Grundschule im Spannungsfeld von Integration und Individualisierung

In der Grundschulgeschichte erfuhr die Berücksichtigung der Prinzipien Integration bzw. Individualisierung durch politische Zeitströmungen unterschiedliche Akzentuierung.

In der „Weimarer Grundschule" erkannte man die Bedeutung individueller Anlage und Neigung für den künftigen Schul- und Bildungsweg, wobei sich allerdings „Begabung" zunehmend zum Faktor gezielter Auslese für das drei-gliedrige Schulsystem entwickelte und (institutionelle) Differenzierung eigentlich erst nach Beendigung der Grundschulzeit einsetzte.

Mit Aufkommen des dynamischen Begabungsbegriffs und der Lern- und Sozialisationstheorien in den sechziger Jahren richtete sich das Augenmerk mehr auf Ausgleich soziokulturell bedingter Startnachteile, Berücksichtigung der Ausgangslage der Kinder und sogenannte *„Startgerechtigkeit"*. Damit konnte das Problem von Integration und Differenzierung nicht mehr weiterverlagert werden, sondern wurde zu einer Kernaufgabe der Grundschule erhoben. Im programmatischen Band „Die Grundschul-Funktion und Reform" (1969) fasste Schwartz zusammen:

„Das Problem der Chancengleichheit stellt die Grundschule des Bildungswesens vor ihre wichtigste, aber auch zugleich schwierigste Aufgabe. Sie ist nicht mit der 'Startgleichheit' zu lösen, sondern nur durch '*Startgerechtigkeit*' zu erleichtern; sie ist nicht durch eine *einheitliche* 'Hinaufhebung' aller Schüler auf ein möglichst hohes Niveau der überlieferten schulischen, mittelständisch orientierten Leistungsanforderungen zu meistern. Die Aufgabe kann nur erfüllt werden, indem die Gleichheit für alle darin erstrebt wird, daß jedem einzelnen die Bildungsmöglichkeiten angeboten und er in den Stand gesetzt wird, diese wahrzunehmen" (S. 60).

Freisetzende Erziehung wird von nun an zum Oberbegriff für Integration und Differenzierung, für Anpassung und Emanzipation. „Wo dieser Herausforderung an eine freisetzende Erziehung entsprochen werden soll, kann die *Chancengleichheit der Bildung nur durch Ungleichheit der Lernangebote* gewährleistet werden, was sich im zeitlichen Aufwand, dem inhaltlichen Angebot und in differenzierten Sozialformen darstellen wird" (ebd. S. 25).

Auch wenn sich in der Folgezeit eine einseitige Konzentration ausgleichender Erziehung auf schulschwache und sozial benachteiligte Kinder abzeichnete (vgl. z. B. Sander 1980), aber auch Chancen*gleichheit* als Utopie entlarvt wurde (vgl. Flitner 1977), ist der Gleichberechtigungsgedanke erhalten geblieben: Bei aller Unterschiedlichkeit der Ausgangslagen haben alle Kinder den prinzipiell gleichen Anspruch an die Grundschule: Sie soll jedem optimale Ausgangsbedingungen und Startgrundlagen auf dem Weg der Selbstbildung ermöglichen. Dies wird nicht erreicht, indem allen das Gleiche, sondern indem jedem das Seine geboten wird, nicht „idem cuique", sondern „suum cuique" (Kerschensteiner). In der heutigen Diskussion um Integration behinderter Kinder in die Regelschule wird diese Leitlinie weiterhin beibehalten (vgl. Lersch 1997).

Voraussetzungen einer individuell freisetzenden Erziehung sind stete Feststellung der Ausgangslage der Schulklasse und individuelle Diagnose, angemessene Akzeptanz interpersonaler Unterschiede sowie *Vorrang des Förderprinzips* vor dem Selektionsprinzip.

Während *Auslesen* mit Blick auf Eignung für weiterführende Schulen zu frühzeitiger Trennung führt, ist *Fördern* (als weiter, nicht nur sonderpädagogisch zu verstehender Begriff) ein durchgängiges und daher integratives Prinzip. „Fördern heißt vor allem, Kinder zu stärken, ihnen Mut zu machen, ihr Selbstwertgefühl und ihr Selbstvertrauen, ihre Leistungsfreude und ihren Leistungswillen zu stärken" (Burk 1994, S. 2).

Wenn Kinder in ihrer Individualität die Chance vergleichbarer Grundbildung haben sollen, ist ein *spezifisches Schulkonzept notwendig*. An höheren Schulen gilt die lehrplanmäßig definierte Leistungsvorgabe als Maßstab, an den sich die Schüler auszurichten haben, um an der Schule verbleiben zu können. In der Grundschule müssen die Schüler (die nur in Ausnahmefällen „ausgesondert" werden können) in ihrer Individualität angenommen werden:

„Sie brauchen verschieden viel Zeit, um etwas zu begreifen. Sie brauchen verschieden viel Erläuterung. Sie brauchen verschieden lange und häufige Übungen, um etwas zu können. Sie brauchen verschieden viel positive Verstärkung, um des eigenen Könnens und Wissens sicher zu sein. Sie sind unterschiedlich gut in der Lage, eigene Erfahrungen durch Zuhören zu ersetzen. Sie haben gegenüber den Aufgaben der Schule eine unterschiedlich starke Leistungsmotivation ..." (Moeller-Andresen 1974, S. 5; vgl. auch Kothz 1998).

Dies geschieht auf der Grundlage eines gemeinsamen Basislernens, das nicht allein auf normierte Bildungsstandards am Ende der Grundschulzeit abzielt, sondern günstige und faire *Start*bedingungen für weiterführendes Lernen schafft.

Die Schule ist so gesehen ein „Haus des Lernens" (Denkschrift NRW 1995, vgl. auch Krawitz 1997), in dem individuell Lernende eine (verordnete) „Gemeinschaft" bilden. Hier ist noch keine institutionelle Bildungskanalisierung (im Sinne des „Berechtigungswesens") und kaum inhaltliche Homogenisierung vorausgegangen, d. h. hier ist *„Heterogenität, nicht Homogenität der Normalfall"* (Meiers).

Spezifisch grundschulpädagogische Aufgabe ist deshalb ausgewogenes und behutsames Ermöglichen von Ersterfahrungen der Kinder: Individuelles *und* gemeinsames Lernen, Selbstbestimmung *und* Solidarität.

Eine *Pädagogik der Vielfalt* (Preuss-Lausitz 1993) betont die „Vielfalt in der Gemeinsamkeit", sie „zielt auf sozial gleiche Chancen, um Individualität zu entfalten und ist nicht hegemonisch orientiert" (S. 34). Heterogene Lerngruppen werden nicht nur als Problem, sondern in erster Linie als Bereicherung angesehen (VBW 2007, S. 23 f.): Austausch der Kulturen, unterschiedlicher Lernerfahrungen und Kenntnisse, Umgang mit dem „Anderssein" und dem „Fremden". Dies führt, sozusagen als Regulativ einer individualpädagogischen Akzentsetzung, letztlich zu einer *Pädagogik der Gemeinsamkeit,* die die „Gemeinsamkeit in der Vielfalt" in den Vordergrund stellt und der Gefahr der Vereinzelung und sozialer Isolation entgegen wirkt.

Fazit: Die ausprägte Heterogenität der Schülerschaft bedingt eine grundschulpädagogische Theorie, die „Vielfalt in der Gemeinsamkeit" als Gegebenheit und Chance versteht und gleichermaßen „Gemeinsamkeit in der Vielfalt" als Aufgabe im Blick behält.

3.3 Zieldifferentes Lernen unter schulischen Rahmenbedingungen

3.3.1 Ziel- und Leistungsdifferenzierung

Das Problem enorm gestiegener Heterogenität der Schülerschaft führt in der Realität dazu, dass die traditionell geforderte „Lernzielgleichheit" kaum mehr einlösbar ist und der Auftrag der Grundschule, einen gemeinsamen Grundstock der Bildung zu gewährleisten, neu überdacht werden muss. In der neueren Diskussion, die vor allem durch Konzeptionen zur Integration behinderter Kinder forciert wird, erhält deshalb der Begriff des *zieldifferenten Lernens* zunehmende Bedeutung.

Nach Einsiedler (2003, S.340/341) bedeutet zieldifferentes Lernen, dass individuell unterschiedliche Lernziele gesetzt und verschiedene Mindestlernzielniveaus akzeptiert werden. In der Grundschulpädagogik gibt es Tendenzen, das in Integrationsklassen schon praktizierte Konzept auf heterogene Klassen der Regelschule auszuweiten. Der prinzipielle Anspruch auf gemeinsame Bildung soll dabei aber nicht aufgegeben werden, so dass ein eigenartiges Spannungsverhältnis von gemeinsamen Bildungszielen einerseits und der Akzeptanz von Zieldifferenz in Leistungsbereichen wie Lesen, Rechtschreiben und Mathematik andererseits entsteht. Dabei wird als wichtiges motivationsbezogenes Argument für die Akzeptanz heterogener Leistungsstände angeführt, dass Leistungsschwächere permanent Misserfolgserlebnisse hätten. Nur durch eine erreichbare Bezugsnorm als Vergleichsmaßstab könnten auch solche Kinder Könnenserfahrungen machen und erhöhte Anstrengungsbereitschaft entwickeln.

Das grundschulpädagogische Ziel, durchschnittliche Leistungen zu verbessern und die Leistungsstreuung im unteren Bereich zu verringern, wird durch zieldifferentes Lernen – zumindest der Tendenz nach – aufgegeben. Ein Mindestlernzielniveau für Leistungsschwache einzuführen, hieße nämlich, eine Zweiteilung des Bildungsbegriffs für die Grundschule zuzulassen. Das hat erhebliche Konsequenzen für Lehrplankonstruktionen, z. B.: Angabe verschiedener Lernzielniveaus oder gemeinsamer Mindestlehrziele. Im ersten Fall wäre „äußere Differenzierung" nach Leistungsgruppen oder gar -klassen, im zweiten Fall eine generelle Leistungsabsenkung vorprogrammiert. Die Beschreibung der Eignung für die weitere Schullaufbahn am Ende des vierten Schuljahres müsste sich auf die Beschreibung des Abstandes von Mindestlehrzielen beziehen. Konsequenzen für den Sekundarbereich ergeben sich, wenn an unterschiedliche Leistungsniveaus angeknüpft werden muss und damit verstärkt auch dort das Heterogenitätsproblem mit all seinen pädagogischen Implikationen weitergeführt wird.

An diesem Sachverhalt zeigt sich die für ein gestuftes Bildungssystem exemplarische Abhängigkeit aller weiterführenden Schulen von der pädagogischen Konzeption und organisatorischen Struktur der Grundstufe. Die Grundschule (mit der dahinter stehenden systematischen Grundschulpädagogik) stellt „Weichen" für den verzweigten Anschluss an weitere „Bildungsschienen":

Welche „Fahrgäste" kommen an den weiteren „Stationen" (überhaupt) an? Wie müssen sie individuell betreut und aufgeteilt werden. Wie können sie tempoabhängig und zielsicher weitergeleitet werden?

3.3.2 Jahrgangsübergreifendes Lernen

Die Kritik an der Jahrgangsklasse ist nicht neu. Bereits *Peter Petersen* (1884 bis 1952) bemängelte, dass das Jahrgangsklassensystem nur daran interessiert sei, einen möglichst homogenen „Lernkörper" zu schaffen. Damit aber würde die Chance vertan, Altersunterschiede als „fruchtbares Bildungsgefälle" zu nutzen. In der Jena-Plan-Schule werden deshalb Schüler aus jeweils drei Jahrgängen in sogenannten Stammgruppen zusammengefasst, wobei sich eine Binnengliederung ergibt, die mit dem Vergleich einer Stufung von „Lehrling, Geselle und Meister" charakterisiert wird. Auch *Maria Montessori* (1870-1952) prangert die altersgebundene Jahrgangsklasse als eine künstliche Isolierung an, die die Entwicklung des sozialen Gefühls, vor allem das Helfen der Kinder verschiedenen Alters untereinander verhindere. *Berthold Otto* (1859-1933) orientiert sich an der geistigen Förderung in der Familie und strebt die „geistige Gemeinschaft verschiedener Lebensalter" an. Sein „freier Gesamtunterricht", in dem alle Schüler von 6 bis 17 Jahren gemeinsam im Gespräch sind „bereitet auch darauf vor, daß die Menschen verschiedene Interessen haben, und daß eine gewisse Toleranz, eine gegenseitige Achtung und Duldung geübt und gelernt wird" (1963, S. 126).

Heute wird dieses reformpädagogische Ideengut wieder aufgenommen und in einen neuen Begründungszusammenhang gestellt (nach Laging 1995):

– Vor dem Hintergrund veränderter Kindheit (mehr Einzelkinder = weniger Geschwistererfahrungen usw.) soll die altersgemischte Gruppe *kompensatorisch* wirken. *Heterogenität* wird noch verstärkt, die Unterschiedlichkeit in Lernstand und Interessenbildung *als Lernchance* genutzt.

– Vor dem Hintergrund neuerer Sozialisationsforschung wird die „Bedeutung des anderen Kindes" (das nicht mehr aus einheitlichen Lebensverhältnissen stammt) hoch eingeschätzt, die *Schule* wird als Gegenpol zum teilweise defizitären außerschulischen Sozialraum, zum *Erprobungsfeld sozialen Umgangs*.

– Mit Blick auf das Erziehungsziel der *Solidarität* erwartet man durch Verschiedenheit der Ausgangsbedingungen größere Augenfälligkeit von Hilfesituationen, die *gegenseitiges Helfen* initiieren. Kinder können als Lehr- und Lernhelfer eingesetzt werden und dadurch die Lehrerfunktion entlasten. In die altersgemischte Gruppe können ggf. auch (einzelne) behinderte Kinder aufgenommen werden, da die Leistungsvorgaben nicht so starr wie in Jahrgangsklassen sind.

– Durch notwendige *neue Organisationsformen* kann die *Schulreform* weitere Impulse erhalten, von Flexibilität in Raumverteilung, Teamarbeit und Lehrereinsatz bis hin zu Versetzungspraktiken und größerem Stellenwert der Lernentwicklungsberichte. Beispielsweise würde eine Zurückstellung nicht mehr nur anspruchslose Wiederholung des Jahrgangs bedeuten.

Aus *lernpsychologischer Sicht* lassen sich (nach Meiers 2004) folgende Gründe für altersgemischte Lerngruppen anführen:

– *Lebenserfahrung* der Älteren als Anregungspotential für die Jüngeren,
– *Sprachkompetenz* im Sinne der Kindersprache, die nicht so große Unterschiede wie zur Erwachsenensprache aufweist,
– *Wechselwirkung* zwischen sprachlicher Vorbildwirkung und einem bewussteren Sprechen,
– *Lernstrategien* der Älteren, von denen die Jüngeren profitieren können,
– *Selbstwertgefühl* der Jüngeren, die stolz darauf sind, mit den Älteren zusammen arbeiten zu können und mitreden zu dürfen,
– *Statuswechsel* durch die Doppelfunktion des Nehmens und Gebens.

Dass in Deutschland das Konzept jahrgangsübergreifenden Unterrichts bereits konkret umgesetzt wird (2000: über 2700 jahrgangsübergreifende Klassen), hängt weniger mit pädagogischen Einsichten, sondern vornehmlich mit realen Entwicklungen zusammen:

Durch den Rückgang der Schülerzahlen (vor allem in den neuen Bundesländern) sind viele Grundschulen (insbesondere im ländlichen Raum) von der Schließung bedroht und wählen deshalb das Modell der „kleinen Grundschulen", in denen meist die Jahrgangsstufen 1 u. 2 sowie 3 u. 4 (in Brandenburg auch 5 u. 6) zusammengefasst werden. Entsprechende Modellversuche zeigen Gefahren (provinzielle Isolierung, reiner Abteilungsunterricht u. a.) auf und setzen auf pädagogische Innovationen: Entwicklung einer „Kultur gemeinsamen Lernens", Umsetzung reformpädagogischer Formen wie Offener Unterricht und Teamteaching.

Die heterogenen Eingangsvoraussetzungen bei den Schulanfängern verhindern zunehmend einen gleichschrittigen, am „Durchschnittsschüler" ausgerichteten Klassenunterricht. Stärker individualisierter Unterricht soll deshalb in altersgemischten Kleingruppen erfolgen, in denen zeitweise leistungsstarke jüngere mit leistungsschwächeren älteren Kinder zusammengefasst und zeitweise der generelle Altersunterschied als Lernanregung genutzt wird. Empirische Bestätigungen der erwarteten Vorteile stehen allerdings noch aus (die bei Rossbach bis 1998 zusammengefassten Ergebnisse zeigten insgesamt nur geringe positive Effekte).

Das Konzept der Altersmischung ist auch im Zusammenhang mit dem Modell der „neuen" Eingangsstufe, unter Einbeziehung der Eingangs- oder Vorklasse zu sehen (vgl. Stähling 2004) und im Hinblick auf die derzeitigen Bestrebungen, den Schuleintrittstermin vorzuverlegen.

Insgesamt stößt die konsequente Verwirklichung eines solchen Konzepts bei einer Grundschuldauer von nur vier Jahren auf enge Grenzen. Grundsätzlich aber sollte Altersmischung nicht nur als schulorganisatorisches Not- und Sparprogramm verstanden, sondern als wohl begründetes Schulangebot (vgl. „Non-graded Schools" in den USA) ausgebaut werden.

3.3.3 Ganztagsschule und „volle Halbtagsgrundschule"

In Deutschland konnte die allgemeine Schulpflicht im 19. Jahrhundert nur als Halbtagsschule durchgesetzt werden, weil Kinder am Nachmittag in der Regel zur Arbeit in Feld, Haus oder Betrieb eingesetzt wurden. In anderen Ländern wurde die Ganztagsschule eingeführt, gerade um die Kinderarbeit einzudämmen. Die heutige Diskussion um die Ganztagsschule in Deutschland ist, nach unterschiedlichen Entwicklungen in der BRD und DDR, wiederum von sozioökonomischen Aspekten geprägt. Die Grundschule soll zur Kinderbetreuungseinrichtung ausgeweitet werden, damit Eltern ihrer Erwerbstätigkeit nachgehen können. Der politische Druck durch junge Familien löste Anfang der 1990-er Jahre Reformaktivitäten aus, die zunächst zu Einrichtungen von Betreuungsangeboten in außerschulischer Trägerschaft führten, zunehmend aber auch eine familienfreundlichere Grundschule einforderten (vgl. Haarmann 1998, Gottschalk/ Hagemann 2002). Dies ging einher mit der (Neu-) Orientierung der Grundschulpädagogik an veränderten Lebensbedingungen der Kinder, die in ihrer häuslichen Umwelt immer weniger eine angemessene Anregung, Hilfe und Betreuung erhalten („Kindheit heute": vgl. B 4.2.3). Immerhin wünschen sich nach Umfragen 30-40% der Eltern in Deutschland eine Ganztagsbetreuung für ihre Kinder (nach Bönsch 1998, S. 23).

Aufgrund des vorhandenen Datenmaterials über ganztägige Schulorganisation (vgl. Schumacher 2004) können aus *empirischer Sicht* die gesetzten Hoffnung allerdings bisher weder gestützt, aber auch nicht verworfen werden. Dennoch zeichnet sich ab:

„Die Stärke ganztägiger Schulorganisation besteht offensichtlich in der Verbindung des Zeitumfangs mit pädagogischen Konzepten... Durch die zeitliche Ausdehnung entsteht die Chance, lange bekannte Reformansätze und neu zu entwickelnde Konzepte der Schulreform gebündelt und besser umzusetzen und auch außerschulische Aktivitäten der Schüler in einen Zusammenhang mit dem Unterricht zu bringen" (Radisch/ Klieme 2004, S. 165).

Aus der Mischargumentation gesellschaftlicher Erfordernisse und Interessen einerseits („Familienfreundlichkeit") sowie bekannter grundschulpädagogischer Prinzipien („Kindgemäßheit") und Konsequenzen aus internationalen Schulleistungsvergleichen (PISA), gewinnt die Diskussion um die *Ganztagsschule* erneut an Bedeutung und Aktualität (vgl. Apel / Rutz 2004, Holtappels 2006).

Sie ist im grundschulpädagogischen Zusammenhang mit der Aussage „Grundschule ist mehr als Unterricht" (Röbe 1997) zu sehen, die auf den pädagogischen Auftrag der Grundschule verweist, der weit über bloße Wissensvermittlung hinausgeht, aber im Zeitkorsett lehrplanmäßig vorgegebener Stundentafeln (durchschnittlich 3 ½ Zeitstunden am Tag) kaum erfüllt werden kann.

„Um Kindern eine ihnen angemessene Lernkultur zu bieten, muss ein Wechsel von Konzentration und Zerstreuung, Ruhe und Bewegung, Lernarbeit und Freizeit, Gemeinschaftlichkeit und Individualität möglich sein. In der Ganztagsschule sind die Bedingungen dazu besonders günstig" (Holtappels 1994, S. 22).

Aus grundschulpädagogischer Sicht ist dabei abzuwägen, wie viel Schule Kindern überhaupt zuzumuten ist, welchen Stellenwert staatliche Kinderbetreuung haben soll und inwieweit Integration und Individualisierung besser durch Schule oder häusliche Umwelt gewährleistet werden können. Diese Abwägung zielt tendenzmäßig auf die begründete Entscheidung ab, Ganztagsschulen nicht flächendeckend, sondern eher dosiert und bedarfsorientiert einzuführen.

Derzeit ist eine Entwicklung im Gange, die sozioökonomische und pädagogische Anliegen unter dem Aspekt der Finanzierbarkeit in Einklang zu bringen versucht und damit eine Art Kompromisslösung darstellt: Einführung der „*vollen Halbtagsschule*" (auch: „verlässliche Schule", „Schule mit festen Öffnungszeiten"). Kinder sollen in der Regel täglich 5 Zeitstunden in der Schule sein und die Eltern sollen sich auf feste Schulzeiten verlassen können. Zunehmend überwunden wird das anfängliche unzureichende „additive Modell", bei dem die verbleibende Zeit nur auf „Betreuung" (z. T. durch ungeschultes Personal) reduziert wurde.

Unter pädagogischem Anspruch bringt der sich abzeichnende Weg zur Ganztagsschule eine prinzipielle strukturelle Veränderung der Grundschule mit sich, der Einfluss auf Unterrichtsgestaltung, Lernumgebung sowie Arbeitsplatz und Arbeitszeit der LehrerInnen hat.

So erfordert der erweiterte Zeitrahmen ein pädagogisches Konzept nach didaktischen und psychohygienischen Kriterien („Rhythmisierung"), vor allem aber im Hinblick auf erweiterte Chancen für individuelles und gemeinschaftliches Lernen. Grundschulpädagogisch kann auf einen reichen reform-pädagogischen Fundus zurückgegriffen werden, wie er seit Lichtenstein-Rothers „Schule als Lebensstätte des Kindes" (1954) tradiert ist und heute neu begründet wird (vgl. Zusammenfassung bei Hanke 2002, S. 136-138): Gleitender Schulbeginn, Morgenkreis, Fachunterricht, gemeinsames Frühstück, Wahlangebote, Freiarbeit, Förderunterricht, Projektarbeit, Spiel- und Bewegungszeit (vgl. Kuhn 2007) usw.

Insgesamt lässt sich feststellen, dass die handlungstheoretische Unterscheidung zwischen Handlungsmöglichkeiten und Handlungsbedingungen (Anspruch und Wirklichkeit) an der Frage der Schulorganisation besonders evident wird: Das pädagogische Handlungsfeld wird definiert durch den institutionell vorgegebenen Zeitrahmen. Pädagogische Dimensionen wie selbstbestimmtes Lernen und individuelle Förderung, soziales Lernen in einem ausgestalteten Schulleben, offene Rollenstruktur und Teambildung, Schulumfeld- und Lebensweltbezug brauchen zu ihrer Entfaltung Zeit und Raum. Für entsprechende Organisationsformen (wie Altersmischung, ganze Halbtagsschule) ist die (politisch gelenkte) Schuladministration zuständig. Sie umreißt das pädagogische Handlungsfeld, das nur in seiner inneren Ausgestaltung von Lehrerinnen und Lehrern ausgestaltet werden kann. Aus der formalen Vorgabe, „Gemeinsame Schule für alle Kinder" zu sein, ergeben sich, wie oben ausgeführt, zwei korrespondierende Aufgabenbereiche: Grundlegung gemeinsamen und individuellen Lernens (vgl. auch Schorch 1994).

3.4 Gemeinsames und individuelles Lernen

Zu den wenigen sozialen Erfahrungen, die die nachwachsende Generation heute noch *gemeinsam* erwerben kann, gehört der obligatorische Besuch der Grundschule. Dies ist die sozialpolitisch wichtige Chance, wenigstens noch in einem Gesellschaftsbereich auf „Gemeinschaftssinn" („Common sense") Einfluss zu nehmen. Gemeinsamkeit bedeutet nicht nur räumliches Miteinander, sondern auch miteinander leben und lernen als geistiges Beisammensein und Mitmenschlichkeit.

Die Notwendigkeit – trotz oder gerade wegen der vorhandenen *Vielfalt* – die *Gemeinsamkeit* zu akzentuieren, ist, wie z. T. schon ausgeführt, unter verschiedenen Aspekten zu begründen:

– Veränderte gesellschaftliche Lebensbedingungen und vor allem der Strukturwandel der Familie zeigen *zunehmende Diversifikation auch im Sozialverhalten*. Insofern muss die Grundschule verstärkt zusammenführende soziale Grundqualifikationen anbahnen.

– Beklagt werden steigende *soziale Defizite*, insbesondere Ich-Bezogenheit, Erörterungstaubheit, aggressives und destruktives Verhalten, Verrohung aufgrund schädlicher sozialer Leitbilder in den Medien, Feindbildmentalität gegenüber Minderheiten usw. Insofern sei die Grundschule mehr denn je gefordert, sozialpädagogisch und -therapeutisch wirksam zu werden.

– Aber auch im Zusammenhang einer weltweiten Wertedebatte, im Ringen um einen *ethischen Grundkonsens* in komplexen, pluralistischen Gesellschaften bis hin zur Beschwörung eines „Weltethos" angesichts fortschreitender Globalisierung, wird dem frühen schulischen Lernen (z. B. in der interkulturellen Erziehung und Toleranzerziehung) geradezu eine Schlüsselfunktion zugewiesen.

Gegenüber eilfertigen Rufen nach effektiverer Sozialerziehung in der (Grund-) Schule ist allerdings einzuwenden, dass sich soziales Lernen nicht allein in der Schule vollzieht, vielmehr durch außerschulische Bezugspersonen und -gruppen, Medieneinflüsse usw. geprägt wird, einer Halbtagsschule zeitlich enge Grenzen gesetzt sind, und die notgedrungen erforderliche „Verbalpädagogik" bekanntermaßen nur wenig bewirken kann. Die Schule kann letztlich nur in ihrem eigenen „Erziehungs- und Bewährungsfeld" wirksam werden (vgl. Schorch 2004).

Schon seit den sozialpolitischen Intentionen der „Weimarer Grundschule" unterliegt das pädagogische Feld sozialer Bildung der spezifischen Gefahr idealistischer Zielüberhöhung, obwohl psychologische Befunde zur Entwicklung sozialer Kompetenz im Kindes- und Jugendalter eher zurückhaltend im Hinblick auf nachhaltige Wirksamkeit *schulischer Unterweisung als Interventionsmaßnahme* zu interpretieren sind.

Der grundschulpädagogische Einbezug entwicklungs- und sozial-psychologisch fundierter Studien zur Schulkindheit (vgl. u. a. Petillon 1993, Oerter 1994, Fend/ Stöckli 1997, Oser 1997) bestätigt hingegen die Annahme, dass die *Schule als soziales Bedingungs- und Erfahrungsfeld* große Bedeutung für die individuell erlebte Beziehung zu Gleichaltrigen und als Sozialkontext für die Konstruktion von Identität besitzt, Mitschüler nicht nur Schul- oder Spielkameraden, sondern gleichermaßen „Entwicklungsgenossen" sind, die Schulklasse ein „mächtiges Sozialisationsfeld" (Krappmann 1991) und geradezu eine „Schicksalsgemeinschaft" (Schorch 1990) darstellt.

Insofern ist die Grundschule, auch wenn man mit Recht vor überzogenen gesellschaftlichen Erwartungen und Überfrachtung mit vielfältigen Aufgaben warnt, weder explizit noch implizit vom sozialerzieherischen Auftrag entbunden – vorausgesetzt er bezieht sich auf das Erziehungsfeld Schule selbst.

In der Epoche der „Weimarer Grundschule" (1919 bis ca. 1970) war – real- wie auch idealgeschichtlich – der soziale Auftrag durch den Begriff *Gemeinschaftserziehung* umrissen. In reformpädagogischen Strömungen war Gemeinschaft kein deskriptiver, sondern ein normativer Begriff, was bedeutet, dass Gemeinschaft erst (nach einem bestimmten Idealbild) hergestellt werden muss. Beispielsweise sollte in der nach dem Stammgruppenprinzip organisierten „Lebensgemeinschaftsschule" Petersens das Kind in die schon bestehende „Schulgemeinde" hineinwachsen und diese später mitgestalten. Im Zusammenhang mit Wendungen wie Volksgemeinschaft, Heimatliebe und Deutschtum wurde Gemeinschaft jedoch zu einem ideologieanfälligen und mißbrauchsgefährdeten „vernutzten Begriff, der durch die Nazis entehrt wurde" (Horkheimer). In Abkehr von dieser historischen Begriffsbelegung wird heute Gemeinschaft nicht mehr organisch (Blut, Volk, Rasse), sondern neutral als Zusammenfassung von Menschen unter einer bestimmten Idee verstanden.

Zur Überwindung der Ideologisierung des Gemeinschaftsbegriffs wurden neue Termini eingeführt, so in schulischen Bildungsbemühungen der 50er Jahre der Begriff „Partnerschaft" Friedrich Oetingers (= Theodor Wilhelm), der „sozialintegrative Führungsstil" nach Tausch / Tausch in den 60er Jahren, die „repressionsfreie", sog. „antiautoritäre" Erziehung nach Neill, die „soziale Integration" der Gesamtschuldiskussion und die Erweiterung durch den Aspekt des „politischen Lernens" in den 70er Jahren.

Etabliert hat sich seit dieser Zeit vor allem der Begriff des *Sozialen Lernens*, obwohl er eine Einengung des pädagogischen Sachverhalts darstellt, da er sich (empirisch gesehen) auf die Aktivität des Lernenden beschränkt: Soziales Lernen findet immer und von sich aus statt und ist nur teilweise von gezielter Sozialerziehung beeinflusst. „Man versteht darunter die Aneignung sozialer Verhaltensweisen und Fertigkeiten, die Bildung sozialer Einstellungen und Werthaltungen und die Übernahme sozialer Rollen" (Keller/ Hafner 1999, S. 9).

Soziales Lernen kann als ein ökologisches Modell der Einheit von personalen, kulturellen, sozialen und materiellen Elementen verstanden werden, das biographische und aktuelle Merkmale des Kindes, der Gruppe, der Familie, schulisch-kulturelle Bedingungen ebenso einschließt wie aktuelle soziale Ereignisse und deren Lerneffekte (Petillon 1993).

Im fachlich orientierten Grundschulunterricht der 70er Jahre wurde *Soziallehre* bzw. Sozialkunde als eigener fachlicher Lernbereich im Sachunterricht (zum Teil in Verbindung mit „Wirtschaftslehre") ausgewiesen. So gab beispielsweise der bayerische Grundschullehrplan von 1971 folgende Themen vor: 1. Schuljahr: Die Familie / In der Schule, 2. Schuljahr: Nachbar und Nachbarschaft, 3./4. Schuljahr: Aufgaben, die Familie und Nachbarschaft nicht leisten können (Gesundheitsfürsorge, Wasserfürsorge, Müllbeseitigung, Energieversorgung usw.). Im Vordergrund standen „Institutionen" und ihre gemeinschaftliche Bedeutung.

Im Begriff *Sozialerziehung* spiegelt sich der Versuch einer Vermittlung zwischen Gemeinschaftserziehung, sozialem Lernen / Sozialisation und Soziallehre wider, insofern Ziele, Bedingungen und Inhalte des Lernbereichs „Umgang mit Personen" aufeinander bezogen werden. Dieses Modell müsste noch den Begriff der „Ökologie des Geistes" (Bateson 1993) umfassen und die Dimensionen der inneren Welt, der Interaktionen und der Umwelt überspannen, wie Schäfer (1994, S. 20) vorschlägt.

Bei den *Zielen der Sozialerziehung* stehen zunächst Komponenten der *Selbstkompetenz* im Vordergrund: Eigene Bedürfnisse und Gefühle wahrnehmen, akzeptieren und ausdrücken; auf die eigenen Fähigkeiten vertrauen, Selbstwertgefühl entwickeln; die eigenen Fähigkeiten selbstkritisch beurteilen und danach handeln; Ich-Identität entwickeln.

In Balance mit der individuellen Entwicklung wird Sozialerziehung als ein Prozess verstanden, bei dem es auf folgende Komponenten der *Sozialkompetenz* ankommt: Kontaktfähigkeit, Kommunikationsfähigkeit, Hilfsbereitschaft, Friedfertigkeit, Selbstbeherrschung und Selbstbehauptung, Kooperationsfähigkeit, Konflikt(lösungs)fähigkeit, Verantwortungsbewusstsein und Toleranz (nach Knoll-Jokisch 1981, S. 92-101 und Keller/ Hafner 1999, S. 9-10).

Petillon (1993) geht in seinem Strukturierungsmodell von *„Ich-Identität"* aus (Fähigkeit und Bereitschaft, Fremderwartungen und eigene Bedürfnisse so zu verarbeiten, dass ein eigenes selbstbestimmtes Rollenverhalten entwickelt und praktiziert werden kann), ergänzt aber den Zielkatalog noch um Solidarität (als Bewusstsein der Zusammengehörigkeit und Erkenntnis der gemeinsamen Lage), soziale Sensibilität (sich in die Rolle eines anderen einfühlen), Gruppenkenntnis (über wesentliche Aspekte der sozialen Gruppe Schulklasse), Kritik (Hinterfragen von Normen und Urteilen und entwickeln von Alternativen) und Umgang mit Regeln (die erarbeitet, beachtet und ggf. revidiert werden).

Bei der Umsetzung der Ziele ins pädagogische Handlungsfeld bietet es sich an, *soziale Situation in der Schule* selbst zu thematisieren.

„Die soziale Einbindung schulischen Lernens ist zum einen unmittelbarer Antrieb für Lerninteresse, Engagement und schulisches Leisten; zum anderen vermehrt sie die Chancen, daß sich die sozialen Beziehungen der Kinder vertiefen – günstig für die Entwicklung von Ich-Stärke sowie eine Voraussetzung wirklicher Gemeinschaft" (Faust-Siehl u. a. 1996, S. 36).

Diese sozialerzieherische Aufgabe wird in der Grundschulpädagogik in stufenspezifischer Weise durch engste Verknüpfung von Unterricht und Schulleben konkretisiert.

Im gemeinsamen Ringen um Lösungen wird deutlich, dass soziales Lernen nicht nur allein vom „besser wissenden" Lehrenden gesteuert werden kann, sondern auch einen wechselseitigen Prozess sozialer Kompetenzerweiterung von Schülern und Lehrer (Schäfer 1994, S. 22) in Zusammenarbeit mit den Eltern dargestellt. So ist die Weiterentwicklung sozialer Fähigkeiten sicher nicht durch lernzielüberfrachtete Curricula oder bloßen Arbeitsblatt-Unterricht zu erreichen, nicht mit einer „Sozialtechnologie, die Kinder mit ihrem Schuleintritt als sozial defizitäre Wesen betrachtet und Lehrern in der Therapeuten-Rolle die Aufgabe zuweist, 'Soziales' zu vermitteln" (Retter 1995, S. 57).

Es zeigt sich, dass soziales Lernen nicht losgelöst oder gar im Widerspruch zu *individuellem Lernen* gesehen werden kann, sondern sich Selbst- und Sozialkompetenz gegenseitig bedingen, insbesondere dann, wenn Lernen als Prozess verstanden wird, der nur vom Lernenden selbst realisiert werden kann. Dieser Lernprozess steht in untrennbarem Zusammenhang mit persönlicher Identität (als Fähigkeit, Kontinuität des Personkerns zu wahren und Balance zwischen personalen und sozialen Ansprüchen einzuhalten) und dem Selbstkonzept (als durch andere gewonnenes Bild des Ich), das aufgrund direkter, indirekter, vergleichender und reflexiver Merkmalszuweisung geprägt wird (vgl. Einsiedler 1994, S. 54).

Die Förderung gemeinsamen Lernens nach o. g. Zielen der Sozialerziehung korrespondiert demnach mit der Berücksichtigung individuellen Lernens. Diese Rahmenbedingung der Institution Grundschule als „Individualisierung" versteht sich als ein Erziehungs- und Unterrichts*prinzip*, das unterschiedliche Interessen, Neigungen, Motivationen, Begabungen, Vorkenntnisse usw. zu berücksichtigen sowie Identität und Selbstkonzept positiv zu beeinflussen sucht. Zur Verwirklichung dieses Prinzips stehen verschiedene pädagogische und didaktische Maßnahmen zur Verfügung. Mit Individualisierung ist hier also nicht eine Spezialform der Differenzierung gemeint, sondern ein didaktischer Oberbegriff, dem entsprechende Organisationsformen und Unterrichtskonzepte zugeordnet werden: Im mehr „vermittelnden" Unterricht vor allem innere und äußere Differenzierung, im mehr „offenen" Unterricht insbesondere Tages-/Wochenplanarbeit, Freiarbeit und Projektunterricht.

Das Spannungsverhältnis gemeinsamen und auf verbindliche Bildungsstandards ausgerichteten Lernens einerseits sowie an individuellen Lernvoraussetzungen und Bildungsgängen orientierten Lernen andererseits verschärft sich durch die Tendenz, die Regelgrundschule zunehmend als *„Integrationsschule"* in die Pflicht zu nehmen und vielfältige Integrationsmodelle einzuführen: Diagnose- und Förderklassen, Kooperative Schulzentren bzw. Kooperationsklassen, Mobile förderpädagogische Dienste (ambulanter Einsatz von Sonderschullehrern in Regelschulen), Umwandlung von Sonderschulen in Förderzentren, die Regelschulen zugeordnet werden, usw. (vgl. Graumann 2002).

Die Aufnahme von Kindern mit sonderpädagogischem Förderbedarf verändert die Rahmenbedingungen der Bildungsinstitution Grundschule maßgeblich, da konsequenterweise eine *zieldifferente* Integration im Vordergrund steht. Das bedeutet aber, dass „grundlegende Bildung" nicht mehr nach einheitlichen Maßstäben (z. B. in den Kulturtechniken) bestimmbar, sondern noch stärker als bisher an individuellen Lernvoraussetzungen und Lernwegen auszurichten ist.

Damit ist geradezu exemplarisch die Abhängigkeit pädagogischer Handlungsnotwendigkeiten und -möglichkeiten von den institutionellen Gegebenheiten belegt. Je extensiver der Auftrag „Gemeinsame Schule für *alle* Kinder" ausgelegt wird, desto mehr zieht die Forderung nach individueller Berücksichtigung und Förderung ambivalentes Handeln „in pädagogisch-didaktischen Grenzbereichen" nach sich.

Eine realistische grundschulpädagogische Handlungstheorie muss aufzeigen, dass die zunehmende Einforderung „zieldifferenter Integration" mit dem gleichzeitig erhobenen Ruf nach gleichen „Bildungsstandards" eine prinzipielle Konfliktsituation schafft, die – bei allen professionellen Bemühungen – nicht allein auf der Ebene pädagogischen Handelns bewältigt werden kann. Ansonsten geraten Grundschullehrer/innen (erneut) in eine gesellschaftliche Sündenbockrolle, die sie nicht zu verantworten haben.

Im Vordergrund muss die systemische Ausgewogenheit grundschul-spezifischer Komponenten stehen, damit die Grundschule ihren Bildungsauftrag in sich stimmig erfüllen kann.

4 Die Grundschule als *kindgemäße Schule*

„Als Institutionen, die von der übrigen Gesellschaft abgeschottet sind, müssen Schulen sich mit ihrem Verhältnis zur Gesellschaft auseinandersetzen... Schulen sind bürokratische Einrichtungen und durch diesen Umstand zusätzlichen Einschränkungen unterworfen" (Gardner 1993, S. 177).

Die Auseinandersetzung mit gesellschaftlichen Ansprüchen und staatlich gesetzten Rahmenbedingungen ist für die Grundschulpädagogik, wie dargestellt, in folgenden spezifischen Aufgabenfeldern pointiert: Beginn der Schulpflicht („Erste Schule"), Vorgabe von „Bildungsstandards" („Grundlegende Schule") und „soziale Integration" („Gemeinsame Schule"). Dies sind im Prinzip veränderbare Variablen, die politisch-bürokratischen Entscheidungen und Übereinkünften unterliegen. Hinzu kommt ein viertes konstituierendes Merkmal:

Die Grundschule ist die Schulart bzw. Schulstufe im öffentlichen Bildungssystem, deren Schüler sich noch im Kindesalter befinden, während alle anderen Schulen bereits ins Jugend- und Erwachsenenalter hineinführen.

4.1 Konstruktionen von „Kind" und „Kindheit"

Die *Grundschule als Kinderschule* ist überdauerndes Thema traditioneller Grundschulpädagogik, wobei „Kind" als „feste Größe", „Kindheit" als weitgehend unveränderliche Rahmenbedingung verstanden wurde und alles Andere dem Prinzip „vom

Kinde aus" untergeordnet war. Die historische Analyse belegt jedoch, dass es sich auch beim Verständnis von Kind, Kindsein und Kindheit um zeitabhängige Konstrukte handelt. Das gilt erst recht, wenn in systematischem Kontext die pädagogisch-didaktische Frage gestellt wird, was denn *„dem* Kinde gemäß" sei.

Beim Begriff „Kindgemäßheit" handelt es sich um einen vornehmlich normativen bzw. präskriptiven Terminus: Schule und Unterricht *sollen* kindgerecht organisiert und gestaltet sein. In schulpädagogischer Systematik ist Kind- bzw. Schülergemäßheit ein *fundierendes didaktisches Prinzip*, das im Spannungsverhältnis zum Grundsatz der Sach- bzw. Fachgemäßheit steht.

So plausibel der Grundsatz auf den ersten Blick auch sein mag, es entsteht ein vielschichtiges Problem, wenn nicht an ein bestimmtes konkretes Kind gedacht wird, sondern man sich „ein Bild vom Kinde" macht, wenn „Kind" zum Abstraktum und im Begriff „Kindheit" zur Grundlage gesellschaftlicher Ansprüche und pädagogischer Konzepte wird.

Deutlich ist dies besonders in amtlichen Lehrplänen sowie in Stoffverteilungsplänen von Lehrern, die sich am fiktiven „Durchschnittskind" orientieren (müssen).

„In der Regel wird kaum Rechenschaft darüber abgelegt, was genau 'am' oder 'im' Kind welche Forderungen und Ansprüche rechtfertigt, welche sozusagen 'allgemein-kindliche', quasi 'natürliche' Wesensart oder Lernweise *dem* Kind' unterstellt wird. Es macht offenbar den Gebrauchswert des Topos 'Kindorientierung' aus, als Leerformel relativ beliebig interpretiert und somit durchaus unterschiedlichen, heterogenen, ggf. sogar gegenläufigen Auffassungen und Intentionen unterlegt werden zu können" (Helbig 1994, S.2).

Um so mehr ist es erforderlich, sich zumindest an grundsätzlichen Perspektiven des Kindheitsbegriffs zu orientieren:

– Unter *biologisch-anthropologischem Aspekt* geht es um allgemeine, im Prinzip allen Menschen gemeinsame Bedingungen für Lernen und Entwicklung. In diesem Bezug wird Kindheit formal als Lebensphase zwischen Geburt und Eintritt der Geschlechtsreife verstanden. Da der Mensch als instinktarmes Wesen auf den Erwerb von Verhaltensweisen angewiesen ist (vgl. Ossowski/ Rösler 2002), kann dieser Lebensabschnitt vor allem als ausgedehnte Lern- und Spielzeit gekennzeichnet werden. Kinder sind von Natur aus „Neugierwesen", die aktiv neue Situationen und Objekte aufsuchen und erkunden (Sachser 2004). Kindheit stellt sich hier als eigenwertige Lebensphase dar, die durch besondere Ausdrucksformen des Kinderlebens bestimmt ist (vgl. z. B. Loch 1996, Liegle 2003).

– Unter *entwicklungspsychologischem Aspekt* wird Kindheit vornehmlich als Charakterisierung von Verlaufskurven und Normen in einem bestimmten Alter gesehen. Gegenstand der Entwicklungspsychologie sind (nach Oerter/ Montada 2002) Veränderungen, die sinnvollerweise auf die Zeitdimension Lebensalter bezogen werden, wobei je nach Gewichtung biologischer oder sozialer Einflussfaktoren unterschiedliche Erklärungsmodelle herangezogen werden: Endogenistische (genetischer Plan „von innen heraus") und exogenistische Theorien (behavioristischsozialgenetische „Außenbeeinflussung"), Selbstgestaltungstheorien (dialektischer Prozess von Veränderung der Umwelt und Selbstveränderung) und interaktionistische Entwicklungstheorien (systemische Interaktion). Derzeit wird dem (konstruktivistisch-) kognitionspsychologischem Aspekt besondere Aufmerksamkeit geschenkt (vgl. u. a. Möller 2001).

– Unter *soziologischem Aspekt* geht man davon aus, dass „Kindheit" gesellschaftlich produziert wird und verschiedene Gesellschaften von jeher für ihre Kinder eine jeweils spezifische Form von Kindheit bereithalten. Lee (1985) legt hierfür drei Kindheitsmodelle zu Grunde: Das Eigentumsmodell (Kind als Investitionsgut im Familienverband), das Obhutsmodell (Kind als Ressource des Staats) und das Persönlichkeitsmodell (Kind als eigenständige Person mit zuerkannten Rechten). In Untersuchungen der „neuen Kindheit" geht es vor allem um alltagsorientierte Muster im Umgang mit Kindheitsphänomenen, um aktuelle gesellschaftliche Bedingungs- und Einflussfaktoren, denen Kindheit ausgeliefert ist (vgl. Gaschke 2001).

– Der *historische Aspekt* richtet sich auf die Genese der Kindheit als „historische Prozesse, die Gesellschaften entstehen lassen, in denen ein bestimmter Abschnitt des menschlichen Lebens nach besonderen Vorsorgen, Absichten, Institutionalisierungen und Organisationsformen von anderen Abschnitten in seiner Selbstdarstellung wie Zweckbestimmung geschieden wird" (Baacke 1999, S. 50). Nach Ariès (1994) gibt es das Konstrukt Kindheit im Grunde erst seit Einführung der Schule in der Neuzeit, wodurch ein doppeltes Paradoxon entstand: Ausgrenzung aus dem Erwachsenenbereich, aber gleichzeitiges Hinführen zum Erwachsensein; Fremdbestimmung des „Unmündigen", aber gleichermaßen Erziehung zur Mündigkeit (vgl. auch Rolff/ Zimmermann 1993).

In *pädagogischer Reflexion* dieser und weiterer Aspekte ist man sich heute einig, dass sich das Prinzip der Kindorientierung nicht auf einen feststehenden – empirischen – Kindheitsbegriff gründen lässt, sondern der Terminus als (veränderbare) Konstruktion innerhalb einer geschichtlich-gesellschaftlichen Wirklichkeit akzeptiert und analysiert werden muss (vgl. Scholz 1996, S. 50-62). So bestimmt Lenzen Kindheit als „ein alltägliches oder theoretisches Konzept für die historisch veränderliche Sichtweise des Menschen im Kindesalter" (Lenzen 1989, S. 845). „Kindheit" gibt es also nicht von Natur aus, sie ist vielmehr eine kulturell geprägte, von (erwachsenen) Menschen geformte Auffassung von Menschsein in einer bestimmten Altersstufe, die sich als Ausgrenzung aus der Welt der Erwachsenen entwickelte; sie wird im Wandel der Kultur jeweils neu definiert, aber auch von verschiedenen gesellschaftlichen Interessengruppen immer wieder – politisch und ideologisch – neu manipuliert (vgl. Kemper 1995: „Kind als Hoffnungsträger und Sündenbock der Erwachsenen").

Die meisten Konstruktionen beziehen sich kaum direkt auf das Kind als pädagogisches Objekt, sondern dokumentieren nur bestimmte Vorstellungen Erwachsener von Kind und Kindheit. Um dem Phänomen in seiner pädagogisch-normativen Wendung als „Kindgemäßheit" näher zu kommen, ist die Überführung in die erziehungswissenschaftliche Dimension notwendig:

Giesecke hat in historischer Aufarbeitung klassischer Erziehungstheorien entsprechende „Definitionen des Kindes in der pädagogischen Beziehung" zusammengestellt: Das Kind als „pädagogisches Konstrukt" bei Rousseau, das Kind als „Geschwisterkind" bei Pestalozzi, das Kind als „Gotteskind" bei Wichern, das Kind als „Kollektivmitglied" bei Makarenko, das Kind als „unterdrückter Mensch" bei Korczak, das Kind als „Selbstregulierer" bei Neill usw. (Giesecke 1997).

In pädagogischer Fragerichtung bedarf es also einer Analyse dahinter stehender Interessen und der „Dekonstruktion der Konstrukte als Ausweis kollektiver Lebensformen" (Hansmann 1995, S. 8).

Die eigentlich pädagogische Qualität des Kindheitsbegriffs liegt in der (wohl niemals endenden) Bemühung, einen „eigenen Inhalt für das kindliche Leben" zu finden. „Es sollte stets etwas Grundlegendes, Umfassendes sein, ein Aufschluß, ein ‚Schlüssel' zur Welt, der, einmal erkannt, unser Leben menschlich werden läßt" (Ballauff 1991, S.163). Eine damit verbundene überhöhte Erwartung an *das* Kindgemäße muss jedoch kritisch gesehen werden:

„Der Anspruch, Schule und Unterricht kindgemäß gestalten zu wollen, war schon immer in der Gefahr, als idealistisches Konzept abgetan zu werden oder gar als Leerformel zu gelten, weil es keine objektivierbaren Kriterien gibt, die anzeigen, ob ein Unterricht oder auch eine Schulfeier tatsächlich jedem Kind – oder auch nur: der Mehrheit der Kinder gemäß war" (Fölling-Albers 1994, S. 127).

Hier ist zweifellos die Ebene des empirisch zwar schwer greifbaren, aber dennoch zentralen Wertes des „pädagogischen Ethos" erreicht. Gemeint ist nicht allein die Berücksichtigung diverser allgemeiner Kind*heits*konstruktionen, sondern das verbindliche Einlassen auf das *Kindsein* des (einzelnen) Kindes. *„Kind-Sein-Dürfen"* als pädagogischer Bedingungsrahmen der Bildungsinstitution Grundschule, der freilich mit „Erwachsen-Sein-Müssen" (Fürsorge, Unterstützen, Gegenwirken) korrespondiert.

Aufgrund dieser Vorüberlegungen wird nun die Frage gestellt, wie die die Grundschulpädagogik (ideengeschichtlich) und die Grundschule (realgeschichtlich) bisher mit der institutionellen Vorgabe „Schule für Kinder" pädagogisch und schulorganisatorisch umgegangen ist. Die aufgezeigte allgemeine Tendenz ist am speziellen Fall nachzuweisen: Auch grundschulpädagogische Ansätze und Konzeptionen waren und sind erheblich beeinflusst von jeweilig aktuellen Kindheitskonstruktionen (vgl. auch Faust-Siehl 1994).

In den nächsten drei Abschnitten werden gängige „Sichtweisen von Kindgemäßheit in der Grundschul-Geschichte" zusammengefasst.

4.2 Auffassungen von Kindgemäßheit in der Grundschulgeschichte

4.2.1 Kindgerechtheit in der „Weimarer Grundschule"

Die allgemeine Grundschule als Pflichtschule geht auf die „Weimarer Verfassung" von 1919 zurück. In Artikel 147 dieses Gesetzes werden die privaten Vorschulen aufgehoben. In der Reichsschulkonferenz 1920 wurde festgelegt, dass die Volksschule in den vier untersten Jahrgängen als „Grundschule" einzurichten sei. Die „Richtlinien zur Aufstellung von Lehrplänen in der Grundschule" 1921 begründeten eine Bildungs- und Unterrichtskonzeption, die in ihren Grundzügen viele Jahre Bestand hatte, auch nach dem zweiten Weltkrieg theoretisch wie schulpraktisch weitergeführt wurde und erst Ende der 60er Jahre (mit dem „Grundschulkongress 1969" in Frankfurt a. M. als äußerem symbolischem Ereignis) beendet war. Heute bezeichnet man in der Regel diesen ca. 50jährigen Zeitraum der Grundschulgeschichte als „Weimarer Epoche", wobei die Gesamtkonzeption oft schlagwortartig verkürzt als „kindgemäße Grundschule" (meist in Abgrenzung zur „wissenschaftsorientierten Grundschule") charakterisiert wird.

Der Begriff „Kindgemäßheit" ist in der „Weimarer Grundschule" deutlich durch die pädagogische und die psychologische Sichtweise des Kindes geprägt, was maßgeblichen Einfluss auf die Schulkonzeption hatte.

a) „Pädagogik vom Kinde aus"

Als *reformpädagogische* Strömung (Ellen Key, Maria Montessori, Ludwig Gurlitt, Berthold Otto, Heinrich Scharrelmann, Fritz Gansberg u. a.) bemühte sich die pädagogische Bewegung „Vom Kinde aus" konsequent, die gesamte Bildungs- und Erziehungsarbeit vom Kind her zu denken (vgl. Dietrich 1973) und damit das Schulsystem einer unkindgemäßen „Paukschule" abzulösen.

Ausgehend von Rousseaus Konstruktion der „Kindlichkeit des Kindes" und Vorstellungen der Romantik warf man der traditionellen Schule vor, die kindlichen Eigenarten zu ignorieren, zu unterdrücken, Passivität und Untertanengeist zu fördern, statt auf die kindliche Eigenwelt, die Lebensform des Spiels und altersspezifische Erlebnis- und Ausdrucksformen einzugehen (nach Giesecke 1997, S.178).

Man ging von der grundsätzlichen Annahme aus, dass das Kind von sich aus gut sei und seine Kräfte ausreichen würden, sich ein Weltbild aufzubauen. Dazu müsse man es allerdings in Ruhe wachsen und reifen lassen. Aufgabe des Erziehers sei es, das Kind von störenden Einflüssen abzuschirmen (nach Neuhaus 1994, S.23).

Die Bestrebung, nicht den Unterrichtsstoff, sondern das Kind mit seinen Fähigkeiten und Ansprüchen in den Mittelpunkt zu stellen, liegt allen reformpädagogischen Richtungen zugrunde.

So sah die „*Kunsterziehungsbewegung*" das „Kind als Künstler" (Carl Götze): In Originalität und Spontaneität seien die kindliche und die künstlerische Wesensart nahe verwandt. Das Kunstverständnis des Kindes müsse nur geweckt (Alfred Lichtwark), eigenes schöpferisches Tun, z. B. in freiem Aufsatz oder in der freien Kinderzeichnung angeregt werden.

In der „*Erlebnispädagogik*" (Heinrich Scharrelmann, Fritz Gansberg) wollte man „Unterricht zum Erlebnis werden lassen" und objektive Stoffe in subjektive Erlebnisse der Kinder umwandeln.

Die zunächst auf höhere Schulstufen bezogene „*Arbeitsschulbewegung*" (Hugo Gaudig, Georg Kerschensteiner) übte Einfluss auch auf die Grundschule aus (z. B. bei Hans Brückl, Johannes Kühnel): Schule mit „schultümlicher Werktätigkeit". Das Kind müsse die Dinge „begreifen", um zu erkennen, Anschauungs- und Begriffsbildung erfolge über unmittelbaren Umgang mit den Gegenständen.

Entsprechende Kriterien kindgerechten Unterrichts waren *Erlebnisbezug und Handlungsorientierung*.

b) Reifungs-/ Stufentheorie und Ganzheitspsychologie

Das Bemühen, sich an kindlichen Denk-, Erlebnis- und Ausdrucksformen, Unterricht und Erziehung an geistig-seelischen Wachstumsgesetzlichkeiten auszurichten und Entwicklung nicht zu stören, stand im engen Zusammenhang mit der aufkommenden (experimentell-empirischen) „Kinder- und Jugendkunde" und kinderpsychologischen Forschung.

Die pädagogische Zielvorstellung einer „gesunden Kindheit" basierte auf dem entsprechenden „Bild des Kindes" als psychologische Voraussetzung.

Reifungstheoretische Annahme war, dass das Kind nach einem festgelegten, endogen bedingten „Bauplan" heranreife und zwar in enger Verbindung der biologischen und geistigen Veränderung: „Entwicklung" als „Ausfaltung eines schon keimhaft und detailliert Angelegten zu seiner Endgestalt, analog der Ausfaltung von Blättern und Blüten aus der Knospe" (Thomae 1959, S.3). Äußere Faktoren akzeptierte man in ihrer Bedeutung zwar als „Auslösung" oder Hemmnis kleinerer Entwicklungsschritte, betont wurden aber die endogenen Ablaufsequenzen und ihre Gesetzmäßigkeit.

Dem Bedürfnis nach Ordnung und Überschaubarkeit in der „Konstruktion des Kindes" kamen die wissenschaftlichen Versuche entgegen, die Entwicklung des Menschen nach Phasen einzuteilen. Der „*Stufentheorie*" lag die Annahme zugrunde, dass (a) beim Kind und Jugendlichen ein bestimmter seelischer Entwicklungs- und Reifezustand für längere Zeit kennzeichnend sei, der ausgebaut und verfestigt werde, (b) zwischen zwei Stufen ein deutlicher Einschnitt, ein rascher Übergang, eine „Krisenzeit" liege, (c) die Stufen oder Phasen immer in einer bestimmten Reihenfolge aufeinander folgen, wobei diese Sequenz nicht umgekehrt ablaufen kann, und (d) diese schubweise Entwicklung auf innerer Gesetzmäßigkeit beruhe (nach Oerter 1969, S.47 ff.).

Bekannte Stufentheorien, die in Deutschland die Erziehungs- und Unterrichtspraxis beeinflussten, stammten von O. Tumlirz, Charlotte Bühler und A. Busemann. Die bedeutendste *Phasenlehre* ist (neben E. Sprangers „Psychologie des Jugendalters" 1925) die von *Oswald Kroh* (1928, 1954). Er unterscheidet die Stufen „Frühe Kindheit", „Eigentliche Kindheit" und „Reifezeit", die jeweils in drei „Phasen" gegliedert sind. Für die Grundschule relevant war die Einteilung der zweiten Stufe (=*Schulkindheit*), die mit der 1. Trotzperiode als Ankündigung beginnt:

In der ersten Phase durchlebe das Kind den *Phantastischen Realismus* (bis 7. Lebensjahr), es entdecke sein „Ich" und begänne, sich vom Elternhaus zu lösen. Dies geht einher mit einem körperlichen Entwicklungsschub (Zahnwechsel, Schulkindform). Der Schulanfänger sei zwar schon stark umweltinteressiert („Realismus"), aber noch geprägt von magischem Denken und egozentrischem Weltbild. Die Phase des *naiven Realismus* (bis 10. Lebensjahr) wird dadurch gekennzeichnet, dass das Kind seine Erkenntnisse vordergründig aus der unmittelbaren Anschauung nähme, und sich auch schwer in fiktive Situationen hineinversetzen könne.

Erst mit der Phase des *kritischen Realismus* (bis ungefähr 12. Lebensjahr) gelänge es dem Kind, sich vom Eigenerlebnis zu distanzieren. Es wird z. B. hellhörig für alles, was früher war (beginnendes Geschichtsbewusstsein), es entwickelt Gesetze und Ordnungsschemata und wendet sie für das eigene Denken an (vgl. die Ausdifferenzierung der Theorie durch Schenk-Danzinger 1969!).

In diesem Sinne wurde Kindgemäßheit weiter definiert durch die Prinzipien *Anschaulichkeit, Konkretisierung und Elementarisierung.*

Flankiert wurde die psychologische Kinderforschung durch Kerngedanken der Gestalt-, Struktur- und *Ganzheitspsychologie*). Anknüpfend an die Kritik der „Elementenpsychologie" und den Grundsatz antiker Philosophie, dass das Ganze mehr als die Summe seiner Teile sei, ging man (gestaltpsychologisch) davon aus, dass der Mensch stets (defekte) Strukturen zu einer „guten Gestalt" vervollständigen wolle sowie die Wahrnehmung von einer „diffusen Ganzheit" zu einer „prägnanten Endgestalt" fortschreite. Ganzheitspsychologisch werden Denken, Fühlen und Wollen in engstem Zusammenhang gesehen, wobei der emotionale Bereich den „Urgrund" darstellt, auf dem alle Denkakte und Willenshandlungen aufbauen. Folgende *Varianten des Ganzheitsgedankens* sind zu nennen (nach Haarmann 1988, S.39): Ganzheit
– der Person, als Einheit der personalen Kräfte von „Kopf, Herz und Hand", als Integration von Geist , Körper- und Triebsphäre,
– von Person und Sache, als Einswerden von Ich und Welt vor allem im gefühlsbetonten Erlebnis,
– von Wahrnehmungsgegenständen (z. B. Wortganze),
– einer Wertordnung in einem geschlossenen Weltbild, „Gesamtschau" der Bildungsinhalte und „Stoffganzen" (gegen fachliche Zersplitterung).

Die Verbindung reformpädagogischer Ideen, kinderpsychologischer Forschungsergebnisse, entwicklungspsychologischer Theorien und anthropologisch-philosophischer Grundannahmen hat zu einer Auffassung von Kindgemäßheit geführt, die (aus heutiger Sicht) eine relativ geschlossene Grundschulkonzeption ermöglichte.

Noch in den „Empfehlungen und Gutachten des Deutschen Ausschusses für das Erziehungs- und Bildungswesen" von 1959 hieß es, dass die deutsche Grundschule eine „pädagogische Haltung und unterrichtliche Verfahren gewonnen" hätte, „die zwar der weiteren Ausgestaltung und Festigung, aber keiner grundsätzlichen Wandlung mehr bedürfen" (nach Bohnenkamp 1966, S. 82).

Wohl auch aufgrund des homogenen Begründungszusammenhangs wurde die Grundschulgeschichte ein halbes Jahrhundert lang durch die „Weimarer Epoche" geprägt, deren schulkonzeptionell Merkmale im folgenden charakterisiert werden.

c) Grundschule als „Schonraum für eine ruhig reifende Kindheit"

Im Sinne der Unterscheidung von Ideen- und Realgeschichte muss zwar gesehen werden, dass reformpädagogische Leitgedanken keineswegs flächendeckend in die Schulpraxis umgesetzt wurden, dass aber spätestens in der Wiederbelebung der „Pädagogik vom Kinde aus" nach dem zweiten Weltkrieg das pädagogische Profil der Grundschule relativ fest umrissen war, wie Richtlinien und Lehrpläne bis Mitte der 60er Jahre belegen.

Gemäß biologistischer Sichtweise der Kindheit, in welcher der Heranwachsende mit einer Pflanze verglichen wird, sei es Aufgabe des Erziehers, „zu hegen und zu pflegen": In Analogie zum Beruf des Gärtners bemüht sich der Lehrer um günstige Reifungs- und Wachstumsbedingungen, schirmt Störendes vom Kinde ab und hält sich an den entwicklungspsychologischen Grundsatz der Reifungstheorie *„keinesfalls verfrühen!"* Das pädagogische Kindheitskonstrukt mündete in eine Konzeption, in der Grundschule als „Schonraum für eine ruhig reifende Kindheit" verstanden wurde.

In allen Grundschullehrplänen, von den „Richtlinien zur Aufstellung von Lehrplänen in der Grundschule" 1921 bis hin zu Lehrplanempfehlungen Anfang der 1970-er Jahre wurde „Kindgerechtheit", wohl auch wegen leichterer Formalisierbarkeit, in der Regel als *Entwicklungsgemäßheit* verstanden: Berücksichtigung des kognitiven und körperlichen Reifestandes sowie der emotional-ganzheitlichen Auffassung des Kindes.

d) Lehrstoffauswahl und Stoffanordnung

Themen aus dem *Erlebnisbereich des Kindes*: Kriterium war die räumliche und psychische Nähe des Kindes zum Stoff, nicht die Systematik der Wissensbereiche. So sollten die Themen aus der Eigenwelt des Kindes stammen (Geburtstag, Spiele, Fasching, usw.), Zusammenleben des Kindes mit anderen Menschen (Familie, Schule, Spielkameraden, ... Bäcker, Postbote, usw.) und Erfahrungen mit der Natur (Haustiere, Sammeln von Pflanzen, Blumenpflege... Gewitter, Schnee und Regen) beinhalten. Kindliche Erklärungsweisen wurden im Sinne „volkstümlicher Bildung" als „vorläufig" akzeptiert. Die Stoffauswahl erfolgte möglichst situationsgemäß.

Im *Wirklichkeitsunterricht*, der Erfahrungsbildung an konkreten Gegenständen zulässt und im *Arbeitsunterricht* (Basteln von Kastanienmännchen, Arbeit am Sandkastenmodell des Dorfes, Kinderpost,...) sollte „allseitige Kräftebildung" nach dem Eindrucks-/ Ausdrucksprinzip („inneres Ein- und Ausatmen") ermöglicht werden. Dies wurde auch dem freien Gestalten („Kind als Künstler") im Erlebnisunterricht zugrunde gelegt.

Stoffgliederung: Der Klassenlehrplan orientierte sich am *Jahreskreis* (Jahreszeiten, Kirchenjahr, Schulleben). Die einzelne Unterrichtseinheit wurde vom Thema und den dazu passenden kindlichen Tätigkeiten bestimmt. Besonderen Wert legte man auf die Arbeitshygiene, insbesondere auf häufige *Tätigkeitswechsel*, um dem Abwechslungs- und Bewegungsbedürfnis des Kindes entgegenzukommen.

e) Gesamtunterricht

Diese didaktische Konzeption des Anfangsunterrichts (1./2. Schuljahr) geht auf Schulversuche des „Leipziger Lehrervereins" 1911 und entsprechende Einarbeitung in die Reichsrichtlinien von 1921 zurück. Weiterentwickelt wurde er vor allem durch Johannes Wittmann (4. Auflage 1967) und Ilse Lichtenstein-Rother (7. Auflage 1969). Die Grundidee richtete sich gegen das beziehungslose und lebensfremde Nebeneinander von Fachinhalten, gegen die sog. „Häppchen-Pädagogik" und unzusammenhängendes Einzelwissen. Es handelte sich demgemäß um einen ungefächerten Unterricht, der nicht nach Fachstunden aufgegliedert war.

Im Unterricht wurden Erlebnis- und Erfahrungseinheiten aus der Spiel-, Alltags- und Phantasiewelt sechs- und siebenjähriger Kinder (nach Rabenstein 1979 b, S.11) behandelt. In der Konzentration um eine „Sacheinheit" aus dem „Heimatkundlichen Anschauungsunterricht", später auch „Grundlegender Sachunterricht" genannt, wurde das „Leitthema" in möglichst vielen kindlichen Betätigungen durchgenommen, was allerdings auch zu Fehlformen wie „Klebekonzentration" führte.

Beispiel „Apfelernte": Anschauungsunterricht: Wir schauen den Apfel an, Lesen der Ganzwörter: „Da ist der Apfel, der Apfel ist gut", Schreiben: Schwungübungen mit Apfelformen, Mündliche Sprachpflege: Nacherzählung der Geschichte vom schlafenden Apfel, Rechnen: Einführung der Zahl / Menge „5" am Kernhaus, Zeichnen: Apfelernte, Kneten: Äpfel aus Plastilin, Turnen: „Äpfelpflücken" an der Sprossenwand (nach E. Exner „Die Praxis", Klassenlehrplan 1. Schuljahr – Oktober; 1966).

Die Idee des Gesamtunterrichts richtete sich konsequent an *kindlichen Gegenwartsbedürfnissen* aus: „Kind-Sein-Dürfen" wird auch in der Schule zugelassen.

Aus heutiger Sicht sind unter dem Aspekt Kindgemäßheit neben der vielfach gerügten Einseitigkeit und gelegentlichen Unterforderung der Kinder auch deutliche *Vorzüge* der Konzeption erkennbar: Tätigkeitswechsel und Handlungsorientierung, flexible Zeiteinteilung sowie Lernökonomie durch thematische Konzentration und Bemühung um eine „Sinnmitte".

f) Ganzheitliche Lehrgänge

Auf der Grundlage ganzheitlicher Kinderpsychologie wurden innerhalb des Gesamt-unterrichts ganzheitliche Lehrgänge bevorzugt, die eine eigene methodische Grund-struktur aufwiesen: (1) Ausgang von kindgemäßen „Sinnganzen" = naiv-ganzheitli-ches Erfassen des Gegenstands, (2) analytisch-synthetische Aufarbeitung dieser „Sinn-ganzen" = Analyse und Synthese schon bekannter Sachverhalte, (3) Aufbau neuer „Sinnganzer" auf höherer Ebene = selbständiges Anwenden des Gelernten (Neu-leistung).

Einer der wichtigsten Vertreter war Johannes Wittmann („Theorie und Praxis eines ganzheitlichen Un-terrichts" 1. Aufl. 1929, 4. Aufl. 1967), der neben ganzheitlichen Lehrgängen in Lesen, Schreiben und Rechnen auch einen anspruchsvollen (wissenschaftstheoretisch begründeten) Anschauungsunterricht für das erste und zweite Schuljahr konzipierte. Eine eher extreme Position ganzheitlichen Unterrichts vertraten Artur und Erwin Kern, nach denen die Kinder Lesen und Schreiben mit ganzen Sätzen (in Schreibschrift) beginnen sollten (Fibel „Wer liest mit?" 1931, „Praxis eines ganzheitlichen Lesenlernens" 1969).

Weite Verbreitung vor allem im süddeutschen Raum fand der ganzheitliche Lese- und Schreibunterricht nach Hans Brückl („Mein Buch zum Anschauen, Zeichnen, Schreiben, Lesen und Zählen" 1922, „Mein erstes Buch" 1931, „Der Gesamtunterricht im 1. Schuljahr mit organischem Einbau des ganzheitlichen Lese- und Schreibunterrichts" 1964), dessen Vorschläge vor allem zum Schreibunterricht auch noch in späteren Lehrplänen (Druckschrift als Erstschrift) und in die aktuelle Diskussion um den „Schreib-Lese-Unterricht" Eingang gefunden haben.

g) Heimatkunde

In der „Weimarer Epoche" wurde Heimatkunde als *Stammfach* des Grundschulunter-richts angesehen. Es sollte „ausstrahlender und sammelnder Mittelpunkt" des ge-samten Unterrichts sein, das heißt den stofflichen und thematischen Ausgangspunkt darstellen (vgl. Feige 2007). Neben nationalen und heimatideologischen Intentio-nen (E. Spranger 1923: „Heimat als geistiges Wurzelgefühl"; vgl. die Kritik bei Götz 1994) sowie theoretischen Vorgaben „volkstümlicher Bildung" (vgl. die Aufarbeitung des Begriffs bei Glöckel 1964) wurde die Konzeption vor allem durch die oben be-schriebenen Implikationen des Prinzips der Kindgemäßheit bestimmt:

Aufgrund *stufentheoretischer* Annahmen erkannte man dem Kind nur in recht be-grenztem Maß Denk- und Begriffsbildungsleistungen zu. W. Hansen (1968) z. B. versucht nachzuweisen, dass vom Kind verwendete Wörter „Namen" für konkrete Gegenstände, nicht „Begriffe" des Erwachsenen sind, das Grundschulkind noch nicht auf der Stufe kausalen Denkens stehe, eher dem Einzelfall verhaftet sei, noch kein Interesse am Allgemeinen und an Gesetzmäßigkeiten habe. Von diesem Standpunkt aus musste man zur Folgerung kommen, das Grundschulkind sei noch *nicht reif für fachlich* angelegten Sachunterricht. Es reiche vielmehr aus, über die Anschauung klare und deutliche Vorstellungen von der Umwelt zu schaffen und einen reichen Wortschatz zur Benennung der Dinge zu erarbeiten (konkrete Bezeichnungen von Tieren, Pflanzen, Werkzeugen, Geländeformen usw., nicht Fachbegriffe), wobei das „Sammelalter" des Kindes eine günstige Voraussetzung biete.

Unter *ganzheitlichem* Aspekt wurde die *gefühlsmäßige Einbindung* in die (räumliche und soziale) Heimat betont. Zwischen der „Eigenwelt des Kindes" und der „Kulturwirklichkeit" sollte eine Brücke geschlagen werden („Kind und ..."). Im Sinne „*konzentrischer Kreise*" wurde das Kind vom Nahen zum Fernen, vom Schulhaus, über Dorf / Stadtteil bis in die „erwanderbare Umgebung" geführt.

Die *methodische Anlage* der Unterrichtseinheiten orientierte sich an folgenden Grundsätzen: *Anschauungsprinzip* (Nur das wird thematisiert, was wirklich in der Umgebung vorhanden ist: „Wirklichkeitsunterricht"), *Erlebnisprinzip* (Subjektiver Bezug des Kindes zu den Gegenständen – „Heimatkundliche Erzählung") und *Selbsttätigkeitsprinzip* (Manuelle und geistige Tätigkeit im Sinne des „Arbeitsunterrichts"). Der Unterrichtsaufbau berücksichtigte die Stufung „Erfassung der Wirklichkeit" (Eindruck) und „Darstellung der Wirklichkeit" (Ausdrucksgestaltung).

Fazit: Vorbereitet durch die Vor- und Ideengeschichte der Grundschule (Comenius, Rousseau, Pestalozzi, Reformpädagogen) bildete sich – auch realgeschichtlich – erstmals eine Schulart heraus, die weitgehend „vom Kinde aus" konzipiert wurde. Die Stufe der Kindheit wurde in ihrer Eigenwertigkeit anerkannt (z. T. auch idealisiert), was direkten Einfluss auf Auswahl und Anordnung der Bildungsinhalte hatte. Der Begriff Kindgemäßheit war in erster Linie reifungs- und stufentheoretisch determiniert: *Kindgemäßheit bedeutete hauptsächlich Entwicklungsgemäßheit* im Sinne von *Alters(stufen)gemäßheit*. Das dahinter stehende „Bild des Kindes" war zwar grundsätzlich positiv („Das Kind ist von sich aus gut"), aber gleichzeitig stark fixiert auf *Kind als Entwicklungstypus*. Die Phasenlehre vermittelte den Eindruck, man wisse, wie „das" Kind in verschiedenen Entwicklungsphasen denke und fühle, was oft zu einer stereotypen Ausrichtung am „Durchschnittskind" führte und oftmals das Individualitätsprinzip verkannte.

Die reformpädagogische Idee „Vom Kinde" mit der Ausrichtung am „inneren Bauplan" des *einzelnen Kindes* fand in konsequenter Form Eingang in bestimmte Alternativschulkonzepte (Montessori, Petersen u. a.). Die gängige Schulpraxis war mehr fixiert auf „Altersstufengemäßheit", wodurch die *Jahrgangsklasse* und – insbesondere beim Erwerb der Kulturtechniken – ein „Lernen im Gleichschritt" gerechtfertigt wurde.

4.2.2 „Schülerorientierung" in der Curriculum-Phase

Mitte der 60er Jahre gerieten Theorie und Praxis der „Weimarer Grundschule" zunehmend ins Kreuzfeuer der Kritik. So stellte Erwin Schwartz auf dem Grundschulkongreß 1969 fest: „Diese Grundschule ist weniger als alle anderen Schulstufen den Herausforderungen unserer Zeit, der Gesellschaft und vor allem der Kinder selbst gefolgt: Die Grundschule ist sitzengeblieben!"

Dieser Vorwurf ist im historischen Kontext zu sehen, wohl auch in späten Nachwirkungen des sog. „Sputnikschocks" der westlichen Nationen und der intensiven Bemühung, die von den Universitäten bemängelte (natur-) wissenschaftliche Vorbildung mit Hilfe eines durchgängigen Bildungsprogramms über alle Schulstufen hinweg aufzubauen. Die Grundschule wurde in die entstehende „Curriculumtheorie" (mit entsprechender Anlage curricularer Lehrpläne) voll eingebunden, so dass die 1970-er Jahre heute als „Curriculum-Phase" oder auch als *Zeit der Wissenschaftsorientierung* gekennzeichnet werden.

Die dahinter stehenden Wandlungssymbole der gesellschaftlich-epochalen Situation seien hier nur in Stichpunkten skizziert: „Kritische Theorie" der „Frankfurter Schule", Kritik an der Harmonisierung gesellschaftlicher Realität – Kritik am „Schonraumgedanken" der vermeintlich systemstabilisierenden „Geisteswissenschaftlichen Pädagogik" (die Erziehung und Bildung vor ungerechtfertigten Zugriffen der gesellschaftlichen Mächte bewahren wollten); Auseinandersetzung mit der sog. „antiautoritären Erziehung", Einführung des Erziehungsziels „Emanzipation" – Prophezeiung einer deutschen „Bildungskatastrophe" (Picht 1964) und Forderung eines Bildungssystems, das Chancengleichheit gewährleisten sollte („Mobilisierung der Bildungsreserven") – Zunehmende Bedeutung empirischer Realitätskontrollen innerhalb der Erziehungswissenschaft: „Realistische Wende" in der Pädagogik und „Kognitive Wende" in der Psychologie.

„Die Zielsetzung einer allgemeinen Hebung des Ausbildungsniveaus und einer Steigerung der Abiturientenquote angesichts des wachsenden Bedarfs an qualifiziert ausgebildeten Menschen in einer technisierten und verwissenschaftlichten Umwelt mit internationalem Wettbewerb der Volkswirtschaften glaubte man im Grundschulbereich am effizientesten durch eine möglichst frühzeitige Ausrichtung der Unterrichtsinhalte und Lehrverfahren an der wissenschaftsorientierten höheren Bildung erreichen zu können.

Das Verständnis der Grundschule als eines behutsamen, ruhigen Schonraums zur Entfaltung anlagebedingter Begabungen und zur Reifung endogen gesteuerter Kräfte ließ sich angesichts dieser aktuellen bildungspolitischen Herausforderungen nicht mehr rechtfertigen. Gezielte Lern- und Leistungsanreize im Rahmen einer versachlichten, anspruchsvollen Schularbeit ergaben sich als grundschulrelevante Konsequenzen aus der Zielsetzung einer engagierten Bildungsförderung" (Rodehüser 1989, 548).

Im Zusammenhang mit der durch den „PISA-Schock" ausgelösten *heutigen* Diskussion um zukunftsorientierte Bildung, messbare Bildungsstandards (angesichts neuer Informations- und Kommunikationstechniken, internationaler Wettbewerbsfähigkeit und „Globalisierung") gibt der Rückblick auf diese Epoche erneut zu bedenken, wie das Konstrukt „Kind" bzw. „Kindheit" vom herrschenden Zeitgeist abhängt, und wie stark auch (vermeintlich objektive) empirische Wissenschaften in jeweils relevanten Fragestellungen und Ergebnissen von gesellschaftlich-ökonomischen Zwängen beeinflusst sind. Auch in der „Curriculum-Phase" war der Begriff Kindgemäßheit durch pädagogische und psychologische Grundauffassungen bestimmt, was die Grundschulpraxis nachhaltig verändert hat.

a) Kindgemäßheit als „Bildungsgerechtigkeit" und „optimale Passung"

Eine der wichtigsten Intentionen der Weimarer Verfassung war es, eine einheitliche Schule für alle Kinder des Volkes zu schaffen und keine Privilegien mehr zu dulden. Man ging davon aus, dass gleiche Schulbedingungen auch gleiche Chancen gewährleisten. Gegen dieses „Missverständnis" richtete sich die Bildungsreform in ihrer speziellen Ausprägung der „Grundschulreform" (vgl. Neuhaus 1994).

Im konstituierenden Band „Grundschule – Funktion und Reform" 1969 wies Erwin Schwartz (Gründer des Arbeitskreises Grundschule) auf die „Gefährdung der Chancengleichheit durch das formale Moment der '*Einheitlichkeit*' von Bildungsanforderungen" hin:

„Wo diese als Schulforderungen inhaltlich ... *für alle verbindlich* gemacht werden, da wird, statt sich der Gleichheit anzunähern, die Ungleichheit verstärkt ... Das Problem der Chancengleichheit stellt die Grundstufe des Bildungswesens vor ihre wichtigste, aber auch vor ihre schwierigste Aufgabe. Sie ist nicht mit '*Startgleichheit*' zu lösen, sondern nur durch '*Startgerechtigkeit*' zu erleichtern ... Die Aufgabe kann nur erfüllt werden, indem die Gleichheit für alle darin erstrebt wird, daß jedem einzelnen *seine* Bildungsmöglichkeiten angeboten werden und er in den Stand gesetzt wird, diese wahrzunehmen" (S. 59/60).

Das Hauptziel einer „freisetzenden Erziehung" wird darin gesehen, „*Chancengleichheit in der Wahrnehmung individueller Bildungsmöglichkeiten*" herbeizuführen (S. 61).

Während bisher der Entwicklungsstand des Kindes vornehmlich altersbedingt definiert war, wird nunmehr der *Sozialisationsprozess im Elternhaus* als entscheidend aufgefasst. Im Rückgriff auf amerikanische Forschungsergebnisse stellte man die *schichtenspezifische* Abhängigkeit als generalisierenden Faktor heraus, wobei den Kindern mit eingeschränkten Lernmöglichkeiten und -fähigkeiten besondere Aufmerksamkeit geschenkt wird: „Die Grundstufe eines demokratischen Schulwesens hat den formal gesicherten Anspruch der Kinder auf Chancengleichheit ... zu verwirklichen, indem sie den Nachholbedarf dieser Kinder durch Maßnahmen *kompensatorischer Erziehung* erfüllt" (Schwartz 1969, S.71).

Gegenüber bisheriger Vernachlässigung in der traditionellen Grundschule („keinesfalls verfrühen!") will man aber auch Kinder mit erhöhter Lernfähigkeit fördern und sich ihrem Anspruchsniveau stellen.

Die Forderung nach „optimaler Förderung eines jeden einzelnen" wird allerdings vornehmlich in Abhängigkeit vom Unterrichtsstoff verstanden: Vermeidung stofflicher Über- bzw. Unterforderung im Sinne *„optimaler Passung"*.

Verständlich ist dies im Zusammenhang mit dem übergeordneten Prinzip „wissenschaftsbestimmten Lernens": Bildungsinhalte seien nicht „vom Kinde aus" ableitbar, sondern durch die Bedingungen des Lebens in der wissenschaftsorientierten Gesellschaft bestimmt.

Kindgemäß bedeute demnach, anknüpfend bei individuellen Voraussetzungen, das Kind auf das Leben in der modernen Gesellschaft vorzubereiten. In dieser Sichtweise könne nicht mehr allein die „Eigenwelt" des Kindes im Vordergrund stehen, sondern vielmehr die Frage der *Handlungsfähigkeit* des Kindes in der gegenwärtigen und zukünftigen Erwachsenengesellschaft.

Kindgemäßheit versteht sich hier weiterhin als Bemühung, wissenschaftsbestimmte Stoffgebiete auf das kindliche Verständnisniveau „herunterzutransformieren". Dies kommt auch in den für die Bildungsreform programmatischen Ausführungen im „Strukturplan für das Bildungswesen" des Deutschen Bildungsrates 1970 zum Ausdruck:

„Der Lernende soll in abgestuften Graden in die Lage versetzt werden, sich eben diese Wissenschaftsbestimmtheit bewußt zu machen und sie kritisch in den eigenen Lebensvollzug aufzunehmen. Die Wissenschaftsorientiertheit von Lerngegenstand und Lernmethode gilt für den Unterricht auf jeder Altersstufe. Es wird eine vordringliche Aufgabe der didaktischen Forschung sein, den für das jeweilige Lebensalter und den geistigen Entwicklungsstand förderlichsten Grad aufzufinden und einen entsprechenden Modus der Vermittlung zu entwickeln" (S. 33).

Der hier implizierte hohe Bildungsanspruch ging einher mit einem neuen psychologischen Verständnis kindlichen Lernens (vgl. auch die Zusammenfassungen bei Nickel 1980 und Katzenberger 1982).

b) „Entwicklung gleich Lernen": Neue Begabungstheorie

Aufgrund neuerer entwicklungspsychologischer Einzelergebnisse war die traditionelle Reifungs- und Phasentheorie nicht mehr aufrechtzuerhalten (vgl. z. B. Schwartz 1970). Die für die Grundschulreform der 1970-er Jahre bedeutsamen psychologischen Grundannahmen werden von H. Roth so gekennzeichnet:

„Man kann nicht mehr die Erbanlagen als wichtigsten Faktor für Lernfähigkeit und Lernleistung (= Begabung) ansehen, noch die in bestimmten Entwicklungsphasen und Altersstufen hervortretende, durch physiologische Reifevorgänge bestimmte Lernbereitschaft. Begabung ist nicht nur Voraussetzung für Lernen, sondern auch dessen Ergebnis. Heute erkennt man mehr als je die Bedeutung der kumulativen Wirkung früher Lernerfahrungen, die Bedeutung der sachstrukturell richtigen Abfolge der Lernprozesse, der Entwicklung effektiver Lernstrategien, kurz: die Abhängigkeit der Begabung von Lernprozessen und die Abhängigkeit aller Lernprozesse von Sozialisations- und Lehrprozessen" (1969, S. 22).

Nach Oerter lässt sich Entwicklung „als Sozialisationsprozeß, als Hineinwachsen des einzelnen in die Gesellschaft und die umgebende Kultur beschreiben. Diese Sozialisation ist eine Kette von Lernvorgängen, die häufig unmittelbar nach Reifung der erforderlichen Funktionen einsetzen und mehr oder weniger bis zum Erwachsenenalter *kontinuierlich* weiterlaufen" (1969, 83), was auch Aebli, ein Schüler Piagets (1973) betont: Geistige Entwicklung verlaufe nicht in Schüben, sondern sei ein kontinuierlicher Prozess.

Die im Schlagwort *„Begabung heißt Begaben"* und in der *Gleichsetzung von Entwicklung und Lernen* verdichtete Gegenposition zu biologisch determinierten Modellen fanden nachhaltigen Ausdruck in den sog. *Instruktionstheorien*. Hier wird der Entwicklungsprozess nach den ersten Lebensjahren allein als ein Ergebnis kumulativen Lernens, der Entwicklungsstand als Stand im Lehrgang aufgefasst (Gagné 1973). Mit dem korrespondierenden Begriff des *sachstrukturellen Entwicklungsstandes* umschreibt Heckhausen (1971) Kenntnisse und Fertigkeiten eines Schülers, die dieser zu einem gegebenen Zeitpunkt seiner Entwicklung im Hinblick auf den relevanten Sachbereich der gegebenen Unterrichtssituation besitzt.

Der Gipfel instruktionstheoretischer Auffassung wird häufig in der viel zitierten „kühnen Hypothese" Bruners (1967) gesehen, der zufolge „jeder Stoff jedem Kind in jedem Stadium der Entwicklung in intellektuell redlicher Weise wirksam vermittelt werden kann", wobei allerdings Bruner selbst darauf hinweist, dass nur unter Beachtung entsprechender entwicklungspsychologischer Kenntnisse eine Übersetzung in den kindlichen Verstehenshorizont gelingen kann.

Bis heute nachhaltig geprägt ist die Grundschulpädagogik durch Forschungsergebnisse, die *Kindheit als bildsamste Phase menschlicher Entwicklung* herausstellen: Zeit erhöhter Plastizität und Lerneffektivität, in der frühen Lernprozessen eine potenzierende Wirkung auf später zugeschrieben wird (vgl. bes. Bloom 1971).

Aus Ergebnissen empirischer Sozialisationsforschung wurde abgeleitet, der jeweilige Entwicklungsstand sei in hohem Maße durch das *Sozialisationsgeschehen*, insbesondere im Elternhaus, in sozialen Gruppen und Subkulturen bedingt. Schichtenspezifische Abhängigkeit wird bei der Vielzahl der Faktoren sogar als generalisierender Faktor hervorgehoben (vgl. auch Helbig 1988).

So zeigte z. B. die Untersuchung „Erfolg und Versagen in der Grundschule" (1967) von Kemmler, dass Sozialvariablen wie schichtspezifische Herkunft, Familiengröße und elterliches Interesse signifikanten Einfluss auf Schulleistung und prognostizierbares Fortkommen in der Schullaufbahn haben. Heckhausen konnte in seinen Untersuchungen zur „Leistungsmotivation" bei Kindern (1971) nachweisen, dass Erfolgszuversicht (bzw. Mißerfolgsängstlichkeit) bei schulischen Leistungen stark vom Erziehungsverhalten der Eltern und dieses wiederum von deren Schichtzugehörigkeit abhängt. Ähnliche Wechselwirkungen wurden auch beim Sprachverhalten, z. B. in der Unterscheidung von „restringiertem Code" der Unterschicht und „elaboriertem Code" der Mittel-/ Oberschicht festgestellt.

Die Bedeutung dieser neuen Forderungen zu Entwicklung und Lernen für eine „kindgemäße Grundschule" fasst Schwartz (1969) zusammen:

„Forschungsergebnisse erziehungswissenschaftlicher Disziplinen weisen aus, daß *Kindheit und Grundschulalter* in optimaler Weise Zeitpunkte für einen frühen Lernbeginn und Zeiträume für effektive Lernprozesse anbieten. Im frühen Alter schon bilden sich Intelligenz und Begabung nach Niveau und Richtung, aber auch hinsichtlich ihrer Motivation und Dynamik aus, d. h. sie gewinnen Lebensbedeutsamkeit – oder sie verkümmern" (S. 110).

Die Auffassung, was dem Kinde gemäß sei, führte zu einer radikalen konzeptionellen Veränderung der Grundschule und von Prinzipien der Unterrichtsgestaltung.

c) Grundschule als „Primarbereich" des Bildungssystems

Das größte Reformwerk der deutschen Bildungsgeschichte fand Ausdruck in den umfangreichen Veröffentlichungen des von Bund und Ländern 1965 konstituierten „Deutschen Bildungsrats", in den „Gutachten und Studien der Bildungskommission". Nach den Empfehlungen der Bildungskommission im bereits genannten „Strukturplan für das Bildungswesen" (1970) sollte der „Primarbereich" die bisherige Grundschule ablösen und in Eingangs-, Grund- und ggf. Orientierungsstufe gegliedert werden.

Die Intention der Eingangsstufe bestand in der kompensatorischen Aufgabe des Ausgleichs unterschiedlicher Lernvoraussetzungen, die es mit Blick auf *Längsschnittchancengleichheit* erlauben sollte, bei allen Kindern eine verbesserte Lernfähigkeit zu entwickeln. Eine entsprechende „Brückenfunktion" für den Anschluss an weiterführende Schulen sollte auch die „Orientierungsstufe" haben.

Die Grundschule als *Grundstufe* wurde durch drei Zielsetzungen bestimmt: Einheitliches Grundprogramm für alle Kinder – Zusatzangebote für Kinder mit besonderen Neigungen – Kurse für Kinder, die besonderer Lernhilfen bedürfen.

Hauptanliegen des Primarbereichs war es indes, Lehrinhalte an Veränderungen in Wirtschaft und Gesellschaft anzupassen und „wissenschaftliches Lehren" zu sichern. Das Kind in der Primarstufe sollte nur das lernen, was später nicht verändert werden muss und worauf aufgebaut werden kann. Kindertümliche, aber sachlich unzutreffende Lerninhalte („Der böse Fuchs", „Die lieben Strommännlein") sollten in diesem Unterricht keinen Platz mehr haben. „Die Anfänge der Naturwissenschaften, der Sozialwissenschaften sowie der modernen Mathematik und Sprachlehre müssen in elementarer Form Eingang in den Primarbereich finden" (Strukturplan S. 134).

Die Konzeption des Gesamtunterrichts wird durch Strukturierung nach „Lernbereichen" als in sich gegliederte Sachgebiete abgelöst, die Kulturtechniken werden in eigenständigen Lehrgängen vermittelt, „in denen die Kinder jeweils ohne Rücksicht auf das Alter nach dem erreichten Leistungsstand gruppiert werden" (S. 138). Im Sachunterricht sind „historisch-kulturelle Gehalte, sozial- und gesellschaftliche sowie naturwissenschaftlich-technische Inhalte und Verfahren" zu berücksichtigen, im Kunst-, Musik- und Werkunterricht werden „fachspezifische Aufgaben" betont, außerdem wird die Einführung neuer Lernbereiche, beispielsweise eine erste Fremdsprache, gefordert (S. 139).

Von vornherein wird das Prinzip der *Kindgemäßheit in Abhängigkeit zum Prinzip der Wissenschaftsorientierung* gestellt: „Das Kriterium des ‚Kindgemäßen' reicht nicht mehr aus, um Maßstäbe für den Unterricht in der Schule setzen zu können. Im Primarbereich geht es vielmehr darum, die Anfänge der Lernprozesse aufzufinden ..., die den Weg nach oben in der vielfachen Differenzierung ermöglichen, die für die Abschlüsse der Sekundarstufe I und II geplant ist" (S. 133). Damit ist die Richtung vorgezeichnet, die in der heutigen Bildungsdebatte mit dem Begriff „Anschlussfähigkeit" pointiert wird.

Während bisher die „Eigenwelt des Kindes" (als „Schonraum") Unterrichtsmaßstab war, wird nun der Bezug der „Welt des Kindes" zur „Welt des Erwachsenen" hervorgehoben.

Kindgemäßheit in diesem Verständnis heißt aber auch, „daß im Rahmen der schulischen Lernprozesse auch die übrigen Bereiche der sozialen Umwelt des Kindes Beachtung finden müssen, also das Elternhaus, die Gruppen- und Schichtzugehörigkeit usw." (S. 126).

Der Hauptakzent in der Auffassung von Kindgemäßheit liegt jedoch in der Forderung nach *Differenzierung*:

„Das bedeutet, daß Curricula angeboten werden, die auf die unterschiedliche Lerngeschwindigkeit und Motivationslage der Lernenden sowie auf deren verschiedene Interessen und Lernvoraussetzungen abgestimmt sind" (S. 36). Auch das wird in den Zusammenhang mit objektiven Gegebenheiten gestellt: „Die Differenziertheit individueller Lernbedürfnisse und die Differenziertheit gesellschaftlicher Anforderungen machen ein differenziertes Bildungssystem notwendig" (S. 70).

Für den Primarbereich lehnt der Bildungsrat „äußere Leistungsdifferenzierung" (beispielsweise nach Leistungskursen) ab und drängt um so mehr auf die Verwirklichung *innerer Differenzierung* nach Inhalt, Medien und Methode innerhalb des Klassenverbandes.

„Sie wird verstärkt dort wirksam, wo die selbständige Arbeit des einzelnen Schülers nach Lernprogrammen, die unterschiedlicher Lerngeschwindigkeit und Auffassungsfähigkeit gerecht werden, gefördert wird. Innere Differenzierung kann schließlich bis zur selbständigen Projektarbeit der Schüler in kleinen Teams reichen" (S. 71).

Fazit: Aus heutiger Sicht ist festzustellen, dass die Grundschulreform der 1970-er Jahre in Theorie und (Lehrplan-) Praxis schwerpunktmäßig durch ein bestimmtes Verständnis des Prinzips der Wissenschaftsorientierung geprägt war: Curricularer Aufbau des Unterrichtsstoffes als Vorbereitung auf fachwissenschaftliche Disziplinen, Beachtung der Eigengesetzlichkeit fachlicher Lehrgänge, Sachunterricht als „elementarer Fachunterricht" (Schlüsselbegriffe / „basic concepts" und Verfahrensweisen der Wissenschaften). In entsprechender Interdependenz stand das Kindheitskonstrukt: Aufgrund der in Untersuchungen festgestellten „erhöhten Lernfähigkeit im Kindesalter" ging man davon aus, dass bereits im Grundschulalter fachliches Denken zugemutet und angebahnt werden kann. Kindheit als bildsamste Phase im menschlichen Leben sei durch möglichst frühe und vielfältige Lernanreize zu nutzen.

Kindgemäßheit versteht sich dabei vornehmlich als *Startchancengerechtigkeit* und *Ausgleich schichtenspezifischer Benachteiligung*. Insofern wird weiterhin vom „Kind als Typus" ausgegangen, allerdings nicht mehr von einem Reifungsstufentypus, sondern eher vom „Sozialisationstypus".

Das zeigt sich auch im Verständnis von „Individualisierung" als *lernzielorientierte didaktische Maßnahme der „inneren Differenzierung"*. Richtschnur ist letztlich das fachliche Leitziel, zu dem möglichst alle Schüler geführt werden sollen, was konsequenterweise einer Differenzierung nach Leistungsfähigkeit und damit einer (zeitweisen) Auflösung des heterogenen Klassenverbands bedarf. Wegen der damit verbundenen aufwendigen Lernstandsdiagnose (in jedem Lernbereich) und der darauf basierenden, meist pragmatischen Einteilung nach „Stütz-, Grund- und Förderkurs" handelt es sich mehr um *Leistungsgruppenorientierung*, weniger um Individualisierung.

Insgesamt lässt sich „Kindgemäßheit" in der Curriculum-Epoche als *Schüler-orientierung im Sinne ausgleichender und gezielter Lernförderung* charakterisieren.

4.2.3 Lebensweltorientierung angesichts „Veränderter Kindheit"

Während in den bisher beschriebenen Epochen der Kindheitsbegriff *bildungs-theoretisch-pädagogisch* bzw. (entwicklungs- und lern-) *psychologisch* geprägt war, ist die wissenschaftliche Thematisierung der Kindheit seit den 1980-er Jahren vor allem von *soziologischen* Kategorien bestimmt. Im Zusammenhang einer „Soziologie des Kindesalters" geht es nun (in der „akteursbezogenen Kinderforschung") um Kinderalltag und Handlungssituationen aus der Perspektive von Kindern, andererseits (in der mehr „struktur-bezogenen Kindheitsforschung") um Lebenslagen des Kindes. Ausgehend vom historischen Wandel der Generationenverhältnisse wird „Kind" als Sozialstatus verstanden und nach „soziokulturellen Mustern und sozialisations-theoretischen Perspektiven" (Honig u. a. 1996) gefragt.

So sieht die neue Kinderforschung Kinder vor allem als „aktive Realitätsrezipienten" (Hurrelmann) und *Symptomträger der Gesellschaft*, die Modernisierungsschübe, Zukunftsperspektiven (der nachfolgenden Generation) und Krankheitsanzeichen der Gesellschaft widerspiegeln. Kindheitsforschung wird „entromantisiert", der Tendenz nach auch „entpädagogisiert".

Ausgehend von tiefgreifenden, alle gesellschaftlichen Bereiche betreffenden Wandlungs- oder Auflösungsprozessen (Massenarbeitslosigkeit, Zwei-Drittel-Gesellschaft, Umweltzerstörung, Bevölkerungsexplosion, Verschiebung der Alterspyramide usw.) wird in sozialwissenschaftlichen Konzepten der „postindustriellen" oder „postliberalen" Gesellschaft bzw. der „Risikogesellschaft" eine konträre Diskussion über die gegenwärtige und zukünftige Gesellschaft geführt: Sind die aktuellen Konflikte und Spannungen Indizien für eine (beschleunigte) Fortsetzung der Modernisierung *oder* signalisieren sie einen Epochenwandel, der in das Zeitalter der „Postmoderne" führt? (nach Stange 1995, S. 66).

In ihrem Überblicksartikel zu Konzepten und Ergebnissen sozialwissenschaftlicher Kindheitsforschung resümiert Fölling-Albers (2001):

„Vielschichtige gesellschaftliche Wandlungsprozesse, die das Leben der Kinder, die Bedingungen ihres Aufwachsens und in diesem Kontext auch die Kinder selbst verändert hatten, waren der Hintergrund. Während frühere Debatten um die Entwicklung und um das Lernen von Kindern (noch) von der Vorstellung geprägt waren, dass diese Prozesse durch umfassende und gezielte politische und schulische Maßnahmen auch im pädagogischen Sinne gesteuert werden könnten (und von daher ein gewisser Bildungs- und Kulturoptimismus kennzeichnend war), sind die seit den 80-er Jahren geführten Auseinandersetzungen durch erhebliche Verunsicherung und Pessimismus geprägt: Eher negative Schlagzeilen wie ‚Konsumkindheit' und ‚Medienkindheit' beherrschten die öffentliche Diskussion..." (S. 10).

In diesem Kontext erkennt die Grundschulpädagogik mehr als bisher die Abhängigkeit der Bildungsinstitution Grundschule von der allgemeinen gesellschaftlichen Lage und entsprechenden Strukturkrisen. der gesellschaftlichen Institution Schule: „Wie alle anderen gesellschaftlichen Institutionen hat auch die Grundschule in einer dynamischen Gesellschaft nur noch als dynamisches, sich selbst regulierendes und stets an der eigenen Entwicklung arbeitendes System eine Überlebenschance" (Ramseger 1994, S. 10).

Die Grundschulpädagogik hat – wie kaum eine andere Stufenpädagogik – großes Interesse an der sozialwissenschaftlichen Kindheitsforschung gezeigt. Wohl aufgrund zunehmender Verunsicherung herkömmlicher pädagogischer Handlungsmuster wurden deren Ergebnisse auch von der praktizierenden Lehrerschaft ungewöhnlich intensiv rezipiert (wobei allerdings meist die Suche nach entlastenden Rechtfertigungsargumenten für die Grenzen pädagogischer Einflussmöglichkeiten im Vordergrund stand)

Relativ bald setzte dann die entsprechende Diskussion um pädagogische Konsequenzen aus den Ergebnissen der Erhebungen ein, was unter anderem Ausdruck darin fand, dass der Arbeitskreis Grundschule 1989 seinen Frankfurter Bundesgrundschulkongreß („70 Jahre Grundschule") unter das Thema „Kinder heute – Herausforderung für die Schule" stellte (Faust-Siehl u. a. 1990).

Im Kongressband „Veränderte Kindheit – veränderte Grundschule" führt die Herausgeberin folgendermaßen in die Thematik ein:

„Seit in der Bundesrepublik die Geburtenrate drastisch zurückgegangen ist, ist das öffentliche Interesse an Kindheit und an Kindern erheblich gestiegen. Nicht nur der Markt hat die Kinder als Kunden und Konsumenten entdeckt, auch die Zahl der Veröffentlichungen über Kindheit und Kinderleben ist in den letzten zehn Jahren schon fast ins Unüberschaubare gestiegen. Sind das bereits Nachrufe auf eine Kindheit, von der wir heute wissen, dass sie als spezifische gesellschaftliche Lebensphase erst wenige hundert Jahre alt ist? Kaum hatte Philippe Ariès in seinem Buch 'Geschichte der Kindheit' darauf hingewiesen, dass das, was wir heute unter Kindheit verstehen, zum großen Teile eine 'Erfindung' der Neuzeit ist und sich erst mit dem aufkommenden Bürgertum durchsetzte, als Neil Postman schon wieder das 'Verschwinden der Kindheit' ankündigte" (Fölling-Albers 1989, S.12).

Die zu dieser Zeit rezipierten Kindheitsstudien (z. B. Ariès 1960, de Mause 1974, Kellmer-Pringle 1979, Weber-Kellermann 1979, Postman 1983, Kagan 1987, Hagedorn 1987, Rolff/ Zimmermann 1993, Preuss-Lausitz 1993, Scholz 1994, Baacke 1999) sind in vielfältiger Weise ergänzt und weitergeführt worden (z. B. Engfer u. a. 1991, Deutsches Jugendinstitut 1993, Renner 1995, Fölling-Albers/ Hopf 1995, Behnken/ Jaumann 1995, Bartmann/ Ulonska 1996, Erdmann/ Rückriem 1996, Honig u. a. 1996, Zinnecker/ Silbereisen 1996, Richter/ Winklhofer 1997, Rosenberger 2005, Rohlfs 2006).

Viele Ergebnisse wurden inzwischen auf Schlagworte wie „Vereinzelung", „Verhäuslichung", „Verplanung", „Fernsehkindheit", und „Bedrohungskindheit" verkürzt, z. T. nach dem jeweiligen Interessenschwerpunkt ge- und mißbraucht – ein weiterer Beleg für die Konstruiertheit des Kindheitsbegriffs.

a) Aspekte veränderter Kindheit

Mittlerweile wurden die *Ergebnisse neuerer Kindheitsforschung* so oft rezipiert, dass ein Verweis auf Zusammenstellungen in der grundschulpädagogische Sekundärliteratur genügen mag (z. B. Haarmann 1991, Knörzer/ Grass 1992, S. 107-124, Prote 1996, Rehle/ Thoma 2003, Topsch 2004).

Einige Stichworte sollen aber beispielhaft aufgelistet werden, um zu zeigen, dass auch in „empirischen" Kennzeichnungen eine „virulente Normativität" steckt, dass es letztlich immer Erwachsene mit eigenen Wertvorstellungen sind, die aus ihrer Stellvertreterposition heraus eigene Einschätzungen zur Geltung bringen, und dass schließlich „auch eine alltagsorientierte Kindheitsforschung das ‘Subjektproblem’ nicht vermeiden kann" (Honig u. a. 1996, S.18).

Stichwort Medienkindheit: An Postmans These des „Verschwindens der Kindheit" (durch das Fernsehen als „Medium der totalen Enthüllung") und v. Hentigs lapidare Festellung, heutige Kindheit sei „Fernsehkindheit", zeigt sich, in welcher Abhängigkeit das Konzept „Kindheit" von anderen Lebensphasen gesehen wird. Wenn man Medienkonsum als Erwachsenenprivileg versteht, *muss* das Verschwinden der Kindheit beklagt werden, allerdings nur als Verschwinden des konstruierten Unterschieds zwischen Kindern und Erwachsenen. Beschreibt man „Kindheit" jedoch als selbstverständliche Vertrautheit mit Medien, ist die These als „Entstehen neuer Kindheitsmerkmale" umkehrbar, was durch das Hineinwachsen heutiger Kinder in eine Welt der Informations- und Kommunikationstechniken unterstrichen wird (vgl. Austermann 1996). In Ausrichtung einer mehr kindheitsorientierten Medienforschung oder einer eher medienorientierten Kindheitsforschung wird die ambivalente Interpretation der Forschungsergebnisse zur Mediennutzung offenkundig: Entspannung versus Reizüberflutung, „Verdummung" versus „Bildungszuwachs", Zeitverlust versus Zeitgewinn, Realitätsflucht versus Realitätskonfrontation, Kommunikationsverarmung versus Kommunikationszuwachs durch neue Kommunikationsformen, Informationsgewinn versus „Erfahrungen aus zweiter Hand", usw. So zeigen Untersuchungen des Deutschen Jugendinstitutes, dass Fernsehkonsum *nicht* von vornherein mit „Vereinzelung" gleichgesetzt werden kann, sondern Fernsehen (ebenso wie Musik) in Familie und Peer-Group ein wichtiges Kommunikationsmedium darstellt. Eine „kindgemäße Grundschule" wird diesem Spannungsverhältnis Rechnung tragen müssen: Weder „Verteufelung" noch vorbehaltlose, unkritische Akzeptanz neuer Medien (vgl. Schorch 1997)!

Stichwort Konsumkindheit: Die soziologische Kategorie der „Konsumgesellschaft" erweist sich für den Kindheitsbegriff ebenfalls als vielschichtig: Einerseits gehören Kinder unter 11 Jahren inzwischen zur Altersgruppe, die am meisten von (der „neuen") Armut bedroht ist, andererseits sind viele „reicher" als die Kinder früherer Generationen. Die sogenannten „Konsumkinder" stehen genau wie Erwachsene unter ungeheurem Konsumdruck, sind aber oft mit den Gesetzen und Produkten des Marktes besser vertraut als Eltern oder Lehrer und diesen in der Produktkenntnis und Beherrschung technischer Geräte überlegen. Insgesamt sind Grundschulkinder gefragte und meist auch geübte Konsumenten. Kindspezifisch ist dabei allenfalls die Auswahl der Konsumgüter; im offenstehenden Konsumzugang sind die Grenzen zwischen Kindern und Erwachsenen fließend, zumal viele Kinder in der Familie beim Kauf von Lebensmitteln, Kosmetika, Haushalts- und TV-/Hifi-Geräten, Auto und Kleidung mitbestimmen. Diese „Verfügungsmöglichkeiten" und die selbstverständlichen Zugangsberechtigungen zum Konsum, die sich auch sprachlich ausdrücken („Ich *hol'* mir meine Disc", nicht „Ich *bekomme* sie"; vgl. Röbe 1995, S. 10) implizieren ein Kindheitsbild, das nicht mehr so stark durch Abhängigkeit vom Erwachsenen, sondern auch durch aktives Mitwirken in der Erwachsenengesellschaft geprägt ist.

Stichworte Stadtkindheit und Kinder-Kindheit: Die räumliche Dimension von Kindheit wird in der neueren Kindheitsforschung häufig mit dem Begriff „Stadtkindheit" charakterisiert: Die funktionelle Spezialisierung von Flächen (Trennen von Wohn-, Arbeits-, Einkaufs-, Erholungsgebieten usw.) führe zur *„Verinselung"* kindlichen Lebensraumes: Spielplätze (oft sogar nach Altersgruppen aufgeteilt), Erlebnisspielplätze, Sportplätze, Freizeitparks, usw. andererseits Spielverbot auf Parkplätzen, Rasenflächen, Baustellen usw. Diese Abgrenzung hat nicht nur eine räumliche, sondern auch soziale Wirkung: Die kindliche außerfamiliale Sozialisation wird nicht mehr von der altersheterogenen Nachbarschaftsgruppe bestimmt, sondern von ständig wechselnden Personenkreisen, was durch deren Unverbindlichkeit soziale Beziehungen erschwert, „Straßenkindheit" geht verloren und die „Innenraumkindheit" nimmt zu. Damit *fehlen* oft auch *„elementare Erfahrungen"* (Wasser stauen, Feuer machen, Loch graben, auf Baum klettern, ...) und authentische Begegnungen. Durch Altershomogenisierung, Ghetto-Bildung und Spezialisierung der Außenräume hat sich eine *„Kinder-Kindheit"* entwickelt, die von Erwachsenen genau „definiert" ist. Aufgrund von Ausgrenzung einerseits und Zentralisierung andererseits zeigt sich wiederum ein ambivalentes Kindheitskonstrukt. Die räumliche und soziale Verdrängung der Kinder aus vielen Lebensbereichen der Erwachsenen geht einher mit erhöhtem Interesse an Kindern. Künstlich für Kinder geschaffene Innenräume und spezialisierte Außenräume werden „kindgemäß" pädagogisiert, Kindereinrichtungen als Planungsbestandteil mitbedacht ... noch nie hat man sich so viele Gedanken über Defizite der Kindheit gemacht.

Stichwort Einzelkindheit: Auch „Einkind-Kindheit" wird meist als defizitäres Merkmal verwendet: Vereinsamung, Fehlen sozialer Grunderfahrungen, Egoismushaltung, usw. Wie bei anderen Kennzeichnungen besteht die Gefahr, dass ein begrenzt aussagefähiges Merkmal einer Teilgruppe aller Kinder, hier als dominante Seite von Familienkindheit, pauschaliert wird. So kann dem „Defizitmodell" der Einzelkindheit als Mangelzustand durchaus das „Einzelkind als Idealfall", mit der Vorstellung optimaler Förderung in der Kleinfamilie, gegenübergestellt werden.

Stichwort Bedrohte Kindheit: Objektiv gesehen sind Kinder (aufgrund ihres Lebensalters) länger und hilfloser Bedrohungen der Risikogesellschaft (Krieg, Überbevölkerung, Kernenergie, Umweltschäden, Aids, ...) ausgesetzt als Erwachsene, obwohl die reale Bedrohung gleich ist. Subjektiv drückt sich das bei Kindern, die durch die Medien gut über die Erwachsenenprobleme informiert sind, durch Ohnmachtsgefühle, undurchschaubare Zusammenhänge und Zukunftsängste aus, was durch Tabuisierung und Frageverbot häufig noch verstärkt wird. Häufig wird „Bedrohungskindheit" gleichgesetzt mit *„Zukunftskindheit"*, obwohl dies an sich kein spezifisches Merkmal heutiger Kindheit ist. Akzentuiert gemeint ist die Belastung der Kinder durch Vorbereitung auf „Schlüsselqualifikationen" in einer wettbewerbsgesteuerten Leistungsgesellschaft, aber auch durch ökologische Herausforderungen. Im Zukunftsaspekt mit dem Merkmal prinzipieller Offenheit äußert sich die Vieldeutigkeit des Kindheitsbegriffs als „bedrohte Kindheit" einerseits und „Hoffnungsträger" andererseits besonders prägnant. Da im übrigen bei Grundschulkindern die Weite der Zukunftsperspektive (Vorausschau auf zukünftige Ereignisse) in signifikantem Zusammenhang mit dem allgemeinen (Schul-) Leistungsverhalten steht (vgl. Schorch 1982, S.140-142), ist sehr wohl zu bedenken, welchen Stellenwert „Grundschule als Zukunftswerkstätte" haben soll.

Stichwort Schulkindheit: Obwohl angesichts anderer Einflussfaktoren wie Medien und Konsum die Bedeutung schulischer Sozialisierung relativiert wird, sind Schule und Schulerfolg insgesamt wichtiger geworden. Nicht nur das Kind, sondern auch die Erziehungsarbeit der Eltern steht auf dem Prüfstand; Schule wird von den meisten Eltern als Instrument der beruflichen Karriere gesehen wird. Schulkindheit heute ist in diesem Sinne eng mit dem Merkmal „Pädagogisierung des Leistungsprinzips" verbunden, wobei der Leistungsgedanke stark von außen auf die Schule einwirkt, weniger von ihr selbst favorisiert wird. Hier zeigen sich ebenfalls gegenläufige Einschätzungen, je nachdem, ob „Kind" (lernorientiert) als „Schüler" oder (mehr entwicklungsorientiert) als „Schulkind" bzw. „Schule" als künstliche „Institution" oder – im Sinne des (reformpädagogischen) Begriffs „Schulleben" – als „Lebensraum" verstanden wird. Geht man von der pädagogischen Idee einer „Kindheit als Schulkindheit" aus, erscheint Kindsein als bloßes Schülersein defizitär. Auch am Konstrukt „Schulkind" zeigt sich die Einseitigkeit, Kind/heit allein mit soziologischen Kategorien erfassen zu wollen und die Notwendigkeit, interdisziplinär zu denken.

Fazit: Angesichts der durch die gegenwärtige Kindheitsforschung aufgedeckten Symptome, wird augenscheinlich, dass im Kindheitskonstrukt das, was als *Defizit oder Chance* gewertet wird, dicht beieinander liegt. „Ob die enormen Entfaltungs- und Gestaltungsmöglichkeiten, die Kindern heute offen stehen, genutzt werden können oder von den Risiken erstickt werden, ist nicht nur abhängig von sozialstrukturellen

Voraussetzungen, sondern entscheidend auch von der Fähigkeit und der Bereitschaft von Erwachsenen, sich gemeinsam mit den Kindern den Herausforderungen der Moderne zu stellen" (Stange 1995, S.82). Die „Soziologie der Kindheit" betont aber auch, dass Kinder zunehmend aktive „Konstrukteure ihrer eigenen Lebensphase" werden, zumal in keiner Altersstufe soviel gelesen, ferngesehen, Sport getrieben usw. wird wie in der Kindheit und hier ein „kulturelles Kapital" für das Leben entsteht. Die Vielseitigkeit der Veränderungen, die *nie alle* Kinder in gleicher Weise betreffen, hat zur Folge hat, dass heute weniger denn je von einem einheitlichen Kindheitskonzept ausgegangen werden kann; vielmehr ist ein *Prozess zunehmender Diversifikation von Kindheitsmustern*" (Fölling-Albers) zu verzeichnen, der mit erhöhter Streuung individueller Erfahrungs- und Lernvoraussetzungen einher geht.

b) Grundschulpädagogische Folgerungen
Eine der ersten programmatischen Forderungen, die auf die neuere Kindheitsforschung Bezug nahmen, wurden im „Frankfurter Manifest zum Bundesgrundschulkongress 1989" niedergelegt:

– Weil Kinder heute in einer demokratisch verfassten Gesellschaft aufwachsen, der Erziehungsstil partnerschaftlicher geworden ist sowie Selbstbewusstsein und Individualisierungsanspruch zugenommen haben, muss die Grundschule die Selbstbestimmungsansprüche der Kinder einbeziehen und Gelegenheit zu *selbstverantwortetem Lernen* geben.

– Weil die Kinder heute eine große Unterschiedlichkeit der Lebensbedingungen erfahren, muss die Grundschule mit einer *verstärkten Individualisierung und Differenzierung* der Methoden, Lernhilfen und Lernziele antworten.

– Weil Kinder heute aus Familien unterschiedlicher Herkunft kommen, muss die Grundschule der *größeren kulturellen Vielfalt* von Lebenseinstellungen, Verhaltensweisen und Leistungsmöglichkeiten gerecht werden.

– Weil Kinder heute einen Anspruch auf eine für alle gemeinsame Grundschule haben, muss die Grundschule die *Integration Behinderter* als humane Aufgabe einlösen.

– Weil Kinder heute in veränderten Familienstrukturen (Einelternfamilie, Einzelkinder usw.) aufwachsen, muss die Grundschule *Stätte sozialer Begegnungen und gemeinsamer Grunderfahrungen* sein.

– Weil die Berufstätigkeit von Eltern und Alleinerziehenden zugenommen hat, muss die Grundschule *familienfreundlicher* werden und Aufenthaltsmöglichkeiten bieten.

– Weil Kinder heute zu wenig Freiräume zum Spielen, Entdecken und Erkunden haben und ihr Alltagsleben „verplant" ist, muss die Grundschule Raum und Zeit für *spontane, selbstgeplante Aktivitäten* lassen.

– Weil Kinder heute in einer durch technische Medien bestimmten Welt leben und die „Wirklichkeit aus zweiter Hand" erfahren, muss die Grundschule die Entwicklung der *Sinnesempfindungen und die Eigentätigkeit in einem erfahrungsoffenen Unterricht* fördern.

– Weil Kinder heute keinen engen Bezug zum Nahraum ihres Wohnviertels und zum Gemeinwesen haben, muss die Grundschule *das Umfeld und das Gemeinwesen als bedeutsame Lernwelt* entdecken.

– Weil Kinder heute Teilnehmer und Objekte im Wirtschaftsprozess sind und an das Verlangen nach stets neuen materiellen Gütern gewöhnt sind, muss die Grundschule sie in Situationen bringen, in denen sie *schöpferisch tätig* sein und *eigene Werte* erkennen können.

– Weil Kinder heute unter ungünstigen Umweltbedingungen wie Lärm, Hektik, ungesunder Atemluft, atomarer Bedrohung, ungesunder Ernährung, Bewegungsmangel und zerstückeltem Tagesablauf leiden, muss die Grundschule durch ein gutes Unterrichtsklima und besondere Unterrichtsangebote die physische und psychische Gesundheit stärken (nach Faust-Siehl u. a. 1990, S.12/13; hier Kurzfassung d. Verf.).

Diese „Herausforderungen für die Grundschule" hat die grundschulpädagogische Diskussion bis heute stark beeinflusst, wobei alsbald auch eine differenziertere Reflexion einsetzte. *„Veränderte Lebenswelt als Impuls für Innovationen in der Grundschule"* sieht Lichtenstein-Rother (1991) in Einzelaspekten der Kindheitsforschung *und* in Prognosen der Zukunftsforschung:

Im Hinblick auf die explosive Dynamik der Veränderungen (auch) im kindlichen Alltag muss die Schule offen sein für das Wahrnehmen und Erörtern dieser Prozesse, soweit sie im Handlungsbereich der Kinder liegen. Angesichts der Errungenschaften der Technik (Verbesserungen, aber auch Beeinträchtigungen der Lebensqualität) muss Verständnis für verantwortlichen Umgang mit Ressourcen und Verzicht auf Annehmlichkeiten usw. aufgebaut werden. Hinsichtlich Konsumverlockung und „Wegwerfgesellschaft" müssen in der Schule Maßstäbe und Kriterien für das Durchschauen der Steuerungstaktiken gewonnen werden. Unter Berücksichtigung der Pluralität und Defizite in familialen Lebensbereichen sowie der Urbanisierung muss die Schule ein Ort werden, an dem soziale Sensibilität und Formen des Zusammenlebens erfahren und erprobt werden können (S. 56-60).

Einen deutlichen Akzent in der Diskussion des Prinzips der „Kindgemäßheit" setzt Maria Fölling-Albers (1994) mit der grundsätzlichen Forderung, Kinder so zu akzeptieren, wie sie sind.

Das soll insbesondere heißen, in der Grundschule

– den Individualisierungsanspruch und -erwartung der Kinder ernst zu nehmen und Kinder an den Entscheidungsprozessen für ihren Lernprozess mitzubeteiligen,
– in Kompensation verstärkter Individualisierungstendenzen in der Schule gezielt soziales Lernen, das auf ein Miteinander, Regelaushandeln usw. angelegt ist, zu initiieren,
– in Kompensation zur symbolischen und abstrakten Welt der Medien und der Schrift den Handlungsbezug in eigentätiger Auseinandersetzung mit den Dingen und in sozialer Mitverantwortung zu stärken, und
– in Kompensation unzureichender Familienverhältnisse dem Betreuungs- und Zuwendungsanspruch der Kinder entgegenzukommen (S. 128-131).

Verstärkt hat sich auch die Tendenz, die *sozialpädagogische Aufgabe* der Grundschule in den Vordergrund zu stellen, wobei die traditionelle (reformpädagogisch geprägte) Einforderung von Gemeinschafts- bzw. Sozialerziehung argumentativ mit Sichtweisen veränderter Kindheit verknüpft wird.

„Kinder haben heute zu wenig Gelegenheit, in informellen Situationen miteinander Erfahrungen zu machen, miteinander und aneinander zu wachsen. Deshalb wollen sie heute in der Schule intensiv miteinander umgehen... Pädagogisch gesehen wird die Grundschule immer mehr zu einer Schule des erziehenden Zusammenlebens, zu einem Lebensraum des Lernens" (Meier, R. 1997, S.2).

Diese Akzentuierung zielt darauf ab, die sozialerzieherische Dimension der Grundschulpädagogik neu zu bestimmen (vgl. Hopf 1997). Begründet wird dies mit der sozialen Belastung von Familien und damit auch der Kinder. Arbeitslosigkeit,

Multikulturalität, Scheidungsfolgen, Medieneinflüsse, gesellschaftliche Umbrüche in den neuen Bundesländern usw. hätten so sehr zugenommen, dass immer mehr Kinder sozial auffällig würden. Stufenweise ansteigende Forderungen wie (a) „Schulen sollten ihr Profil sozialpädagogisch erweitern" (Braun/ Wetzel 1997), (b) Grundschule und Sozialpädagogik sollten „kooperieren" („additiv-kooperatives Modell"), (c) Sozialpädagogik solle innerhalb der Schule tätig sein („integratives Modell"), münden in den eindeutigen Ruf nach einer *sozialpädagogischen Schule*. Eine „gute Schule" müsse nicht nur eine „sozialerzieherische, sondern eine im umfassenderen Verständnis sozialpädagogische Orientierung" haben (Fatke/ Valtin 1997, S.11).

Fazit: Grundschulpädagogische Folgerungen aus neueren Kindheitsstudien lassen folgende Tendenzen erkennen: Aus Defiziten und Verlustaspekten heutiger Kindheit werden neue Inhalte und Lerngebiete für den Grundschulunterricht abgeleitet. Angesichts steigender sozialer Probleme in der heutigen Gesellschaft wird der Grundschule – neben den traditionellen Unterrichtsaufgaben – noch stärker sozialpädagogische Funktion zugewiesen.

c) Kritik der pädagogischen Folgerungen

Die Merkmale, mit denen heutige Kindheit beschrieben wird, sind in sich recht widersprüchlich. Diese Ambivalenz der Entwicklung impliziert von vornherein eine kontroverse Diskussion pädagogischer Konsequenzen (vgl. z. B. die Kontroverse Bönsch-Lehmann 1999: Ist die Grundschule eine sozialpädagogische Einrichtung?). Vor dem Hintergrund der wissenschaftstheoretischen Prämisse, aus deskriptiven Sätzen nicht direkt normative Folgerungen abzuleiten und somit einem „naturalistischen Fehlschluss" zu verfallen, versteht es sich von selbst, dass empirische Kindheitsforschung nicht die eigentlich pädagogische Reflexion über Unterrichtsgestaltung und Funktionen der Grundschule ersetzen kann. Vielmehr ist dies Aufgabe der Grundschulpädagogik, Ziele und Mittel in einen handlungstheoretischen und pragmatischen Zusammenhang zu bringen.

Auch wenn sich die Grundschule prinzipiell darum bemühen muss, die Herausforderungen einer veränderten Kindheit anzunehmen, sind angesichts oben skizzierter Entwicklung auch kritische Aspekte, *Einwände und Bedenken* vor zu bringen:

Einseitige Ausrichtung an der „Verlustkindheit"

Obwohl frühzeitig auf Gegenläufigkeit der Entwicklungen, „Diversifikation von Kindheitsmustern" und große Vielfalt der Untersuchungsergebnisse aufmerksam gemacht wurde, richtet sich das Augenmerk bis heute tendenziell einseitig auf Defizite heutiger Kindheit. „In der schulpädagogischen Rezeption erscheinen diese Diskussionen fast ausschließlich unter dem Aspekt einer sich komplizierenden oder defizitären außerschulischen Sozialisation von Kindern. Folglich wird daraus eine Kompensationsfunktion der Schule abgeleitet" (Scholz 1996, S.46).

So hat man die Kindheitsforschung vor allem im Hinblick auf ihre spektakulären Ergebnisse wahrgenommen, wobei mit Schlagworten wie „Verinselung", „Vereinzelung", „Mediensucht", „Erfahrungsverlust", „Verplanung", usw. ein *Negativ-Mythos von Kindheit* entworfen und eine abwägende Einschätzung eher verstellt wird. Als Beispiel sei „Gewalt bei Kindern" genannt, die Preuss-Lausitz (1993) als schulpädagogisches „Modethema" entlarvt. Der Diskussion hält er entgegen, „daß Kinder nicht insgesamt gewalttätiger geworden sind, sondern sich eine Polarisierung vollzieht" zwischen einer friedensfähigen Mehrheit und einer aggressiven, destruktiven Minderheit (S. 112).

Die sozialwissenschaftliche Kennzeichnung der Kindheit als „Verlustkindheit" steht in Zusammenhang mit einer Grundhaltung des *Kulturpessimismus,* der die Gefahr unausgewogener pädagogischer Reaktionen nach sich zieht: Resignation einerseits, übereifriges „Sendungsbewusstsein" und überzogene „Gegensteuerungsforderungen" andererseits.

Im – z. T. fragwürdigen Vergleich mit früheren Kindheitsverhältnissen – werden ebenso vorhandene *positive Aspekte* oft übersehen: Ausgewogen ernährte, medizinisch gut versorgte, gesundheitsbewusste, bewegungsgeschulte, gut informierte, selbstbewusste, aufgeschlossene, kritische, problembewusste, partnerschaftlich denkende, kooperative, lernfreudige, begeisterungsfähige, vielseitig informierte, sprachversierte, kreative... Kinder.

Abgesehen von der Notwendigkeit differenzierter *Interpretation* der Untersuchungsergebnisse, sind auch manche Ergebnisse der Kindheitsforschung in ihrer Verlässlichkeit nicht kritiklos hinzunehmen (vgl. die Beispiele bei Ernst 1997). Inzwischen sind viele Erhebungsresultate bereits wieder veraltet. Oft werden soziometrische Statistiken einseitig negativ interpretiert (So leben beispielsweise immerhin 85% bzw. 77% der Grundschulkinder in West- bzw. Ostdeutschland bei ihren verheirateten, leiblichen Eltern). Zu bedenken ist auch, dass Durchschnittszahlen nur sehr begrenzte Aussagen über tatsächliche Familienverhältnisse zulassen.

Einseitige Außenperspektive von Kindheit / Unmittelbare Adaption soziologischer Befunde in pädagogische Programme

In der neueren Kindheitsdebatte wird kritisiert, dass es sich bei der soziologischen Kindheitsforschung nur um die Außenperspektive Erwachsener handele; zu wenig würden die Binnensichten der Kinder selbst berücksichtigt und Zugänge zur subjektiven Welt der Jüngeren gesucht. Kinder seien aber auch „Akteure und Schöpfer ihrer eigenen Kindheit" und „Träger privater persönlicher Selbst- und Welttheorien". Deshalb müsse sich heutige Forschung mit dem konstruktivistischen Diktum eines eigenaktiven („autopoietischen") Kindes ebenso auseinandersetzen wie mit den pädagogischen und politischen Forderungen nach verstärkter Partizipation der Kinder auf allen Gebieten (nach Behnken/Zinnecker 2001).

Zweifellos sind in der gegenwärtigen gesellschaftlichen Entwicklung gravierende Veränderungen feststellbar; unbestreitbar ist auch, dass sich der Wandel in der Welt der Erwachsenen unmittelbar auf die Aufwachsbedingungen der Kinder auswirkt und diese wiederum Einfluss auf Handlungs- und Verstehensmöglichkeiten von Kindern haben können.

„Unzulässig ist aber eine direkte Übertragung von Aufwachsbedingungen auf tatsächliche Veränderungen von Kindern, wie es der Text des Grundschulmanifestes nahe legt. *Wie* Kinder mit bestimmten Bedingungen umgehen, lässt sich nur erfahren, wenn man versucht, ihre Weltsicht aus *ihrer* Sicht zu verstehen. Dazu gibt es kaum Untersuchungen. Ob das Hochhaus in bezug auf die Lernmöglichkeiten von Kindern eine Einöde ist oder ein Eldorado, steht nicht von vornherein fest" (Scholz 1996, S.48).

Solche Einwände sind auch notwendig, wenn von Untersuchungen materieller Rahmenbedingungen und Aufwachssituationen in einer veränderten Erwachsenenwelt direkt auf kindliche Bedürfnisse geschlossen wird. Es besteht die Gefahr, dass von einem Kindheitsbild ausgegangen wird, das sich Erwachsene aufgrund sozialwissenschaftlicher Ergebnisse zurechtlegen. Soziometrisch-statistische Erhebungen sagen aber kaum etwas über Veränderungen bei den Kindern selbst (über ihre Ängste, Perspektiven, subjektiv-individuellen Wünsche usw.) aus, zumal hierfür das gängige sozialwissenschaftliche Methoden-Instrumentarium nur bedingt geeignet ist.

Gefahr „monokausal" abgeleiteter Aufgabenzuweisung an die Grundschule
Hinsichtlich der vorangestellten Überlegung, dass sich aus einem „Ist" nicht logisch zwingend ein „Soll" ergibt, muss auch die bisher beobachtbare Tendenz, Defizitbeschreibungen der Kindheit unmittelbar in Aufträge an die Grundschule zu überführen, kritisch gesehen werden. Dieser Auffassung liegt ein „mono-kausales Denken" (König) zugrunde, das einlinige Zusammenhänge konstruiert und Probleme auf angeblich genau bestimmbare Faktoren zurückführt: Nähme sich die Schule dieser Probleme an, könnten sie universell gelöst werden. Solche Kausalannahmen sind jedoch angesichts der großen Problemkomplexität nicht haltbar. Die Schule hat es mit individuellen Verhaltensweisen zu tun, und diese sind in der Regel nicht Ergebnis nur einer bestimmten Ursache, sondern ergeben sich aus der Vielschichtigkeit des sozialen Systems (vgl. auch die Analysen der PISA-Ergebnisse, z. B. Messner 2002).

Zu Missverständnissen kann es führen, wenn ursprünglich sozialwissenschaftlich empirische Begriffe wie Individualisierungstendenz, Vernachlässigung usw. unvermittelt eine „normative Wendung" erfahren und daraus gegenüber der Schule ein „Individualisierungs*anspruch*", ein „Zuwendungs- oder Betreuungs*anspruch*" konstruiert wird. Kann z. B. aus einem allgemeinen Betreuungsanspruch der Kinder auch ein genereller Anspruch der Eltern auf *schulische* Betreuung ihrer Kinder abgeleitet werden? Jedenfalls ist der suggerierte Bezug „*Weil* Kindheit so ist, *muss* die Schule..." grundsätzlich kritisch zu hinterfragen.

Überforderung der Grundschule durch Überfrachtung mit Einzelaufgaben

Die Vielzahl der aufgedeckten Problembereiche veränderter Kindheit („Fernseh-kindheit", „Stadtkindheit", „Konsumkindheit" usw.) hat die Tendenz, der Schule die verschiedensten gesellschaftlichen Aufgaben aufzubürden, weiter verschärft. Aus stigmatisierten Problemfeldern werden immer neue Erziehungsaufträge an die Schule übertragen: Umwelt-, Konsum-, Sicherheits-, Friedens-, Toleranz-, Antidrogen-, Ernährungs-, Bewegungs-, Anti-Okkultismus-, Dritte-Welt-, Medien-... Erziehung. Solche „Bindestrich-Erziehungen" mögen jeweils für sich berechtigt und sinnvoll erscheinen, in ihrer Summe überfordern sie die (Regel-) Grundschule und verstellen den Blick auf Kernaufgaben grundlegender Bildung. „Man kann dieses Vorgehen durchaus als konzeptionslose Addition von Erziehungs- und Lehrerbildungsaufträgen bezeichnen" (Einsiedler 1994, S.26).

Differenzierte schultheoretische Analysen weisen nach, dass die Rechnung nicht auf-gehen kann. So ist zu bedenken, dass schon die lange Umsetzdauer schulischer Er-ziehung solche Versuche fast immer hinter den tatsächlichen Problemen hinterher-hinken lässt (vgl. den bekannten „Paulsen-Effekt" / Paulsen 1906; Sünkel „Schule mit Verspätung" 1990), dass viele der Erziehungsaufträge unklare bzw. widersprüch-liche Zielsetzungen enthalten (z. B. Konsumerziehung: Konsumverzicht oder Konsumsteigerung? Verkehrserziehung: Anpassung oder Widerstand?), dass auch das Gegenteil des Erstrebten erreicht werden kann (vor allem, wenn schulische Bemü-hungen als Einmischung in die Privatsphäre empfunden werden; vgl. Schorch 1996: Kontraproduktive Medienerziehung), dass die Bindestrich-Erziehungen zum Alibi werden, Probleme genannt und damit „im Griff" zu haben, dass pädagogische Mög-lichkeiten im Handlungsfeld der Schule überschätzt werden, und dass es sich meist um Erwachsenenprobleme handelt, die für Kinder kaum nachvollziehbar und noch weniger lösbar sind.

Wenn Schule auf diese stets wachsende Zahl von Einzelaufgaben verpflichtet wird, verkommt sie zu einer „Reparaturwerkstatt der Ego-Gesellschaft", die ihren eigentli-chen Bildungsauftrag aus den Augen verliert und sich zu „bloßem Aktionismus" verführen lässt (Apel 1995, S.254/257).

Umorientierung zu einer sozialpädagogischen Einrichtung

Bei zunehmend erkennbarer sozialpädagogischer Orientierung wird der Eindruck verstärkt, dass für soziale Probleme jeglicher Art die „soziale Arbeit" der Schule „zustän-dig" sei. Lässt sich die Schule konzeptionell und offiziell auf eine Funktion als „So-zial- und Missionsstation" ein, übernimmt sie implizit die entsprechende gesellschaft-liche Verantwortung. Sollte ihr sozialpädagogisches Programm scheitern, steht sie unausweichlich in der Gefahr, zum „Sündenbock" der Gesellschaft zu werden: „Wer mehr verspricht als das, was Schule und Unterricht wirklich einlösen können, wird einzig erreichen, dass die Lehrerschaft außer der öffentlichen Prügel für Wissens-

und Kompetenzdefizite der Schüler künftig auch noch für die emotionale Unterversorgung und soziale Heimatlosigkeit ihrer Klientel zur Verantwortung gezogen wird" (Lehmann 1999, S.48).

„Überhaupt muß man vorsichtig sein mit dem ständigen Ruf nach dem Neuen. Auch die Grundschule der Zukunft muß und wird an ihren spezifischen Erfahrungen anknüpfen. Deshalb ist ein Ruf nach einer vollkommen neuen Grundschule genauso unsinnig wie es ein Verlangen nach einer neuen Medizin, einer neuen Rechtsprechung oder einer neuen Politik wäre. Dies alles sind gewachsene Subsysteme der Gesellschaft, die sich zwar immer neuen Problemen zu stellen haben, aber mit ihren jeweils bewährten Mitteln" (Czerwenka 1997, S. 418).

Selbstverständlich haben GrundschullehrerInnen fallbezogen in Alltagssituationen schon immer sozialpädagogisch und z. T. auch sozial-therapeutisch gewirkt, selbstverständlich ist Sozialerziehung wichtiger Teil des pädagogischen Handlungsfeldes. Zu fragen ist jedoch, ob damit auch ein zentraler, sozusagen „offizieller" sozialpädagogischer Auftrag an die Institution Grundschule verbunden ist.

Der verfassungsmäßige Auftrag definiert Grundschule als „erste grundlegende Schule im Bildungssystem" und damit als *Bildungsinstitution*. Im Vordergrund steht die systematische Grundlegung von Kompetenzen, die zur Teilhabe an der Kultur befähigen. Dies ist vornehmste Aufgabe, weitere Aufgabenzuweisungen haben nachrangige Bedeutung. Insofern ist kritisch abzuwägen, was die Grundschule (als gemeinsame Pflichtschule für alle Kinder) zusätzlich zu leisten vermag, zumal damit auch veränderte Qualifikationsziele der Lehrerbildung verbunden sind (vgl. z. B. Breidenstein u. a. 2002).

Angesichts von Spezialisierung und unterschiedlicher Professionalisierungsprofile von Lehrern und Sozialpädagogen kann es allenfalls um die Frage gehen, wie sozialpädagogische Hilfestellungen personell in die Grundschule eingebracht werden können, um grundlegende Bildungsarbeit von weiteren Belastungen freizuhalten.

In schultheoretischer Systematik sind Schulen geschichtlich entstandene gesellschaftliche Institutionen und als (meist staatlich) organisierte Einrichtungen Orte des Lehrens und Lernens und Teile des Bildungssystems. Sie können die (soziale) Funktion der Familie nicht ersetzen. Bei aller Flexibilität und Bemühung um Berücksichtigung aktueller sozial- und gesellschaftsbedingter Problemlagen kann Grundschule nicht zur „Sozial-Station" umfunktioniert werden; vielmehr ist sie weiterhin ihrem – an Lerninhalten gebundenen – Kernauftrag als *Bildungsinstitution* verpflichtet.

In Abwägung solcher Bedenken ist zu fragen, welche Aspekte von Kindheit in der aktuellen Diskussion akzentuiert werden und welche Konsequenzen dies für eine grundschulpädagogische Handlungstheorie nach sich zieht.

4.3 Kindgemäßheit als Bedingungsfaktor des pädagogischen Profils der Grundschule

4.3.1 Neue Erwartungen an die Grundschule

Der Grundschule wird nicht nur Zuständigkeit für grundlegende Lernprozesse zugewiesen, sondern auch Verantwortung für sozialpädagogische und sozialtherapeutische Aufgaben. So soll sie, z. B. als „verlässliche Halbtagsschule" oder Ganztagsschule, Mittags- bzw. Nachmittagsangebote bereitstellen und zur Entlastung der Eltern beitragen (vgl. Fölling-Albers 2003, Burk/ Deckert-Peaceman 2006).

Neue Erwartungen an die Grundschule sind auch mit der bereits dargelegten Zunahme immer neuer *fächerübergreifender Bildungsaufgaben* wie Familien-, Umwelt-, Konsum-, Freizeiterziehung usw. verknüpft. Aktuelles Beispiel ist die Initiative der Bundesregierung gegen körperliches Übergewicht und die damit verbundene Forderung der Einführung eines eigenen Schulfaches Ernährungserziehung.

Hinzu kommt – trotz anhaltender Diskussion (vgl. Kierepka u. a. 2004) – die Institutionalisierung des *Englischunterrichts* an der Grundschule, meist ohne die notwendige Erweiterung der Gesamtstundenzahl. Gerade hier gilt es, falsche Erwartungen zurückzuweisen: Trotz aller Bemühung um Anschlussfähigkeit kann nicht allein der (curricular-systematischen) Vorbereitung auf den Englischunterricht der weiterführenden Schulen dienen. Vielmehr steht auch hier Kindgemäßheit im Vordergrund: Englischunterricht ist als eigenwertiger grundschulspezifischer Lernbereich auszubauen, in dem Prinzipien wie z. B. Handlungsorientierung/ Sprechhandeln und Lernen mit möglichst vielen Sinnen sowie Fächerintegration berücksichtigt werden (vgl. Klippel 2000, Böttger 2005).

Insgesamt ist festzustellen, dass der Bildungsauftrag der Grundschule zunehmend komplexer und vielschichtiger wird, was schulstrukturelle Veränderungen nach sich zieht. Das ist auch vor dem Hintergrund zu sehen, dass privat und außerschulische Einrichtungen das staatliche Bildungsmonopol der Grundschule zunehmend unterlaufen. Umgekehrt gerät mit Einführung verpflichtender Lerninhalte und „Bildungspläne" für Kindergärten (vgl. Reyer 2006, S. 216/ 217) der Vorschulbereich immer mehr in den staatlichen Einflussbereich, so dass sich die Position der Grundschule als erste und grundlegende Schule relativiert. Das gilt auch für „Anschlüsse nach oben", nämlich für die Tendenz zur Verlängerung der Grundschulzeit um zwei Jahre und die damit verbundene Bestimmung des „Grundschulalters". D. h., das entsprechende Prinzip der „Altersgemäßheit" als Teil der Kindgemäßheit ist neu zu überdenken.

Weiterhin zeichnet sich eine „Entgrenzung" von Schule und außerschulischer Lebenswelt ab; „Life-long-Learning" geschieht auch vor, neben und nach der Schule. „Grundschulzeit" als Lebensabschnitt wird nicht mehr allein vom Besuch der Regelschule geprägt, sondern eher als ein multifaktoriell bedingtes Lernen in einer bestimmten Lebensphase. Das geht einher mit dem Problem eines sozialbedingten „Schereneffekts": So erhalten viele Kinder durch private Lernangebote zusätzliche Startvorteile, während andere durch ein anregungsarmes Lernmilieu benachteiligt sind. Die Ergebnisse von PISA haben deutlich gezeigt, dass in Deutschland der Schulerfolg in sehr hohem Maß vom familiären Hintergrund (Sozialschicht, Migration) abhängt (Baumert u. a. 2001). Dies gilt trotz viel besserer internationaler Platzierung bei der IGLU-Studie, auch für die deutsche Grundschule (Lankes/ Bos/ Schwippert 2003, Bos 2004). Trotz oder gerade wegen dieser Entwicklungen hat sich der gesellschaftliche Stellenwert der Grundschule erhöht. Die Grundschule gilt nach wie vor als Basis für die Verteilung von Bildungschancen, wobei (besonders für unterprivilegierte Kinder) ein solches Pflichtschulangebot für unabdingbar gehalten wird.

Vor diesem Hintergrund wird deutlich, dass *Kindgemäßheit* als *übergeordnetes Prinzip mit gesellschaftspolitischer Relevanz* zu verstehen ist. Gemeint ist jedenfalls nicht die Konstruktion einer „pädagogischen Idylle", die mit dem Missverständnis der „Kindertümelei" allzu leicht in die „Trivialisierungsfalle" gerät.

4.3.2 Grundschulpädagogische Standortbestimmung

Angesichts solcher Einwände ist nochmals nach dem Verständnis der *Grundschule als „Kinderschule"*. So wie eine umfassend fundierte Grundschulpädagogik nicht auf den Bildungsbegriff verzichten kann, muss sie von ihrem Selbstverständnis her auch den *Kindbegriff* beibehalten.

Dabei ist von zwei *grundsätzlichen Prämissen* auszugehen, hinter die man nicht wieder zurückfallen sollte; nämlich die genuin pädagogische Auffassung von Kindheit sowie die Anerkennung anthropologischer Gegebenheiten.

(a) In der *pädagogischen Konzeption von Kindheit* wird das Kind als vollwertiger Mensch akzeptiert, die Besonderheit seiner humanen Existenz und Identität anerkannt (was im Sinne Schleiermachers bedeutet, dass die Gegenwart des Kindes nicht einer ungewissen Zukunft „aufgeopfert" werden darf): Da die Schule einen beträchtlichen Teil des kindlichen Zeitbudgets in Anspruch nimmt, ist sie zu einem sorgsamen Umgang mit der gegenwärtigen Lebenszeit der ihr Anvertrauten verpflichtet. Diese Gegenwart kann nicht einseitig gegen Zukunft aufgerechnet werden. Unzeitgemäß ist die Auffassung des Kindes als „kleiner Erwachsener", der sich als ungleichwertiger und unvollkommener Mensch nur in einem „Durchgangsstadium" befindet, das so schnell wie möglich durchschritten werden müsse. So wird Kindheit nicht als marginale Vorphase vor dem eigentlichen Leben, sondern als bedeutsame, „ganz andere"

Phase im menschlichen Leben angesehen, die eine basale Grundlage für künftige Lebensphasen darstellt.

In dieses pädagogisch entworfene Bild des Kindes geht ein normatives Moment ein, nämlich die Überzeugung von der *Kindheit als Eigenwert*: Jede Altersphase habe ihren eigenen Sinn und solle voll durchlebt werden, wenn es auf harmonische Entfaltung des Menschen in all seinen Möglichkeiten ankomme. Für den Erwachsene bedeute dies Bereicherung und Zumutung zugleich: Mit dem Begriff der „Kindheit" korrespondiert der Begriff der „Erwachsenheit". Kindheit als Wert ist nur zu erhalten, wenn sich Erwachsene ihre „Erwachsenheit" und damit Verantwortung für das Kind zumuten. Dies ist in einer Zeit und Gesellschaft, in der Kinder, aus welchen Gründen auch immer, abgelehnt werden, und in der „ewig junge Erwachsene" dem Jugendideal huldigen und nicht zu ihrem Älterwerden stehen, keinesfalls selbstverständlich.

Wenn Kinder und Erwachsene gleichermaßen aufeinander zugingen, brauchte man das allmähliche „Verschwinden der Kindheit" (Postman) als (medienbedingtes) Gesellschaftsproblem nicht zu bedauern; es ergäbe sich im Gegenteil die Chance einer neuen Pädagogik der Gleichrangigkeit und Wechselseitigkeit von Jüngeren und Älteren.

Einer solchen Utopie stehen allerdings anthropologische Gegebenheiten entgegen.

(b) In *anthropologischer Sichtweise* wird von einer prinzipiellen *Angewiesenheit des Kindes auf Erziehung* ausgegangen. Der These von der „kulturellen Erfindung" der Kindheit wird die biologische Tatsache der Kindheit gegenübergestellt. So hat die vergleichende Verhaltensforschung den Menschen als instinktmäßiges „Mängelwesen" (Gehlen 1963) erkannt, das auf Lernprozesse und Erfahrungen angewiesen ist, um sich in der Welt zurechtzufinden: Der Mensch benötige, um Erfahrungen sammeln zu können, im Gegensatz zum Tier, eine *ausgeprägte Lebensphase des Spielens und Lernens*; diese erst ermögliche zunehmende Weltoffenheit und Plastizität (vgl. auch Loch 1996).

Das Kind bedarf demnach einer *gestalteten Lernumgebung*, die spielendes Lernen erlaubt und anregt (vgl. Prange/ Stobel-Eisele 2006 III/2). Da das nicht in allen Fällen von der Familie geleistet werden kann, ergibt sich daraus (schon im Sinne des „Reproduktionsauftrags" der Gesellschaft) ein spezifischer Auftrag für die Grundschule: Bereitstellen von Lernangeboten, die der kindlichen Lernweise entsprechenden und die von „Ichbestimmtheit" zu „Sachbestimmtheit", zur Bewältigung außengestellter Aufgaben führen (Olechowski 1990, S. 51). Dem Kind wird Selbstbestimmung seines Handelns zuerkannt, ebenso jedoch die Notwendigkeit von Fremdbestimmung durch Erziehung festgestellt.

Die grundschulpädagogische, empirisch wie normativ angelegte Sichtweise berücksichtigt das Spannungsverhältnis, das dem Prinzip „Kindgemäßheit" inne liegt: Die Grundschule als „Stätte für Kinder" ist nicht nur Betreuungs- und Beschäftigungseinrichtung, die danach geht, was Kinder „wollen", sondern Bildungseinrichtung, die fragt, was Kinder gegenwärtig und zukünftig „brauchen" und die durch pädagogische Gestaltung von Lernumgebungen entsprechende Bildungsangebote macht. „Kindgerecht ist die Schule also nicht dann, wenn sie ihre Ansprüche aufgibt, sondern wenn sie diese mit der nötigen Sensibilität für die Persönlichkeit aufrechterhält in dem Bewusstsein, dass das Kind das, was es können soll, immer auch lernen muss" (Giesecke 1996, S. 237). In dieser Eigenschaft steht die Grundschule im Spannungsverhältnis zwischen Sozialisations- und Enkulturationsfunktion einerseits *und* der Personalisationsaufgabe individueller Förderung andererseits, wobei in gesellschaftspolitischen Interessenkonflikten stets die Rolle als „Interessenvertretung der Kinder" im Vordergrund steht.

Fazit: Unter *didaktischem Aspekt* ist „Schülergemäßheit" (im „didaktischen Dreieck" mit „Sachgemäßheit" und „Zielorientierung") ein allgemeines Unterrichtsprinzip, das für alle Schularten gilt.

Grundschulpädagogische Akzente ergeben sich dadurch, dass die Grundschule eine Bildungsinstitution darstellt, die verpflichtend für Kinder ist. Kennzeichnend für diese Schulart ist die enge Verbindung von Erziehung und Unterricht innerhalb eines gemeinsamen „Schullebens". Mit dem Begriff *Kind*gemäßheit" kommt die Bedeutung umfassender pädagogischer Verantwortung für die Schule als „Lebensstätte" des Kindes zum Ausdruck. Die grundschulpädagogische Konstruktion kindgemäßen Handelns basiert auf Prämissen wie Eigenwert der Kindheit und kindliches Angewiesensein auf eine anregende Spiel- und Lernwelt. Darin erweist sich auch das *pädagogische Profil einer humanen Schule*, die nicht nur der Vorbereitung auf das Leben dient, sondern selbst Teil kindlichen Lebens ist.

C Die Grundschule als pädagogisches Handlungsfeld

Vor dem Hintergrund des institutionellen Bildungsauftrags der Grundschule soll nun das *pädagogische Handlungsfeld* des Lehrers – mit seinen Einschränkungen und Chancen – analysiert und strukturiert werden. Es ist die Ebene praktischer Gestaltung von Erziehung und Unterricht in der Grundschule durch Lehrer und Lehrerteams in Zusammenarbeit mit Schulleitung, Schulverwaltung, Eltern und Lehrerbildungsinstitutionen aller Phasen. Ziel ist eine berufswissenschaftliche Identität, die sich durch handlungsorientierte Theorie und theoriegeleitetes Handeln auszeichnet.

1 Grundlegung als Aufgabe pädagogischen Handelns

Als spezifisch grundschulpädagogischer Begriff wird *„Grundlegende Bildung" als Beginn der Allgemeinbildung* verstanden, insofern erstmals für alle Kinder ein „verpflichtender" Kanon von lehrplanmäßig verankerten Bildungsinhalten vorgegeben wird. „Allgemeinbildung" bedeutet hierbei nicht in erster Linie, ein breites Allgemeinwissen zu haben, sondern „das Allgemeine aus dem Besonderen abheben zu können". Insofern ist der beginnende Allgemeinbildungsprozess direkt auf „kategoriale Bildung" gerichtet, die Kinder in Grundkategorien der Welterschließung einführt (vgl. B 1).

1.1 Einführung in die Kulturtechniken als pädagogische Aufgabe

Für die Grundschularbeit nimmt die traditionelle *Trias „Lesen – Schreiben – Rechnen"* eine zentrale Stellung ein, deren Notwendigkeit unter dem Eindruck aktueller internationaler Vergleichsstudien zu (schrift)sprachlichen und mathematischen Fähigkeiten (TIMSS, PISA, IGLU) erneut unterstrichen wird. Die Beherrschung der kulturellen Basiswerkzeuge gehört zu den Kernaufgaben grundlegender Bildung. Hierfür haben sich in der Grundschuldidaktik eigene Forschungs- und Studienfelder entwickelt (vgl. A 3).

1.1.1 Schriftspracherwerb als Erziehungsfeld

Kinder erfassen die Eigenart der Schriftsprache am besten durch eigenen Gebrauch der Schrift, vor allem durch „denkendes Schreiben und schreibendes Denken"; so z. B. beim Notizen-Machen (Schrift als Merkhilfe), Verarbeiten von Erfahrungen (Schrift als Reflexionshilfe), aber auch beim Rechnen (Schrift als materielle Stütze schwieriger gedanklicher Operationen). Die kommunikative Wirkung von Schrift wird durch echte Schreibanlässe erlebt (Einladungen, Glückwünsche, Wunschzettel, Benachrichtigungen, usw.). Bei schriftlichen Mitteilungen an Erwachsene ist die Schreibmotivation der Kinder besonders groß, da sie nun nicht mehr nur Überbringer, sondern selbst Absender „wichtiger" Nachrichten sind.

In der modernen Didaktik des Schriftspracherwerbs spielt deshalb der Gedanke „Lesenlernen durch Schreiben" eine große Rolle. Wie bereits im klassischen Altertum wird darauf vertraut, dass sich durch die (geistige!) Fähigkeit des Schreibens die Lesefähigkeit (als Sinnentnahme von Schrift) von selbst einstellt. Diese Idee ist in diesem Jahrhundert in der Waldorf- und Montessori-Pädagogik wieder aufgegriffen, von Chomsky (1976) neu begründet worden und besonders durch die so genannte „Reichen-Methode", bei der die Kinder das Wort in seine Lautabfolge zerlegen und danach mit Hilfe einer „Anlaut-Tabelle" phonetisch aufschreiben. Heute wird die „phonologische Bewusstheit" als bedeutsamer Prädiktor für einen erfolgreichen Schriftspracherwerb angesehen (vgl. z. B. Kirschhock 2004).

Die Aneignung der Kultur"techniken" steht in untrennbarem Zusammenhang mit dem Erziehungs- und Bildungsprozess des Kindes: Lesen- und Schreibenlernen zielen – über den Erwerb des Lese- und Rechtschreibfertigkeit hinaus – auf eigenaktive, selbstdisziplinierende und konstruktivproblemlösende Lernhaltung ab.

Für das *pädagogische Handeln* im Gesamtbereich des Schriftspracherwerbs spielen folgende Aspekte eine Rolle (nach Helbig u. a. 2005):

– *Lesen- und Schreibenlernen als Denkentwicklung und sinnvolles Tun* beinhaltet Einsichten in die Bauprinzipien der Schriftsprache und ihren Zusammenhang mit der gesprochenen Sprache und wird als Problemlöseprozess verstanden, dessen Strategien maßgeblich zum Lernerfolg beitragen. Der Sinnbezug des Schriftspracherwerbs zeigt sich in der Teilhabe an der Schriftkultur und führt das Kind in die Erwachsenenwelt ein.

– *Lesen- und Schreibenlernen mit Interesse, Lernfreude und Kreativität* basiert auf „intrinsischer Motivation" und berücksichtigt, dass Lerninhalte besser gelernt werden, wenn sie emotional besetzt werden. Der Schriftspracherwerb ist geradezu der Schlüssel für die positive Einstellung zum schulischen Lernen überhaupt, weil sich hier die eigene Erwartungshaltung des Kindes, Lesen- und Schreibenkönnen zu wollen, mit dem tatsächlichen schulischen Lernangebot am ehesten trifft, wobei die Lernfreude durch offene Unterrichtsformen gesteigert werden kann. Gerade bei „freien Verschriftungen" zeigt sich, wie originell, einfallsreich und unkonventionell Kinder mit Schrift umgehen, wenn sie nicht der Dominanz leistungsbetonter Ergebniskontrolle, lehrplanmäßigem Zeitdruck und gängelnder Arbeitsblätter ausgesetzt sind. „Kreatives Schreiben" als subjektiv-authentisches Schreiben wird zum Ausdruck eigener Identität und Gegenpol zu Anonymisierung, Bürokratisierung, Formalisierung und Entfremdung:

– *Lesen- und Schreibenlernen als selbstbestimmtes Handeln* erfolgt als „tastendes Versuchen" (Freinet) und lässt Zeit, sich an bestimmte Normen, wie der Rechtschreibung, anzunähern. Das gelingt um so besser, wenn die ersten (Schreib-)Wörter selbst bestimmt und die notwendigen Buchstaben selbst gesucht werden dürfen, Fehler als phonetische „Kinderschreibweise" akzeptiert werden, und die Kinder von sich aus nach der „richtigen" Schreibweise („Buchschrift") fragen.

– *Lesen- und Schreibenlernen als soziale Ko-Konstruktion* bezieht sich auf die Schlüsselqualifikation der Kooperationsfähigkeit. In „symmetrischer Interaktion" lernen Kinder voneinander, wenn (z. B. im Gruppenunterricht) eine gemeinsame Aufgabe zu bewältigen und ein gemeinsames Ziel zu erreichen ist: Gemeinsames Entziffern eines Briefs, Drucken einer Seite der Eigenfibel, Umgehen mit einem Computerprogramm, Zusammenstellen von Wortbausteinen usw. Die soziale schrift-/sprachliche Verständigung zwischen den Kindern führt weit auseinander liegende Erfahrungswelten zusammen, fördert selbständiges Lernen mit gegenseitiger Hilfe und mindert Konkurrenzverhalten und Leistungsdruck.

– *Lesen- und Schreibenlernen haben Einfluss auf ein positives Selbstkonzept,* wenn am Schulanfang die entscheidenden Weichen für Selbsteinschätzung und die Entwicklung des Selbstwertgefühls gestellt werden und Misserfolgserlebnisse nicht kumulieren. Erleichtert wird dies dadurch, dass Defizite als „Noch-nicht-Können" aufgefasst und (bereits seit dem Kindergarten erlebte) Leistungsunterschiede als „normal" empfunden werden. Voraussetzung ist jedoch, dass die Kinder möglichst ihren eigenen Lernweg gehen können und soziale Vergleichssituationen (wie beim Fibelunterricht im Gleichschritt) weitgehend vermieden werden.

Neuerdings wird aus kulturtheoretischer Sicht allerdings der Einwand erhoben, dass Schriftspracherwerb nicht nur ein schulisches und individuelles Problem, sondern auch ein kulturelles und anthropologisches Phänomen darstellt (Enders 2006). Das bedeutet, dass Schrift als „Kulturgut und Kulturträger" nicht (stets) neu erfunden und auch nicht willkürlich aus der gesprochenen Sprache abgeleitet werden kann: Schrift müsse als eigenes System akzeptiert und entsprechend systematisch gelernt werden.

Als Erziehungsziele für den *weiterführenden Leseunterricht* sind zu nennen:

– *Kritisches Umgehen mit Texten:* Kritisch-prüfende Haltung im Hinblick auf Wahrheitsgehalt der Information, (manipulierende) Absichten des Verfassers usw. („Nicht alles, was man schwarz auf weiß besitzt, kann man getrost nach Hause tragen").

– *Kreatives Umgehen mit Texten:* Den Text nicht als etwas Statisches, Festgelegtes verstehen, sondern als veränderbare Konstruktion, die erst durch Ko-Konstruktion und eigene geistige Verarbeitung an Qualität gewinnt.

In Rückgriff auf Kants Reflexionen „Über Pädagogik" (1776/77) lassen sich am Beispiel der Schreiberziehung grundlegende pädagogische Imperative aufzeigen (vgl. Bärmann 1986): „Disziplinieren" im Sinne von Aufmerksamkeit, Konzentration, Übung, „Werkzeugdisziplin", Selbstkontrolle, Sorgfalt und Anstrengungsbereitschaft. „Kultivieren" im Rahmen des „Gemeinsinns" vereinbarter Symbole, des Erkenntnisvermögens, der Einbildungskraft als Aufbau innerer Bilder, des Gedächtnisses, der Formklarheit und Ästhetik. „Zivilisieren" im Sinne gesellschaftsfähiger Kommunikation, sozialer Klugheit, höflicher schriftlicher Umgangsformen, Pflege des Verbindlichen, Mäßigung der Affekte, kritischer Zivilcourage. *„Moralisieren"* im Sinne von Schreiben in guter Gesinnung, von Pflichterkennung, sozialer Verantwortung und Überzeugung, aber auch als Unterlassung obszönen Schreibens.

Daraus lassen sich entsprechende Erziehungsintentionen für den *Schreibunterricht* ableiten:

– *Diszipliniertes Schreiben:* Aufmerksamkeit, Anstrengungsbereitschaft und Konzentration, Selbstkontrolle und stete Bemühung um Verbesserung der Schrift, sorgsamer Umgang mit Schreibgeräten und Papier.

– *Kultiviertes und zivilisiertes Schreiben:* Angemessene Achtung des Adressaten, Beachtung von Höflichkeitsformen und formaler Standards der geregelten Schreibweise (auch bei SMS und E-Mail), Bemühen um ästhetische Gestaltung des Schriftstücks, Pflege des Verbindlichen.

– *Moralisierendes Schreiben* im Sinne von Schreiben in guter Gesinnung, Pflichterkennung, sozialer Verantwortung, kritischer Zivilcourage, aber auch Unterlassen von Obszönität.

Diese Beispiele verdeutlichen, warum berechtigterweise für diese Lernbereiche die Begriffe Lese- und Schreib*erziehung* verwendet werden.

1.1.2 Mathematische Grundbildung als Erziehungsfeld

Auch im mathematischen Bereich geht es nicht allein um „Techniken und Fertigkeiten", sondern ebenso um Verständnis, selbständig-entdeckende Problemlösung und Anwendungsbezug. So stehen im Zentrum einer entsprechenden Auffassung mathematischer Grundbildung nach IGLU die „Fähigkeiten

– zum Anwenden von Mathematik in außermathematischen Situationen,

– zur Bearbeitung innermathematischer Fragestellungen mit den ihnen eigenen sprachlichen Mitteln, Darstellungsformen, Begriffen und Theorien,

zur Bewältigung von mathematischen Aufgabenstellungen mit ‚Barriere', für die nicht unmittelbar abrufbare Lösungsverfahren zur Verfügung stehen, sondern Lösungen erst ‚auf eigenen Wegen' entwickelt werden müssen" (Bos u. a. 2004, S. 118).

Damit wird direkt auf pädagogische Kategorien verwiesen: Einsicht für das Gelernte, Urteilskraft, konstruktive Grundhaltung, und Selbständigkeit.

In diesem Sinnzusammenhang können (nach Graumann 2002) vier Dimensionen von Allgemeinbildung für den Mathematikunterricht in der Grundschule herausgestellt werden:

– In der *pragmatischen Dimension* geht es um den Erwerb klarer Begriffe mittels mathematischer Strukturen und Modelle sowie um kreative Problemlösungsfähigkeit in Alltagssituationen.

– Die *Aufklärungsdimension* hilft Kindern dabei, die Welt mit Hilfe von Statistiken, Wahrscheinlichkeitsaussagen, Simulation komplexer Mechanismen, Computerprogrammen besser zu erschließen, aber auch die historische Entwicklung von Zahlen und Kalender besser zu verstehen. Dazu kommt aber auch der Impuls, sich auf rein theoretische Fragestellungen einzulassen, beispielsweise Beschäftigung mit Ornamenten der arabischen Welt, Glücksspielstrukturen, Primzahlverteilungen, Zahlenketten oder figurierten Zahlen.

– In der *sozialen Dimension* werden akute gesellschaftliche Fragen (Bevölkerungsentwicklung, Müll, Energieverbrauch usw.) angesprochen, deren informative Mathematisierung zum Aufbau von Verantwortungsbewusstsein beitragen kann.

– Innerhalb der *Persönlichkeitsdimension* zielt der Mathematikunterricht auf Anbahnung der Fähigkeit räumlicher Anschauung, der Abstraktion, Generalisierung, Analogiebildung, Systematisierung und Klärung logischer Bezüge. Die Bereitschaft, längerfristige Denkanstrengungen und Problembearbeitungen durchzuhalten, aber auch rechnerische Ergebnisse kritisch zu hinterfragen, geht einher mit der Entwicklung von Selbständigkeit und Selbstbewusstsein.

Hier zeigt sich, dass jeder Unterricht – im Herbartschen Sinne – erziehend wirken kann, wenn der Lehrende das Fach in den Dienst des Menschen (und nicht umgekehrt) stellt und den Lernenden in seinem individuellen Bildungsgang hinreichend begleitet (vgl. Koch/ Schorch 2004).

In jedem Fall ist die *solide Grundlegung der* Kultur"technik" zu gewährleisten. Diese berücksichtigt – neben anderen Unterrichtsgrundsätzen wie Strukturierung, Individualisierung, Aktivierung und Motivation – vor allem das *Prinzip der Übung.* Sie zielt auf den Erwerb von Können ab, bedarf der Konzentration, Ausdauer und des selbstregulierenden Lernens, aber auch der metakognitiven Reflexion (vgl. Popp 2005). Trotz vielfältiger grundschulpädagogischer und -didaktischer Studien zu Notwendigkeit und Möglichkeit des Übens (vgl. z. B. Bärmann 1981, Meier 1997), zeichnet es sich erst in jüngster Zeit wieder ab, beispielsweise in aktuellen Lehrplänen, dass in der Grundschule der Übung wieder der ihr angemessene Stellenwert zukommt (vgl. Prange/ Strobel-Eisele 2006, S. 48 ff.).

Fazit: Die traditionelle Aufgabe der Einführung in die „Kulturtechniken" beinhaltet nicht nur einen auf Kenntnisse und Fertigkeiten abzielenden Unterrichtsauftrag, sondern vor allem auch einen *Erziehungsauftrag.* Es geht darum, beim Erwerb der kulturellen Lebensweise, sozialer Einstellungen und Haltungen sowie beim Selbständig- und Mündigwerden Hilfen zu geben. Dies erfordert fachdidaktische *und* pädagogische Professionalität des Lehrers. Pädagogisch verantwortete Grundlegungsarbeit erweist sich in sorgfältiger Abwägung von außen gesetzter Bildungsstandards einerseits und tatsächlich vorhandener Bildungsvoraussetzungen des einzelnen Kindes andererseits. Maßstab ist die Grundlegung des individuellen Bildungsgangs als Ausgangspunkt für eine positive Selbstkonzeptentwicklung, nicht die Norm als solche. Lesen, Schreiben und Rechnen sind weniger curricular abzuarbeitende „Unterrichtsstoffe", die abgeprüft (und oft ohne bemerkbare Wirkung) wieder vergessen werden können, sondern nachhaltige Grundqualifikationen für schulisches und lebenslanges außerschulisches Lernen – und somit für erfolgreiche Lebensbewältigung.

1.2 Den Grundschulunterricht wissenschaftsnah anlegen

Mit Anerkennung der Grundschule als vorbereitende Bildungsinstitution ist die prinzipielle Ausrichtung auf ein wissenschaftsbestimmtes Weltverständnis verbunden. Ausgegangen wird davon, dass Wissenschaft vorrangige Weltklärungskompetenz habe. Die von Wilhelm von Humboldt (1767-1835) geprägte Auffassung von „Bildung durch Wissenschaft" sieht den eigentlichen Wert allen Erforschens, Erkundens und Durchdringens der Welt, ihrer Erscheinungen und deren Zusammenhänge in der Bildung des Menschen: Grundanliegen sei nicht die Spezialisierung, sondern Besinnung auf gemeinsame Grundlagen und Probleme.

Diese Rückbesinnung auf das Verhältnis von Bildung und Wissenschaft ist hilfreich für die gegenwärtige grundschulpädagogische Diskussion, die durch zwei gegenläufige Tendenzen bestimmt wird:

– Einerseits die noch immer vorgebrachte Pauschalkritik am „unkind-gemäßen" wissenschaftsorientierten Grundschulunterricht der siebziger Jahre,
– andererseits die durch internationale Vergleichsstudien gesteuerte aktuelle Bildungsdebatte, die vor „Kuschelpädagogik" in der Schule warnt und bessere fachliche Leistungen an deutschen Schulen einfordert.

Unter Einbezug bewährter Grundgedanken und berechtigter Einwände ist das Prinzip der Wissenschaftsorientierung heute eher als *„Wissenschaftsnähe"* zu bezeichnen:

– Der zu vermittelnde Stoff muss, so weit es sich um nachprüfbare Sachverhalte handelt, den *Wahrheitsanspruch wissenschaftlicher Erkenntnisse* erfüllen und darf nicht durch falsch verstandene Vorstellungen von „Anschauung" oder „Kindgemäßheit" (Kindertümelei, Verniedlichung etc.) verändert werden.
– Wissenschaftsnähe ist als *Annäherungsprozess* aufzufassen. Bei Aufbau und Gestaltung dieses Prozesses stehen lern- und entwicklungspsychologische Erkenntnisse sowie erziehungswissenschaftliche Begründungen gleichrangig neben sachbezogenen Erwägungen.

In diesem Sinne wird *Wissenschaft als „realitätserschließendes Werkzeug"* verstanden; wissenschaftliche Erkenntnisse und Erkenntnismethoden haben in erster Linie dienende Funktion für die Erfüllung lebenspraktischer Probleme. Anders gewendet: Die Grundschule darf nicht, schon wegen der Gefahr vorzeitiger „Kanalisierung", den Menschen (das Kind) in den Dienst der Wissenschaft" stellen, sondern orientiert sich an der Wissenschaft im Dienst des Menschen (des Kindes).

Eine solche instrumentelle Bedeutung von Wissenschaft schließt ein, dass im Unterricht neben den *Inhalten* gleichermaßen die entsprechenden *Methoden* erarbeitet werden:

Gezielte Einführung in Lern- und Arbeitstechniken ermöglicht konkretes *„Lernen des Lernens"* und selbständige Erschließung neuer (Er-)Kenntnisse. Die Bemühungen um sach- und fachgemäße Arbeitsweisen sind hierbei als didaktisches Vermächtnis der siebziger Jahre anzuerkennen.

In Anbetracht der Tatsache, dass heute in fast allen wichtigen Problembereichen (Umweltschutz etc.) die Zusammenarbeit verschiedener Fachdisziplinen erforderlich ist, kann allerdings auch die Grundschule nicht in isoliertem Fachdenken verharren (Das betrifft auch die Aufhebung der starren Trennung von Natur- und Sozial- bzw. Geisteswissenschaften). Vielmehr ist nach Wegen zu suchen, wie – im Sinne modernen Wissenschaftsverständnisses – kindlicher Lebensweltbezug mit einem „Denken in Systemen" verbunden und weiterentwickelt werden kann.

Hierbei ist die Tatsache zu nutzen, dass Kinder über die *neuen Medien* vielfältige Zugangsweisen zu wissenschaftlichen Sachverhalten erhalten (vgl. Schorch 2005):

– Informations- und Kommunikationsprogramme im Off-Line-Bereich (Lexika für Kinder, „Edutainment-Angebote usw.) erleichtern Kinder selbständiges (auch schulunabhängiges) Beschaffen von Informationen zu verschiedenen Sachthemen und Fächern.

– Internetrecherchen ermöglichen den Zugriff auf neueste wissenschaftliche Erkenntnisse unter der Voraussetzung, dass Kinder planmäßige Anleitung erhalten, um zielloses „Surfen" zu vermeiden und seriöse (Bildungs-) Inhalte vom „Informationsschrott" zu trennen.

– Unterhaltsame und lehrreiche Wissenschaftsmagazine im Fernsehen für Kinder und Erwachsene motivieren zu Nachdenken über Phänomene, eigenem Experimentieren und Problemlösen und geben für Lehrer und Schüler Impulse, im Unterricht entsprechende Themen aufzugreifen.

Im Unterschied zu solch mehr zufälligen Lernanregungen kommt es bei schulischer Bildung darauf an, systematisch *Grundkategorien* zu erarbeiten, mit denen sich die Schüler Zusammenhänge und „das Allgemeine im Besonderen" erschließen können. Dabei hilft im „vorfachlichen Unterricht der Grundschule" eine Annäherung an die „Fächer als geistige Grundrichtungen", die nicht nur den Fachunterricht der weiterführenden Schulen vorbereitet, sondern Kindern ein „Denkzeug" zur Ordnung ihrer gegenwärtigen Lebenswelt anbietet.

1.3 Grundlegende Denk- und Arbeitsweisen anbahnen

Wissenschaftsnähe des Lernens bedeutet, dass sich auch der Grundschulunterricht dem Prinzip nach an den Forschungs- und Darstellungsmethoden der Schulfächer orientiert.

Nach Giel sind „Schulfächer spezifische Zugriffsformen auf das in einer Gesellschaft produzierte und geltende Wissen. Das Spezifikum liegt in der Transparenz der Repräsentationsleistung des Wissens, die durch die Rückführung auf die elementaren Repräsentationsformen hergestellt wird. In dieser Rückführung wird das Wissen nicht in seiner Endgestalt ‚vermittelt‘, sondern aus seinem Ursprung und Aufbruch im menschlichen Leben generiert" (1997, S. 70).

Unter dieser Vorgabe bemüht sich Grundschulunterricht besonders um Lernweisen, die den Zugang zu fachlicher Betrachtungs- und Erklärungsweise ermöglichen und im untrennbaren Zusammenhang von *Gegenstand und Methode* möglichst stimmig sind.

Im Rahmen allgemeiner Grundschulpädagogik kann allerdings nicht im Einzelnen auf fachspezifische *Inhalte* eingegangen werden (zumal diese eher der Obliegenheit der entsprechenden Fachdidaktiken zuzuordnen sind). Hier genügt es, auf Grundschullehrpläne und -richtlinien zu verweisen, in denen die grundlegenden Bildungsinhalte für die Fächer Deutsch, Mathematik, Sachunterricht, Religion, Ethik, Kunst, Musik, Sport, Werken usw. zusammengestellt sind.

Als grundschulspezifischer Lernbereich verdient allerdings der *Sachunterricht* besonderes Augenmerk, weil hier die Bedeutung „methodischer Bildung", auch in ihrer übergreifenden Bildungsintention, verstärkt zum Tragen kommt.

Wissenschaftsnahes Denken und Arbeiten bereits in der Grundschule ist durchaus möglich, wie bereits frühe Praxisbeispiele aus einem fachorientiert und kindgemäß angelegten Sachunterricht belegen (Bauer u. a. 1975):

– Kindgemäße Zugänge zur *Geschichte* von vorfindbaren Überresten der heimatlichen Umgebung her, von der Familiengeschichte und der Vorgeschichte her, vom Nachvollzug menschlicher Urerfindungen her, von geschichtlichen Sagen und biblischen Geschichten her. Die Kinder arbeiten an vorgeschichtlichen Funden und schriftlichen Quellen, sie erarbeiten Zeitdarstellungsformen und ordnen in die Zeitleiste ein, sie suchen in der Heimatsage den historischen Kern usw.

– Kindgemäße Anbahnung *geographischen Denkens* durch Einführung in das Arbeiten mit thematischen Karten: Verwendung einfacher Kartensymbole in einer Bildergeschichte, Symbole als vereinbarte Zeichen, Gewinnung von Daten für die thematische Kartierung, Interpretation von Karten usw.

– Kindgerechte Arbeitsweisen und Problemlösungsstrategien im *biologischen Lernbereich:* Beobachtung von Samenkeimung und Wachstum grüner Pflanzen, Ordnen von Blättern, überprüfen, ob Pflanzen zum Wachsen wirklich Licht brauchen, ob Mehlwürmer wirklich Würmer sind, usw.

Zugrunde liegt die Bemühung um methodische Bildung als ein Können, das nicht allein in der Aneignung von Wissen besteht, sondern im selbständigen Umgang damit. Hinzu kommt der lernökonomische Vorteil, aufgrund eigener Denkstrategien, Erschließungs- und Erkenntniswegen selbständig neues Wissen zu erwerben und Selbstbildung im Sinne von Enkulturation zu ermöglichen: Fachnahe Denk- und Darstellungsweisen als kulturelle Formen der Welterschließung zeigen dabei bewährte Grundrichtungen auf, in die Kinder erst einmal eingeführt werden müssen, bevor sie selbst „überfachliche" oder „fächerintegrative" Bezüge herstellen können.

Im Rahmen grundlegender Bildung werden selbstverständlich nicht fachliche Spezialmethoden im Vordergrund stehen, sondern vor allem *Arbeitsweisen, die fachlichen Perspektiven zugrunde liegen*, z. B.:
– Sinnerfassendes und sinnkritisches Zuhören und Lesen,
– Vergleichen und Unterscheiden,
– Einbezug in größere Zusammenhänge,
– gliederndes Zusammenfassen,
– Interpretieren, Kombinieren und Systematisieren,
– Fragen nach dem „Woher" und den Grenzen unseres Wissens.
Angesichts wachsender Datenflut und Wissenskumulation, der notwendigen Stärkung der Urteilskraft und eigenen Standortfindung, hat die Anbahnung von Methoden der (Er-) Kenntnisgewinnung zentralen Stellenwert:
– *Arbeitsweisen zur Datengewinnung*: Sammeln, Befragen, Nachschlagen, Bestimmen, Zählen, Messen, Beobachten, Verbalisieren, Untersuchen, ...
– *Arbeitsweisen zur Datenverarbeitung:* Probleme erkennen, Ordnen und Klassifizieren, Vermuten und Voraussagen, Erklärungen finden, Schlussfolgern, Hypothesen überprüfen, Experimentieren, Vergleichen, Erfinden, Generalisieren, ...
– *Arbeitsweisen zur Datendarstellung:* Vortragen, gestisches Darstellen, schriftliches Darstellen, Protokollieren, Berichten, Zeichnen, Skizzieren, graphisches und tabellarisches Dokumentieren, Fotografieren, Videographieren, Modellieren, Konservieren, Ausstellen, Veröffentlichen in Printmedien, E-Mail, Internet ...

Allerdings zeigt die jüngere Grundschulgeschichte, dass bei der Praxisumsetzung Gefahrenmomente entstehen: Zum einen führt es zur Überforderung des Grundschulkindes, wenn fachsprachliche Begrifflichkeit und nicht das handelnde Lernen im Vordergrund steht. Zum anderen verflacht methodische Bildung leicht zu „mechanischem Lernen", wenn Arbeitsweisen nach rezepthaften Anweisungen angelernt werden, ohne dass ihre Funktion, nämlich Hilfe zur Sacherschließung, Wissensaneignung und -überprüfung, von den Kindern tatsächlich verstanden wird.
Unter pädagogischem Aspekt geht es also nicht nur um Anwenden-Können der Arbeitsweisen, sondern vor allem um das Verstehen ihres instrumentellen Charakters

und der entsprechenden Ziel-Mittel-Relation, um das Stärken der eigenen Urteils-kraft und Belegen eigener Standpunkte: Der *Information* wird stets die *Beurteilung* zur Seite gestellt. Unter Einbezug dieser Bedenken steht das Abwägen zwischen sys-tematischer Propädeutik mit dem Fernziel fachlicher Bildung und kindgemäßer Be-wältigung gegenwärtiger lebenspraktischer Situationen im Vordergrund. Entschei-dend ist, dass die *Arbeitsweisen nicht als Selbstzweck, sondern als Mittel zur Problem-lösung* erkannt werden.

Das wird um so besser gelingen, wenn man dem Kind nicht deduktiv abgeleitete, „didaktisch reduzierte" Fachprobleme überstülpt, sondern danach geht, wie Kinder-fragen fachkundig beantwortet, Alltagsprobleme gezielt mit Sachverstand gelöst wer-den können und welche Vorerfahrungen und Vorkenntnisse der Kinder mit bewähr-ten fachlichen Erklärungen zusammengeführt werden können.

Als Beispiel hierfür seien auszugsweise *Methoden und Verfahrensweisen* genannt, wie sie Kahlert (2005, S. 218-221) zusammengestellt hat:

– *Ordnen:* Die Vielfalt von Eindrücken und Erfahrungen zweckmäßig strukturieren (z. B. Gegenstände nach Zuordnungskriterien bestimmen, Informationen nach Oberbegriffen ordnen, einen Sachordner anlegen, Argumente nach bewiesen/ nicht bewiesen, prüfbar / nicht prüfbar usw. bewerten).

– *Beschaffen, Interpretieren und Bewerten von Informationen:* Sich systematisch sach-kundig machen (z. B. Beobachtungen, Befragungen, Erkundungen, Nutzen von Sachbüchern, Skizzen und Karten lesen, Quellen interpretieren, Schätzen, Mes-sen, Vergleichen).

– *Gestalten von Informationen, Texten und Vorträgen:* Sich verständlich machen und Einfluss nehmen (z. B. Berichten, Begründen, Skizzen und Zeichnungen anferti-gen, Fallbeispiele darstellen, Modell anwenden, szenische Arrangements planen und umsetzen).

– *Gezielt Vermutungen prüfen:* Experimente und technische Konstrukte planen, ent-werfen und durchführen (z. B. Problem formulieren, Hypothesen sammeln, Ex-periment planen und durchführen; Konstrukte sachgerecht demontieren und ana-lysieren, Funktionalität und Zweckmäßigkeit prüfen).

Im Planungsmodell entsprechender „Didaktischer Netze" (ebda.) wird an

– *unmittelbare Erfahrungen des Kindes* (Freundschaft, Häuser, Straßen, Tiere, Pflan-zen, Nöte, Wünsche, Fernsehen, ...) angeknüpft,

– die in einer ersten Abstraktionsstufe zu *lebensweltlich orientierten Dimensionen* (For-men und Vielfalt des Lebens, sich mit anderen verständigen, Kaufen/ Tauschen/ Herstellen, Orte hier und anderswo, ...) verallgemeinert und

– in einer zweiten Abstraktionsstufe *fachlich orientierten Perspektiven* (sprachliche, mathematische, geographische, soziologische, geschichtliche, ästhetische, ethisch/ religiöse, wirtschaftliche, naturwissenschaftlich-technische, biologisch-chemische, physikalische Perspektive) zugeordnet werden.

Fazit: In grundschulpädagogischer Sichtweise wird fachorientiertes Lernen nicht (im Sinne „didaktischer Reduktion") in erster Linie von der Fachsystematik der korrespondierenden Wissenschaftsdisziplinen hergeleitet, sondern (im Sinne „didaktischer Entfaltung" bzw. „didaktischer Zentrierung") von der kindlichen Lebenswelt, von Vorerfahrungen und Erkenntnismöglichkeiten der Kinder her behutsam entwickelt. Die Bildungsbedeutsamkeit der Fächer wird daran gemessen, welchen Beitrag sie zur Bewältigung konkreter lebenspraktischer Probleme, zur Lebenserschließung und Lebensbereicherung leisten. In diesem Sinne werden Möglichkeiten und Grenzen der Fächer erfahren und ein fachliches Denken angebahnt, das weder von Wissenschaftsgläubigkeit noch von Wissenschaftsfeindlichkeit geprägt ist.

1.4 Zur gegenwärtigen und zukünftigen Lebensbewältigung beitragen

Während sich fachliches Lernen in der Grundschule an einer relativ überschaubaren Zahl von Schulfächern ausrichten kann und entsprechende Fachpropädeutik zum traditionellen Bildungskanon zählt, ist der Anspruch lebenspraktischer Erziehung durch Schule – schon seit Senecas berühmter ironischer Provokation „Non vitae, sed scholae discimus!" – schwerer einlösbar und deshalb pädagogisches Dauerthema.

Mit der bekannten (Problem-) Formel „Erziehender Unterricht" wird suggeriert, dass die Institution Schule eine allumfassende Erziehungsfunktion in und für die Gesellschaft inne hätte, die jene Erziehungsdefizite auffängt und zum Besseren wendet, die durch familiale Erziehungsschwächen und die Verlockungen der Lebenswelt ausgelöst wurden. Eng damit verbunden sind die Auswirkungen eines entsprechenden „Sündenbock-Modells": Lässt sich die Schule erst einmal auf eine allgemeine Erziehungsverantwortung ein, ist bei Defiziten und Fehlentwicklungen bei Kindern schnell eine schuldige Instanz gefunden. Konkreter Anlass für solche Bedenken sind die zunehmend wachsenden sog. „fächerübergreifenden Erziehungsaufgaben", wie sie allenthalben den Lehrplänen vorangestellt werden: Familien- und Sexualerziehung, interkulturelle Erziehung, Umwelterziehung, Sicherheitserziehung, Medienerziehung usw. Im Einzelnen mögen solche „Bindestrich-Erziehungen" plausibel zu begründen sein, in ihrer konzeptlosen Addition aber stellen sie eine maßlose schulischer Erziehungsmöglichkeiten dar (vgl. Schorch 2004).

„Den heutigen Erziehungs- und Bildungsansprüchen gleichwertig gerecht zu werden, ist schlechterdings unmöglich und bedeutet eine permanente Überforderung der Lehrerinnen und Lehrer. Wenn den Schulen keine Hilfen und Kompensationen gewährt werden [...], ist zu befürchten, dass die Lehrerinnen und Lehrer dazu übergehen, die zunehmenden Erziehungsansprüche zurückzuweisen und sich resignativ auf den ‚Unterrichtsjob' zurückzuziehen" (Fölling-Albers 1992, S. 12).

Hinzu kommt das schon beschriebene grundsätzliche Paradoxon von Erziehung und Bildung, dass nämlich (systematisch) auf etwas vorbereitet werden soll, das man eigentlich nicht kennen kann: Die Zukunft.

Wenn sich Lehrer ernsthaft der Aufgabe der *Lebenspropädeutik* stellen, können sie sich in verantwortlicher Weise eigentlich nur auf ihr eigenes pädagogisches Handlungsfeld, nämlich das *Schul*leben, beschränken. Eine Garantie für die außerschulische Wirksamkeit schulischer Erziehungsbemühungen kann nicht übernommen werden. Hier ist die Schule auf flankierende Unterstützung durch Elternhaus und gesellschaftliche Kräfte angewiesen.

Stets geht es aber um die *Anleitung zur Selbstbildung* (vgl. auch Koch 1995). Gerade im Kindesalter ist diese untrennbar mit Maßnahmen der *Erziehung als Hilfestellung* verknüpft. Wie in Teil B ausgeführt, spielen dabei drei Momente zusammen: Erziehung als Behütung und Fürsorge, Erziehung als Unterstützung und Ermunterung sowie Erziehen als Gegenwirken und Grenzziehung.

Fächerübergreifende Erziehungsaufgaben

In diesem Kontext ist zu fragen, ob es sich bei „fächerübergreifenden Erziehungsaufgaben" nicht nur um Unterricht, sondern tatsächlich um Erziehungsschwerpunkte handelt, deren Ergebnisse für Lehrer, und das heißt in der Regel im *schulischen* Handlungsfeld, als Haltung bzw. Einstellungsänderungen in beobachtbarem Verhalten erkenn- und überprüfbar sind.

Als Beispiele für Aufgaben, die sich aus der schulischen Lebenswirklichkeit ergeben, aber nicht eindeutig fachlich zuzuordnen sind, können (in Orientierung an den aktuellen Grundschullehrplänen) genannt werden:

– *Medienerziehung* in der Schule beginnt beim kompetenten Umgang mit Unterrichtsmedien, wenn z.B. Unterrichtsmittel einer entsprechenden Inhaltsanalyse unterzogen und konsequent die bekannten „W-Fragen" gestellt werden (z. B. bei einem Unterrichtsfilm):

Warum? (Intention des Films) Unter welchen Umständen? (Lehrplan, aktueller Anlass, ...) Sagt wer? (Autoren, Regisseur) Wann? (Erscheinungsjahr) Worüber? (Fach, Sachgebiet, Themenbereich) Was? (Inhaltsangabe, Informationsgehalt) Auf welche Weise? (Dokumentarisch, dramaturgisch, ...) Womit? (Filmerische Mittel, Kommentar, Schnitt, Tricks, ...) Zu wem? (Adressatengruppe) Mit welcher Wirkung? (Eindruck, Meinung der Schüler).

Eine solche Inhaltsanalyse gilt im Prinzip für alle eingesetzten Unterrichtsmedien, insbesondere für das Schulbuch. „Kritisches Lesen" kann (und soll!) bereits im Erstleseunterricht angebahnt werden, wenn z. B. gezielt inhaltliche Fehler (Wortvertauschungen od. ähnl.) eingebaut sind und damit sinngenaues Lesen provoziert wird. Veraltete Sachbücher müssen durch Heranziehen anderer Medien (Zeitschriften, Videos, Computerdaten) ergänzt und Fakten aktualisiert werden. Massenmedien werden dort genutzt, wo sie dem Bildungsauftrag der Schule dienen! Es handelt sich um schulgemäßen Mediengebrauch in Form von Informationsverarbeitung, also um Lernen und geistige Arbeit, nicht um Unterhaltung. Diese kann allerdings selbst Unterrichtsinhalt sein, wenn z. B. im Deutschunterricht Sprachmuster von Werbespots kritisch analysiert werden.

– *Sexualerziehung* in der Schule geht über aufklärenden Unterricht hinaus, wenn im Schul- und Klassenleben selbst das Miteinander von Mädchen und Jungen von gegenseitigem Verständnis und partnerschaftlichem Verhalten geprägt ist, geschlechtsabhängige Lebenserfahrungen, Bedürfnisse und Interessen berücksichtigt werden, das Recht auf Privat- und Intimsphäre respektiert und der Schutz vor sexueller Belästigung und Misshandlung sichergestellt ist.

– *Gesundheitserziehung* im schulischen Kontext beachtet angepasstes Mobiliar im Klassenzimmer, berücksichtigt und fördert das Bewegungsbedürfnis der Kinder (vgl. das pädagogische Programm „Bewegte Schule"), legt auf eine gesunde Pausenverpflegung Wert, erkennt erste Anzeichen von Sucht und krankhafter Symptome usw.

– *Interkulturelle Erziehung* beinhaltet nicht nur den Erwerb von Kenntnissen über andere Menschen, Religionen und Kulturen, sondern auch deren Akzeptanz im alltäglichen Zusammenleben in der Schule als „Minikosmos" gesellschaftlicher Verhältnisse.

– *Leben und Lernen mit Behinderten* ist in „einer gemeinsamen Schule für alle Kinder" als Chance zu sehen, unvoreingenommen und vorurteilsfrei Toleranz und Einfühlsamkeit für das andersartiges Verhalten von Menschen mit Handicaps zu entwickeln, sensibel für deren Lebensbewältigungsstrategien zu werden und daraus Konsequenzen für das eigene Leben zu ziehen.

– *Umwelterziehung* setzt in der Wertschätzung der eigenen Umgebung und Lebenswelt an; umweltgerechtes Verhalten kann vom Lehrer aber in der Regel nur im schulischen Handlungsfeld überprüft werden: Sparsamer Umgang mit Papier, Verwendung umweltschonender Schulsachen, Energiesparen, Mülltrennung, Abfallbeseitigung bei Schulausflügen usw.

– *Freizeiterziehung* gehört im Grunde nicht in die Obliegenheit der Schule (so wie schulisches Lernen nicht zum Aufgabengebiet der Freizeitpädagogik gehört). Über gute Ratschläge hinaus ist sinnvolles außerschulisches Freizeitverhalten nur bedingt beeinflussbar und schon gar nicht kontrollierbar. Allerdings kann ein reiches Schulleben selbst Impulse für Freizeitgestaltung geben, sei es durch Bildung von Interessengemeinschaften und Wahlkursen, Schulfeste, Zusammenarbeit mit Freizeiteinrichtungen, Erkundung von Freizeitmöglichkeiten usw.

– *Verkehrserziehung* geht über das Lernen von Verkehrsregeln hinaus, wenn im „Schonraum" des Schulhofs richtiges Verhalten als Fußgänger und Radfahrer geübt und auf dem Schulweg erprobt wird. Hier geht es auch um „freisetzende Erziehung", die nicht nur verkehrsangepasstes Verhalten im Blick hat, sondern Kindern Impulse gibt, wie sie ihre eigenen Bedürfnisse und Interessen im Verkehrsgeschehen durchsetzen können (Einrichten von Spielstraßen, verkehrssichere Spielplätze, Fußgängerampeln, Radwege usw.).

– *Sicherheitserziehung* im Einfluss- und Kontrollbereich der Schule und des Schullebens betrifft z.b. Verhalten bei Feueralarm, Fluchtwege in der Schule, Sicherheit in der Pause, Gewaltvermeidung bei Streit, Sicherheitsvorkehrungen bei Unterrichtsgängen, Schulveranstaltungen und Klassenausflügen. Es ist anzunehmen, aber nicht zu gewährleisten, dass eine solche „integrierte Sicherheitserziehung" auch Transfereffekte bei gefährlichen Lebenssituationen in außerschulischen Bereichen erzielen kann.

Gerade der zuletzt genannte Bereich zeigt sehr deutlich, dass die Schule einerseits verpflichtet ist, für Leib und Leben der Schüler Sorge zu tragen (Behüten), andererseits auch mit noch so wohlgemeinten Erziehungsbemühungen (Unterstützen bzw. Gegenwirken) Grenzen in Erfolg und Verantwortlichkeit gesetzt sind.

1.5 Resümee

Aus der Vorgabe „Grundschule als grundlegende Bildungsinstitution" ergeben sich für das pädagogische Handlungsfeld des Lehrers vor allem folgende Herausforderungen, die als stets wiederkehrende *Grundfragen zur Selbstvergewisserung und Reflexion der Praxisarbeit* dienen:

– Warum soll der Sachverhalt in der Schule, und gerade hier, gelernt werden? Was lernt das Kind in der Schule, was es im außerschulischen Bereich nicht gelernt hätte?

– Was am Unterrichtsinhalt ist fundamental, exemplarisch, typisch, repräsentativ? Was dient einfachen Zwecken?

– Inwieweit ist eine Orientierung am klassischen Ideal des Guten, Wahren und Schönen möglich?

– Welche in Lebenszusammenhängen anwendbaren Grundbegriffe werden vermittelt und gefestigt? Wie werden Strukturmerkmale und Gesetzlichkeiten in einfacher Sprache gefasst?

– Wofür ist der Unterrichtsstoff Grundlage und welcher direkte Anschluss für das nachfolgende Lernen wird geleistet?

– Welche Grundkategorien zur Erschließung neuer Sachverhalte sind enthalten?

– Welche fachlichen Grundkompetenzen werden erworben?

– Sind die verwendeten Informationsquellen/Unterrichtsmedien verlässlich, einschlägig und maßgeblich? Sind die vermittelten Informationen wissenschaftlich haltbar?

– Wie werden die Kinder an die Konstruiertheit des Sachverhalts und an entsprechende Denkmodelle herangeführt?

– Was trägt das Gelernte zur Bewältigung gegenwärtiger und zukünftiger Lebensprobleme des Kindes bei?

2 Schulanfang und Schulbefähigung als pädagogische Herausforderungen

Bei der Aufgabe der „Grundlegung" stand die Frage nach dem „Wofür" und damit die „Anschlussfähigkeit nach oben" im Mittelpunkt. Nun soll der Blick auf den *Anfang* des schulischen Bildungsprozesses gerichtet werden, auf die *Grundschule als erste Schule* und die sich daraus ergebenden pädagogischen Herausforderungen. Thematisiert werden pädagogischen Handlungsmöglichkeiten unter institutionellen Rahmenbedingungen und bildungspolitischen Gegebenheiten.

Die pädagogische Fragestellung geht davon aus, welche ersten Erfahrungen *das Kind* mit Schule macht und wie ein entsprechender Erfahrungsraum arrangiert werden kann. Dahinter steht das normative Problem, wie Schule sein soll. Wenn Schulanfang nicht als nur als empirischer Begriff, sondern als Gestaltungsaufgabe verstanden wird, ist man unvermittelt mit der schulpädagogischen Kernfrage „Wozu ist die Schule da?" (Giesecke 1996) und mit der Herausforderung „Die Schule neu denken" (v. Hentig 1994) konfrontiert.

Eine „Pädagogik des Anfangs", wie sie bereits Comenius entworfen hat (vgl. Koch 2003 b), bedenkt stets das Ende mit. So geht es hier vor allem darum, welches *„Bild von Schule"* vermittelt werden soll! ErstklasslehrerInnen stehen in der verantwortungsvollen Situation, dass die Kinder bei ihren ersten Schulerfahrungen nicht nur den momentanen Stoff erwerben, sondern dass nachhaltig die Einstellung gegenüber Schule und schulischem Lernen überhaupt geprägt wird (vgl. Schneider 2001). Dass hier die Weichen für den weiteren Schulerfolg und die gesamte Schullaufbahn gelegt werden, ist seit langem bekannt (vgl. Kemmler 1967). Um so mehr müssen pädagogische Vorentscheidungen auf das anzustrebende Schulbild überprüft werden.

2.1 Den Schulanfang pädagogisch gestalten

Schulrechtlich ist Schulanfang durch Schulpflicht, Festlegung des Einschulungsalters und entsprechende Stichtagsregelung definiert. Schulbeginn versteht sich hier als „juristischer Akt" (vgl. B 2.4).

Pädagogisch versteht man Schulanfang als „Gestaltungsprozess", als zu betreuende Lebensphase des Kindes, die bereits vor dem eigentlichen Schultritt beginnt und sich weit in die Grundschulzeit hineinzieht. Die Aufgabe der „Schulpropädeutik" beinhaltet die Vorbereitung auf das schulische Lernen und „Schulbefähigung". Daraus erschließt sich ein spezifisches pädagogisches Handlungsfeld mit eigenem Profil der Zielsetzungen, Entscheidungen und Maßnahmen.

2.1.1 Kooperation mit Vorschulbereich und Elternhaus

Dieses Aufgabenfeld ist ein Musterbeispiel für die Abhängigkeit pädagogischen Handlungsbedarfs und pädagogischer Handlungsmöglichkeiten von institutionellen Rahmenbedingungen und bildungspolitischen Entscheidungen: Solange nicht (flächendeckend und verpflichtend) eine Vorbereitungszeit für die einzuschulenden Kinder – z. B. nach dem Modell der „Neuen Eingangsstufe" (vgl. B 2.3.3) – eingeführt wird, muss sehr viel pädagogische Energie investiert werden, Kindern einen Bruch oder gar Schock in ihrer Lernbiographie zu ersparen.

Zur inhaltlichen Grundlegungsarbeit kommen so für ErstklasslehrerInnen weitere Herausforderungen hinzu: Sie sollen (ohne zusätzliche Zeitressourcen) situations- und spielorientierte Lernformen in zielgerichtetes, systematisches Lernen überführen, Lernschwierigkeiten in der Eingewöhnungsphase vermeiden und anamnesegestützte individuelle Fördermöglichkeiten einsetzen.

Für die Berücksichtigung entsprechender „Anschlussfähigkeit nach unten" bedarf es umfangreicher Informationen über *Vorwissen, Vorerfahrungen* der Schulanfänger und ihrer *Lernbedingungen* in Elternhaus und Kindergarten, z. B. über:

– Körperliche Merkmale: Entwicklungsstand und Konstitution, Belastbarkeit, grob- und feinmotorische Geschicklichkeit.

– Kognitiv-intellektuelle Entwicklung: Entwicklungsstand im Übergang von egozentrischen zu mehr objektiven Einstellungen, vom anschauungsgebunden-konkreten zu mehr formalem Denken, von „Altersmundart" zu formen- und regelbewussterem Sprachvermögen.

– Entwicklung des Selbstkonzepts: Ich-Identität, Wahrnehmen, Akzeptieren und Ausdrücken eigener Gefühle, Selbstwertgefühl, Selbsteinschätzung und Selbstkritik.

– Entwicklung der Sozialkompetenz: Ablösen von bisherigen Bezugspersonen, Kontakt-, Kommunikations-, Kooperations- und Konflikt(lösungs)-fähigkeit, Rollendistanz, Ambiguitätstoleranz.

– Lern- und Arbeitsverhalten: Bei der Sache bleiben, Konzentrationsfähigkeit und Aufmerksamkeitsspanne, Zielgerichtetheit und Planungsverhalten, Wiederholungs- und Übungsbereitschaft.

– Familiales Umfeld: Einzelkind bzw. Position in der Geschwisterreihe, Un-/ vollständige Familie, Berufstätigkeit der Eltern, „Schlüsselkind", sozioökonomische Verhältnisse (auch „Kinderarmut"), Erzieherverhalten, Anregungsmilieu, Medienkonsum.

– Pädagogisches Profil des Kindergartens: Bildungskonzept und Ziele der Einrichtung (kirchlich, freie Trägerschaft, Waldorf, Montessori usw.), Erziehungsstil, Intensität der Schulvorbereitung, individuelle Förderung.

Allein diese wenigen Stichpunkte verdeutlichen, wie wichtig der Dialog zwischen den „Miterziehern" ist: Einerseits sollen, vor allem wenn Lern- und Verhaltensschwierigkeiten in der Schulanfangsphase auftreten, Ursachen herausgefunden werden, andererseits müssen Verantwortlichkeiten und Zuständigkeit abgesteckt werden (vgl. Griebel 2004). Zusammenarbeit zwischen Schule, Elternhaus und Vorschuleinrichtungen bedeutet (im systemischen Sinn), „zum Wohle des Kindes" die Hilfen abzustimmen und zu optimieren, für die jeweilige Seite einen authentischen Beitrag leisten kann.

a) Zusammenarbeit mit den Eltern

Die Kooperation mit dem Elternhaus gehört zwar nur indirekt zum pädagogischen Handlungsfeld des Lehrers, schafft aber hierfür eine bessere Ausgangslage. Günstig ist es, wenn am Anfang der Übergangsphase ein gemeinsames Treffen der *Elternvertretungen* aus Kindergarten und Grundschule stattfindet, bei u. a. folgende Punkte erörtert werden: Erwartungen der Grundschule an die Vorbereitung, Elterninteresse bei der Klassenteilung, Möglichkeiten der Organisation einer zeitlich „verlässlichen Grundschule", vollständige Unterrichtsversorgung, Rückmeldung pädagogisch positiver Erfahrungen aus den Kindergarten an die Grundschule, Mitbestimmungsmöglichkeiten der Eltern, Fortbildungsmöglichkeiten für Eltern.

Der erste Kontakt mit den Erziehungsberechtigten kann meist bei der (frühzeitigen) Schulanmeldung geknüpft werden. Eingeladen wird dabei zu *Elterngesprächskreisen (Elternabenden)*, die zunächst zwischen Anmeldung und Schulbeginn stattfinden. Themenbeispiele hierfür sind:

Was braucht mein Kind für einen guten Schulstart? Welcher Verlaufsplan bis zum ersten Schultag? Wie lernen Kinder, wie kann ich mein Kind zur Selbständigkeit erziehen? Wie kann ich mein Kind sprachlich fördern? Wie entwickelt sich mathematisches Denken und wie kann ich diese Entwicklung unterstützen? Welche Kooperationspartner gibt es in der Nähe? Wie werden die Klassen zusammengesetzt? Welche (Zusatz-) Angebote macht die Schule? Wie wird der Schultag ablaufen?

Nach Schulbeginn geht es um Themen wie: Was hat sich für mein Kind verändert? Wie verhalte ich mich hinsichtlich Ernährung, Ruhe-, Schlaf- und Bewegungsbedürfnis, Konsumwünschen des Kindes und Konfliktbewältigung? Soll ich und wenn ja, wie kann ich bei den Hausaufgaben helfen? Lesenlernen nach der Anlauttabelle, Schreibenlernen mit Druckschrift, nächste Themen im Sachunterricht, ...

Um die Gemeinsamkeit der Erziehungsarbeit zu symbolisieren und ein „Wir-Gefühl" anzubahnen, sollte bei Elternabenden statt Frontalsitzordnung die Kreisform gewählt werden, in die sich die Lehrkraft, sozusagen gleichrangig, einreiht. Dies kann davor bewahren, von vornherein in die Rolle des Allwissenden, aber auch in die des Allein-Verantwortlichen gedrängt zu werden.

Ein schriftlicher *Erziehungsvertrag zwischen Eltern und Schule* (wie ihn Schultebraucks-Burgkart 2003) vorschlägt, kann die wechselseitige Verantwortung unterstreichen: „Wir erziehen unser/das Kind zu Ehrlichkeit, Höflichkeit, Rücksichtnahme und Hilfsbereitschaft. Wir helfen ihm zu erkennen, was Recht und Unrecht ist.

Wir (die Eltern) interessieren uns dafür, was in der Schule geschieht und fragen nach schulischen Erlebnissen, loben unser Kind für seine Anstrengungen, ermutigen es bei Schwierigkeiten, nehmen an schulischen Veranstaltungen teil.

Wir (die Schule) laden herzlich dazu ein, im Unterricht zu hospitieren, Unterricht und Schulleben mitzugestalten, in schulischen Mitwirkungsgremien mitzuarbeiten. Wir unterstützen die Eltern in der Wahrnehmung ihres Erziehungsauftrags.

Wir (die Eltern) sorgen für gute Rahmenbedingungen, achten auf Vollständigkeit der Materialien, halten unser Kind zur Ordnung an, schicken unser Kind pünktlich zur Schule, sorgen dafür, dass das Kind einen Platz hat, an dem es seine Hausaufgaben in Ruhe machen kann.

Wir (die Schule) unterstützen das Kind bei der Entwicklung seiner Fähigkeiten durch sorgfältigen Umgang mit Lernzeit und durch fachlich fundierte Lernangebote. Wir sorgen dafür, dass die Grundbedürfnisse des Kindes nach Geborgenheit, neuen Erfahrungen, Verantwortung, Lob und Anerkennung in Unterricht und Schulleben berücksichtigt werden.

Wir (die Eltern) informieren die Schule sofort über Änderungen von Adressen und Telefonnummern und bei Erkrankungen.

Wir (die Schule) informieren die Eltern über unterrichtliche Inhalte, die Lernentwicklung des Kindes, seine Persönlichkeitsentwicklung und wichtige schulische Ereignisse" (S. 34).

Selbstverständlich kann erwartet werden, dass Eltern ihre Verantwortung als eine „tragende Säule" des Schulerfolgs ihres Kindes erkennen. Allerdings dürfen alle schulischen Bemühungen nicht über das Problem der Extreme hinwegtäuschen: Einerseits Eltern, die erst gar nicht erreichbar sind und/oder sich (bewusst oder wegen eigener Unzulänglichkeiten) dieser Verantwortung entziehen, andererseits Eltern, die mit pseudo-professionellem Ehrgeiz und in Besserwissermanier Konkurrenzdenken statt Kooperation entwickeln: Häufig ist der Zusammenhang zwischen „Problemkind" und „Problemeltern" offensichtlich (vgl. auch Hennig/ Ehinger 2003). In solchen Fällen hat die Schule die schwierige kompensatorische Aufgabe zu übernehmen, dem Kind einen „Schonraum" der Geborgenheit und Sicherheit anzubieten: „In dubio pro infante".

b) Kooperation mit dem Kindergarten

Ohne eine institutionell angelegte „Pufferzone" zwischen Vorschulzeit und Schule (z. B. in Form einer schulisch angegliederten Vorbereitungseinrichtung) bleibt der abrupte Schulbeginn eine persönliche pädagogische Herausforderung für die Erstklasslehrer, die für Minderung von Lernschwierigkeiten in der Eingewöhnungsphase, übergangsgemäße Gestaltung von Lernumgebungen, individuelle Förderung usw. verantwortlich gemacht werden.

Ein wichtiger Faktor ist nach wie vor die Zusammenarbeit zwischen Kindergarten und Grundschule. Sie wird in vielen Bundesländern empfohlen, z. T. verordnet, was aber nicht darüber hinwegtäuschen darf, dass damit das Übergangsproblem im Grundsatz nicht behoben werden kann (vgl. B 2.3!).

Im *institutionell-personellen* Bereich wird Kontinuität im Wechsel der pädagogischen Bezugspersonen und der Lernumwelt erwartet sowie ein Austausch über Differenzen der Erziehungsauffassung von Erzieherinnen und Lehrerinnen. Im Bereich der *Förderinhalte* geht es um gegenseitiges Kennenlernen der Erziehungs- bzw. Unterrichtsinhalte und um Erfahrungsaustausch hinsichtlich gezielter Förderung aufgrund genauer Beobachtung kindlichen Verhaltens. Im *methodischen* Bereich steht die kontinuierliche Überleitung von mehr situationsgebundenem in zunehmend zielgerichtetes, geplantes Lernen, von spielorientierten Lernformen in mehr sachstrukturierte Arbeitsformen im Vordergrund.

Als Möglichkeiten der Zusammenarbeit werden (z.B. in kultusministeriellen Empfehlungen) genannt:

– *Gemeinsame Konferenz*: Vertreter des Kindergartens (Träger, Erzieher) und der Schule (Schulleiter, Lehrer) tauschen grundlegende Informationen aus und erörtern Fragen und Möglichkeiten der Zusammenarbeit.

– *Gegenseitige Besuche* von Erziehern und Lehrern: Lehrer lernen bei Hospitationen ihre künftigen Schüler kennen und erhalten Einblick in die Arbeitsweisen des Kindergartens. Erzieher können die Entwicklung der Kinder weiterverfolgen und begegnen Unterrichtsformen des Erstunterrichts.

– *Besuche der Kindergartenkinder* in der Grundschule: Die Kinder lernen dabei ihre künftigen Lehrer kennen und gewinnen erste Eindrücke von der Schule (vgl. auch Krenzer 1995). In diesem Zusammenhang auch

– *Organisation von Kinderpatenschaften* zwischen Schul- und Vorschulkindern sowie

– *Gemeinsame Unternehmungen,* gemeinsame Anlässe wie Feste, Feiern und Ausflüge, die dem gegenseitigen Kennenlernen dienen.

– *Spielorientierte Gestaltung des Erstunterrichts*: Angeknüpft wird an Lernformen, Lieder, Gedichte und Spiele, die den Kindern aus dem Kindergarten bekannt sind.

– *Zusammenarbeit mit den Erziehungsberechtigten:* Bei Elternveranstaltungen der Grundschule und des Kindergartens zu Fragen des Schuleintritts sind wechselseitig Erzieherinnen bzw. Lehrer/innen beteiligt.

– *Einbezug der Erzieherin bei Fragen der Schulfähigkeit:* Aufgrund längerfristiger Beobachtungsmöglichkeiten des Entwicklungsstands der Kinder kann die Erzieherin eine wichtige Entscheidungshilfe bei der Schuleingangsdiagnostik leisten (vgl. Burgener-Woeffray 1996, S. 95-98).

– *Gemeinsame Fortbildungsveranstaltungen* zu einschlägigen Themen der Übergangsphase, Schulfähigkeit und Schuleingangsdiagnostik (vgl. auch Barth 1996).

Zur Kontrolle und Verbesserung solcher Maßnahmen schlagen Hopf, Zill-Sahm & Franken (2004) *Evaluationsinstrumente für einen erfolgreichen Übergang* in Form von Checklisten vor, so u. a.:

– *Erstkontakt zwischen Erzieherinnen und Grundschullehrkräften:* Besprechung pädagogischer Materialen zum Spielen und Lernen, individuellen Förderbedarfs, der Kooperation mit Hilfs- und Beratungsdiensten, der Schulwegsicherheit, der Möglichkeit des Einbezugs von Kindern ohne Kindergartenerfahrung, der Elternbeteiligung, der Klasseneinteilung, ggf. der interkulturellen Zusammensetzung, der schulvorbereitenden Maßnahmen, der Möglichkeiten vorzeitiger Schulaufnahme und von Zurückstellungen.

– *Protokollartige Sicherung der Kooperationsmaßnahmen und -themen:* Schriftliche Einladung aller Kindergärten im Einzugsbereich lag vor, Protokoll liegt allen vor, Terminplan für den Zeitraum des Übergangs wurde festgelegt, Vorschläge für das nächste Treffen wurden gemacht, das Grundschulprogramm wurde den Kindergärten zugeleitet.

– *Austausch über pädagogische Maßnahmen:* Begrüßungs- und Abschiedsrituale, Spiel- und Arbeitsformen, freie und gelenkte Aktivitäten, Sprachförderung, Verhaltensregeln bei Streit, bei Essen und Trinken, Geburtstagsrituale, Liste der im Kindergarten gelernten Lieder und Verse, Umgang mit Spiel- und Lernmaterialien, Umgang mit Zweisprachigkeit.

– *Nachbereitung gegenseitiger Besuche von Erzieherinnen und Grundschullehrkräften:* Ist der Schulbesuch der Vorschulkinder hinreichend vorbereitet? Wurde das Patenkindersystem besprochen? Habe ich mir Anregungen notiert? Wurde über Hoch-/Begabungen und Bedarf an Sprachförderung einzelner Kinder gesprochen?

– *Besuch der künftigen Schulanfänger in der Grundschule:* Terminabsprachen, Begleitpersonen, Information der Eltern, Einladung und Vorbereitung der Kinder, Unterstützung durch Patenkinder, Angstabbau, Rollenverteilung zwischen Erzieherin und Lehrkraft, Führung durchs Schulgebäude,...

– *Neue Verfahren der Schulfähigkeitsfeststellung:* Gespräche mit den Erziehungsberechtigten, Auskünfte der Erzieherin, Testverfahren zur Schulfähigkeit, Spielbeobachtungen, Feststellung der Sprachkompetenz, Auskünfte des Kinderarztes, Gutachten von Fachdiensten, Diagnose des Amtsarztes,...

2.1.2 Schuleingangsdiagnostik, Schulanmeldung und Schulvorbereitung

Die übergeordnete grundschulpädagogische Aufgabe liegt im Spannungsfeld heterogener Voraussetzungsprofile der Kinder einerseits und gemeinsamer verbindlicher Bildungsziele andererseits. Heute wird Schulfähigkeit nicht allein als Voraussetzung für die Schulaufnahme verstanden, sondern als pädagogische Aufgabe (vgl. B 2.4.3). *Schulbefähigung* hat in Lehrplänen und Richtlinien einen entsprechenden Stellenwert (z. B. Niedersachsen): „Es darf nicht erwartet werden, dass bei allen Schülern die erforderlichen Lernvoraussetzungen vorhanden sind. Es ist Aufgabe des Lehrers, sie gezielt im Unterricht zu entwickeln" (S. 113).

a) Schuleingangsdiagnostik

Plausiblerweise ist in diesem Kontext die Bedeutung traditioneller *Schulfähigkeitstests* (früher „Schulreifetests"), die selektionsgerichtet lediglich am Kind ansetzen, zurückgegangen. Allerdings:

„Der weitgehende Verzicht auf eine Einschulungsuntersuchung bedeutet nicht gleichzeitig, daß eine Einschätzung des kindlichen Lern- und Entwicklungsstandes überflüssig würde. Die heute oft gängige Argumentation, jede Diagnose müsse vermieden werden, da sie zur 'Aussonderung' führe und damit stigmatisiere, ist kritisch zu hinterfragen. Der Verzicht auf frühdiagnostische Verfahren ist wenig sinnvoll, da Lern- und Entwicklungsauffälligkeiten zu spät erkannt werden" (Barth 1997, S. 64).

Heute steht die *systemisch-ökopsychologische Sichtweise der Schuleingangsdiagnostik* im Vordergrund, die eine Wechselbeziehung zwischen Schule, Schüler und Ökologie (gesamtgesellschaftlicher Hintergrund, Familie, Vorschule usw.) herstellt (vgl. Baumann/ Nickel 1997). Wenn dabei auch Testverfahren herangezogen werden, steht nicht die Selektion, sondern Prävention im Vordergrund mit dem Ziel, möglichem Schulversagen vorzubeugen, aber auch unnötige Zurückstellungen zu vermeiden. Ein bekanntes Verfahren, das bereits das ökologische Modell berücksichtigt, ist das bekannte „Kieler Einschulungsverfahren" (Fröse u. a. 1986), bei dem Auswertungen eines Gruppenspiels, von Einzeluntersuchungen und Gesprächen mit Eltern und Erzieherinnen einbezogen werden. Zugenommen hat die Bedeutung des *Lehrerurteils*: „Trotz ernst zu nehmender Kritik am Lehrerurteil (z. B. implizite Persönlichkeitstheorie, self-fulfilling-prophecy) kann in der Schuleingangsdiagnostik auf das Lehrerurteil nicht verzichtet werden. Nur in der Person des Lehrers als Diagnostiker können die Informationen der verschiedenen Teilkomponenten des Konstrukts ʻSchulfähigkeitʼ Berücksichtigung finden. Der Lehrer kennt die Anforderungen der Schule, einschließlich der sich von Schuljahr zu Schuljahr verändernden und durchaus entscheidenden Rahmenbedingungen (z. B. Klassenstärke, Einsatz einer Förderlehrerin) am besten. Das Lehrerurteil spielt in einer ökosystemisch verstandenen Schuleingangsdiagnostik, in der berücksichtigt wird, dass Diagnostik immer relativ, situativ und subjektiv geprägt ist, eine zentrale Rolle" (Kammermeyer 2000, S. 246). Zu ergänzen ist das Lehrerurteil, wie oben dargestellt, durch das – ebenfalls kriterienbezogene – Urteil der Erzieherin(nen).

Die Schuleingangsdiagnostik nutzt nicht nur jede sich bietende Gelegenheit der Kontaktaufnahme mit den einzuschulenden Kindern vor Schulbeginn (z. B. Kooperation mit dem Kindergarten oder Schulanmeldung), sondern basiert auch auf einem gezielt gestalteten Arrangement von Lernumgebungen und -situationen, wie sie heute vielfach in Schulspiel und sog. Schnupperstunden eingesetzt werden.

b) Schulanmeldung

Eine pädagogisch gestaltete Schulanmeldung vermeidet den Eindruck, es handele sich nur um einen bürokratischen Verwaltungsakt (der auch von der Sekretärin erledigt werden kann). Vielmehr sollte auch hier das Kind im Mittelpunkt stehen und die Gelegenheit erfasst werden, erste diagnostische Hinweise zu erhalten. Die aufnehmende Person, im günstigsten Fall d. künftige Klassenlehrer/in, führt mit dem Kind ein Gespräch (z. B. Vorstellung von Schule, Lieblingsbeschäftigung), das sich auch über bereitliegendes Material (Bilderbuch, Plastilin, einfaches Puzzle,...) entwickeln kann.

Darüber hinaus ist der Schuleinschreibungstermin auch eine gute Gelegenheit zur Selbstdarstellung der Schule: Eltern und Kinder erfahren, dass die Schule ein angenehmer Lernort ist, der ein reiches Angebot von Spiel- und Lernmitteln bereithält und durch die Schulhaus- und Klassenzimmergestaltung die stete Bemühung um eine gute Atmosphäre des Schullebens dokumentiert (vgl. Hacker 1998, S. 102/103).

Effektiv ist es, den Anlass der Schuleinschreibung mit einem ersten umfangreicheren Diagnoseverfahren zu verbinden.

c) Schulspiel / „Schnupperstunden"

In den letzten Jahren sind viele Schulen dazu übergegangen, lange vor Schulbeginn kinderfreundliche „Spielstunden", „Schnupper-" oder „Schultage" einzurichten, die ein gegenseitiges konkretes Kennenlernen von Kind und Schule eröffnen. Oftmals werden hierbei informelle Verfahren zur Einschätzung der Schulfähigkeit des Kindes verwendet. Im Vordergrund steht die pädagogische Begründung, das Kind in seiner neuen Rolle als Schüler ernst zu nehmen und ihm erste Bewährungssituationen im „Schonraum" zu gewähren (siehe Grundschule als „Vermittlerschule"). Diagnostisch gesehen handelt es sich beim sog. Screening-Verfahren um ein Sichtungsvorgehen, das der Groborientierung dient, die Aufmerksamkeit der Beobachter auf Verhaltens- und Entwicklungsauffälligkeiten lenkt und Anhaltspunkte für die Notwendigkeit weiterer Untersuchungen und Fördermaßnahmen abgibt. Beobachtungskriterien sind:

– Sprachlicher Bereich: Verständnis für Arbeitsanweisungen, Wortschatz, Artikulation, und auditive Konzentration.

– Motorik: Gleichgewicht im Sitzen und Stehen, Auge-Hand-Koordination, Stifthaltung, Lateralität und kinästhetische Koordination.

– Kognitiver Bereich: Allgemeines Wissen, Merkfähigkeit, Differenzierung von Farben und Formen, Gliederungsfähigkeit, Denk- und Problemlösungsfähigkeit.

– Motivation und Arbeitshaltung: Eigeninitiative, Konzentration, Aufgabenverständnis und Arbeitstempo.

– Sozial-emotionaler Bereich: Bindung an die Mutter, Kontaktaufnahme, Halten an vorgegebene Regeln und soziale Einordnung.

In solchen Konzepten wird beispielsweise bereits im März für alle zur Einschulung anstehenden Kinder eine Art Probeunterricht in Spielform durchgeführt, wobei eine Grundschullehrerin dieses „Unterrichtsspiel" mit jeweils sechs Kindern leitet, während zwei Kolleginnen gezielte Beobachtungen durchführen und in Beobachtungsbögen eintragen. Zwischenzeitlich erledigen die Erziehungsberechtigten in einem anderen Raum die Einschreibungsformalitäten. Die Beobachtungseinheit (ca. 45 min) ist wie folgt gegliedert:

– Begrüßung der Kinder und Eltern → Blickkontakt, Trennungsangst, Elternreaktionen,

– Spiel zum Kennenlernen: Kinder werfen sich im Kreis Softball zu (Ich heiße ..., wie heißt du?) → Kontaktaufnahme, Konzentration, akustisches Kurzzeitgedächtnis, Verwendung von Sprachmustern, motorische Steuerung.

– Erzählen zu einem Wandbild: Freies Erzählen, dann gezielte Fragen (Wie viele Kinder, Bäume... siehst du? Welche Farben und Formen? Größenvergleiche) → Ausdrucksfähigkeit, visuelle Figur-Grund-Wahrnehmung, Kenntnisse und Mengenerfassung.

– Balancierübung auf einem Strich am Fußboden, Einbeinstand, Hin- und Herspringen → Koordination, Überschreiten der Körpermitte, Konzentration.

– Ausschneiden einer Form mit der Schere → Erfassen des Arbeitsauftrags, Feinmotorik, Händigkeit,

– Bleistift-Papier-Aufgabe unter Verwendung des „Göppinger sprachfreien Schuleignungstests" → Merkfähigkeit, Formauffassung, Erfassen von Mengenverhältnissen, Stifthaltung.

– Verabschiedung (Loben, Mitgeben von Namensschildchen) → Sozialverhalten, Höflichkeitsformen.

Nach Auswertung der Beobachtungsbögen werden Elternberatungen zur Schulvorbereitung durchgeführt.

Auch wenn einem solchen Vorgehen ein „negativer Beigeschmack der Auslese von Unfähigen" (Portmann 1993, S. 19) unterstellt werden könnte, ist zweifellos von großem Vorteil, wenn frühzeitig eine Diagnose eingeleitet wird, die ggf. zu Beratung der Eltern über gezielte Fördermaßnahmen, Hilfestellung durch Fachkräfte und sonderpädagogische Einrichtungen führt. Dadurch wird Zeit gewonnen, die bei einer völlig undiagnostizierten Pauschalaufnahme aller Schulanfänger auch in einem differenzierten Anfangsunterricht kaum mehr aufgeholt werden kann.

Schwerpunkt in diesem pädagogischen Handlungsfeld ist eine schulbezogene „Alltagsdiagnostik", die nicht nur Defizite feststellt und zur „Therapie" weiterleitet, sondern auch vorhandene Fähigkeiten, Entwicklungs- und Lernvorsprünge erkennt, um bei Schulanfang daran anzuknüpfen und Über-/ Unterforderung vermeiden zu können.

2.1.3 Schulanfang als gleitender Übergang *und* Neubeginn

Im Sinne der Vermittlungsschule und einer Pädagogik der Kontinuität wird stets ein möglichst *bruchloser Übergang* von Elternhaus / Kindergarten zur Grundschule angestrebt. Alle bereits beschriebenen Kooperationsmaßnahmen zwischen Vorschuleinrichtungen und Schule sowie das gezielte Anknüpfen an Vorwissen, Vorerfahrungen und individuelles Können der Kinder dienen dazu, durch Vertrautes innere Sicherheit und emotionale Geborgenheit zu sichern. Zu begrüßen sind entsprechende Bemühungen um „Entdramatisierung des Schulanfangs" (Witting 1989) und den Abbau erwachsenenorientierter Einschulungsrituale (vgl. Hinz 1997).

Dennoch: „Die Diskussion um den sogenannten gleitenden Übergang führt dann in eine pädagogisch und didaktisch bedenkliche Richtung, wenn die institutionstypischen Besonderheiten, die den Kindergarten von der Grundschule inhaltlich und formal abgrenzen und umgekehrt, ... verwischt werden" (Hansel 1982, S. 125).

Es wäre demnach ein Missverständnis, bruchlosen Übergang allein als „unmerkliches Gleiten" und „langsames Übergehen" von der Spiel- in die Arbeitswelt des Kindes zu gestalten. „Die Diskussion um den gleitenden Übergang ... darf nicht zur Verschulung des Kindergartens und nicht zum Verspielen des Lernens in der Schule führen" (Lichtenstein-Rother/ Röbe 2005, S. 51).

Vielmehr ist zu beachten, dass jeder Lebensabschnitt ein Anfangserlebnis bietet, das bewusst durchlebt werden darf: Für das Kind ist der Schritt in die Schule im Hinblick auf sein Lebens- und Selbstwertgefühl von ganz besonderer Bedeutung. Das sollte, solange „Anschlussfähigkeit" der Einrichtungen nicht gegeben ist, durchaus auch als Chance verstanden werden.

Wie jeder Unterrichtsgrundsatz steht auch dieser in einem Spannungsverhältnis, in dem bestmögliche Ausgewogenheit erreicht werden sollte: So bedarf das Kontinuitätsprinzip der Regulation durch das Arrangement des Schulanfangs als bewusst gesetzter *Neubeginn*.

Kinder freuen sich in der Regel auf die Schule und gehen zuversichtlich auf neue Anforderungen zu; sie sollten nicht in ihrer Schulerwartung enttäuscht werden („Das ist ja wie im Kindergarten..."). Es entspräche nicht ihrem Schulbild, wenn nur Altbekanntes angeboten und neue Lernanreize vorenthalten würden.

Für einen pädagogisch begründeten Neubeginn spricht, dass Schulanfang als positives, auf Sachinteresse basierendes „Bildungserlebnis" verstanden und das Kind auf seinem Lebensweg die Schule als etwas Besonderes erfahren kann, nämlich als „Initiation" und „höheren Status", der seiner neuen gesellschaftlichen Rolle als Schüler entspricht..

Der Begriff Kontinuität beinhaltet so gesehen beide Intentionen: Anknüpfen an Vertrautes sowie „Weiterführung und Weiterentwicklung", aber auch Neubeginn als behutsames Eröffnen neuer Erfahrungen und Lernmöglichkeiten im Spannungsfeld zwischen Anpassung des Kindes an schulische Anforderungen und Anpassung der Schule an kindliche Voraussetzungen (vgl. grundsätzlich dazu: Luhmann/ Schorr 1990).

Vor diesem Hintergrund ist zu überlegen, wie erste schulische Erfahrungen des Kindes arrangiert werden müssen, damit ein strukturiertes, vielseitiges und entwicklungsfähiges Schulbild entstehen kann.

2.1.4 Pädagogisches Arrangement erster Schulerfahrungen

a) Die Gestaltung des Schulbeginns

Die Gestaltung des ersten Schultags und der ersten Schulwochen ist zunächst abhängig von verschiedenen äußeren Bedingungs- und Einflussfaktoren wie
– Klassenzusammensetzung und Klassenstärke,
– Stundenplan und weitere beteiligte Lehrkräfte,
– organisatorische Rahmenbedingungen (Schulbus, Aufsicht usw.),

– Ergebnis der Vorgespräche mit dem Kindergarten,
– Hinweise und Anregungen aus der bereits vorausgegangenen Zusammenarbeit mit den Eltern,
– ggf. Einbezug von Vorinformationen über Auffälligkeiten einzelner Kinder,
– Leitideen, die sich aus dem besonderen Profil der Schule und entsprechender Schulautonomie ergeben.

Aus solchen Fakten können jedoch nicht direkt Handlungsanweisungen und Gestaltungsmaßnahmen abgeleitet werden. Notwendig ist vielmehr die Reflexion der übergeordneten Aufgabe, zwischen Kind und (Schul-)Welt zu vermitteln.

„Der Pädagoge, der wie ein Übersetzer und Ausleger zwischen dem Allgemeinen seiner ,Lehre' und dem Individuum, noch dazu in ganz besonderen und von kontingenten Umständen abhängigen Situationen, zu vermitteln hat, benötigt als subjektive Bedingung der ihm zugemuteten Vermittlungen Urteilskraft" (Koch 1998 a, S. 388).

Für das entsprechende „Augenmaß" ist die Orientierung an der oben beschriebenen „Pädagogik des Anfangs" in der Grundschule als „Vermittlungsschule" hilfreich. Die Komplexität der Aufgabe erfordert Urteils- und Entscheidungsfähigkeit, weil am Anfang nicht alles gleichzeitig in Angriff genommen und erreicht werden kann. Erforderlich ist eine Beschränkung auf bestimmte Gestaltungsideen und die Fokussierung auf wenige effektive Maßnahmen, die möglichst viele Intentionen bündeln. Bei der Auswahl möglicher Zugänge fließen u. a. auch „subjektive Theorien", persönliche Stärken und der individuelle Erziehungsstil mit ein.

Bei der nötigen *Schwerpunktsetzung der Gestaltung des Schulanfangs* muss sich jede/r Erstklasslehrer/in in Selbstvergewisserung nach dem eigenen bevorzugten „*Schulbild*" fragen, das den Kindern – sozusagen programmatisch – vermittelt werden soll, z. B.:

– Schule als Ort geplanten Lernens (insbesondere Erlernen der Kulturtechniken),
– Schule als Arrangement individuellen, selbstgesteuerten Lernens,
– Schule als Ort gemeinsamen Lernens,
– Schule als „Lebensgemeinschaft" aller Beteiligten.

Solche Akzente spiegeln sich in vielfältigen Praxisbeispielen wider. Zu Verdeutlichung „klassischer" Motive zur *Gestaltung des ersten Schultags* sei auf einschlägige *Beispiele* aus verschiedenen Epochen grundschulpädagogischer Literatur verwiesen:

Die Schule als „Stätte kindlicher Arbeit erleben"
Im Vordergrund steht hier die Befriedigung der Lernerwartung und der Aufbau der Arbeitshaltung. Karnick (1968, 39. Aufl., S. 77-89) schlägt vor, mit einer Geschichte zu beginnen (z. B. „Die Schultüte" von J. Hübner, in der Hans zum Schulanfang statt einer Schultüte ein Bäumchen geschenkt bekommt). Diese wird kurz nacherzählt und die Kinder malen ein Bild dazu (Hans, Baum). Die Kinder ordnen Wortkärtchen zu und „lesen" die Wörter. Die Kinder lernen ein (bisher unbekanntes) Lied zum Schulschluss und erhalten eine Hausaufgabe (Bild und Lernwörter zur

Geschichte). Die Kinder erzählen den Eltern stolz, was sie schon alles gelernt haben...

Die Schule als Ort aktiven Lernens
Vermittelt werden soll dem Kind, dass die Schule Aktiv-Sein bedeutet, es sich eigene Ziele setzen kann und nicht (nur) auf Lernanweisungen der Lehrerin warten muss. Im Beispiel von Lichtenstein-Rother und Röbe (2005, S. 74) heißt es: Beim Betreten des Klassenzimmers finden die Kinder ein Materialangebot vor (Tablett mit Buntpapier, Stiften, Knetmasse, Fibeln, selbstklebenden Buchstaben usw.), mit dem sie sich frei beschäftigen dürfen. Die Kinder nehmen untereinander Kontakt auf, die fertige „Ergebnis" wird besprochen und gelobt, die Weiterarbeit für den nächsten Tag organisiert. Hier gewinnt die Arbeit „Öffentlichkeitscharakter"; das Kind erfährt, dass sich individuelle Anstrengung lohnt und der Lehrer hilft und berät.

Die Schule als Ort gemeinsamen Lernens
Der Akzent liegt hier auf der Erfahrung, dass man vom Lehrer etwas Neues lernen kann; die neue Situation Klasse erfahren die Kinder durch Zuhören, Mitsprechen und Mitsingen (ebda. S. 73): Die Schulanfänger sitzen im Kreis, die Lehrerin erzählt ihnen die Geschichte von der guten Hexe Wanda und beteiligt sie an einer erlebnisreichen Fahrt mit ihrem Raumschiff: Beim Start zählen die Kinder gemeinsam rückwärts, sie freuen sich mit einem neuen Lied und tanzen, klatschen, pfeifen und hüpfen. Das „Raumschiff" wird mit bereitgestellten Materialen gemeinsam bildnerisch dargestellt.

Die Schule als Stätte des Zusammenlebens
Im Sinne der „Lebensgemeinschaftsschule" nach P. Petersen steht hier die Aufnahme des Kindes in die „Schulgemeinde" im Vordergrund (ebda. S. 71/72): Alle Schulanfänger, Eltern und Lehrer versammeln sich im Musikraum, wo sie vom Rektor begrüßt werden. Drittklässler führen das Puppenspiel „Die kleine Maus sucht einen Freund" vor, wobei die Zuschauer Tiere am Schwanz erraten müssen. Nach einem gemeinsamen Lied führen die Patenkinder die Schulanfänger durch das Schulhaus. Am Schulraum befestigt die Klassenlehrerin ein großes Schild „1a", die Kinder treten ein...

Die Kombination verschiedener Motive
komprimiert Moeller-Andresen (1974) in folgendem Beispiel:
„Ich begrüße das Kind, das die Klasse betritt und stecke ihm ein Namensschild an (so vermeide ich, die Unscheinbaren später mit Namen rufen zu können als die Lebhaften, Hübschen. Die Eltern verlassen das Klassenzimmer, sie werden beim Elternabend informiert.
Ich spreche darüber, wie man sich wohl fühlt an diesem Morgen, erinnere mich an meinen ersten Schultag, an das große fremde Schulhaus, die vielen aufgeregten Menschen. Wir singen „Hoch am Himmel"

und wünschen uns in die Rolle immer neuer Tiere, die die Kinder selbst vorschlagen. Ich habe Muße, zu beobachten, welche K. sich schwer entschließen können, mitzutun. Sie brauchen mich besonders in den ersten Tagen.

Für jedes Kind ist eine unliniertes Heft mit seinem Namen da. Auf die erste Seite wird ein Phantasiebild geklebt. Schon beginnen Gespräche mit dem Nachbarn, der seine Klebebildchen aus derselben Schale nimmt. Ich schreibe zu jedem Bild den gewünschten Titel, lasse es mit erklären, lobe es. Die erste Hausaufgabe: Auf einem vorbereiteten Blatt den eigenen Namen üben. Noch ein Spiel: ‚Was wir schon alles können' – hüpfen, trampeln, flüstern, schreien... – und nochmals unser Lied, dann ist die Stund herum. Die Eltern erfahren erleichtert, daß es schön war und man morgen gerne wieder in die Schule kommt„ (S. 8).

Dies ist der Beginn des ersten Schuljahres, das nach Moeller-Andresen programmatisch als *Zeit der Akklimatisierung* verstanden wird:

– Schule attraktiv machen (SU als Mittelpunkt, gemeinsame Erlebnisse...)
– „Wir-Bewusstsein aufbauen„ (Schwerpunktthema: „Ich und die anderen„)
– Gegenseitig Verantwortung tragen (Klassendienste, einander helfen...)
– Gestufte Anforderungen und angstfreie Atmosphäre (Zurückstellen kognitiver Ziele, Leistungsmessung an der eigenen Leistung, keine Wettkampfsituationen)
– Individualisierung (Viele Einzelgespräche, individuelle Gestaltung von Arbeitblättern, Eigeninitiative loben,...)
– Zusammenarbeit mit Eltern (Telefonkontakte, Hausbesuche, Elternbriefe, Eltern als Helfer und in Mitverantwortung ziehen...).

Im weiteren Verlauf steht das allmähliche Hinführen zu zielbewusstem und sachgerechtem Lernen in den einzelnen Lernbereichen wie Lesen, Schreiben, Rechnen und Sachunterricht im Vordergrund.

b) Behutsame Eröffnung schulischer Erfahrungsdimensionen

Ausgangsüberlegung der Öffnung verschiedener Erfahrungsdimensionen für das Kind ist sein *Neugierverhalten*, das eng mit Lust an Leistung zusammenhängt. Versteht man den Sinn der Neugier darin, aus Unbekanntem Bekanntes zu machen, ist Neugier eigentlich ein „Sicherheitstrieb" (von Cube). Die Phase des Schulanfangs als Beginn eines neuen Lebensabschnitts ist ein ambivalentes Erfahrungsfeld, das in sich trägt, ob aus unbewältigter Unsicherheit Angst oder aus bewältigter Unsicherheit neuer Ansporn erwächst.

Gestaltungsideal ist, Kindern ein „Hochgefühl" – wenn man will: ein „Flow-Erlebnis"

– als Lust am Gewinn von Sicherheit zu ermöglichen. Schule könnte die Chance geben, Herausforderungen zu bestehen und aus Unsicherem Sicheres machen zu dürfen. Wenn an der Schule das Spannende, Neue und Aufregende entdeckt werden kann und das Kind erlebt, dass es Schule aktiv mitgestalten darf, wird die persönliche Identifikation mit dieser Institution erleichtert und Bindung an sie als lustvoll erlebt. Dies lässt sich unter doppeltem Leitgedanken fassen:

– Das Kind entdeckt Schule als persönliche Herausforderung und bereicherndes (Bildungs-)Angebot.
– Das Kind erfährt im Mitgestaltungsprozess Bindung an die Schule.

Besondere Initiationseffekte bei Kindern (und indirekt bei Eltern) werden sich dort ergeben, wo Vorstellungen und Vorurteile über Schule durch überraschende Neuerfahrungen in Frage gestellt werden. Unter Einbezug und Weiterführung der Überlegungen von Lichtenstein-Rother (1988) und des Studientextbandes „Vom Kindergarten zur Grundschule" von Hacker (1998) können folgende Zielrichtungen pädagogischen Handelns zusammengefasst werden:

Die Erfahrung der Schul- und Klassengemeinschaft
Auch die älteren Schüler und die Lehrkräfte höherer Klassen erleben die Schulanfangsphase bewusst mit; die Schulanfänger erfahren, dass sie in die Schulgemeinschaft aufgenommen und als Mit-/Schüler akzeptiert sind.

Es werden Situationen arrangiert, in denen die Kinder Schüler, Lehrer und Eltern anderer Klassen, Hausmeisters, Putzpersonal, Schülerlotsen usw. kennen lernen. Kontakte werden aufgenommen und erwidert. Die Aufgabe, dass die Kinder auch außerhalb des Klassenzimmers heimisch und sicher werden, bleibt nicht dem Zufall überlassen, sondern bei jeder sich bietenden Gelegenheit unter dem Motto „Das ist meine / unsere Schule!" mitbedacht.

Zunächst müssen die Schüler lernen, sich im sozialen Gefüge der neuen Bezugsgruppe „Schulklasse" zurechtzufinden. Dazu reicht allein die Erfahrung, mit Mitschülern im selben Raum zu sein, nicht aus. Aufgabe ist es, ein soziales Klima zu schaffen, das nicht vom Neben- und Gegen-, sondern vom Miteinander geprägt wird und das es jedem Kind ermöglicht, sich zu integrieren. Erleichtert wird dies zunächst durch Herstellen kleinerer sozialer Einheiten: Aus dem Tischnachbarn wird der *Partner*, aus der Tischgruppe die *Spiel- und Arbeitsgruppe*. Die entsprechende Einführung in Sozialformen des Unterrichts wird selbst zum Unterrichtsthema (vgl. Pfeuffer 1994, S. 79 ff.).

Damit entstehen im noch offenen Sozialfeld der Schulklasse erste Ordnungsmuster, die das Zusammenleben und Miteinanderlernen strukturieren. Gleichzeitig geht es um gezieltes Bewusstmachen von *Regeln und Ordnungen*, das sich teils aus situationsbedingten Anlässen (Konflikte, Disziplinschwierigkeiten), teils aus Lehrplanthemen (z. B. „Schule – eine neue Gemeinschaft") entwickelt.

Ausgehend vom „kategorischen Imperativ" Kants, nach dem der einzelne stets so handeln solle, dass die Maxime seines Handelns zum allgemeinen Gesetz werden könnte, gilt es, den Sinn von Regeln und Ordnungen einsichtig zu machen. Dies betrifft besonders Verhaltensanweisungen, die vom Lehrer neu eingeführt werden. Das Verständnis für die Notwendigkeit sozialer Regeln wird jedoch um so größer sein, wenn sie auf eigenen Vorschlägen der Kinder beruhen, gemeinsam erstellt, erprobt, revidiert und schließlich konsensbereit eingehalten werden und soziale Bindung nicht als äußerer Druck, sondern als Grundlage innerer Sicherheit verstanden wird (vgl. 3.3.1).

Die Heterogenität in der Zusammensetzung der Schulklasse ist auch für Kinder augenfällig und fordert die konkrete Frage nach *Akzeptanz und Toleranz* individueller Eigenarten und Abweichungen heraus. In vielen Klassen ist es angebracht, den Schulanfang *interkulturell* zu gestalten, wobei (sprachliche) Verständnisschwierigkeiten eher überwunden werden, wenn durch symbolische Formensprache und integrierende *Rituale* das gemeinsame Leben und Lernen deutscher und ausländischer Kinder unterstützt und Geborgenheit in der großen Gruppe genossen wird (vgl. u. a. die Beispiele bei Röber-Siekmeyer 1997 und Sandfuchs 2004).

Die Erfahrung des Lehrer-Schüler-Verhältnisses

In der neuen Institution bildet die Klassenlehrerin für den Schulanfänger den wichtigsten Bezugspunkt. „In der Schule werden Erwachsene als Lehrer den Aufwachsenden zum Schicksal ... Der erste Lehr- und Lebensstoff, den die Schule den Kindern zu bieten vermag, das sind die Lehrer selbst. Ihre Werthaltung, ihre Werterfülltheit macht die Schule wertlos oder wertvoll. Wahrheit vermittelt sich dort zunächst durch die Lehrerin und den Lehrer" (Bärmann 1980, S. 526). Die Erfahrung der ersten Lehrerpersönlichkeit und das entstehende Bild von Schule fallen für den Schulanfänger eng zusammen. Bei der Einführung in die Welt der Schule werden die Kinder für eine *doppelte Lehrerrolle* sensibilisiert:

In seiner Funktion als *Vertrauensperson* ist der Lehrer Beschützer des Kindes und eine Bezugsperson, die sich mit analogen Erwartungen des Kindes an die Mutter- oder Vaterrolle konfrontiert sieht. Auch wenn nicht auf alle persönlichen Probleme, Wünsche und Bedürfnisse eingegangen werden kann, kommt es darauf an, dass sich das Kind in seiner Individualität angenommen fühlt. Allmählich wird der Unterschied zwischen Eltern- und Lehrerrolle verstanden und akzeptiert, was besonders bei überbehüteten oder sozial vernachlässigten Kindern erhöhten pädagogischen Takt erfordert.

In der Funktion als *Wissensvermittler* ist die Lehrkraft Repräsentant der durch gesellschaftlichen Auftrag verpflichteten Bildungsinstitution Schule mit entsprechenden Verpflichtungen hinsichtlich Lehrstoff, Leistungsanforderungen, Beurteilung, Bewertung und Disziplin. Sie wendet sich in dieser Rolle der gesamten Klasse zu und konzentriert sich auf das Gemeinsame und Allgemeine.

Die hier zugrunde liegenden Spannungsverhältnisse von Erziehung und Unterricht, Individuum und Kollektiv, Nähe und Distanz sind symptomatisch für die Grundschule. Insofern gilt es, das Kind auf diese Realität einzustellen und ihm Hilfen zu geben, die Lehrerin als „seine" Lehrerin zu akzeptieren, auch wenn sich diese an alle oder andere Schüler wendet.

Einen Beitrag hierzu leistet ein Unterricht, bei dem das Kind den *Lehrer als persön-lichen Lernbegleiter* entdecken kann. Erst behutsames Abwarten der Kinderfragen und Vermeiden vorschneller Antworten führt für das Kind zur Erfahrung, dass man vom Lehrer etwas Neues lernen kann. Langatmiges Vortragen von Lehrstoff und Überstülpen unverstandener Wissensinhalte beinhaltet die Gefahr, dass sich das Kind frühzeitig daran gewöhnt, Schule nur zu ertragen und den Unterrichtsvormittag „durchzustehen". Anzubahnen ist vielmehr die Einsicht und Grundeinstellung, dass Bildung nicht ohne eigenes Zutun von anderen „vermittelt" wird, sondern eigen-aktiv erarbeitet werden muss und kann.

Eine besondere Erfahrung für die Schulanfänger ist in diesem Zusammenhang, dass auch die Lehrerin nicht alles weiß und kann, dies zugibt und sich offensichtlich bemüht, an sich selbst weiter zu arbeiten. Mit dieser Vorbildwirkung kann sich die Einsicht der Notwendigkeit lebenslangen Lernens entwickeln, insbesondere wenn damit „echte" Fragen als Herausforderung der Klasse als „Lerngemeinschaft" von Schülern und Lehrer verbunden sind: „Das kann ich euch jetzt auch nicht genau erklären, aber das finden *wir* heraus, wenn wir alle zusammenhelfen..."

Die Erfahrung der Mitverantwortung für den eigenen Lernprozess
Leitend ist das übergeordnete Ziel der Selbständigkeit: Es umfasst das Recht, in Freiheit Entscheidungen treffen zu können, aber gleichzeitig die Pflicht und Zumu-tung, rational planen, zeitliche, räumliche und informative Gegebenheiten nutzen zu müssen (vgl. Rülcker 1995).

„Vom ersten Schultag an sollte das Kind ermuntert werden, von sich aus aktiv Mög-lichkeiten des Tuns und Lernens aufzugreifen. Es sollte erfahren, daß es selbst Ver-antwortung für sein Lernen trägt. Kinder müssen erleben, daß sie selbst etwas bewir-ken können, daß es auf ihre Phantasie und ihre Interessen, auf ihren Fleiß, auf ihre 'Hartnäckigkeit', an einem Problem zu arbeiten, ankommt, daß sie nicht einfach auf dem laufenden Band liegen, das vom Lehrer fortbewegt wird" (Knörzer/ Grass 1992, S. 129).

Dies wird eher gelingen, wenn Kindern zunächst die Gelegenheit gegeben wird, vorhandene Fähigkeiten einzubringen, auf denen ihr Selbstvertrauen und Selbst-konzept beruht. Das Erlebnis, in der Schule persönlich willkommen zu sein, inten-siviert sich mit dem Gefühl, gebraucht zu werden – gebraucht für die Mitgestaltung von Schule: „Auch ich bringe mit meinen Fähigkeiten und Ideen Farbe in die Schule hinein!"

In fruchtbarer Wechselwirkung von vorgegebenen Lehrinhalten und Eigenaktivität der Schüler verhilft die Schule dazu, Neugierde und intellektuelle Funktionslust zu befriedigen. Ausgangspunkt und Ziel schulischen Lernens ist dabei, dass das Kind den Unterrichtsstoff letztlich als sein persönliches „individuelles Curriculum" in sei-nem eigenen Bildungsgang akzeptiert.

Unterstützt wird das durch frühzeitige Einführung von Phasen Freier Arbeit und der Wochenplanarbeit, aber auch im „gebundenen Unterricht", wenn Kinder selbständig weiter üben und ihr Können steigern, neue Aufgaben erfinden, Vorschläge zum weiteren Unterrichtsverlauf einbringen usw., wenn sie lernen, dass man sich auch in der Nutzung von Klassenbibliothek, Fernsehen und Multimediaangeboten eigenständig Wissen aneignen kann.

Ergänzt wird eine solche lernorientierte Selbststeuerung durch ein (zeitlich angemessenes) Arrangement von Situationen, die sinnenbezogene Ich-Erfahrung ermöglichen, sei es in Entspannungs- und Stilleübungen, Meditationsphasen, beim Tanzen, Malen oder Musizieren.

Die räumliche Erfahrung der Schule

Die Entdeckung des Raumes veranschaulicht dem Schulanfänger sinnenfällig seine neue Lebens- und Lernphase. Meist ist dies mit Enttäuschung verbunden, wenn die reichhaltige Ausstattung des eigenen Kinderzimmers oder eines zeitgemäßen Kindergartens kein entsprechendes Pendant in der Grundschule vorfindet. Um so notwendiger ist es, vorhandene Ressourcen gezielt einzusetzen. Ein kahles Klassenzimmer wird ebenso kontraproduktiv wirken wie ein unüberschaubarer „Gemischtwarenladen".

Das Klassenzimmer als „Lernlandschaft" und schulischer Lebensraum wird sukzessive entdeckt, genutzt und verändert: Lese-, Bastel-, Spielecke ebenso wie Wandtafel, Individualfach für persönliche Dinge, Schreibmaschine und PC sowie Ruhezonen. Die Einteilung in Ecken gliedert den Raum, macht ihn überschaubar und regt, z. B. durch Pinwandflächen, zur ästhetischen Gestaltung an. Die Bedeutung der Schulraumgestaltung für ein intaktes Klassenklima wird den Schüler bewusst, wenn sie selbst zum Unterrichtsthema unter den Aspekten Arbeiten, Spielen, Bewegen und Erholen gemacht wird (vgl. Zierer 2005).

Die Sitzordnung ist geradezu ein Symbol für die Schule als Ort des Zusammenlernens und Miteinanderlebens:

„Soll die Raumgestaltung Vorordnung, Angelpunkt für Kooperation, Gespräch, Kennenlernen, Aufeinander-Aufmerksam-Werden sein, soll diese mit der Ermöglichung gemeinsamen Lernens auf den anderen verweisen und Grund für soziale Erfahrung legen, so wird sie hier ein Kernstück pädagogischer Planung" (Röbe, H. 1997, S. 54).

Das geht weit über die zeitweise Partnerarbeit mit dem Tischnachbarn hinaus; Schülerinteraktionen im Klassenzimmer werden nicht nur geduldet, sondern – z. B. durch Pendeln zwischen den Aktivitätszonen und „Arbeitsateliers" wie bei Freinet – gefördert, organisiert und eingeübt. Eine solche Kooperations- und bewegungsorientierte Raumgestaltung steht freilich in ausgewogenem Verhältnis zum (notwendigen) gelenkten, lehrerorientierten Unterricht in Hufeisenform, Sitzkreis oder Frontalsitzordnung.

Die zeitliche Erfahrung der Schule

Die Erfahrung der Zeit steht in der Schule unter doppelter didaktisch-pädagogischer Intention. So sind Zeitbegriffsbildung und Zeitverständnisförderung eigene Lehrplanaufgaben mit spezifischen Unterrichtsinhalten („Die Uhr", „Der Kalender" usw.), richtiger „Umgang mit der Zeit" aber auch ein schulbezogenes Anwendungsfeld. Die Schulanfänger erfahren sehr bald, dass die Schulzeit begrenzt ist und man Aufgaben in einer bestimmten Zeitspanne und zu einem bestimmten Zeitpunkt erledigen muss. Dahinter steht eine umfassende „Erziehung zur Zeitlichkeit", die nicht nur auf Pünktlichkeit und Einhaltung von Zeitordnungen abzielt, sondern vor allem auf Nutzung der Zeit, Vorausschau und Zukunftsorientierung: Das Lern- und Bildungsangebot nutzen und den eigenen Bildungsprozess in eine längerfristige Zukunftsperspektive einordnen können.

Das wird unterstützt, wenn das Kind Schulleben als zeitlich strukturierte Ordnungsgestalt und Planungsaufgabe erfährt, wenn z. B.

– der Schultag einen Rhythmus erhält, der für das Kind überschaubar ist und auf den es sich einstellen kann,
– der Schultag mit der Ansage des jeweiligen Datums beginnt,
– im Wochenrhythmus für jeden Tag ein kleiner Höhepunkt vorgesehen ist, auf den sich das Kind freuen kann (Wochenendbericht, Bücherstunde, freie Spielzeit, Fragestunde, Erzählstunde,...),
– das Kind in der Vorschau auf die Monats- und Jahresarbeit erkennt, dass schulisches Lernen einen zeitlich geplanten Prozess darstellt,
– in der Rückschau auf die Wochen-, Monats-, Halbjahres- und Jahresarbeit Lernfortschritte überschaut und damit „Wachstumsbewusstsein" gefördert wird,
– bedeutsame Ereignisse im Schuljahresverlauf im Klassentagebuch und auf der Jahreszeitleiste festgehalten und beim Rückblick am Jahresende in Erinnerung gerufen,
– Feste, Feiern und geplante Unternehmungen in eine Jahreszeitleiste eingetragen und symbolisch gekennzeichnet und
– Vorhaben wie Ausflüge, Unterrichtsgänge, Theatervorführungen, Langzeitbeobachtungen gemeinsam geplant werden.

Besondere Bedeutung für schulische Zeiterfahrung haben auch bestimmte *Rituale* in Schulalltag und Jahreslauf als Ausdruck sozial-ethischer Orientierung sowie zeitbezogene Ordnungen und Regeln als Synchronisationsgrundlage des Zusammenlebens.

2.2 Den Anfangsunterricht pädagogisch arrangieren

Wenn der Anfangsunterricht nicht unter inhaltlichem Aspekt, sondern als pädagogisches Handlungsfeld betrachtet wird, stehen folgende Hauptaufgaben im Mittelpunkt (vgl. Knauf 2006):

Stärkung der Ich-Kompetenz
„Ein gelungenes Zusammenspiel von Selbstkonzept, Selbstwertgefühl und dem Umgang mit Erfolg und Misserfolgserlebnissen ist der Schlüssel für eine positive Identitätsentwicklung" (Martschinke 2005, S. 262). Der Aufbau von Selbstwertgefühl, Akzeptanz der eigenen Person und des eigenen Könnens wird unterstützt, wenn den Kindern Möglichkeiten angeboten werden, „Ich-Botschaften" zu formulieren und ihre zunehmenden Kompetenzen, aber auch Körpererfahrungen, in sichtbaren Ergebnissen auszudrücken (z. B. in Selbstportraits, Ich-Büchern, im Geburtstagskalender, selbst gestalteten Arbeitsblättern). Empirisch belegt ist, dass Lehrer, die die individuelle Bezugsnorm anwenden und Entwicklungsfortschritte auf das einzelne Kind bezogen rückmelden, Kindern zu einem positiverem Selbstkonzept verhelfen (vgl. Rheinberg 1998). Entsprechende differenzierte Formen verbaler und nonverbaler Rückmeldung sollten deshalb zum pädagogischen Verhaltensrepertoire des Lehrers gehören.

Entwicklung sozial-emotionaler Kompetenz
Die Entwicklung der Fähigkeit, die anderen in der Schule wahrzunehmen, soziale Mitverantwortung zu übernehmen sowie gemeinsam zu planen und handeln, wird gefördert, wenn beispielsweise Kinder Gelegenheit erhalten, Hilfe zu geben und anzunehmen, Wünsche zu äußern, aber auch deren Ablehnung zu ertragen, Anerkennung erhalten, aber auch Kritik und Tadel auszuhalten, Konflikte durchzustehen und zu meistern.

Förderung kommunikativer Kompetenz
Diese pädagogische Aufgabe geht einher mit der inhaltlichen Aufgabe des Anfangsunterrichts, differenziertere Ausdrucks- und Mitteilungsformen im Mündlichen und beim Erwerb der Schriftsprache anzubahnen. Dazu gehören sorgfältige Begriffsbildung Gesprächserziehung, z. B. im Hinblick auf Kommunikationsregeln beim Unterrichtsgespräch, ebenso wie motivierende Schreibanlässe (schreiben für sich und für andere).

Stärkung der Planungs- und Handlungskompetenz
Hier gilt es, die bereits im Kindergarten erworbene Eigen- und Mitverantwortung in „Übungen des täglichen Lebens" (Montessori-Pädagogik) weiterzuführen. Die

Kinder erlernen Handlungsroutinen, die nicht jedes Mal erneut begründet und erklärt werden müssen und die für wichtigere Bildungsaufgaben frei setzen. So geht es z. B. um Verändern von Sozialformen und Sitzordnungen, Ordnung und Gestaltung des Klassenzimmers, Organisation der Stationenarbeit, Verhalten bei der Frei- und Werkstattarbeit, Arbeiten nach dem Tages- und Wochenplan.

Aufbau von Sachkompetenz
Die Anbahnung von Sachkompetenz erfolgt weniger über Wissensvermittlung, sondern mehr über die Gestaltung einer modellierten Lernumgebung, in der die Kinder zu forschend-entdeckendem Lernen angeregt werden und angeleitet werden, selbst Weg der Informationsgewinnung zu suchen. Im Vordergrund steht nicht der lehrgangsorientierte Unterricht, der von deduktiver Fachsystematik geleitet ist, vielmehr geht es im exemplarisch angelegten Anfangsunterricht vor allem um „die Sache, die für das Kind die Sache ist" (Martin Wagenschein). Spielerisches, gegenständliches und an „konkrete Operationen" (Piaget) gebundenes Handeln wird zunehmend reflektiert und führt bisweilen zum „Nachdenken und Philosophieren mit Kindern" (vgl. Heesen 1998, Schreier 1999).

2.2.1 Spiel als „Brückenfunktion"

Die zeitlich sehr ausgedehnte Spiel- und Lernzeit des Menschen verweist auf die verhaltensbiologisch-anthropologische Bedeutung spielenden Lernens und lernenden Spielens: Spielen als ungerichtetes Erkunden, als gerichtete Neugier, als Bewegungsspiel und Sozialkampf (vgl. Ossowski 2002, Prange/ Strobel-Eisele 2006).

„Für einen bruchlosen Übergang in die Grundschule sollten die Kinder die Gelegenheit haben, in den ersten Schuljahren vertraute Formen des spielorientierten Umgangs mit Gegenständen und Themen vorzufinden. Man kann auch evolutionär argumentieren: Da Spielen stammesgeschichtlich gesehen eine so bedeutende Lernform ist, sollte die Schule das Spielen nicht schlagartig abstellen. Das Spiel erfüllt eine Brückenfunktion zwischen dem freien, spielerischen Lernen im Vorschulalter und dem systematischen, institutionell abgesicherten Lernen in der Schule" (Einsiedler 1999, S. 117, vgl. auch Treinies/ Einsiedler 1989).

Zu dieser „Brückenfunktion" des vertrauten Spiels aus dem Kindergarten, das zwischen der alten und neuen Institution vermittelt, kommen weitere *Begründungen*, die für spielorientiertes Lernen in der gesamten Grundschulzeit gelten, hinzu:

– *Motivation*: Neugieriges Erkunden; Freude an Wiederholung, Üben bis zu Könnenserfahrung und Selbstsicherheit; Selbststeuerung, lustvolles Tun.

– *Unterrichtshygiene*: Verbinden konkreter Handlungen mit inneren, formallogischen Denkprozessen (Piaget) bzw. Einheit von Handeln, Kognition und Emotion; Regenerierung nach anstrengenden fremdbestimmten Lernphasen, Wechsel von Spannung und Entspannung.

– *Probehandeln*: Risikoarmes Antizipieren oder Aufarbeiten von Ernstsituationen, besonders auch im sozialen Bereich (Rollenspiele, Bewältigen sozialer Konflikte,

Regelspiele); dabei Abbau von Egozentrismus und Aufbau von Toleranz.

– *Gemeinsame Aktivitäten im Schulleben*: Freude am gemeinsamen Spiel, Fröhlichkeit und Zusammengehörigkeitsgefühl erleben, sportliches Kräftemessen, Planung und Durchführung spielorientierter Projekt (Theaterspiel, Zirkusvorstellung usw.).

Nach dem Ausmaß der Vorstrukturierung durch Regeln und Spielmaterialien unterscheidet Petillon (2001) zwischen „Play", dem spielerischen Umgang mit Alltagssituationen und „Games" im Sinne vorstrukturierter Spiele, wobei letztere nach verschiedenen *Spieltypen* eingeteilt werden können (vgl. Walter 1993):

– *Spiele zur Förderung des Problemlösungsverhaltens:* Objekt- und Konstruktionsspiele, z. B. mit Naturmaterialien oder Baukästen, Ratespiele wie Zahlen-, Bilder- und Worträtsel, Scherzfragen und Geheimsprachen (Schriftspracherwerb!).

– *Spiele zur Förderung von Übungsverhalten:* Abwechslungsreiche und individualisierende Festigung von Wissen und Fertigkeiten in Anlehnung an bekannte Gesellschaftsspiele (Quartett, Memory, Domino, Lotto).

– *Spiele zur Förderung von Selbstkonzept und Sozialverhalten:* Interaktionsspiele nach bestimmten Regeln und zum Aufbau kooperativen Verhaltens, z. B. Kontaktspiele (Händedruckstaffel, Händeturm, Blinzeln), Kooperation gegen Konkurrenz (Dreibeinlaufen, Lawinen- und Hilfezeck, Erstarren zur Salzsäule und wieder befreit werden...).

Grundschulpädagogisch gesehen ist Spielen und Lernen kein Widerspruch, wenn Lernen als weit gefasster Oberbegriff verwendet und Lernen (auch) als weitgehend unbewusstes Probierverhalten und hingebungsvolles Erleben einer Tätigkeit verstanden wird. Solches Spielen kann organisiertes, angeleitetes Lernen ergänzen und vertiefen und unterstützt indirekt schulische Ziele: „Man lernt durch das Spiel, indem man für es lernt" (Petillon 2001, S. 7).

In der Fachliteratur zur Spieltheorie gibt es Einwände gegen eine Didaktisierung des Spiels, insbesondere gegen den als widersprüchlich empfundenen Begriff des *Lernspiels*, ebenso jedoch auch verbindende Konzepte: Im Lernspiel sind Merkmale des Spiels (Spielfreude, eine Spielidee) mit Merkmalen des Lernens (Lernaufgabe) verbunden (Einsiedler 1999).

Unter schulischen Rahmenbedingungen liegt der Schwerpunkt ohnehin bei mehr „*gelenkten*" Spielformen, deren „didaktischer Ort" von übergeordneten Unterrichts- und Erziehungszielen bestimmt wird, so bei Kooperationsspielen, Phantasie- und Experimentierspielen, auch in Formen darstellenden Spiels wie Plan- und Rollenspiel, bei medialen Spielen und Schultheater. Im Zusammenhang mit der Zunahme von Ganztagsgrundschulen und entsprechender Bemühung um „Rhythmisierung" des Schultags erhält allerdings auch das *freie Spiel* neue pädagogische Bedeutung.

Grundschulpädagogisch wird man sich nicht auf die Extrempositionen eines „spielpuristischen" Ansatzes mit idealistisch überhöhtem Anspruch des Kinderspiels oder einseitiger methodischer Funktionalisierung für Lernzwecke einlassen.

Bedenken gegenüber spielorientiertem Grundschulunterricht sind aber zu erheben, wenn Spiel als therapeutische Maßnahme missverstanden oder als „methodischer Trick" eingesetzt wird (alle Lernanforderungen werden als „Spiel" zu verschleiert), und die Kinder dies bald durchschauen.

Insgesamt hat in einem integrativen grundschulpädagogischen Konzept, das alle Spielformen und -intentionen einschließt, die *Förderung der Spielfähigkeit* einen hohen Stellenwert (vgl. u. a. Brügelmann 2001). Anbahnung von Spielkompetenz und einer positiven Grundeinstellung zum Spiel wird – auch im Sinne von Schülerdiagnose und kompensatorischer Erziehung – durch Bereitstellung von Spielräumen und -materialien sowie durch Anregung sozialer Spielsituationen, kurz: durch *direktes Spieltraining und indirekte Spielförderung,* unterstützt. Es geht um vielgestaltige Spielpraxis und Spielkultur.

Für die Außendarstellung schulischen Lernens und im Gespräch mit den Eltern ist von Bedeutung, dass der undifferenzierte Eindruck, der Anfangsunterricht würde sich in „Spielerei" verlieren, vermieden wird. Bei der Bemühung um Ausgewogenheit des pädagogischen Handlungsfelds ist die Orientierung an den bekannten *Bildungsgrundformen* „Arbeit – Gespräch – Feier – Spiel" (P. Petersen) hilfreich (vgl. auch Prange/ Strobel-Eisele 2006). Trotz oder gerade wegen fließender Übergänge zwischen ernsthaftem Spiel und spielbetonter Arbeit bedarf es der pädagogischen Akzentuierung des Charakters von Spiel und Arbeit. Die Bezeichnung „Brückenfunktion" beinhaltet, dass vom Spiel zur Arbeit übergeleitet wird und eine zunehmende Schwerpunktverlagerung stattfindet.

Als „Vermittlerschule" bemüht sich die Grundschule um ein stimmiges Verhältnis zwischen Spiel und Arbeit, wie das I. Kant schon vor über 200 Jahren eingefordert hat:

„Man ist unter anderem auch darauf verfallen, die Kinder alles wie im Spiele lernen zu lassen... Das tut eine ganz verkehrte Wirkung. Das Kind soll spielen, es soll Erholungsstunden haben, aber es muß auch arbeiten lernen" (1975, S. 729).

2.2.2 Einführung in grundlegende Lern- und Arbeitsweisen

Der pädagogisch verwendete Begriff von „Arbeit" setzt sich, schon in Abgrenzung von „Kinderarbeit", deutlich von einer materiellen Tätigkeit zur Sicherung des Lebensunterhalts ab. Unter pädagogischem Aspekt ist Arbeit zwar auch eine ergebnis- und zielorientierte Tätigkeit, im Vordergrund steht aber nicht die fremdbestimmte Arbeit für andere, sondern die *Arbeit für und an sich selbst.*

Da die Grundschule der Prozess der Selbstbildung entscheidend mitbestimmt (vgl. Oerter 1994), ist es keineswegs nur eine Frage persönlichen, eigenverantwortlichen Erziehungsstils des Lehrers, welchen Stellenwert Arbeitswille und Selbstdisziplin, Zielgerichtetheit, Planungsfähigkeit, Genauigkeit, Gründlichkeit, Sorgfalt, Selbständigkeit, Übungs- und (Haus-) Aufgabenmoral sowie Pflichtbewusstsein im Unterricht einnehmen; vielmehr geht es um die *Mitverantwortung der Schule* für gegenwärtige und zukünftige Daseinsbewältigung der nachfolgenden Generation.

Zum Aufbau positiver Lern- und Arbeitshaltung ist zunächst auf möglichst günstige äußere und innere schulische Bedingungen zu achten, wie sie oben bereits konkretisiert wurden. So ist ein anregendes, angstfreies, aber diszipliniertes Lernklima anzustreben, bei dem die persönliche Leistung des Kindes anerkannt und gefördert wird. Allerdings sollte der Einfluss der Schule auch nicht überschätzt werden, da Zielvorstellungen, Vorbildwirkung und Lebenseinstellung in Elternhaus und außerschulischer Umwelt bei der Entwicklung von Lern- und Arbeitshaltung gewichtige Variablen sind (vgl. die Ergebnisse der IGLU-Studie, Bos 2004).

„Lernen des Lernens", „instrumentale Bildung" usw. bleiben Schlagworte, die leicht vergessen machen, dass sich dahinter mühselige erzieherische Kleinarbeit des Schulalltags verbirgt.

Im Sinne einer *Kultur des Umgangs* sind zunächst *Verhaltensformen schulischen Zusammenlebens und -arbeitens* gemeint. So geht es u. a. um pünktliches Erscheinen, zügiges Aus- und Ankleiden, rücksichtsvolles Bewegen im Klassenzimmer, richtiges Melden, Beachten von Gesprächsregeln, kooperatives Verhalten bei Einzel-, Partner- und Gruppenarbeit, geordnetes Verändern der Sitzordnung, selbständiges Erledigen von Klassenämtern, Beachten von Höflichkeitsformen, gegenseitige Hilfe und Beratung.

In Anfangsklassen sind viele dieser Verhaltensweisen keineswegs voraussetzbar, sie müssen als Bedingungen reibungslosen Unterrichtsablaufs selbst zum Gegenstand des Unterrichts gemacht werden, wobei dies durchaus lehrplankonform in Themenbereiche wie „Kind und Schule", „Kind und Gemeinschaft" oder in den situationsbezogenen mündlichen und schriftliche Sprachgebrauch integriert werden kann.

Auch wenn die Kinder schon vorschulische Materialerfahrung besitzen, ist die *Einführung in sachgerechten Umgang mit schulischem Arbeitsmaterial* unumgänglich. So beispielsweise: Richtiges Packen der Büchertasche, Ordnung am Arbeitsplatz, behutsamer Umgang mit Lernspielen, Berücksichtigung der jeweiligen Eignung von Schreib-, Mal- und Zeichengeräten, sauberes Bleistiftspitzen und Füllerpatronenwechseln, sorgfältiges Radieren, Unterstreichen mit Lineal, sachgerechtes Falten, Lochen und Schneiden von Papier, richtiges Abheften von Arbeitsblättern, sparsame Verwendung von Papier und Klebstoff, umweltbewusstes Aussortieren verbrauchten Materials, selbständiges Besorgen neuen Materials.

Es gilt, auch diese Kleintechniken im schulischen Alltag nicht als Privatangelegenheit des einzelnen abzutun, sondern – im Sinne kompensatorischer Erziehung – allen Kindern entsprechende Beratung und Hilfe zukommen zu lassen. Häufige Einzelhinweise auf richtigen Materialumgang während des Unterrichts (z. B. lockere Stifthaltung) gehören dazu ebenso wie gezielte eigene Unterrichtseinheiten (z. B. Einführung in den Gebrauch des Füllers).

Bei der *Einführung in Arbeits- und Lerntechniken* sind folgende Impulse von Bedeutung:

– Die *Einschulung von Einzeltechniken* trägt zum effektiven schulischen Arbeiten bei und bereitet auf komplexere Arbeitsweisen vor, beispielsweise zweckmäßiges Ab- und Aufschreiben, übersichtliche Arbeitsblatt- und Heftgestaltung, konzentriertes Zuhören im Unterricht, gezielte Informationsentnahme aus Bild und Text, Nachschlagen in Wörterbüchern, Lexika, Schul- und Fachbüchern, Verwenden von Computerlern- und Informationssoftware, Notieren von (Haus-)Aufgaben, Aufschreiben von Stichwörtern, selbständiges Kontrollieren der Arbeitsergebnisse, rationelles Verbessern von Fehlern, Vortragen, Erklären, Nachfragen, strukturierendes Zusammenfassen.

– *Ratschläge zur Organisation der Lernarbeit* betreffen neben Auswahl und Gestaltung von Arbeitsraum und -platz vor allem die Lern- und Hausaufgabenzeit: Berücksichtigung tagesphysiologisch bedingter Leistungsfähigkeit, Abstimmen der Eß- und Lernzeiten, sinnvolle Pausen, Vermeidung „verdeckter" Pausen, günstige Reihenfolge von Spiel und Arbeit sowie der einzelnen Teilaufgaben nach Schwierigkeitsgrad.

– Die frühzeitige *Hinführung zu selbständiger Lernplanung* basiert vor allem auf Anleitung zu vorausschauendem Handeln und sinnvoller Zeiteinteilung. So z. B.: Abschätzen der erforderlichen und der verfügbaren Zeit geplanter Tätigkeiten, Berücksichtigen von Zeitreserven, Verwenden von Aufgabenheft und Stundenplan bei der Vorbereitung auf den nächsten Schultag, Erstellen und Einhalten von Tages- und Wochenplänen.

– Auch *Grundfragen richtigen Lernens und Übens* werden thematisiert: Hilfen zum Selbsterkennen eigener Stärken und Schwächen, bewusstes Einstellen auf die Lernaktivität („Anwärmzeit"), Einteilen der Aufgaben in „Portionen" und Abwägen der günstigsten Reihenfolge, Aufnehmen des Lerninhalts mit verschiedenen Sinnen, Aneignen effektiver Lesetechnik (Überfliegen, Fragen stellen, gründlich lesen, Wichtiges zusammenfassen), verknüpfendes und strukturierendes Lernen mit allgemeinen (z. B. Regelanwendung) und selbst erdachten Lernhilfen (z. B. „Eselsbrücken"), operatorisches und mechanisches Üben, Steigerung des individuellen Arbeitstempos (Selbstmotivation, Training auf Zeit), Umgang mit Prüfungsangst, Erfinden eigener Übungen zur Aufmerksamkeits-, Ausdauer- und Willensschulung.

Solche Arbeits- und Lerntechniken stellen weitgehend "formale" und themenunabhängige Hilfen im Bildungsprozess dar. Auf sie bauen *Arbeitsweisen* als gegenstandsspezifische Lernweisen auf, die zur Bewältigung komplexerer Aufgaben- und Problemstellungen dienen: Gegenstand und Methode bilden eine Einheit. Zur Anwendung von Arbeitsweisen bedarf es eigenständiger geistiger Leistungen sowie der bewusst angenommenen Einstellung gegenüber dem Gegenstand. Das heißt allerdings nicht, dass Arbeitstechniken ohne entsprechenden Sinnzusammenhang eingeschult werden.

„Das Einüben der Arbeitstechniken sollte im Gegenteil von vornherein … auf Einführung in die Arbeitsweisen abzielen, und umgekehrt sollte der Versuch, von Schülern anspruchsvollere Arbeitsweisen anwenden zu lassen, niemals isoliert von den dazugehörigen Arbeitstechniken unternommen werden" (Fürnrohr 1982, S. 5).

Zugrunde liegt die Bemühung um *methodische Bildung*, die selbständiges Aneignen und Reflektieren von Wissen und Können ermöglicht und wichtige Grundlage fachlichen Lernens ist.

Zusammenfassend ist festzustellen, dass es eine der Kernaufgaben der Grundschule ist, Kinder an nachhaltiges Lern- und Arbeitsverhalten heranzuführen. In pädagogischer Verantwortung, die Wert auf Einsicht, Verständnis und (kritisch-konstruktive) Handlungsfähigkeit legt, steht darüber hinaus die gezielte Thematisierung und Anleitung zur Reflexion des eigenen Lernens im Vordergrund. Gerechtfertigt ist dies, weil schulisches Lernen zunächst stets auf die Schule selbst mit ihren Anforderungen und Regeln bezogen ist. Schule ist für das Kind aber auch ein wichtiger Teil seiner Lebenswelt (was verstärkt für die Ganztagsschule gilt). Aus beiden Aspekten ergibt sich eine spezifisch grundschulpädagogische Aufgabe: *Schulische Lernarbeit wird selbst zum Gegenstand des Unterrichts!*

2.3 Positive Arbeitshaltung und Leistungsbereitschaft anbahnen

Auf den Schulanfang bezogen bedeutet dies, *schulisches Lernen in seiner Eigenart* einsichtig zu machen, positive Arbeitshaltungen als relativ überdauernde handlungssteuernde Dispositionen anzubahnen und durch zu bewältigende Aufgaben zu Selbstvertrauen und Selbstwertgefühl zu führen.

Die Bedeutung der Arbeitshaltung für den weiteren Schul- und Lebensweg des Kindes kann nicht hoch genug eingeschätzt werden. Nach Oerter (1985, S. 551) baut die Schule eine bestimmte Form von Arbeitshaltung auf, die für die spätere Bewältigung moderner Arbeit unentbehrlich ist.

Eine wichtige Aufgabe im pädagogischen Handlungsfeld ist somit der *Aufbau schulischer Leistungskultur*, der allerdings in seiner Wirksamkeit von verschiedenen Bedingungsfaktoren abhängt: Von kognitiven (Lernfähigkeit, Intelligenz, Konzentration, Vorwissen usw.) und motivationalen Voraussetzungen bei den Schülern (Leistungsmotivation, Arbeitshaltung usw.), vom familiären Hintergrund (sog. Bildungsnähe bzw. -ferne, Leistungsdruck und Sanktionsverhalten usw.), aber auch von den schulischen Rahmenbedingungen selbst (Schul- und Klassenklima, Leistungsheterogenität der Klasse usw.).

2.3.1 Leistungserziehung

Da schulische Leistungserziehung noch weitgehend frei von ökonomischen Zwängen ist, kann sie sich auf die Bewältigung von Aufgaben und Lernprozessen konzentrieren, die zur Selbst- und Mitbestimmungsfähigkeit beitragen. In diesem Sinn hat bereits die Grundschule den Auftrag, *Leistung zu fordern und zu fördern*. Einerseits müssen Kinder lernen, dass Schule nicht immer nur Spaß machen kann, sondern auch Pflicht, Anstrengung und Mühe bedeutet (Bärmann 1980, S. 530; vgl. auch Ahrbeck 2004), andererseits ist damit durchaus die Erfahrung der Freude an der eigenen Leistung verbunden – jedoch erst nach Überwindung von Schwierigkeiten und konsequentem Durchhalten.

Spätestens seit Lilly Kemmlers Untersuchung zu „Erfolg und Versagen in der Grundschule" (1967) prägt die Bemühung um Förderung der Leistungsbereitschaft und - fähigkeit das grundschulpädagogisches Denken Weise: Als gesellschaftliche Institution ist auch die Grundschule an einen „objektiven" normorientierten Leistungsbegriff gebunden, der sich – nach dem Gleichbehandlungsprinzip – an verbindlichen Lernzielen und amtlichen Richtlinien ausrichtet und über Zeugnisse Berechtigungen für Schullaufbahnen (und damit Berufschancen) verteilt.

Gegenüber einer solchen „Auslesefunktion", die auf interpersonalem Vergleich beruht, ist der *pädagogische Leistungsbegriff* vornehmlich auf das individuelle Können des einzelnen, auf den Zuwachs an persönlichen Kräften bezogen. Leistung in diesem Sinne ist mit dem Streben nach Vervollkommnung der eigenen Person verbunden:

„Leistung ist sachliche, geistige und körperliche *Selbst*beanspruchung in sozialer und sittlicher Verantwortung" (Lichtenstein-Rother 1989, S. 7). Da das Grundschulkind Leistungsbewusstsein, Selbsteinschätzung und Selbstsicherheit erst entwickelt, zielt das pädagogische Förderprinzip auf intrapersonelle Selbstbeanspruchung und auf „Wachstumsbewusstsein".

Im Vordergrund steht dabei nicht das ergebnisorientierte Leistungsverständnis, sondern ein dynamischer Leistungsbegriff, bei dem Resultate auf ihren Entstehungsvorgang zurückbezogen und Leistungsansprüche als Hilfe („Ansporn") für die Persönlichkeitsentwicklung angesehen werden (vgl. Klafki 1989). Dies hat große kompensatorische Bedeutung im Hinblick auf die durch PISA und IGLU nachgewiesene Abhängigkeit des Schulerfolgs vom sozioökonomischen Status der Eltern und der damit verbundenen, bereits von Heckhausen (1971) nachgewiesenen Abhängigkeit schulischer Leistung der Kinder von Tendenzen des Erziehungsverhaltens ihrer Eltern: Misserfolgsängstlichkeit sog. Unterschichtkinder (deren Eltern Fortschritte kaum wahrnehmen und bei Fehlern unangemessen strafen) versus Erfolgszuversicht bei sog. Mittel- und Oberschichtkindern (deren Eltern Fehler nicht überbewerten, Lernzuwächse anerkennen und verstärken). Um zu vermeiden, dass die Grundschule die soziale Selektion verstärkt, sollten Lehrer Leistungsdefizite nicht vorschnell allein auf Persönlichkeitsmerkmale und Begabung des Schülers beziehen, sondern Ursachen auch in seinem sozialen Umfeld prüfen. Sacher (2005) schlägt vor, sozial bedingte Benachteiligungen durch häufigen Einsatz auch nichtsprachlicher (bildhafter und handelnd-praktischer) Ausdrucksformen auszugleichen.

Der Leistungsgedanke unterliegt aus pädagogischer Sicht dem normativen Anspruch von Erziehungszielen und sucht über messbare Einzelergebnisse hinaus, Verhaltens- und Einstellungsänderungen zu erreichen. Analog zu den Aufgaben des Anfangs- unterrichts stehen dabei folgende Leitlinien der *Leistungserziehung in der Grund- schule* im Vordergrund:

– *Leistung als Zuwachs individueller Kräfte* verbindet Leistung mit dem Ziel der Selbstfindung, der Ich-Stärke und des Selbstwertgefühls. Das Kind soll Vertrauen in seine eigene Leistungsfähigkeit gewinnen, indem über Zwischenformen von Selbst- und Fremdanforderungen an bereits erbrachte Leistungen angeknüpft und zu neuer Anstrengungsbereitschaft und eigenen Zielsetzungen angespornt wird. Prinzip ist die stete Anregung zur Selbstkontrolle und Selbsteinschätzung und damit die behutsame Einführung in den Umgang mit Leistungsvergleich und Konkurrenz.

– *Leistung als Fähigkeit instrumentellen Handelns und strategischen Vorgehens* bezieht sich auf den Entstehungsprozess des Leistungsergebnisses. Es geht um individuel- le und kreative Lernwege im Sinne „pendelnden Lernens". Originelles Problem- löseverhalten wird nicht nur akzeptiert, sondern ggf. verstärkt, der richtige Einsatz von Arbeitsweisen, Lernstrategien und methodisch bewusstem Vorgehen ebenso gewichtet wie das Ergebnis selbst.

– *Leistung als Fähigkeit der Kommunikation und Selbstpräsentation* umfasst die Kom- petenz, eigene Stärken anderen mitzuteilen und in angemessener Form darzule- gen. Sozialerzieherisch ist nicht „Übertrumpfen" anderer gemeint, sondern be- sondere Fähigkeiten und Fertigkeiten in den Dienst der Allgemeinheit zu stellen. Dazu gehören auch Akzeptanz und zurückhaltende Beurteilung der Leistungen anderer, Fair Play und kooperatives Verhalten.

– *Leistung aufgrund intrinsischer Motivation* ist dadurch gekennzeichnet, dass Kinder nicht nur für die Lehrerin, für gute Beurteilungen, „Tokens" oder sogar materielle Zuwendungen lernen, sondern vor allem aus Freude am eigenen Leistungs- fortschritt. Das gelingt um so besser, wenn die Lernaufgaben individuell bewältigt werden können, für die Kinder subjektiv bedeutsam und attraktiv sind und wenn mehr kooperative als konkurrenzorientierte Unterrichtsformen eingesetzt werden.

– *Leistung als intelligente Welterfassung und Lebensbewältigung* erweist sich in – über triviales und träges Schulwissen hinausgehender – Anwendung in (außerschuli- schen) Lebenszusammenhängen und in der Bewältigung lebenspraktischer Situa- tionen. Hier wird Schulleistung in Relation mit der individuellen Gesamtsituation gesehen und der Umgang des Kindes mit persönlichen Problemen (z. B. Krank- heit, Familienschwierigkeiten, finanzielle Not) gewürdigt.

Vor diesem Hintergrund geht es um Steigerung des Leistungsniveaus aller Schüler, aber auch um den Ausgleich von Leistungsunterschieden zwischen den Schülern durch Förderung der Leistungsschwächeren. Im Sinne von empirisch ermittelten Qualitätskriterien „guten Unterrichts" (z. B. Meyer 2004) und „multikriterialer Zielerreichung" (Weinert 2001) können folgende Prozessmerkmale *leistungsfördernden Klassenunterrichts* (Schilmöller 2003) konkretisiert werden, die insbesondere für den Anfangs- und Grundschulunterricht bedeutsam sind:

– *Geregelte Ordnung des Lernens:* System bekannter und funktionierender Verhaltensregeln und Rituale, Ausschalten abwendbarer Störfaktoren, Rhythmisierung des Schultages und der Schulwoche.

– *Klare Zielorientierung und Strukturierung des Unterrichts:* Zielsetzung und „roter Faden" sollen für Lehrer und Schüler gleichermaßen erkennbar sein, die Schüler sollen „didaktisch und methodisch mitdenken" können (Teilzusammenfassungen, nächster Lernschritt usw.).

– *Optimale Nutzung der Lernzeit:* Anleitung zum effektiven Umgang mit der „kostbaren Lernzeit", Vermeidung verdeckter Pausen, Selbstbeurteilung der eigenen Lernfortschritte in der verfügbaren Zeit.

– *Anpassung an die Lernvoraussetzungen der Schüler:* Anwendung des Prinzips der „optimalen Passung", Differenzierung der Leistungsanforderungen durch Aufgaben mit unterschiedlichen Schwierigkeitsgrad, Einbezug von Helferkindern und Tutoren.

– *Toleranz gegenüber unterschiedlichem Lerntempo:* Der Leitgedanke „Alle Schüler schaffen es" beinhaltet ein Klassenmanagement, in dem unterschiedliche Lernzeit eingeplant wird (z. B. quantitative Differenzierung), langsam Lernenden freundlich-konsequente Zuwendung zukommt und ein allzu großer „Schereneffekt" vermieden wird.

– *Lebensweltbezug des Lernens:* Bei Sachinteresse und Funktionslust der Schüler ansetzen, Unterrichtsinhalte in lebenspraktische Zusammenhänge stellen, Einbezug außerschulischer Lernorte und projektorientiertes Lernen.

– *Lernförderliches Klassen- und Schulklima:* Ermutigende Erwartungshaltung des Lehrers, pädagogisches Vorvertrauen in die Leistungsfähigkeit der Kinder („Zutrauen") und bestätigend-ermunternde Rückmeldung, Vermeiden von Leistungszuweisungen im Hinblick auf Begabung oder Glück; Diagnosefähigkeit des Lehrers und Einsatz geeigneter Beobachtungsinstrumente und Testverfahren, diagnostische Sensibilität gegenüber aktuellen Befindlichkeiten, häuslicher Situation und Leistungsangst; Abfederung des von außen in die Schulen hineingetragenen Leistungsdrucks in die Schulen; personale Zuwendung und Wertschätzung als pädagogische Grundhaltung.

– *Kollegialer Konsens und Stimmigkeit der schulischen Leistungskultur:* Zusammenhalt des Lehrerkollegiums bei Zielorientierung und Schulprofil, beim Durchsetzen von

Regeln und Ordnungen, beim Leistungsanspruch, flexible Erfahrungsauswertung in der „Schule als lernendes System" durch ständige Reflexion und Aktualisierung des Schulgeschehens.

– *Lebendiges Schulleben und Zusammenarbeit mit den Eltern:* Wahrnehmen von lehrplanunabhängigen persönlichen (Spezial-) Leistungen der Kinder bei kulturellen, sportlichen, musischen und sozialen Aktivitäten in Arbeitsgemeinschaften, bei Fest- und Feiergestaltung, Schulausflügen und Schullandheimaufenthalten. Einbezug der Vorschuleinrichtungen und der Eltern.

Ein solch umfassendes Leistungsspektrum ist eher dafür geeignet, dass nicht Konkurrenzorientierung, Instrumentalisierung des Lernens durch Ersatzziele der Noten und Zeugnisse sowie Entmutigung schwächerer Schüler aufgrund ständigen Leistungsvergleichs bereits in der Grundschule die Oberhand gewinnen. Im Sinne von Fürsorge und Gegenwirken versucht die Grundschule vielmehr Kinder vor überhöhtem Leistungsdruck, vor Zeugnishysterie und dem abwendbaren Teufelskreis von mangelnder Schulleistung, sinkendem Sozialprestige, abnehmendem Selbstvertrauen, noch schlechterer Schulleistung... , aber auch vor Konkurrenzdenken und übertriebenem Ehrgeiz der Eltern zu bewahren.

Leistungserziehung als Unterstützen, als „Hilfe zur Selbsthilfe" bedeutet vor allem:
– Deutliche Trennung und für die Kinder erkennbare Unterscheidung von Lernsituationen (Fehler gehören dazu) und Situationen der Leistungserhebung (Fehlervermeidung) im Sinne pädagogischer „Fehlerkultur".
– Erkennen und Ermuntern vorhandener persönlicher (auch noch so verborgener) Leistungsansätze und Stärken sowie Anerkennung dieser Bemühungen in der sozialen Gruppe,
– Wecken von Sachinteresse (auch für Spezialgebiete),
– Anregen von Durchhaltefähigkeit und Vollendungswillen,
– Hilfestellung bei besonderen Lernschwierigkeiten und -behinderungen,
– insgesamt: Abstimmung der Leistungsanforderungen an „individuellen Bezugsnormen".

Unter diesen Vorgaben kann es kein Missverständnis sein, dass auch die Grundschule „Leistungsschule" ist, die Lernprozesse und Aufgabenbewältigung erst ermöglicht. Kindern alle Widrigkeiten aus dem Weg zu räumen, hieße, sie vorsätzlich lebensuntüchtig zu machen.

Umso wichtiger ist jedoch die Beachtung polarer Prinzipien wie Leistung und Muße, Pflicht und Vergnügen, Arbeit und Spiel. Das pädagogische Verständnis von Arbeit lässt sich dabei nicht allein vom Effektivitätsdenken der „Leistungsgesellschaft" (und der Frage, ob „es etwas bringt") leiten, sondern richtet sich nach der Sinnfrage der Lebenserfüllung: Zufriedenheit durch Arbeit an sich selbst.

2.3.2 Leistungswürdigung und -bewertung

Würdigen statt Urteilen

„Die Leistungen von Kindern zu würdigen schließt eine verstehende Beobachtung sowie eine verständliche Rückmeldung ein. Mit verstehender Beobachtung ist eine Wahrnehmung gemeint, die mit dem Ziel des Verstehens die Sicht des beobachteten Kindes in den Deutungsprozess einbringt. Das beobachtete Kind ist also nicht Objekt, sondern Partner bei der Suche nach der Wahrheit. Die Lehrerin/ der Lehrer verlässt sich nicht allein auf scheinbar objektive Fakten wie z. B. Zahl und Art der Fehler, sondern versucht aus der Sicht des Lernenden zu verstehen, warum die Fehler gemacht wurden. Sie/ er gewinnt so einen umfassenderen Eindruck von der Leistungsfähigkeit jedes Kindes. Um in dieser Weise zu verstehen, müssen Formen der Beobachtung oder Diagnose gewählt werden, die einen Dialog zwischen Lehrer/in und Kind zulassen... Die Haltung, die einem dialogischen Werten der Leistung zugrunde liegt, ist von gegenseitigem Respekt geprägt. Eine verständliche Rückmeldung ist die schlüssige Folge dieses Verhältnisses. Wenn Schülerinnen und Schüler aus Rückmeldungen lernen sollen, sie für ihre weitere Lernentwicklung nutzen sollen, dann müssen sie in einer Form abgefasst sein, die in erster Linie verständlich ist" (Speck-Hamdan 2005, S. 5/6).

Der Ansatz „Würdigen statt Urteilen" sieht sich einer „neuen Lernkultur" verpflichtet, die Selbststeuerung der Lernenden, ihre aktive Konstruktion des Wissens und damit Vielfalt auch im Lernen nicht nur zulässt, sondern auch unterstützt. Damit zeichnet sich ein Weg ab, der von einseitiger Fremdbewertung zu stärkerer Selbst- und Mitbewertung führt, der danach fragt, welche Formen der Würdigung je nach Lerngegenstand und Lernprozess angemessen sind und bei dem stets die „Würde" des Kindes erhalten bleibt. Würdigungen verstehen sich weniger als abschließende Ergebniskontrolle, sondern in erster Linie als Ansatzpunkte für neue Lernschritte. Dadurch gewinnen Kinder – im Sinne von „Self-Monotoring" – mehr Erkenntnisse über ihr eigenes Lernen (vgl. Winter u. a. 2002).

Solche Überlegungen sind auch vor dem Hintergrund wissenschaftlicher Kritik an der Ziffernzensur hinsichtlich der Hauptgütekriterien der Leistungsbeurteilung (Objektivität, Gültigkeit und Zuverlässigkeit) zu sehen:

„Die empirische Forschung wirft der Ziffernzensur in großer Einhelligkeit vor, dass sie keinem der drei Gütekriterien gerecht wird... Sie ist nicht objektiv: Ein und dieselbe Leistung wird von verschiedenen Lehrkräften unterschiedlich bewertet. Sie ist nicht zuverlässig: Eine zeitversetzte Wiederholung der Beurteilung führt zu abweichenden Kalkülen. Sie ist nicht gültig: Das Urteil wird häufig durch Vorurteile (Sympathiewerte, sachfremde Aspekte etc.) verfälscht" (Vierlinger 2002, S. 22).

Im Standardwerk zur Ziffernzensur fragt Ingenkamp: „Wann sagen wir ehrlich, dass kein Lehrer aus den Zeugnissen eine vergleichbare Aussage über die Schulleistung von Schülern aus verschiedenen Klassen entnehmen kann?" (1995, S. 200).

Eine Studie zu Leistungsunterschieden im Anfangsunterricht (Schorch 1990) belegt, dass Kinder mit gleicher Punktzahl in einem (standardisierten) Test, je nach Leistungsstand ihrer Klasse, in ihrer Klasse zu den besten, in einer anderen zu den mittleren, in wieder einer anderen gar zu den leistungsschwächsten Schülern gezählt werden könnten.

„Zensuren suggerieren folglich nur, präzise und vergleichbare Informationen zu vermitteln. In diesem Zusammenhang kommt hinzu, dass es ihnen prinzipiell an Transparenz fehlt; die entscheidenden Auswahl-, Gewichtungs- und Bewertungsfaktoren sind nicht erschließbar: Schulnoten sind in der Aussage nicht differenziert und bedürfen zusätzlicher Informationen" (Zumhasch 2005, S. 315).

Undifferenziertheit und „Abstempelung" einerseits sowie Auslese- und Aussonderungsfunktion der Ziffernnoten lassen es gerechtfertigt erscheinen, Zensierung ist vorrangig dem gesellschaftlich verpflichteten-bürokratischen Aufgabenbereich des Lehrers, weniger dem pädagogischen Handlungsfeld zuzurechnen! (vgl. Schilmöller 1999).

Das gilt auch für Verbalbeurteilungen, wenn diese lediglich Ziffernzensuren umschreiben („... kann den Sinne einfacher Texte befriedigend erschließen") oder für die (Ab-) Klassifizierung des Arbeits- und Sozialverhaltens in enger Anbindung an Persönlichkeitsmerkmale nach Buchstaben (wie im bayerischen Modell zur Reform der Notengebung 2004/2005).

In Hinblick auf das pädagogische Handlungsfeld ist und bleibt die Zeugnisfrage ein sensibler und keineswegs gelöster Aufgabenbereich, der mit dem grundsätzlichen Problem der „Schule als künstliche Institution", aber auch mit dem tradierten Bild von Schule, dass die Kinder selbst haben, zusammenhängt (vgl. Kirschner u. a. 1992).

Mit Götz kann man zusammenfassen:

„Auch wenn die empirische Befundlage zu Verbalzeugnissen ernüchternd ausfällt, so kann sie dennoch nicht als Rechtfertigung für Ziffernzeugnisse in der Grundschule beansprucht werden. Ein solcher Versuch missachtet die wissenschaftlich längst bewiesene ‚Fragwürdigkeit der Zensurengebung'. Das Insistieren auf deren Mängeln kann aber auch nicht die Erklärungs- und Begründungsnot überdecken, in die eine grundschulpädagogische Position gerät, die mit ihrer Parteinahme für das Kind eine gänzlich notenfreie Grundschule fordert und dabei ignoriert, dass die betroffenen Kinder selbst nicht nur Zensuren akzeptieren, sondern sogar wünschen" (2005, S. 90).

Analysiert man allerdings entsprechende Motive der Kinder, steht der Wunsch nach Rückmeldung, Anerkennung und einfachen Maßstäben im Vordergrund. So gesehen ist nach pragmatischen Wegen zu fragen, die der Notengebung einen angemessenen „didaktischen Ort" im Gesamtfeld pädagogischer Erwägungen beimessen und klarstellen, was Noten (nur) sein können:

„Nämlich möglichst exakte Momentaufnahme einer eng umschriebenen und gesellschaftlich normierten Fähigkeit, wie z. B. das Beherrschen des Einmaleins mit sieben oder die Kenntnis der Großschreibung von Substantiva. Möglicherweise können Noten, wenn sie bewusst klein und eng beschränkt verstanden werden, damit auch signalisieren, dass eben nicht die Gesamtpersönlichkeit des Schülers bewertet und vielleicht auch abgewertet, sondern nur ein momentaner Zustandsbericht über eine winzige Teilleistung abgegeben wird" (Jung 2005, S. 76).

Umso mehr sind Ergänzungen durch weitere Formen der Leistungswürdigung bedenkenswert, wie sie z. B. in Alternativ- bzw. Reformschulen gehandhabt werden:

– *Lernentwicklungsbericht* in Form eines persönlichen Briefs an den Schüler, der über die Individualnorm hinaus auch den Vergleich mit anderen Kindern und den Abstand zum angestrebten Lernziel anspricht und ganz konkrete Anregungen zum Weiterlernen gibt (Laborschule Bielefeld).

– *Charakterisierung der Gesamtpersönlichkeit* anhand eines „Zeugnisspruchs" (persönlicher Leitspruch), der im Rahmen ganzheitlicher, musisch betonter Persönlichkeitserziehung zur Reflexion über den eigenen Charakter anregen soll (Waldorf-Schule).

– *Pensenbuch* und Dokumentation der Leistungsentwicklung nach den Kategorien „kennen gelernt", „geübt mit Material", „geübt ohne Material" und „beherrscht" (Montessori-Schule).

Trotz zunehmender Bemühung um konkrete Leistungserfassung bleibt bei all den bisher genannten Formen ein grundsätzliches Problem erhalten: Sie sind stets auf die Lehrkraft als „Übersetzer" der konkreten Leistung in notenmäßige oder verbale Umschreibungen angewiesen. Der Beurteiler wird zum „Stellvertreter", der Schülerverhalten und -leistung nach vorgegebenen oder eigenen Maßstäben formalen Kategorien zuordnet und so vor dem Weitergebrauch „filtert". Außenstehende (Kollegen, Eltern usw.) sind auf ein Urteil „aus zweiter Hand" angewiesen, das sich zunehmend verselbständigt und schließlich, trotz mancher Fehleinschätzungen und Fehlprognosen (vgl. Block 2006) als nicht mehr zu entfernendes Etikett haften bleibt.

Portfolio
Eine mögliche Alternative – wohl eher „Ergänzung" herkömmlicher – Leistungsbeurteilung stellt das Konzept der *Direkten Leistungsvorlage* (DLV) dar (wie es u. a. in Österreich erprobt wurde; vgl. Vierlinger 2002). Kerngedanke ist, eine Sammlung eigener Produkte vorzulegen, aus der sich weitere Personenkreise (neue Lehrkräfte der nächsten Jahrgangsstufe, weiterführenden Schule...) ein eigenes Bild vom individuellen Leistungsprofil des Schülers machen können. Diese aus einer in den 1990-er Jahren in den USA entstandenen Reformbewegung sowie bei Kunstakademien und der Wirtschaft bekannte Form der Leistungsdokumentation wird zunehmend auch grundschulpädagogisch diskutiert und in Schulversuchen erprobt (vgl. Grittner 2005).

Während sich Verbalgutachten, Entwicklungsberichte und Pensenbücher an vorgegebenen Lernzielen orientieren, steht bei der Beurteilung durch ein „Portfolio" die individuelle Leistungsdokumentation im Vordergrund.

Ein Portfolio ist eine zielgerichtete Sammlung von Schülerarbeiten, die die Anstrengung des Lernenden, den Lernfortschritt und Leistungsresultate auf einem oder mehreren Gebieten zeigt. Die Sammlung schließt die Beteiligung des Schülers bei der Auswahl der Inhalte, Aufstellung der Kriterien für Auswahl und Beurteilung sowie selbstreflexive Gedanken ein (nach Lissmann 2001, S. 487).

Für das im Anfangsunterricht entstehende schulische Leistungsbewusstsein ist von Bedeutung, dass die persönliche Anstrengung nicht „spurlos" bleibt, sondern in Dokumenten konkret veranschaulicht wird.

Die Sammelmappe mit (korrigierten und unkorrigierten) Arbeitsblättern, Kinderzeichnungen, Projektberichten, Gruppenergebnissen, eigenen Geschichten, Briefen, Fotos, Werkstücken u.v.a.m. „erzählt" von Interessen, vom Umgang mit Fehlern und gibt Anlass zu Gesprächen, die dem Kind bei seiner Selbstkonzeptentwicklung weiterhelfen.

Portfolios können später aber auch persönlichen Erinnerungswert haben, bei dem die Schulzeit nicht nur als fremdgesteuerte Lernphase, sondern als eigenständiger Mitgestaltungsprozess nacherlebt werden kann.

Hier wird in doppelter Weise Rechenschaft über eine pädagogisch fundierte Leistungskultur abgelegt: Die Grundschule als „Vermittlerschule" kann nachweisen, dass sie mit einer „starken Lernumgebung" Bildungsstandards *und* kreative Leistungsentfaltung ermöglicht, das Kind lernt mit zunehmender „Veröffentlichung" privater Lernergebnisse seine gesellschaftliche Rolle auszubauen (vgl. B 2.1). So symbolisiert das Portfolio als „Lernmappe" oder „Bildungsmappe" geradezu die Erkenntnis, dass Bildung stets eigenverantwortete Selbstbildung ist, die Impulse von außen aufnimmt, verarbeitet und auf Feedback angewiesen ist. Die Kinder zeigen voller Stolz ihre Arbeiten, können im Vergleich mit anderen (ohne Fremdurteil) ihre Leistung einschätzen und verbessern, sich gegenseitig beraten, neue Anregungen erhalten und Spezialbegabungen entfalten.

Dies erfordert freilich Überzeugung der Eltern, die die Rolle des Pädagogen als „Schatzsucher", weniger als „Fehlerfahnder" erkennen sollen. Aber auch die Kinder brauchen eine behutsame Einführung Schüler in Sinn, Struktur und Möglichkeiten dieses Instruments. So steht nicht das Sammeln allein im Vordergrund, sondern das richtige Ordnen und Präsentieren sowie das kritische Reflektieren von Inhalt und Auswahl.

Für den Anfangsunterricht bietet sich besonders der Schriftspracherwerb an, wenn erste Schreibprodukte im Sinne „kreativen Schreibens" gesammelt und „Mein erstes Buch" der Sammelmappe beigefügt wird.

Mögliche *Inhalte* eines Portfolios:

– Freie Texte, Geschichten und Gedichte,
– eigene Wörter und Sätze (individueller Grundwortschatz),
– Sprachforscher-Aufgaben (Wortfelder und -familien, Wortspiele, Rechtschreibübungen),
– Sachtexte, ggf. mit Bildillustrationen (nicht nur) zu Themen des Sachunterrichts, beschriftete Sachzeichnungen, eigene Merksätze,
– Bilder und Zeichnungen, Fotos von eigenen Werkstücken (z. B. aus Holz oder Ton),
– Eigene Rechenwege, Rechengeschichten und mathematische Erfindungen,
– Urkunden (z. B. Freischwimmer), Zeugnisse und Ausweise,
– Selbstzeugnisse und Beschreibungen des eigenen Lernens (vgl. Hecker 2004).

Die Kinder lernen, eine exemplarische Auswahl zu treffen und zeigen damit ihre Interessen und Arbeitsschwerpunkte. Dieser selektive Charakter des Portfolios zeigt aber zugleich *Grenzen* auf: Es gibt kaum verbindliche Maßstäbe, die – gerade den Eltern – erlauben, die Leistungen des Kindes nach Sozialnorm- und Sachnormkriterien abzuschätzen. So wie die Aussagekraft der Zeugnisnote nicht überbewertet werden darf, liegt der Stellenwert des Portfolios in seiner aufschlussreichen Funktion als persönliche Leistungsdokumentation, die jedoch durch andere Formen der Leistungswürdigung ergänzt werden muss.

Fremd- und Selbstbeurteilung

Insgesamt berücksichtigt der Ansatz pädagogischer Leistungswürdigung die Tatsache, dass Leistung durch Normen und Schwerpunktsetzungen des Beurteilenden definiert wird, subjektbezogen und prozessabhängig ist, sowie der Fremd- *und* Selbstbeurteilung unterliegt (vgl. auch Paradies u. a. 2005). So geht es um ein möglichst ausgewogenes Verhältnis der

– *Förderfunktion,* die Anreize zur Persönlichkeitsentwicklung und Selbstdisziplin gibt,
– *Kontroll- und Berichtsfunktion,* die Arbeitsverhalten und Arbeitsergebnisse überprüft und Rückmeldungen an Schüler und Eltern ermöglicht,
– *Prognosefunktion,* die vorsichtig und vorbehaltlich der begrenzten Aussagekraft von „Momentaufnahmen" Defizite und persönliche Stärken im Hinblick auf die weitere Schullaufbahn einzuschätzen versucht.

„Die Diskrepanz zwischen pädagogischem Auftrag und institutionalisierten Formen der Leistungsbeurteilung und der daraus resultierenden Dysfunktionalität der Grundschule ist nur aufzuheben, wenn anstelle einer immer differenzierteren Verfeinerung und Objektivierung der Instrumente für Leistungsmessung die Leistungserziehung ins Zentrum rückt" (Lichtenstein-Rother/ Röbe 2005, S. 137).

Zu Beginn der Schulzeit kommt es verstärkt darauf an, *Lernhilfen* zu geben, die Informationen für das Kind, weniger über das Kind liefern und dem Kinde erlauben, die eigene Distanz zu einem Lernziel abzuschätzen. Die schrittweise Ausweitung der Leistungsbeurteilung von der Individual- zur Sach- und Sozialnorm ist für den Lehrer zugleich Kontrolle der Qualität des eigenen Unterrichts und der von ihm angebotenen Lernumgebung (vgl. Klafki 1999). Diese „doppelte Rückmeldung" charakterisiert das pädagogische Verhältnis einer leistungsbewussten „Lerngemeinschaft", die Schüler und Lehrer im Dialog zusammenführt.

Im pädagogischen Handlungsfeld des Schulalltags verschmelzen Leistungsbeurteilung und Leistungsförderung ohnehin zu einer Einheit von Rückmeldung, Anerkennung, Korrektur und neuen Lernimpulsen, die in täglichen „Kleinformen spontaner Bewertung" Ausdruck finden (nach Topsch 2004, S. 127-129). Sie sind umso wirksamer, wenn man Zeit zum Nachdenken und die Kinder aussprechen lässt, Rückmeldungen zeitnah zur Leistung gibt, Kinder nicht bloßstellt, Anerkennung auf das Verhalten und nicht auf die Person bezieht, auf direkte Vergleiche mit anderen Kindern verzichtet, angemessen (aber nicht inflationär) lobt und ermutigt, Mädchen nicht häufiger lobt als Jungen, Impulse zum Weiterdenken gibt usw.

Eine solche „Leistungskultur" lebt vom Dialog, in dem die Kinder ihre erste Schule als aktives Handlungsfeld, als Raum für Mitgestaltung, Kreativität, Gedankenspiele und Gelassenheit erfahren können.

2.4 Resümee

Die Auswahl aus den vielfältigen Möglichkeiten von Maßnahmen pädagogischer Gestaltung des Schulanfangs und der ersten Schuljahre fällt leichter, wenn – analog zum ersten Aufgabenfeld – wiederum einige *Grundfragen zur Selbstvergewisserung und Reflexion der Praxisarbeit* gestellt werden:
– Erfährt das Kind den Schulbeginn als Chance für seine Persönlichkeitsentwicklung? *Jetzt darf ich zeigen, was ich kann!*
– Welche Auffassung, welchen Begriff von „Lernen" erwerben die Kinder von Anfang an? *Ich bin selbst für mein Lernen verantwortlich (nicht: Die Lehrerin sagt mir, was ich lernen muss und was als Nächstes kommt).*
– Wird durch die Gestaltung der Lernumgebung selbständiges und selbstbestimmtes Lernen gefördert? *Ich darf mir Lernanregungen auch selbst suchen, eigene Ziele setzen und mein Lernen selbst planen.*
– Werden die Kinder dazu aufgefordert, über ihr eigenes Lernen zu reflektieren und „didaktisch mitzudenken"? *Was haben wir bisher gelernt, wie könnte es weitergehen?*
– Werden Lernerfolge der Kinder wahrgenommen und bestätigt? *Meine Lehrerin merkt, wenn ich Lernfortschritte mache.*
– Was trägt zu einer angstfreien Lernatmosphäre bei? *Ich darf auch einmal etwas Falsches sagen, Fehler gehören zum Lernen dazu.*
– Werden verschiedene Lernformen angeboten? *Ich darf mich im Klassenzimmer bewegen, eigene Aufgaben aussuchen, frei arbeiten...*
– Werden originelle, problemlösend-konstruktive und kreative Schülerbeiträge akzeptiert und verstärkt? *Ich darf auch einmal etwas beitragen, was nicht zum Abfragewissen gehört.*
– Wie wird soziales Lernen arrangiert? *Ich kann nicht nur von der Lehrerin, sondern auch von Mitschülern lernen.*
– Wird soziales Engagement honoriert? *Die Lehrerin freut sich, wenn ich anderen helfe, Klassenämter übernehme, rücksichtsvoll bin,...*
– Wird dem Kind deutlich, dass es sich in einer neuen Gemeinschaft („Schulgemeinde") befindet? *Ich gehöre dazu und bin stolz auf meine Schule!*
Diese und weitere Kriterien beruhen auf dem Verständnis der „Grundschule als Vermittlerschule", die das Kind behutsam an systematisches Lernen und objektive Maßstäbe heranführt.

Lehrer der „ersten Schule" verstehen sich als professionelle Spezialisten, die zwischen der bisherigen Lebenswelt des Kindes und seiner neuen Rolle als Schüler, zwischen Spiel- und Arbeitswelt, zwischen Elternhaus und Schule vermitteln. Ein solches Berufsprofil befindet sich in der Schnittmenge zwischen dem Berufsbild der Erzieherin und dem des Lehrers und schließt die Bemühung um Kooperation aller „Miterzieher" ein.

3 Umgang mit Heterogenität als pädagogische Herausforderung

Die grundsätzliche Akzeptanz von Heterogenität entspricht dem Humanitätsprinzip:
„Umgang mit Heterogenität sollte innerhalb der Institution Schule, der ein Erziehungs- und Bildungsauftrag aufgegeben worden ist, mit dem zur Weiterentwicklung demokratischer Gesellschaftsverhältnisse
ein ausschlaggebender Beitrag geleistet werden soll, einerseits bildungspolitisch grundsätzlich und
andererseits bildungs- und erziehungstheoretisch weit gefasst werden" (Jürgens 2006, S. 281).
Unter dieser Prämisse ist nach systematischer grundschulpädagogischer Verortung
und nach Konsequenzen für das pädagogische Handlungsfeld des Lehrers zu fragen.
Aus dem verfassungsmäßigen Auftrag der Bildungsinstitution Grundschule, einerseits
gemeinsame Schule für alle Kinder des Volkes, andererseits grundlegende Schule zu
sein, ergibt sich ein prinzipielles Spannungsverhältnis, das – in der gegenwärtigen,
von Ökonomie und betriebswirtschaftlichen Kategorien geprägten Diskussion (vgl.
Koch 2005) – geradezu als Dilemma-Situation charakterisiert werden kann:
– Grundbildung im (Miss-)Verständnis von „Basisqualifikationen", „Kerncurricula"
  und „Bildungsstandards" zielt auf Normierung und Homogenisierung der
  Leistungsanforderungen ab.
– Der Anspruch, möglichst alle Kinder in die Schule aufzunehmen, impliziert Heterogenität der Lernvoraussetzungen, individuelle Vielfalt und zieldifferente Offenheit.
Ausgerechnet die Schulart, die aufgrund der noch weitgehend unausgelesenen Schülerschaft mit der größten Heterogenität der Lernvoraussetzungen zu kämpfen hat
(Heterogenität der Schulleistungen, Heterogenität im Alter der Schüler, Heterogenität aufgrund familialer Merkmale und Migrationshintergrund – vgl. Rossbach
2005), soll einheitliche und standardisierte Lernergebnisse erreichen. Grundschul-
lehrkräfte sollen hochbegabten und lernschwachen Schülern, „Überfliegern" und
extrem langsam Lernenden, Gesunden und Behinderten, optimal Geförderten und
Vernachlässigten gleiche Grundbildung garantieren, ohne (bis auf wenige Ausnah-
men) selektieren zu können. Dabei bleiben „Integration" und „Individualisierung"
oft nur pädagogische Schlagworte, die Lehrern schlechtes Gewissen bereiten, wenn
sie in der Widersprüchlichkeit der Forderungen notgedrungen Schwerpunkte setzen
und damit den jeweils anderen Pol zeitweise vernachlässigen (müssen).
Wenn Kindern überhaupt die Chance vergleichbarer Grundbildung erhalten sollen,
bedeutet dies (für die Grundschulpädagogik schon immer):
– „Sie brauchen verschieden viel Zeit, um etwas zu begreifen.
– Sie brauchen verschieden viel Erläuterung.
– Sie brauchen verschieden lange und häufige Übungen, um etwas zu können.
– Sie brauchen verschieden viel positive Verstärkung, um des eigenen Könnens und
  Wissens sicher zu sein.

– Sie sind unterschiedlich gut in der Lage, eigene Erfahrungen durch Zuhören zu ersetzen.

– Sie haben gegenüber den Aufgaben der Schule eine unterschiedlich starke Leistungsmotivation ..." (Moeller-Andresen 1974, S. 5)

Schon hier zeigt sich, dass „gemeinsame Grundbildung" allenfalls die Ausgangsbasis günstiger Startbedingungen anstreben („gemeinsamer Grund"), nicht Normierung der Bildungsziele („gleiche Decke") zum Ziel haben kann.

Der pädagogische Umgang mit Heterogenität bemüht sich um Ausgewogenheit von Individualität und Gemeinsamkeit des Lernens in der Schule, kann jedoch stets nur wechselnde Annäherung an Lösungen sein, die von „pädagogischer Urteilskraft" in der Praxisbewältigung getragen wird.

Die folgenden Anregungen verzichten deshalb auf einen Katalog aller möglichen didaktischen Maßnahmen und methodischer Varianten und konzentrieren sich vielmehr auf grundsätzliche Handlungsleitlinien, die sich aus dem aufgezeigten grundschulpädagogischen Begründungszusammenhang ergeben. Sie verstehen sich als Orientierungshilfen für Berufsanfänger und Selbstüberprüfungsimpulse für erfahrende Praktiker.

Dabei geht es nicht (mehr) um Diskussion struktureller Konzepte (wie Verzicht auf Zurückstellungen, Sitzenbleiben, Altersmischung oder Integration Behinderter), sondern nur um das Praxishandeln in der „normalen" (Jahrgangs-)Klasse, das von der einzelnen Lehrkraft pädagogisch zu verantworten ist.

3.1 Förderung individuellen Lernens

Förderung individuellen Lernens bedeutet, persönlichkeitsabhängige Aneignung von Kenntnissen, Fähigkeiten und Einstellungen „weiter nach vorn" zu bringen. Lernen wird dabei als Prozess verstanden, der nur vom Lernenden selbst realisiert werden kann. Dieser Lernprozess steht in untrennbarem Zusammenhang mit persönlicher Identität (als Fähigkeit, Kontinuität des Personkerns zu wahren und Balance zwischen personalen und sozialen Ansprüchen einzuhalten) und dem Selbstkonzept (als durch andere gewonnenes Bild des Ich), das aufgrund direkter, indirekter, vergleichender und reflexiver Merkmalszuweisung geprägt wird.

„Unstrittig ist, dass die Lehrkräfte auf die gegebene Heterogenität mit Differenzierung und Individualisierung reagieren müssen. Allerdings ist zu fragen, inwieweit eine Individualisierung in der Klasse realiter durchgeführt werden kann und ob sie ihre Ziele erreichen kann. Internationale Forschungsergebnisse stimmen skeptisch. Skepsis ist auch angeraten angesichts von Behauptungen, dass gerade die Heterogenität einer Lerngruppe bzw. die Bildung heterogener Subgruppen in Klassen lernförderlich ist" (Roßbach 2005, S. 180).

Diese Skepsis bewahrt vor idealistischer Überhöhung gut gemeinter „Pädagogik der Vielfalt" (Preuss-Lausitz 1993), aber auch vor Überbetonung schulfremder individualpädagogischer Ansätze. Umgekehrt muss jedoch gefragt werden, was bei den

Forschungsergebnissen unter „lernförderlich" verstanden wird: Förderlich für out-put-orientiertes Faktenwissen oder förderlich für selbständiges und fähigkeits-bezogenes Lernen?

Ungeachtet genannter Bedenken ist die Notwendigkeit individueller Förderung „unstrittig", so dass der systematische Stellenwert von „Individualisierung" im päd-agogischen Handlungsfeld wie folgt charakterisiert werden kann:

Individualisierung ist ein *„fundierendes" Unterrichtsprinzip* (Glöckel 2003, Kap. 6.2), das unterschiedliche Interessen, Neigungen, Motivationen, Begabungen, Vorkennt-nisse und Vorerfahrungen der Kinder zu berücksichtigen sowie Identität und Selbst-konzept positiv zu beeinflussen sucht. Zur Verwirklichung dieses Prinzips stehen verschiedene pädagogisch-didaktische Maßnahmen zur Verfügung (Realisierungs-ebene). Mit Individualisierung ist also nicht eine Spezialform der Differenzierung gemeint, sondern ein didaktischer Oberbegriff, dem entsprechende Organisations- und Unterrichtsformen untergeordnet werden. Dazu gehören einerseits Maßnah-men der „Differenzierung", andererseits Formen „offenen Unterrichts". Diese un-terscheiden sich aufgrund ihrer Entstehungsgeschichte wie auch von der pädagogi-schen Intention her deutlich voneinander.

Zur Unterscheidung der begrifflichen und funktionellen Ebenen dient folgende ver-einfachte Darstellung (Abbildung 5):

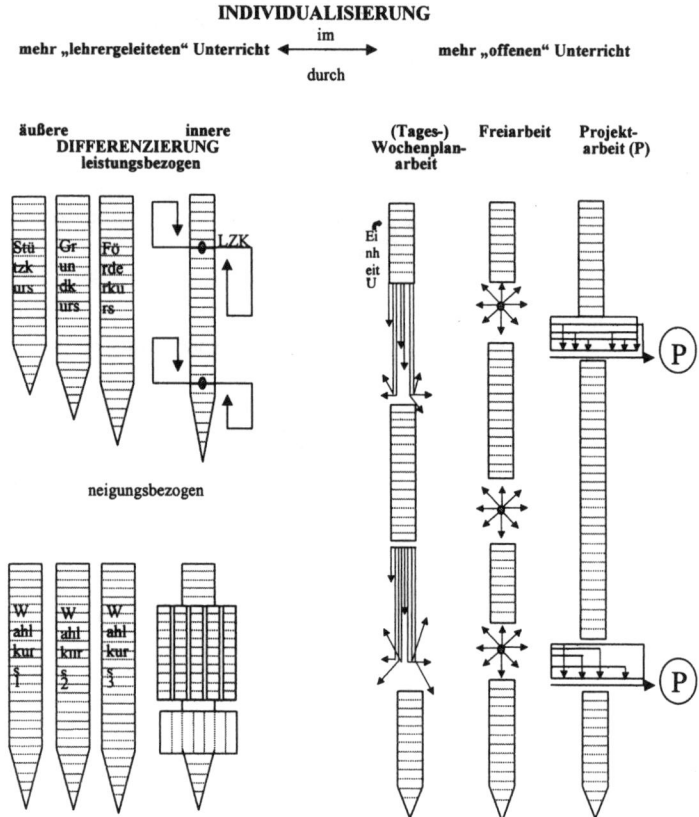

Abbildung 5

3.1.1 Didaktische Zugänge

Bevor auf verschiedene didaktische Maßnahmen eingegangen wird, sollen kurz die dahinter stehenden didaktischen Grundauffassungen gekennzeichnet werden

a) Didaktik des Lehrgangs

In der traditionellen Didaktik, besonders wenn sie auf den Unterricht weiterführender Schulen bezogen ist, finden heterogene Lernvoraussetzungen wenig Beachtung. In der Regel wird von einem „Durchschnittsschüler" mit mittlerem Lernstand im Lehrgang ausgegangen und das erwartete Wissen und Können an curricularen Kriterien des vorausgegangenen Stoffes gemessen. Die Einschätzung des Vorwissens der Schüler bezieht sich auf das, was im bisherigen innerschulischen Fachlehrgang vorausgegangen ist. Im Vordergrund steht eine Lehrplanung, die sich vornehmlich nach sachlogischen Gesichtspunkten und Lehrplanvorgaben richtet. Der Lehrer wählt aus, macht Stoffverteilungspläne und ordnet den Unterrichtsstoff nach inhaltlichen Zusammenhängen und (vermeintlichem) Schwierigkeitsgrad.

Vereinfacht kann hier von *„Lehrgangsdidaktik"* oder „Lehrerdidaktik" (vgl. Jürgens 2002) gesprochen werden. Der Lehrgang versteht sich dabei als planmäßige Abfolge von Unterrichtseinheiten nach „innerer Gesetzmäßigkeit" des jeweiligen Lehrgegenstandes. Bei allen Lehrgangsformen wird von der sog. „Sachstruktur" ausgegangen, ungeachtet ob sie mehr logisch oder mehr „psychologisch" angelegt sind. Hier eine Übersicht (vgl. Bönsch 1998, S. 118 ff., Glöckel 2003, Kap. 4) der wichtigsten, auch für die Grundschuldidaktik relevanten *Lehrgangsformen:*

– Der *additive logisch-systematische Lehrgang* ist vorwiegend synthetisch und auf einen einzigen Durchgang hin angelegt (z. B. alte Buchstabiermethode).

– Die *Konzentrischen Kreise* setzen bei der Erfahrungserweiterung des Kindes an und folgen oft dem Prinzip „Vom Nahen zum Fernen" (z. B. vom Schulraum zur „erwanderbaren Heimat" in der Heimatkunde).

– Der *Spirallehrgang* ist eine curriculare Variante des systematischen Lehrgangs, wobei Stoffzusammenhänge auf höherer Ebene wiederholt und Grundbegriffe vertieft angewendet werden (z. B. im strukturorientierten naturwissenschaftlichen Sachunterricht).

– Der *ganzheitlicher Lehrgang* beginnt mit überschaubar sinnvollen Einheiten, dann folgt die Analyse der Einzelelemente (z. B. Lesenlernen nach der Ganzwort- oder Ganzsatzmethode).

– Der *Exemplarischer Lehrgang* ist ein thematisches Vorgehen, das mit einem weitreichenden Grundproblem als „Einstieg" beginnt (z. B. „Warum können eiserne Schiffe schwimmen?" – „Warum ist es im Sommer wärmer als im Winter?").

– Der *genetische Lehrgang* setzt den Unterrichtsgegenstand in einen Prozess um und vollzieht den Gang einer Entwicklung nach (z. B. menschliche Entdeckungen oder Erfindungen, Entwicklungsreihen wie „Vom Gänsekiel zum Füller").

Vorteile des Lehrgangsprinzips sind Klarheit des Aufbaus, Möglichkeit lehrplanmäßiger Standardisierung, Planungssicherheit, Kontinuität und Vergleichbarkeit der Bildungsgänge.

Grundsätzliche Bedenken gegenüber der Lehrgangsdidaktik ergeben sich, wenn sie mit dem Modell der sog. „Didaktischen Reduktion" korrespondiert. Gemeint ist damit die systematische Transformation fachwissenschaftlicher Inhalte über die Konstruktion von Schulfächern hin zu elementarisierten Unterrichtseinheiten, kurz: die Reduktion „von oben nach unten", von der Fachsystematik zum schulischen Lehrstoff, vom Fach zum Schüler.

Abgesehen von der seit Paulsens „Schule mit Verspätung" (nach Sünkel 1990) bekannten Trägheit des Modells (die wissenschaftlichen Erkenntnisse sind oft veraltet bis sie lehrplanmäßig umgesetzt werden), zeichnen sich weitere Gefahrenpunkte ab:

– In einer reinen „Lehrerdidaktik" oder auch „Abbilddidaktik" wird der Lernende zum Objekt der Lehrplanung und zu wenig an der Gestaltung des eigenen Lernprozesses beteiligt.

– Die Annäherung an eine deduktiv strukturierte Fachsystematik erfordert „Auf-Vorrat-Lernen" und begünstigt den Aufbau „trägen Wissens".

– Es wird immer nur Vorgedachtes deduziert, Bildungsinhalte werden als gängiges Schulwissen (das ohnehin Bekannte) „trivialisiert" (vgl. Luhmann 2002).

– Die Bedeutung individueller Lernanfänge und heterogener Lernvoraussetzungen für den Lernerfolg wird unterschätzt.

Im Hinblick auf die Bewältigung der besonderen Heterogenitätsproblematik in der Grundschule ist vor allem der zuletzt genannte Punkt Anlass, nach Alternativen bzw. Ergänzungen der Lehrgangsdidaktik zu suchen.

b) Didaktik der Lernwege

Unter Berücksichtigung des Grundsatzes „vom Kinde aus" ergibt sich ein Perspektivenwechsel von der „Lehrgangsdidaktik zur Lernwegsdidaktik", auch „Lerner-Didaktik" (vgl. Schorch 2003 a). Grundschulpädagogisch ausschlaggebend hierfür sind vorrangig zwei Gründe:

– Da noch keine curriculare Homogenisierung der Schülerschaft stattgefunden hat, kann in der Grundschule, insbesondere zu Schul- und Lehrgangsbeginn, kaum von einheitlichen Lernvoraussetzungen ausgegangen werden.

– Die Einführung ins schulische Lernen und Arbeiten steht unter dem pädagogischen Anspruch, dass das Kind ein „Bild von Schule" gewinnt, bei dem so früh wie möglich die Verantwortung für das eigene Lernen im Mittelpunkt steht.

Notwendig ist demnach ein didaktisches Modell, das bei den tatsächlichen Lernvoraussetzungen der Schüler ansetzt und sie bewusst an ihrem eigenen Lernfortschritt beteiligt. Entsprechende spezielle Ausarbeitungen für den Sachunterricht finden sich im Konzept der „Didaktischen Zentrierung" (vgl. Kurowski u. a. 2000) und vor allem in der umfassend begründeten Konzeption der *Didaktischen Netze,* wie sie im Studientextband „Der Sachunterricht und seine Didaktik" von Kahlert (2005) dargestellt wird. „Didaktische Netze" helfen dem Lehrer, zu einem Themengebiet fachlich-gehaltvolle und erfahrungsbezogene Teilinhalte zu generieren, die bei den methodischen Überlegungen konkrete Lernvoraussetzungen der Schüler in ihrer Anschlussfähigkeit berücksichtigen. Für die Didaktik des Schriftspracherwerbs liegt der entsprechende Ansatz des *Entwicklungsorientierten Unterrichts* vor, der im Studientextband von Helbig u. a. (2005) ausgearbeitet ist.

Bei der Bewältigung der großen Heterogenitätsprobleme im Grundschulunterricht allgemein ist, im Sinne der Lerner-Didaktik (Kind als aktiv Lernender), die Denkweise der pädagogischen Vermittlung zwischen Schüler und Stoff leitend:

Das hier favorisierte *Modell der „Didaktischen Entfaltung"* setzt weniger bei der Reduktion von Fachinhalten (und der Frage, wie kann ich den Stoff auf das Niveau der Schüler „heruntertransformieren"), sondern vielmehr bei der Entfaltung vorhandener individueller Potenziale „von unten nach oben" an. Hinter diesem „Perspektivenwechsel" steht die wissenschaftstheoretische Prämisse, dass auch fachwissenschaftliche Erkenntnisse nur „Erklärungen auf Zeit" (Popper) sind und stets neu von der Gemeinschaft der Lernenden entwickelt werden, aber auch Grundgedanken einer „neuen Lernkultur", in der es statt der Übernahme „fertigen Wissens" vorrangig um selbst vollzogene, auf Verstehen und Sinn gerichtete „Wissenskonstruktion" geht (vgl. Giest/Lompscher 2006). Didaktische „Entfaltung" ist dabei nicht im biologistischen Sinne zu verstehen, sondern als begleitete und forcierte „Entwicklung", die durch geeignete „Lernumgebungen" gefördert werden kann.

Für das praktische Lehrerhandeln steht die Orientierung am bisherigen Lernweg des Kindes im Vordergrund. Eine effektive „Lernbegleitung" erfordert genaue Diagnose des jeweiligen Lernstandes (vgl. Kap. C 4.2.2). Besonderes Augenmerk wird auf die Anfangsphase der Lernprozesse gelegt, die Aufschluss über die didaktischen Entfaltungsmöglichkeiten (z. B. im Hinblick auf zieldifferentes Lernen) geben.

Das Grundschema, nach dem Lernumgebungen arrangiert werden, kann nach dem Modell didaktischer Entfaltung so gekennzeichnet werden:

1. *Subjektbezogener Ansatz* („ICH"): Angesetzt wird bei konkreten Vorkenntnissen, Vorerfahrungen und „Eigenkonstruktionen" der Kinder, die sich aus dem Bezugsfeld ihrer spezifischen Lebenswelt ergeben. Der Unterrichtsinhalt wird hier nicht als ontologischer Sachverhalt gesehen („So ist es!"); thematisiert werden vielmehr zuerst individuelle Interessen und Zugänge zu den Lerninhalten („So kenne, verstehe, mache ... *ich* es"). Damit wird von vornherein eine „metakognitive" Sichtweise eröffnet, die subjektive Vorstellungen und „Theorien", Meinungen und individuelle Lernwege bewusst macht und dem Lehrer, aber auch den Kindern selbst, Einblicke in Lernstand, Anschlusswissen und Stoffverständnis gibt.

2. *Kommunikation in der Lerngemeinschaft* („WIR"): Im sozialen Austausch zwischen Schülern und Lehrer, die zusammen eine „Lern- und Forschungsgemeinschaft" bilden, werden verschiedene Vorstellungen, Begriffsverwendungen, Zugangsweisen und Lernwege verglichen und auf gemeinsame Verständnisgrundlagen hin untersucht. Originelle Ideen, unkonventionelle Denkansätze sowie eigenständige Problemlösungsversuche werden ernst genommen, aber auch in ihrer Begründung und Eignung kritisch diskutiert. Die Grundschule versteht sich hier (im Sinne mehrperspektivischen Unterrichts) als „erste Modellbauwerkstätte von Wirklichkeit", die die Reflexion gemeinsamer Lernerfahrungen selbst zum Unterrichtsthema macht.

3. *Annäherung an die „objektive" Sach- und Fachstruktur („ES"):* Wenn die Lerngemeinschaft an ihre Grenzen stößt und selbst nach übergeordneten Strukturmerkmalen und fachkundiger Hilfe sucht, ist der Übergang zur Ebene „objektiver" Sachverhaltsklärung erreicht. Hier geht es um den Einbezug anerkannter Fachkompetenz, um gängiges Sachwissen und um Erklärungsweisen, die wissenschaftlicher Überprüfung standhalten. Die Kinder schauen zunehmend durch die „fachliche Brille" und gewinnen im „forschenden Lernen", unter Einbezug fachsystematischen Denkens und fachspezifischer Methoden eine neue Weltsicht.

„Didaktische Entfaltung"

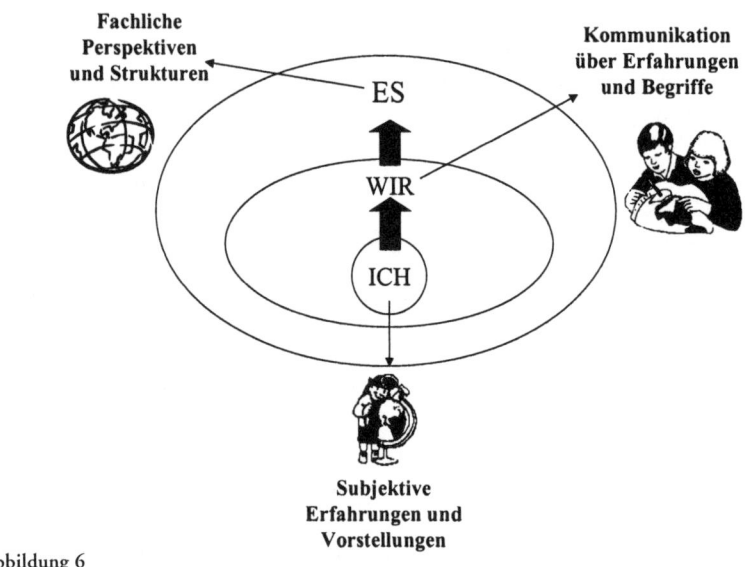

Abbildung 6

In diesem Grundmodell (Abbildung 6) erkennt man das Anliegen, Heterogenität nicht nur als Belastung zu sehen, sondern auch als Chance zu nutzen: Die Institution Grundschule als ein gemeinsames „Haus des Lernens", das im Bildungssystem die noch einzige Gelegenheit sozialer Edukation, dem gegenseitigen Kennenlernen „aller Kinder des Volkes" bietet, was letztlich auch dem sozialen Frieden in unserer Gesellschaft dient.

Kerngedanke ist, das sich Lehrplanung und Lehrerhandeln mehr als bisher an den Lernwegen der Kinder orientieren und um ein stimmiges Verhältnis zwischen Zielgerichtetheit des Unterrichts und den situativen Ausgangsbedingungen bemühen.

Die verschiedenen Lernwege werden sensibel beobachtet und analysiert, um dann nach geeigneten didaktischen Hilfen und Begleitmöglichkeiten, z. B. Versatzstücke von Lehrgangsformen, zu suchen. Lehren wird als eine Funktion des Lernens verstanden. Die Lehrhilfen „docken" sozusagen an die tatsächlichen Lernwege des Schülers an.

Es ist plausibel, dass sowohl Lehrgangsdidaktik als auch Lernwegsdidaktik einen berechtigten Stellenwert im Grundschulunterricht besitzen. Im Grund handelt es sich um die zwei Seiten derselben Medaille: Gezielte Lehrerhilfen sind ohne strukturierte Lehrplanung ebenso wenig sinnvoll wie Lehrplanung ohne Berücksichtigung der Lernvoraussetzungen.

Für den professionellen Umgang mit Heterogenität ist entscheidend, dass jeweils angemessene didaktische Maßnahmen zur Realisierung des Prinzips der Individualisierung eingesetzt werden:

Differenzierung im Rahmen lehrgangsorientierten Unterrichts, offenere Formen im entwicklungs- und lernwegsorientierten Unterricht.

3.1.2 Individualisierung durch „innere Differenzierung"

Das Problem der Differenzierung ist im Schulsystem durch die Zusammenfassung von Schülern in größere Lernverbände nach „Schulklassen" entstanden. Je mehr Schüler in einer Klasse unterrichtet werden müssen, desto größer ist die Notwendigkeit der Aufteilung nach Kleingruppen, Subgruppen oder Abteilungen.

Wie der bildungshistorischen Rückblick auf differenzierende Maßnahmen zeigt (vgl. Feige 2005), ist der heute verwendete Differenzierungsbegriff maßgeblich in der Curriculum-Epoche der siebziger Jahre geprägt worden. So heißt es im Strukturplan für das Bildungswesen:

> „Eine Differenzierung des Unterrichts kann durch Differenzierung von organisatorischen Strukturen, von Lernbereichen, Lernzielen, Lehr- und Lernmethoden sowie Lehr- und Lernmitteln erfolgen... Man unterscheidet die Formen der äußeren Differenzierung (Differenzierung nach Schularten, nach Schulwegen, nach Klassen und Kursgruppen) von den Formen der inneren Differenzierung (Differenzierung der Inhalte, Medien und Methoden des Unterrichts innerhalb einer Lerngruppe)" (Deutscher Bildungsrat 1970, S. 70).

Schon dem Zeitgeist nach kann Differenzierung der lernzielorientierten, curricular angelegten Unterrichtsauffassung und einem stark lehrergeleiteten Unterricht zugeordnet werden (vgl. Abbildung 5).

Wenn *äußere Differenzierung* schulorganisatorisch die Aufteilung nach Schularten (z. B. Hauptschule, Realschule, Gymnasium) bedeutet, ist die Grundschule nicht betroffen. Bestrebungen, in der Grundschule äußere Differenzierung nach Leistungsklassen oder -kursen durchzuführen, wurden – mit Blick auf verschiedene Untersuchungen über Folgen einer äußeren Leistungsdifferenzierung in den ersten Schuljahren – weitgehend abgelehnt, da sich gezeigt hat, dass eine frühzeitige Auslese für die lernschwächeren Schüler eindeutige Nachteile (baldige Resignation, mangelnde

Lernanregungen, soziale Abstempelung) ergaben, während befähigtere Schüler kaum Leistungssteigerung zeigten. Heute wird z. T. die Auffassung vertreten, dass „Außendifferenzierung nicht trennen muss", vor allem wenn es sich um zusätzliche Förderangebote außerhalb des Klassenunterrichts handelt (Lassek 2005). Das entsprechende Angebot von Förderunterricht (aber auch von Wahl- und Interessenkursen) stellt in der Regel allerdings eine administrative Entscheidung dar und nicht die des einzelnen Lehrers.

Direkt ins pädagogische Handlungsfeld des Lehrers gehört demgegenüber die Verwendung von Formen *innerer Differenzierung* (Binnendifferenzierung), die verstärkt dort wirksam wird, wo die Arbeit des einzelnen Schülers im Lehrgang durch Berücksichtigung unterschiedlicher Lerngeschwindigkeit und Auffassungsfähigkeit gefördert wird. „Didaktische Differenzierung" als solche ist jedoch nicht grundschulspezifisch einzugrenzen, so dass hier auf allgemeine schulpädagogische Literatur verwiesen werden kann (vgl. z. B. Bönsch 1997, Paradies/ Linser 2001, Wiater 2001), auch wenn diese keine einheitliche Begriffsverwendung aufweist.

Da in der Grundschule noch nicht „homogenisiert" wurde und die gesamte Spannweite künftiger Haupt-, Real- und Gymnasialschüler (sowie eigentlich förderschulbedürftiger Kinder) aufgefangen werden muss, ist hier die Frage der *Leistungsdifferenzierung* besonders brisant. Bei der täglichen Unterrichtsvorbereitung sollten deshalb zumindest folgende Grundformen mitbedacht werden:

– *Quantitative Differenzierung* (Differenzierung nach Aufgabenumfang): Die Aufgabenstellung sollte möglichst „nach oben offen" erfolgen. Beispiele: „Umkreise so viele große *M* wie du findest! (Nicht „Umkreise 10 große *M* auf einem Zeitungsblatt!"), „Mache so viele Umkehraufgaben, wie dir einfallen!". Das unterschiedliche Arbeitstempo der Schüler wird dadurch berücksichtigt, dass eine unterschiedliche Anzahl von (Grund- und Zusatz-) Aufgaben gestellt wird. Wenn allerdings Leistungsstärkere immer wieder neue Aufgaben erhalten, verlieren sie ggf. die Lust am zügigem Arbeiten. Zusatzaufgaben können auch für Leistungsschwächere gestellt werden, speziell in Gebieten, in denen noch weitere Übung erforderlich ist.

– *Qualitative Differenzierung* (Differenzierung nach Schwierigkeits- und Komplexitätsgrad der Aufgaben): Nach vorausgegangener Feststellung des Lernstandes werden Lerngruppen gebildet, die Aufgaben mit unterschiedlicher Schwierigkeit erhalten (z. B. im Leselehrgang Wort-Bild-Zuordnungen mit kurzen Wörter und Bild, mit langen Wörtern und Bild, mit kurzen Wörtern ohne Bild sowie mit langen Wörtern ohne Bild). Differenzierung nach dem Komplexitätsgrad bedeutet, dass die Kinder bei der Aufgabenstellung wenige bis viele Faktoren berücksichtigen müssen (z. B. im Sachunterricht bei der Klassifikation von Laubbaumblättern nach Form, Größe, Stielform, Stärke usw. oder in Mathematik Zuordnen von Plättchen in eine Matrix nach Form und Größe, nach Form, Größe und Farbe oder nach Form, Größe, Farbe und Stärke).

– *Methodische Differenzierung* (Differenzierung nach Methodeneinsatz und dem Grad der Lehrerhilfe): Der Unterricht folgt nicht einer starren „Formalstufentheorie", sondern variiert nach unterschiedlichen Zugangsweisen zum Thema. Aus umfangreicher Methodenkenntnis heraus wählt der Lehrer „Versatzstücke" aus (z. B. im Schreibunterricht bei Kindern mit Bewegungshemmungen Schwungübungen nach der „Bewegungsmethode", bei Kinder mit Bewegungsentgleisungen Rückführung auf Formelemente des synthetischen Verfahrens). Unterschiedlichen Lerntypen der Kinder kommt man entgegen, wenn optische, akustische und kinästhetisch-motorische Lernanreize und -hilfen gegeben werden (z. B. bei der Buchstabenanalyse farbige Hervorhebungen, Artikulationsübungen und Flüstersprache, Nachspuren der Buchstabenformen im Schnee oder auf dem Rücken des Banknachbarn, der diesen erraten muss). Besonders in Stillarbeitsphasen ist Differenzierung nach dem Grad der Lehrerhilfe möglich, wenn manchen Schülern die Aufgaben nochmals erklärt, zusätzliche Impulse gegeben oder weiterführende Anweisungen gegeben werden.

– *Mediale Differenzierung* (Differenzierung nach dem Abstraktionsgrad der Unterrichtsmittel): Medien als Repräsentant des Unterrichtsgegenstands werden nach unterschiedlicher Abstraktionsfähigkeit der Schüler eingesetzt (z. B. wenn einige Kinder zum Rechnen noch die Finger verwenden: Arbeit mit konkretem Material). Hier eignen sich beispielsweise Arbeitsblätter für unterschiedliches Sprachverständnis (Kinder mit nicht-deutscher Sprachherkunft): Arbeitsanweisungen nur über Text, über Symbole / Zeichnung und Text oder nur über Symbole / Zeichnung.

Pädagogisch wichtig ist, dass die Schüler nicht pauschal und über längere Zeiträume den Leistungsgruppen zugeteilt werden, da ansonsten „Leistungsklassen" innerhalb der Klasse entstehen und sich auf einer unteren Ebene die Problematik äußerer Differenzierung widerspiegelt. Vielmehr muss in den verschiedenen Fächern bzw. Lernbereichen die Zuteilung aufgrund von Lernerfolgskontrollen stets neu erfolgen. Zu vermeiden sind auch dauerhafte Gruppenbezeichnungen (z. B. „Sternchen-Gruppe"), die – selbst wenn sie neutral gewählt sind – von den Schülern bald durchschaut werden und Anlass sozialer Diskriminierung sein können.

Um die Gefahr des sog. *„Schereneffekts"* nicht noch mehr zu vergrößern, werden „didaktische Schleifen" (siehe Abbildung „Individualisierung") eingebaut, die den erreichten Lernstand vertiefen, nicht aber auf das nächste Unterrichtsziel vorgreifen. Man orientiert sich also an einem bestimmten Sockelniveau, zu dem man zurückkehrt, bevor mit der nächsten Lehrgangsphase begonnen wird. Dahinter steht letztlich der Versuch, einigermaßen homogene Leistungsgruppen zu schaffen, um im Gesamtfortschritt der Klasse die Übersicht zu behalten. Das Hauptaugenmerk liegt (nicht zuletzt aus Disziplingründen) meist darauf, Lernrückstände leistungsschwächerer Schüler aufzuholen und Leistungsstärkere sinnvoll zu beschäftigen. Erreicht werden mit Differenzierungsmaßnahmen die jeweilig vom Lehrer definierten Leistungs-gruppen, weniger einzelne Schüler. Damit sind auch *Probleme* differenzierender Maßnahmen aufgezeigt, die im System der „Lehrgangsdidaktik" selbst liegen: Es entsteht die Gefahr der Überfrachtung des Unterrichts mit sog. „Lernziel-kontrollen" (ungeeigneter Begriff, da nur Ergebnisse, nicht Ziele kontrolliert wer-den können) und des übergroßen Organisationsaufwandes leistungsdifferenzierter Einteilung des Klassenverbandes nach Untergruppen. Kennzeichnend hierfür ist u. a. der erhöhte Einsatz von unterschiedlichen Arbeitsblättern.

Insgesamt zeigt sich die Tendenz, dass das Prinzip der Individualisierung durch Maß-nahmen innerer Differenzierung im Klassenunterricht systembedingt nur an-näherungsweise realisiert werden kann und gerade dadurch bei verantwortungsbe-wussten Lehrern permanent „Frustration" hervorrufen kann. Im Anspruch, stets di-agnostisch und curricular genau abgestimmte Förderprogramme für jede Leistungs-gruppe in unterschiedlichen Lerngebieten zieldifferent anzubieten, stößt nämlich der vornehmlich lehrergeleitete Unterricht an pragmatische Grenzen: Da die Lehr-kraft nicht alle individuellen Lernprozesse überschauen, schon gar nicht exakt „steu-ern" und über sie „verfügen" kann, ist an dieser Stelle ein *Perspektivenwechsel* aus Sicht der „Lernerdidaktik" notwendig und hilfreich.

3.1.3 Individualisierung durch „offenen" Grundschulunterricht

Ausgangspunkt ist ein *„pädagogisches Vorvertrauen"*, das die Selbststeuerungskräfte des Kindes sehr ernst nimmt. Man traut dem Kind zu, dass es von sich aus lernen möchte und selbst am besten weiß, welche Lernhilfen, welche Anstöße und Anre-gungen es zum Weiterlernen braucht. Im Vordergrund steht demnach nicht mehr allein das Lehrgangsziel, sondern das übergeordnete Erziehungsziel der Selbständig-keit und Selbstverantwortung (nach der Maßgabe Schleiermachers: „Erziehung hat immer das Ziel, sich selbst überflüssig zu machen"). Der Perspektivenwechsel liegt darin, dass von Anfang an Selbstverantwortung des Schülers für sein Lernen ange-strebt und die darin liegenden Möglichkeit der *„Selbstdifferenzierung"* aktiviert wird. Dieser Gedanke ist einer Pädagogik, die sich mit dem Problem der Heterogenität auseinandersetzt, nicht neu. Bereits Herbart weist nachdrücklich auf die „Verschie-denheit der Köpfe" hin und in der Reformpädagogik wird im Ansatz „Vom Kinde aus" individuelles Lernen und Entwickeln der Persönlichkeit zum zentralen Thema (z. B. in Montessoris programmatischem Aufruf „Hilf mir, es selbst zu tun!").

Neue Impulse ergaben sich aus der Kritik an Erfahrungen mit sog. „geschlossenen Curricula" der 1970-er Jahre und dem entsprechenden Gegenkonzept des „Offenen Unterrichts". Dies war zunächst ein Kampfbegriff gegen einseitige Lernzieldidaktik und den in Lektionen, lehrerzentriert und „teacher-proof" angelegten Unterricht, dem ein Verständnis des Schüler als „Objekt des Lernens" unterstellt wurde.

Heute werden sehr unterschiedliche theoretische Bezüge und Legitimationen angeführt (z. B. Theorieansätze den Konstruktivismus in der Nachfolge Piagets, die Theorie des persönlichen (Sach-) Interesses nach Schiefele und Krapp, die Theorie metakognitiver Selbststeuerung des Lernens, die humanistische Psychologie im Anschluss an Rogers, das Modell eines kooperativen Lernens mit- und voneinander, die Tätigkeitstheorie, die „Neue Lernkultur", bis hin zur allgemeine Anthropologie; vgl. Sehrbrock 1997). Das bringt begriffliche Unbestimmtheit („Öffnung des Unterrichts", „Offene Lernsituationen", „Offenes Lernen" usw.) und Missverständnisse im Hinblick auf Beliebigkeit und Strukturlosigkeit des Unterrichts, z. T. auch Skepsis gegenüber der „Vision der Offenheit" mit sich. Vergessen werden sollte dabei allerdings nicht, dass bei endlosen Mengen von Lehr- und Lernstoffen über Jahre hinweg auch im lehrgangsbezogenen Unterricht für die Schüler oft die Übersichtlichkeit verloren geht und auch Lehrer nicht immer einen sicheren Überblick, schon gar nicht über Vernetzungen zu anderen Gebieten, haben.

Umso notwendiger ist die Beteiligung der Schüler an ihrer eigenen Lernplanung – von Anfang an. Eine Rückbesinnung auf Grunddimensionen der *Offenheit im pädagogischen Handlungsfeld des Lehrers* innerhalb des Organisationsrahmens der Regelschule (vgl. Wallrabenstein 1991, Brügelmann 1998, Hanke 2005, Peschel 2005, Knauf 2006) kann hierbei hilfreich sein:

„Offensein für":

– individuelle Vorstellungen und „Wirklichkeitskonstrukte" der Kinder sowie für die Verschiedenheit entsprechender Lernzugänge und Annäherungen an Unterrichtsinhalte,

– verschiedene Lerninteressen, inhaltliche Schwerpunkte, Lerntypen und Lernstile der Schüler,

– vorausgegangene Lernerfahrungen und Lernwege,

– individuelle Lernstrategien, Lern- und Übungstechniken sowie unterschiedlichen Zeitbedarf,

– Wünsche im Hinblick auf Sozialformen, Lernpartner und Arbeitsorte,

– individuellen Bedarf an Lehrerhilfe oder Freiraum selbständigen Lernens und Arbeitens,

– freie Wahl der Aufgaben und des Lernmaterials.

Hier wird das grundsätzliche Spannungsverhältnis zwischen Lehrervorstellungen über Lehrziel und Lehrweg einerseits sowie Lerninteressen und Lernwege der Schüler andererseits evident. Die grundsätzliche Herausforderung pädagogischer Urteilskraft nach der Maßgabe „So viel Anregung zur Eigenkonstruktion wie möglich, so viel Instruktion wie nötig" wird erleichtert, wenn bereits durch vorbereitete Lernumgebungen (z. B. im didaktischen Material) eine Balance zwischen klaren Zielvorgaben und Offenheit in der Wahl der Mittel, zwischen äußerer Klarheit und Anregungsintensität (im Sinne Montessoris) angestrebt wurde.

Im Unterschied zu lehrergesteuerten Differenzierungsmaßnahmen, die vornehmlich mit Blick auf das Lehrgangsziel geplant werden (vgl. auch Einsiedler 1988), gehen offenere Formen mehr von den Lernzugängen der Schüler aus, für die eine möglichst anregungsreiche Lernumgebung arrangiert wird. Selbstverständlich bedarf auch dies planenden Vorgehens (vgl. Jürgens 2002) und entsprechenden Theorie- und Handlungswissens des Lehrers.

Offener Unterricht ist unter den Aspekten der Handlungsorientierung, einer „Beziehungsdidaktik" und des „forschend-entdeckenden Lernens" zu entwickeln. Zu bedenken sind: Material-, Aufgaben-, Zeitaspekte und kommunikative Strukturen, Material, Kooperationsförderung, Aufgabenformulierung, Organisationsmuster, Festlegen von Regeln und Ritualen. Hinzu kommt die Evaluationsfrage: Erfolg der eigenen Erprobung, Effekte, Nachteile, Erfahrungen anderer... (siehe die „Didaktische Landkarte Offener Unterricht" von Bönsch 1998).

Dieses Vorgehen im Sinne von Handlungsforschung („Lehrer erforschen ihren Unterricht", Altrichter/ Posch 2007) lotet aus, inwieweit man den Schülern Selbstständigkeit zutrauen und Verantwortung für das eigene Lernen zumuten kann. Auch sprechen keine wissenschaftlich empirischen Befunde grundsätzlich gegen Offenen Unterricht (Giaconia/ Hedges 1982, Brügelmann 1998). Vielmehr geht es um Erfahrungen mit spezifischen Formen Offenen Unterrichts aus Sicht von Lehrern und darum, wie die Kinder Selbstbestimmung empfinden.

Solche „offenen" Formen zeigen große Variationsbreite, die von unterschiedlichen konzeptionellen und theoretischen Begründungszusammenhängen (Übersicht bei Knauf 2006) und differierendem Grad der Geschlossenheit bzw. Offenheit gekennzeichnet sind. Formvarianten (z. B. freies Kreisgespräch, Werkstattunterricht, Lernstraßen, Stationenarbeit und Büffetmodell) können nach den Kriterien der mehr oder weniger freien Auswahl der Lerninhalte, der zu bearbeitenden Aufgaben, der Lernwege, der Lernpartner, der Zeiteinteilung, der Raumnutzung und Fremd-/Selbstkorrektur beurteilt werden (nach Hartinger 2005). Bei näherem Hinsehen zeigt sich beispielsweise, dass auch Stationenarbeit durchaus lehrergeleitet und fast ohne Wahlmöglichkeiten angelegt sein kann.

Im systematischen Zusammenhang der Bewältigung von Heterogenität bietet es sich an, „klassische" Formen in den Mittelpunkt zu stellen, die unter „normalen" Rahmenbedingungen eines „relativ geschlossenen" Klassenlehrerunterrichts auch in der Halbtagsschule realisierbar sind:

a) Tages- und Wochenplanarbeit

Es handelt sich um Vor- und Übergangsformen zu „echter" Freiarbeit, da hier das Verhältnis von Bindung und Offenheit, Fremd- und Selbststeuerung dosiert gelenkt und eine Balance zwischen Freiheit und Struktur hergestellt wird. Die zu bearbeitenden und übenden Inhalte werden von der Lehrerin in einem schriftlich gefassten

Arbeitsplan nach Aufgaben mit unterschiedlicher Verbindlichkeit vorgegeben; beachtet wird dabei, dass das Grundpensum sichergestellt ist. Die Kinder haben die Freiheit persönlicher Zeiteinteilung, insbesondere bei Bestimmung von Arbeitstempo und Reihenfolge der Aufgabenbearbeitung, bei Konzentration und Entspannung und bei der Wahl der Sozialformen. Bearbeitet werden die Aufgaben in (erweiterter) Still-, Partner- und Gruppenarbeit. Arbeitsplanunterricht gestattet Lernarrangements mit Hilfe von (oben genannten) Maßnahmen innerer Differenzierung und bietet somit den Vorteil individualisierenden *und* curricular überschaubaren Vorgehens. In den Anfangsklassen wird schrittweise über Tages-, Zweitages- und Dreitagespläne an die Wochenplanung herangeführt, damit die Kinder lernen, ihre Arbeiten selbst zu projektieren und zunehmend die Verantwortung für ihren eigenen Lernprozess zu übernehmen.

Im Wochenplan erhält in der Regel das Kind zu Wochenbeginn ein Blatt, das Aufgaben zu verschiedenen, mit Symbolen gekennzeichneten Lernbereichen enthält. Solche *Aufgabenarten* sind:

– *Pflichtaufgaben*, die prinzipiell für alle Kinder verbindlich sind, bei deren Ausführung sie jedoch Hilfe von Mitschülern oder Lehrer (Differenzierung nach dem Grad der Lehrerhilfe erwarten können).

– *Wahlpflichtaufgaben,* aus denen eine vorgegebene oder verabredete Zahl verbindlich ausgewählt werden muss.

– *Aufgabenvorschläge,* aus denen die Kinder frei wählen können, wenn es der Zeitrahmen erlaubt.

Daneben besteht „vorsorglich" ein Angebot von Aktivitäten anhand zur Verfügung gestellter Materialien, für den Fall, dass einige Kinder zusätzliche Lernzeit herauswirtschaften können.

Daraus ergeben sich verschiedene *Typen von Wochenplänen*, die vom geschlossenen (nur die Reihenfolge der Pflichtaufgaben kann gewählt werden), über den differenzierten (Wahlpflicht und Wahlaufgaben) und individuellen (den Stärken und Schwächen einzelner Schüler angepassten) zum offenen Wochenplan (selbst gestellte Aufgaben) führen (vgl. Claussen 1997).

Kriterien für die Gestaltung von Wochenplänen sind, dass die Kinder die Aufgaben möglichst ohne Lehrerhilfe bewältigen und die Arbeitsresultate selbst und durch Mitschüler kontrollieren können, verschiedene Lerntypen berücksichtigt und Tipps für aufgabenspezifische Lernstrategien gegeben werden (vgl. auch Naujok 2000).

Vom *Ablauf* der Wochenplanarbeit her bietet sich (z. B. in Anlehnung an Schloms 1993) folgendes Vorgehen an:

– Der Plan wird eingeführt und mit den Kindern besprochen (Vorstellung),

– die Kinder sichten die Aufgaben und das Materialangebot, suchen Aufgaben aus und bilden ggf. Arbeitsgruppen (Auswahl und Austausch),

- sie arbeiten in der gewählten Sozialform, kontrollieren und beurteilen ihre Arbeitsergebnisse (selbständige Arbeit),
- sie kennzeichnen erledigte Aufgaben im Plan und räumen die Materialien zurück
  (Arbeitsabschluss),
- sie berichten im Gesprächskreis über ihre Erfolge und Probleme und tauschen
  entsprechende Erfahrungen miteinander aus (Reflexion),
- sie erhalten nach Durchsicht der Ergebnisse von der Lehrerin persönliche
  Arbeitsbestätigungen und Lerntipps für eigenständiges Weiterlernen (Rückmeldung).

Dieses Vorgehen fordert vom Lehrer im Vorfeld aufwändige Vorbereitung und Organisation, ermöglicht im Unterricht aber Phasen der Schülerbeobachtung, der Lernstandsdiagnose und der individuellen Lernberatung.

Insgesamt kann mit Formen der Wochenplanarbeit in relativ ausgewogener Weise
das Anliegen der „Didaktik der Lernwege" einerseits und das der lehrgangsorientierten
Lehrplanung andererseits zusammengeführt werden. Die Merkmale der „Offenheit"
sind jedoch noch stark begrenzt; sie treten erst bei Formen der Freiarbeit in den
Vordergrund.

b) Freiarbeit

Freie Arbeit hat eine lange Tradition, die vor allem mit reformpädagogischen Strömungen verbunden ist (u. a. bei Kretschmann und Otto, vor allem „Freies Arbeiten"
bei Petersen, „freie Arbeitsformen" bei Freinet, „Freiarbeit" bei Montessori) und sich
als Kontrast zu einem vornehmlich fremdgesteuerten „Lektionen-Unterricht" ver-
stand. Heute begründet man die Idee auch vor dem Hintergrund von Außen-
steuerung, flüchtiger Reizüberfrachtung des Kindes durch Medienkonsum, von
Handlungsdefiziten, Mangel an originaler Begegnung und Aktivitätsabgrenzung zu
Erwachsenen.

„Die Kinder müssen erfahren – und die Erfahrung als Chance zur Selbstbestimmung nutzen lernen, dass die Freie Arbeit von der Steuerung durch den Lehrer gelöst ist, dass die Beurteilung der Erfüllung einer Aufgabe nicht von der Lehrermeinung
abhängig, sondern durch Sachkriterien bestimmt ist, dass der Beginn einer Arbeit,
die Entscheidung dazu dem eigenen Interesse an der Sache und nicht dem vermute-
ten Anspruch des Lehrers beziehungsweise der Institution entspringen müssen"
(Lichtenstein-Rother/ Röbe 2005, S. 266).

Merkmale der Freiarbeit sind vor allem darin zu sehen, dass
- Wahlfreiheit (freie Wahl der Aufgaben, der Reihenfolge der Bearbeitung, der verwendeten Materialen, der Partner) besteht,
- das Klassenzimmer Werkstattcharakter besitzt, als „Lernlandschaft" angelegt ist
  (Lernzonen, vielfältiges Materialangebot usw.),

– die Lehrerrolle vor allem durch Organisation, Beratung und individuelle Hilfe gekennzeichnet ist (Lehrer als „Lernbegleiter"),
– die Lerntätigkeiten der Schüler durch Selbstkontrolle bestimmt sind (Anbahnung autodidaktischen Lernens),
– die Lernergebnisse möglichst sichtbar gemacht und „veröffentlicht" werden.

Da die Kinder weitgehend selbst entscheiden (sollen), welchen Aufgaben, Projekten und Materialien sie sich zuwenden, wird die pädagogische Diskussion auch von Skepsis getragen. Man sieht u. a. die Gefahr, dass Unterricht in äußerer Geschäftigkeit und Aktionismus zerfließt, Schule zum unverbindlichen „Selbstbedienungsladen" wird, in dem doch wieder (nur) konsumiert wird. Auch ist die Erfahrung, dass die Kinder in ihrem „Schulbild" verunsichert werden und oft nicht von vornherein die erwartete Begeisterung für die gewährte Freiheit zeigen, als pädagogische Herausforderung ernst zu nehmen („Müssen wir heute wieder das machen, was wir gerne tun möchten?").

Pädagogisch sollte deshalb nicht das Spannungsverhältnis von Freiheit und Eigenverantwortung übersehen werden, das bereits der Begriff „Frei-Arbeit" beinhaltet: „Freiheit" in der Wahl der Aufgabe und ihrem Anspruchsniveau, der Materialien und Partner; „Arbeit" in Entscheidung, Planung, konsequenter Durchführung, Kontrolle und Reflexion.

Schulpraktische Bedenken sind dennoch verständlich, ist doch ein *Umdenken* von Lehrerinnen und Lehrern bei der konkreten Umsetzung erforderlich:
– Leistungsbeurteilung noch stärker personenbezogen und prozessorientiert (Ausdifferenzierung der Verbalbeurteilung),
– erhöhte Anforderungen und neues Rollenverständnis (erheblicher Vorbereitungs- und Organisationsaufwand, große Vorstrukturierungsleistung, Helferrolle, aber nicht Laissez-faire Stil, ...),
– kritische Auswahl und Überprüfung, häufig Selbstherstellung von Materialien,
– Bewältigen räumlicher und finanzieller Schwierigkeiten (beengter Klassenraum, Materialkosten) und zusätzlicher Disziplinprobleme, Überzeugungsarbeit bei Eltern und Kollegen, ...
– vor allem aber die unerschütterliche (freilich durch die Realität vielfach eingeschränkte) pädagogische Überzeugung, dass Kinder zu eigenverantwortlichem Lernen und Arbeiten bereit und fähig sind.

Wie aus der Abbildung „Individualisierung" hervorgeht, wird Freie Arbeit hier nicht als führende Unterrichtsform wie bei Alternativschulen (insbesondere in Montessori-Schulen) verstanden. In der Regelschule ist Freiarbeit meist Teil des Wochenstundenplans, in dem einige Stunden im Wochenzeitraster ausgewiesen sind, die sich vom übrigen Unterricht deutlich unterscheiden. Freie Arbeit kann aber auch im Wahlbereich des o. g.. Wochenplanunterricht positioniert werden. Häufig beginnt der Unterrichtsvormittag mit Freier Arbeit als psychohygienisch günstiger, fließender Übergang zu mehr gebundenem Unterricht.

Als Grundstruktur des Verlaufs Freier Arbeit sind (vgl. Mayer 1992, Lichtenstein-Rother/ Röbe 2005, Knauf 2006) folgende *Phasen* zu nennen:

- *Vorbereitung* (LehrerIn allein): Themen- und Zielbestimmung, entsprechende Her- und Bereitstellung des Materials, Vorbereitung des Klassenzimmers, organisatorische Maßnahmen.
- *Gleitender Unterrichtsbeginn:* Die Schüler treffen ein, suchen sich Materialien, führen begonnene Arbeiten weiter, führen Gespräche mit anderen Kindern usw.
- *Initiation:* Im Gesprächskreis teilen die Kinder mit, welche Arbeiten sie sich vorgenommen haben. Es bilden sich Interessengemeinschaften. Die Lehrerin berät Unentschlossene und macht Vorschläge.
- *Exploration:* Die Schüler suchen Informationen und Arbeitsanweisungen, überlegen die Auswahl des entsprechenden Materials und beschaffen sich es aus den Beständen im Klassenzimmer (oder bringen es sich ggf. für das nächste Mal von zuhause mit).
- *Produktion:* Selbständiges Arbeiten an den gewählten Aufgaben in Einzel-, Partner- und Gruppenarbeit am Arbeitsplatz oder in ausgewiesenen Funktionsbereichen (Freinet: „Studios") des Klassenzimmers (Leseecke, Bastelecke, Spielecke, „Forschertisch" usw.). Die Lehrerin berät, beobachtet (Einträge in Beobachtungsbogen) und erhält Diagnosehinweise zum Arbeitsverhalten ausgewählter Kinder.
- *Ergebniskontrolle und -besprechung:* Im Gesprächskreis berichten die Kinder, stellen ihre Arbeitsergebnisse vor und schätzen selbstkritisch den Erfolg ein, sie diskutieren, begutachten und vergleichen.
- *Arbeitsabschluss und Dokumentation:* Die verwendeten Materialen werden sorgfältig aufgeräumt und eingeordnet, die Arbeitsergebnisse in persönlichen Ordnern und Fächern abgelegt oder in Vitrinen oder Regalen ausgestellt, Sammlungen und Klassenausstellungen erweitert. Damit entsteht eine Grundlage für die „Öffentlichkeitsarbeit" bei Elternnachmittagen, Schulfesten usw. (→ Projektarbeit).

Für die Bewältigung des Heterogenitätsproblems kann die Einführung Freier Arbeit für den Lehrer eine „Schlüsselsituation" seiner Berufsauffassung darstellen, die in der Ausgewogenheit von „Führen und Wachsenlassen" (Th. Litt), von Pflicht und Freiheit, individueller Akzeptanz und Einhaltung inhaltlicher „Bildungsstandards" seine pädagogische Urteilskraft stärkt und neue Möglichkeiten im pädagogischen Handlungsfeld Schule auslotet.

c) Unterricht nach der Projektidee

Projektunterricht hat seit der amerikanischen Form der Reformpädagogik („Progressive Education") und dem amerikanischen Pragmatismus (um 1900: J. Dewey und W. H. Kilpatrick) sowie der deutschen Arbeitsschulbewegung (ca. 1900 bis 1933: B. Otto, H. Gaudig, G. Kerschensteiner, A. Reichwein u. a.) und ihrer Wiederbelebung in den 1970-er Jahren eine lange schulpädagogische Tradition, bei der die

Organisation der Lernprozesse (Beabsichtigen, Planen, Ausführen und Beurteilen) eine große Rolle spielt.

Allgemein lässt sich die *Zielsetzung* (mit Jung 2000) wie folgt charakterisieren:

– Individuelle Ebene: Einbringen persönlicher Kompetenzen, Lernwege und Interessen im Sinne intensiven und dauerhaften Lernens.

– Sachebene: Möglichst mehrperspektivisches und aspektreiches Erkunden eines Sachverhalts.

– Gesellschaftliche Ebene: Förderung entscheidungsfähiger, mündiger, verantwortungsvoller und demokratisch mitwirkender Bürger (vgl. auch BLK-Programm „Demokratie lernen & leben": www.blk-demokratie.de).

Der ursprüngliche Ansatz, der mit der Industrialisierung aufkommenden „entfremdeten Arbeit" entgegenzuwirken, die anfängliche Schwerpunktsetzung auf Beispiele aus weiterführenden Schulen und die relativ strengen Kriterien, die an die „reine" Projektmethode gestellt werden, haben dazu geführt, dass in der Grundschule vorsichtiger von Annäherungsformen, z. B. von „projektorientiertem" oder „projektartigem" Unterricht gesprochen wird. Weitere Unterscheidungen, etwa zwischen „Vorhaben", „projektorientiertem Unterricht" und „Projekt" (Paradies/ Linser 2001, S. 164) führen allerdings im Praxiszusammenhang kaum weiter.

Geht man von den Grundzügen der Projektidee aus, vor allem von „Einübung in gesellschaftliche Teilhabe und soziale Verantwortung" (Duncker 2007), so sind die Voraussetzungen in der Grundschule durchaus günstig: Das Klassenlehrersystem mit gewisser zeitlicher Flexibilität im Stundenplan, vor allem aber die (fächerübergreifenden) Lernbereiche und Lehrplanthemen (insbesondere im Sachunterricht) sind Grundlagen für eine Idee, nach der gesellschaftliche Gegebenheiten durch praktisches pädagogisches Handeln erziehlich gestaltet werden.

Entscheidend ist, dass „sich die Lernenden ein Betätigungsfeld vornehmen, sich darin über die geplanten Betätigungen verständigen, das Betätigungsfeld entwickeln und die dann folgenden Aktivitäten zu einem sinnvollen Ende führen" (Frey 1998, S. 14 f.) Entsprechende *Merkmale,* die auch unter grundschulpädagogischen Bedingungen gelten, sind Situationsbezug in der Anbindung an die Lebenswelt der Kinder, Orientierung an den Interessen der Beteiligten bei Auswahl und Durchführung des Vorhabens durch demokratische Entscheidungsfindung, Praxisrelevanz durch Einwirken auf die soziale Umwelt, Einbeziehen vieler Sinne, Produktorientierung durch konkrete, sichtbare Arbeitsergebnisse und fächerübergreifende Bezüge (vgl. Gudjons 2001).

Daraus ergeben sich verschiedene *inhaltliche Dimensionen* (vgl. Bönsch 1998). Zu nennen sind beispielsweise:

– Projekte unter gesellschaftlich-politischem Aspekt (z. B. Verbesserung der Spielplatzsituation im Schulsprengel, Einrichten einer Fußgängerampel im Schulbereich, Schulgarteninitiative),

– Projekte unter sozialem Aspekt (z. B. Spielnachmittag im Altenheim, Krankenbe-suche, Vorlese- und Musiknachmittag in Behinderteneinrichtung, Aktion „Sau-berer Wald"),

– Projekte unter innerschulischem Aspekt (z. B. Klassenzimmer-, Schulhaus oder Schulhofverschönerung, Verbesserung der Pausenangebote, Schülerzeitung, Kunst-ausstellungen, Schulfest),

– Projekte unter lerndidaktischem Aspekt (z. B. Einrichten einer Klassendruckerei, Erstellen einer Eigenfibel oder eines Lesebuchs, Erstellen einer Multi-Media-CD „Unser Dorf – gestern und heute", Einrichten von Lernwerkstatt und Work-shops),

– Projekte unter fachlichem und fächerübergreifendem Aspekt (z. B.: Gemüsesup-pe-Kochen, Das gesunde Schulfrühstück, Unser Igelbuch, Bauen eines Musikins-truments; Schulweg, Freizeitgestaltung ...)

Je nach Inhalt sind in der Grundschule folgende *Projektformen* (Bunk 1990) einsetz-bar:

– Erkundungsprojekte (z. B. Kinder erkunden konkrete Entsorgungsmöglichkeiten für verschiedene Wertstoffe und dokumentieren diese in einer kleinen Broschüre),

– Veränderungsprojekte (Kinder ändern ihre Klassenzimmereinrichtung, bauen als Änderungsvorschlag ein Spielplatzmodell u. ä.),

– Unterhaltungsprojekte (Kinder planen und veranstalten ein Klassenfest, eine Zau-ber- oder Zirkusveranstaltung...).

Unter *zeitlich-organisatorischem Aspekt* können diese Projektformen in folgenden Realisierungsvarianten umgesetzt werden:

– Miniprojekte (situationsbezogene Kurzprojekte, z. B. Sicherung des Nests eines brütenden Vogels auf dem Schulhof),

– Projekttage (ein Unterrichtsvormittag wird nur für die Durchführung eines vorher geplanten Projekts verwendet).

– Projektwochen (können als Klassenprojekte durchgeführt werden oder sind Be-standteil eines Schulprojekts, an dem mehrere Klassen mitwirken, z. B. Gestal-tung einer Feier zur Eröffnung eines Schulneubaus).

Das Projekt als Beitrag zur Bewältigung der Heterogenitätsproblematik ist dann pä-dagogisch stimmig, wenn gezielt alle Kinder einbezogen und gemäß ihrer individu-ellen Fähigkeiten eingesetzt werden (z. B. verschiedene Rollen bei einem Schulspiel oder Theaterstück).

Schon bei der Themenauswahl sind die tatsächlichen Handlungsmöglichkeiten der Kinder zu berücksichtigen. Abzuwägen ist auch, wieviel (Entscheidungs- und Pla-nungs-) Freiheit zugestanden werden soll, damit die Durchführung nicht „aus dem Ruder läuft" und durch ständiges Gegensteuern und Korrigieren des Lehrers die Grundidee verwässert wird. Um die Möglichkeiten der „Projektfähigkeit" der eige-nen Klasse auszuloten, empfiehlt es sich, mit Miniprojekten zu beginnen und sich dann erst (aufgrund der miteinander reflektierten Erfahrungen) an größere Projekte heranzuwagen.

Ein idealtypisches Projekt (vgl. u. a. Frey 1998, Jung 2000) verläuft dabei in folgenden *Phasen* ab:

– *Projektinitiative:* Der Anstoß sollte möglichst von den Kindern selbst kommen („Wie war es eigentlich früher in der Schule?"). In der Regel verstärkt der Lehrer latente oder offenkundige Schülerinteressen, gibt entsprechende Entscheidungshilfen und fasst verschiedene Schülerbeiträge zusammen.

– *Projektskizze:* Das Ergebnis gemeinsamer Zielfindung wird schriftlich festgehalten und bleibt während der gesamten Projektdauer vor Augen. Die „Projektskizze" wird, einschließlich entsprechender Spiel- und Verhaltensregeln für die weitere Beschäftigung mit dem Thema, diskutiert, wobei Gewichtungen möglichst demokratisch erfolgen (z. B. Verteilen von Punkten).

– *Projektplan:* Die Arbeitsverteilung erfolgt nach Interessen und Fähigkeiten der Schüler. Hier sind Geduld und „pädagogisches Vorvertrauen" in die Selbsteinschätzung mancher Schüler gefragt. Der Leitfaden umfasst die (wiederum mit Symbolen oder schriftlich festgehaltene) Planungsgrundlage nach den Punkten Wer – Was – Wie – Wann – Wo – (Warum). Bei komplexeren Vorhaben leistet die grafische Darstellung des Flussdiagramms oder „Netzplanes" (Schorch 1982, S. 190) gute Dienste.

– *Projektdurchführung:* In Einzel-, Partner- oder Gruppenarbeit wird der Projektplan ausgeführt, ggf. (begründet) modifiziert. Der Lehrer beobachtet, gibt Hilfen und achtet auf sach- und fachgemäße Arbeitsweisen und vielperspektivische Bezüge. Im Sinne von „Metakognition" werden immer wieder „Inseln der Reflexion" eingeschoben und der Fortschritte der Arbeit gemeinsam begutachtet, um „blinde Betriebsamkeit" zu vermeiden.

– *Projektpräsentation*: Am Ende wird eine Aktion, ein Produkt als Ergebnis der gemeinsamen Bemühungen präsentiert. Die Kinder entscheiden (mit), wenn nicht schon im Plan festgelegt, wem und in welchem Rahmen das Ergebnis vorgestellt werden soll.

– *Rückbesinnung und Feedback:* Anhand des Projektplans werden Ziele und Ergebnisse kritisch verglichen, Einzel- und Gruppenleistungen gewürdigt, Rückmeldungen aus der Präsentation ausgewertet und Konsequenzen für neue Projekte gezogen.

Aus Untersuchungen von Erfahrungen mit der Projektmethode an weiterführenden Schulen geht hervor: Lehrer beklagen größere Unruhe und erschwerte Kontrolle, die Schüler wiederum mangelnde Systematik und zu wenig Hilfestellung durch den Lehrer (vgl. Knoll 2006). Dies mag auch damit zusammenhängen, dass der Maßstab „eingefahrener" Vorstellungen von Unterricht und Schule zugrunde gelegt wird. In der Grundschule besteht die Chance, von Anfang an Lernformen (z. B. im Sinne

„neuer Lernkultur") einzuführen, die selbstgesteuertes Lernen als Grundprinzip haben und so andere Vergleichsmaßstäbe setzen.

Eine Grundschuluntersuchung (3.Jgst.) zeigt, dass die Schüler den Projektunterricht sehr gut beurteilen: „Als Konsequenz aus den Ergebnissen ist die Forderung nach Projektunterricht zu allen geeigneten Themen eindringlich zu unterstützen" (Killermann/ Bieberbach 2005, S. 37). Als notwendige Kriterien werden allerdings erachtet: Orientierung an den Schülerinteressen, Betonung des Wissenserwerbs (klare, möglichst gemeinsam mit den Schülern formulierte Lernziele), Authentizität der Situation, gekoppelt mit örtlicher Nähe, Handlungsorientierung, Wechsel von Gruppenarbeit und Elementen des lehrerzentrierten Unterrichts, längerer Zeitraum von mindestens zwei Wochen, Vorstellung der Ergebnisse in der Öffentlichkeit (z. B. Eltern, andere Klassen, Gemeinde).

Die beschriebenen Formen Offenen Unterrichts berücksichtigen nicht nur das Prinzip der Individualisierung, sondern fördern auch gemeinsames Lernen, Kooperationsfähigkeit und „Wir-Bewusstsein" der Klassen- und Schulgemeinschaft. Damit stehen Maßnahmen der Individualisierung in komplementärem Bezug zur Förderung gemeinsamen Lernens, das im nächsten Kapitel thematisiert wird.

3.2 Förderung gemeinsamen Lernens und Lebens in der Schule

Unter systematischem Aspekt ist der grundschulpädagogische Umgang mit bestehender Heterogenität durch doppelte Zugangsweise gekennzeichnet, die sich in den Prinzipien „Individualisierung" einerseits *und* „Soziale Integration" andererseits widerspiegelt. So kann soziales Lernen nicht losgelöst oder gar im Widerspruch zu individuellem Lernen gesehen werden, sondern nur in der gegenseitigen Bedingung von Selbstkompetenz und Sozialkompetenz, in der Balance zwischen persönlicher Identität und sozialer Interaktion (vgl. Kap. B 3.4).

Dadurch, dass Schule von vornherein eine Stätte der Begegnung von Individuen zum Zwecke gemeinsamen Lernens vorgegebener Bildungsinhalte ist, ergibt sich eine Sozialsituation, die für die Grundschule eine spezifische Herausforderung darstellt. Als „erste Schule" hat sie die Aufgabe, Schule als einen Erfahrungsraum zu gestalten, in dem soziale Interaktionen nicht einfach als Voraussetzung hingenommen, sondern selbst zum Thema des Unterrichts werden. Damit wird eine inhaltliche Brücke zwischen der „Grundschule als Bildungsinstitution" und der „Grundschule als pädagogisches Handlungsfeld" geschlagen: In der Aufgabe nämlich, den Schülern den neuen Lebensraum bewusst erfahren zu lassen und ein erstes Verständnis von Funktion und Eigenart der Schule anzubahnen.

Thematische Zugänge zum Sozialraum Schule ergeben sich durch konkrete soziale Situationen (nach Lichtenstein-Rother/ Röbe 2005, S. 65 ff.): Zur Gruppe der Schulkinder gehören (Kontakte zu älteren Schulkindern) – Eine Lehrperson haben (Funktion der Lehrerrolle erfassen) – Mitschülerinnen und Mitschüler haben (Tischnachbar, Gruppe, Klasse, Parallelklasse) – Zur Institution Schule gehören (Ordnungen und Regeln, Repräsentanten, andere Lehrkräfte) – Klassenraum (eigener Platz, gemeinsame Lernräume, Ausstattung).

Vor diesem Hintergrund wird die Komplexität eines Lehrerhandelns deutlich, das gleichermaßen durch individuelle Lernhilfe und Arrangieren sozialer Lernsituationen gekennzeichnet ist und damit über reine „Klassenführung" (als Thema der allgemeinen Schulpädagogik) hinausgeht.

3.2.1 Sozialerziehung

Sozialerziehung in der Grundschule verbindet in besonderer Weise Unterricht und Erziehung, da einerseits sozialer Umgang in der Schule Inhalt spezieller Unterrichtseinheiten ist, andererseits im Schulalltag ständig Einfluss auf das Sozialverhalten genommen werden muss. Insofern handelt es sich hier tatsächlich um „Erziehenden Unterricht" im klassischen Sinn Herbarts: Die Schule bemüht sich um Kenntnisse, die im Unterricht erworben werden *und* um Haltungs- und Einstellungsbildung, die im eigenen Handlungsfeld überprüft werden kann.

Im Gegensatz zu anderen, der Schule aufgebürdeten Erziehungsaufgaben (wie z. B. Freizeit-, Konsum- oder Familienerziehung) handelt es sich bei Sozialerziehung im Bewährungsraum Schule um einen echten Erziehungsauftrag, da die Schule dafür (aber nur hier!) die volle pädagogische Verantwortung trägt (vgl. Schorch 2004). Während mit Recht unerfüllbare Erziehungsansprüche, die nicht im Zuständigständigkeitsbereich der Schule liegen, zurückgewiesen werden sollten, haben Lehrer als Erzieher selbstverständlich die Pflicht, für „Ordnung im eigenen Stall" zu sorgen (Das heißt z. B. auch, bei Fehlverhalten im Schulbereich auch dann einzugreifen, wenn es sich nicht um Schüler der eigenen Klasse handelt).

Sozialerziehung findet vor allem im Schulleben selbst statt, wobei durchaus die Stellung der Grundschule als „Übungs- und Schonraum" genutzt werden kann. Zunehmend wird heute der allgemeine Begriff „Schulkultur" (vgl. Duncker 2007, S. 35 ff.) verwendet, der im vorliegenden Kontext als „Kultur des Umgangs miteinander" akzentuiert wird.

Die Bereitschaft der Schüler für ein entsprechendes „gesittetes Verhalten" ist größer als häufig angenommen. So zeigt eine 2006 erschienene Studie der UNICEF zu Wertvorstellungen bei Kindern im Alter von 6 bis 14 folgende Rangfolge der Nennungen: Freundschaft, Vertrauen, Zuverlässigkeit, Geborgenheit, Ehrlichkeit, Gerechtigkeit, Leistungsbereitschaft, Hilfsbereitschaft, Mut, Verantwortungsbewusstsein, Respekt, Pflichtbewusstsein, Mitgefühl, Umweltschutz, Geld/ Besitz, gute Manieren, Toleranz, Durchsetzungsfähigkeit, Glaube und Ordnung. Als Vorbilder nennen die Kinder an erster Stelle nicht (mehr) Medienstars, sondern Eltern und Großeltern (vgl. www.unicef.de).

a) Ziele der Sozialerziehung

Im Gegensatz zu anderen Lernbereichen, die Sachen oder Symbole zum Inhalt haben, geht es bei Sozialerziehung um den Bezug zu Personen, um Einstellungen und Haltungen gegenüber sich selbst und den Mitmenschen. Soziales Lernen findet (auch in negativer Hinsicht) immer statt und ist sozusagen empirische Beobachtungsgrundlage; Sozialerziehung ergibt sich erst, wenn die Thematik normativ gewendet und wenn auf begründete, moralisch vertretbare Verhaltensregeln und Handlungsweisen abgezielt wird.

Voraussetzung für die Entwicklung von Selbst- und Sozialkompetenz ist, dass die Kinder sensibel für sich selbst und die Umwelt werden und das eigene Verhalten und das der anderen bewusst wahrnehmen (nach Knoll-Jokisch 1981, Prote 1996).

Förderung von Selbstkompetenz wird durch eine pädagogische Grundhaltung unterstützt, die Wert darauf legt, dass die Kinder

– ihre eigenen Bedürfnisse und Gefühle wahrnehmen, akzeptieren und authentisch ausdrücken (Wünsche, Angst, Ärger, Neid, Kränkungen, Traurigkeit usw.),
– auf die eigenen Fähigkeiten vertrauen und ein positives Selbstwertgefühl und Selbstbild entwickeln (sich allmählich von der Einschätzung durch andere lösen),
– die eigenen Fähigkeiten selbstkritisch beurteilen und zunehmend selbstverantwortlich handeln (auch den Stand im eigenen Lernprozess, erreichte Ziele und Defizite erkennen),
– ihre Ich-Identität entwickeln können (Akzeptieren der eigenen Stärken und Schwächen, des eigenen Geschlechts; Entscheidungen treffen, Stolz auf eigene Leistungen, Freundschaften erleben, Neugierde befriedigen usw.).

Entsprechendes pädagogisches Handeln bezieht mit ein, dass Identitätsentwicklung nur im sozialen Umfeld entstehen kann. Positive Lehrerrückmeldungen mindern die Angst vor Misserfolgen und fördern die Erfolgszuversicht (Heckhausen 1980), wobei Rückmeldungen, insbesondere wenn sie vor der Klasse geäußert werden, sich stets auf das konkrete Verhalten („So hast du es richtig gemacht!") beziehen und Persönlichkeitszuschreibungen („Sorgenkind", „Zappelphillip" od. ähnl.) vermeiden sollten.

Es gilt, möglichst einen „positiven Regelkreis" von Sach-, Sozial- und Selbstkompetenz in Gang zu setzen, in dem man vorhandene Stärken eines Kindes in einer bestimmten Domäne aufgreift (z. B. „Markus kann gut zeichnen"), sie vor den Mitschülern anerkennt und so das Selbstvertrauen stärkt. Dies kann sich wiederum günstig auf die Lernbereitschaft in anderen, bisher weniger erfolgreichen Leistungsbereichen des Kindes auswirken.

Förderung von Sozialkompetenz geschieht im pädagogischen Handlungsfeld der Schule durch Entwicklung folgender Kompetenzen:

– *Kontaktfähigkeit:* Beziehungsorientierte Gestaltung von Situationen und Lernumgebungen unter dem Leitgedanken „Vom Ich zum Du".

– *Kommunikationsfähigkeit:* Lernen, sich verständlich auszudrücken, gut zu argumentieren, die eigenen Ansprüche einzubringen, anderen zuzuhören, Feedback zu geben und anzunehmen, „Ich-Botschaften" zu senden und aufzunehmen usw.

– *Kooperationsfähigkeit:* Schulisches Lernen als Chance begreifen, „voneinander" zu profitieren, sich gegenseitig zu helfen; individuelle Fähigkeiten und Sichtweisen der anderen zu akzeptieren und für gemeinsame Ziele zu koordinieren.

– *Konflikt(lösungs)fähigkeit:* Konflikte annehmen und aushalten können, nicht Zurückweichen gegenüber unberechtigten Ansprüchen; in Konfliktsituationen handlungsfähig bleiben – Erlernen positiver Konfliktlösungstechniken. Kognitiv: Wissen, woran man einen Konflikt erkennen kann, verstehen, dass Konflikte verschiedene tieferliegende Ursachen haben können und es auch nicht-lösbare Konflikte gibt. Emotional: Mitfühlen mit Benachteiligten, positive Einstellung gegenüber Konfliktbewältigungsmöglichkeiten. Pragmatisch: Konfliktgefahren im Vorfeld erkennen; verbale, nicht-aggressive Strategien anwenden.

– *Toleranz:* Die eigenen Maßstäbe nicht absolut setzen und Probleme auch vom Standpunkt anderer aus zu sehen; Respektieren kultureller und physischer Andersartigkeit, auch der Geschlechter; Bedürfnisse anderer respektieren und ggf. eigene Ansprüche zurückzustellen; Leistungen anderer anerkennen; Verantwortung für sich und andere tragen – aber auch die Grenzen toleranten Verhaltens erkennen.

Eine ideale Balance zwischen Selbstkompetenz und Sozialkompetenz wäre gegeben, wenn das Kind in Lerngruppe und Klassengemeinschaft soziale Bindungen eingehen könnte und gleichzeitig persönlich selbständig bliebe.

b) Inhalte der Sozialerziehung

Die genannten Ziele können, wie oben angesprochen, schulisch auf zwei Ebenen angestrebt werden:

(1) *Thematisierung in geplanten Unterrichtseinheiten*, insbesondere im „sozialwissenschaftlichen" Lernbereich des Sachunterrichts. Anknüpfungspunkt sind Erfahrungen in Zusammenleben in Klassengemeinschaft und Schule, die reflektiert und auf andere gesellschaftliche Bereiche übertragen werden (vgl. „Perspektivrahmen Sachunterricht" der GDSU 2002). In den Grundschullehrplänen sind hierfür entsprechende Themenbereiche ausgewiesen, wie z. B.: Gemeinschaft in der Schule erleben und mitgestalten – Umgangsformen, Regeln, Rituale festlegen und einüben – Einander helfen – Partnerschaftlichen Umgang üben – Demokratische Mitverantwortung in der Schule praktizieren – ..., wobei stets auch Querverbindungen zu anderen Fächern, insbesondere zum Deutsch-, Religions- und Ethikunterricht hergestellt werden können.

(2) *Situationsorientierte Sozialerziehung im Schulalltag* zielt, meist unter dem Eindruck aktueller Alltagskonflikte auf Einübung sozialen Handelns im konkreten

Bewährungsfeld Schule. Dazu gehören:

Die Pflege des täglichen sozialen Umgangs: Höflichkeitsformen (richtiges Grüßen, nicht vordrängen, andere nicht auslachen, Freundlichkeit, Vermeiden von Schimpfwörter usw.), gute Arbeitsatmosphäre (helfen und helfen lassen, sich bei Erfolgen anderer mitfreuen, auf langsamer arbeitende Kinder warten usw.) und Gesprächsführung (sich melden, warten, zuhören, ausreden lassen, beim Thema bleiben, nicht unnötig unterbrechen, selbst laut und deutlich sprechen usw.).

Die Bewältigung von Konfliktsituationen: Nicht impulsiv reagieren (bei Streit erst einmal „bis drei zählen"), Lehrer, ggf. auch Mitschüler („Streitschlichter") als „Schiedsrichter" in Anspruch nehmen usw.

„Zusammenrücken" in Ausnahmesituationen: Besondere Zuwendung zu einem Mitschüler bei Familienkrisen, Krankheit, Unfall, aber auch sich mitfreuen bei, wenn ein Geschwisterchen geboren wird…(nach Pfeuffer 1994).

Versucht werden sollte der behutsame Aufbau eines „Wir-Bewusstseins": Nicht im Sinne der Abgrenzung von anderen oder einer beschönigenden, konflikt-tabuisierenden Harmonisierung, sondern als pragmatische Grundlage möglichst reibungsfreien Zusammenlebens, die dem Einzelnen Sicherheit gibt. Das gilt insbesondere für Kinder, die zu Hause wenig Rückhalt haben und in der Schule soziale Nähe suchen. Projekte wie „Wohlfühlen in der Klasse" oder „Wir machen aus dem Klassenraum ein schönes, gemütliches Lernzimmer für Kinder" unterstützen die Einsicht, dass jeder selbst seinen Beitrag für ein gutes Sozial- und Lernklima in der Schule leisten kann.

In realistischer Sichtweise (die nicht einem Fehlverständnis von Grundschule als „Schonraum" oder „noch heile Welt" im Schulsystem unterliegt) werden Ängste von Kindern, Gewalt in der Klasse und auf dem Schulhof, Erpressung auf dem Schulweg, Außenseiter- und Bandenproblematik, Nachahmen gefährlicher Medienvorbilder, Ausländerdiskriminierung oder Umgang mit verhaltensauffälligen Kindern nicht ausgeklammert.

c) Lehrerverhalten

Die große Bedeutung des „Lehrervorbilds" für das soziale Schülerverhalten steht (seit der klassischen Führungsstil-Forschung von Tausch/Tausch bis hin zur neueren Forschungsergebnissen zu Unterrichtsqualität und Lehrer-Schüler-Interaktionen, vgl. Richert 2006) außer Frage. Im Vordergrund steht das „reversible Erzieherverhalten", d.h. Erziehende verhalten sich im sozialen Umgang selbst so, wie sie es von den Kindern erwarten.

Merkmale erfolgreicher Unterrichtsführung – wie gut strukturierte und organisierte Instruktion, Berücksichtigung individueller Lernpotentiale und Bedürfnisse der Schüler sowie Komplexität der Aufgabenstellung und Intensität des fachlichen Lernens (vgl. Ditton 2006) – gehen einher mit der sozialen Leitungsrolle als Erzieher im

Sinne des sog. *demokratischen Stils*: Überlegenheit nicht als Druckmittel, sondern als Hilfe einsetzen, Eigenaktivitäten der Schüler hervorrufen, eigene Kräfte für die Schüler einsetzen (nicht gegen sie), Eingestehen eigener Fehler…, aber auch: Klarheit, Konsequenz und Kontinuität im Führungsverhalten.

Aebli (1997, Kap. 18) spricht hier von *Assertivität* („inneren Stärke„) als Fähigkeit, im besten eigenen Interesse zu handeln, dieses ohne übertriebene Angst zu verteidigen und Gefühle natürlich auszudrücken, ohne anderen Unrecht zu tun („Asserere„ bedeutet „behaupten, in Anspruch nehmen„): „Nicht-verletzende Geltendmachung des eigenen Standpunktes„. Es ist die „Ruhige Festigkeit„, die Kindern Vertrauen und Sicherheit gibt. Dabei bedeutet „reaktive Assertivität", ungerechtfertigte Zumutungen zurückweisen können, auch mal Nein-Sagen können, sich nicht ausnutzen zu lassen (z. B. nicht immer wieder einem Vergesslichen Sachen ausleihen). „Aktive Assertivität" zeigt sich darin, von anderen etwas erbitten, etwas in Anspruch nehmen zu können, ohne Angst vor Zurückweisung zu haben (z. B. als Lehrer Eltern um Hilfe bitten). „Expressive Assertivität" schließlich bezeichnet die Fähigkeit, eigene Gefühle in kontrollierter und angepasster Weise auszudrücken (auch bewusste „Ich-Botschaften„ senden können).

Die Auswirkungen von Assertivität und demokratischem Interaktionsstil erweisen sich in größerer Aktivität und Kreativität der Schüler, in entspannter Lernatmosphäre, in der sich auch schwächere wohl fühlen, in mehr Kooperationsbereitschaft und größerer Verantwortungsbereitschaft der Schüler (die z. B. auch ohne Lehreraufsicht selbständig und diszipliniert weiterarbeiten).

In Orientierung an Kohlbergs „Stufen der moralischen Entwicklung" (z. B. 1974, 1977) kann in der Grundschule die didaktische Umsetzung sozialer Wertvorstellungen auf drei Ebenen erfolgen: Stufe der unreflektierten Erfahrung wertorientierten Handels, Stufe der Besinnung und Wertung, Stufe der reflektierten Verwirklichung von Wertvorstellungen. Diese Stufung bezieht sich sowohl auf langfristige Prozesse wie durchaus auch auf überschaubare Unterrichtseinheiten. Bereits Stufe I enthält Elemente des Bewusstmachens von Erfahrungen, die sich im Lehrerverhalten widerspiegeln: Gezieltes Beobachten, Zuhören, Sich-Hineinversetzen, inneres Miterleben und Nachvollziehen, aber auch Sammeln, Ordnen und Vergleichen. Auf Stufe II werden Urteile differenziert und korrigiert sowie Verhaltensalternativen besprochen, die auf Stufe III in konkrete Ziele und allgemeine Verhaltensregeln gefasst werden und denen gegenüber man Rechenschaft ablegen muss.

In diesem Kontext stellt die Lehrerpersönlichkeit ein wichtiges „Modell" der Identifikation dar, zumal das Imitations- und Beobachtungslernen im Grundschulalter eine große Rolle spielt und der soziale Status der Lehrkraft von Grundschülern hoch eingeschätzt wird. Freilich geht dabei nicht um eine idealistische Überhöhung des „geborenen Erziehers" als „strahlendes Vorbild", durchaus aber um „Lehrer als Helden des Alltags" (Bundespräsident Köhler, Bildungsrede 2006), die sich Tag für Tag der Erziehungsaufgabe und den eigenen Vorsätzen und Zielen persönlich stellen.

Breslauer (1994) konkretisiert dies an einer *„Prüfliste"* für Lehrer:

– „Grüße ich meine Schüler in angemessener Weise, verwende ich mein Bitte und Danke situationsgerecht und nicht stereotyp oder als Kaschierung bestimmter Einstellungen, kann ich mich auch bei Schülern entschuldigen?

– Lasse ich Schüler aussprechen, wie ich es im Unterrichtsgespräch von ihnen fordere, rede ich nicht öfters dazwischen, höre ich Schülern teilnahmsvoll zu – auch außerhalb des Unterrichts, behandle ich Fehlleistungen taktvoll, verbessere ich sachangemessen?

– Enthalte ich mich des Spotts, des Sarkasmus', der arrogantjovialen Überheblichkeit, gebe ich Fehler, Nichtwissen zu und bemühe mich um Ausgleich, kann ich auf Kritik hin sachlich und unvoreingenommen bleiben?

– Gebe ich schwachen oder disziplinlosen Schülern immer wieder Kredit, unterliege ich nicht dem »Halo«- oder »Pygmalioneffekt«, versuche ich, in Konfliktfällen vorurteilsfrei, überlegt, gerecht zu handeln, die andre Seite zu hören, mich gegebenenfalls um Kompromisse zu bemühen?

– Halte ich mich an Klassenzimmerregeln, beanspruche ich keine Sonderrechte, halte ich mich an schulische Zeitsetzungen?

– Bücke ich mich auch einmal nach einem heruntergefallenen Gegenstand, helfe ich u. U. einem Schüler beim Tragen?

– Zeige ich durch körperliches Gepflegtsein, durch gewisse Sorgfalt meiner Kleidung, dass ich den Schüler als urteilsfähige Person mit Sinn für Kultiviertheit ansehe, zeige ich die Wertschätzung des Schülers und des Bildungsauftrags durch angemessenes Verhalten -angefangen von deutlicher Tafel- und Heftschrift über die intensive Betreuung seiner schriftlichen Arbeiten (bes. der Hausaufgaben!) bis hin zum Tragen von Turnkleidung im Sportunterricht?

– Bestehe ich auf der Erfüllung sach- und kindangemessener Pflichten und Dienste, lasse ich mir hier nichts abhandeln? Aber auch: Kann ich Dinge auf sich beruhen lassen, wenn dem Kind damit geholfen werden kann?

Lehrer, die ihre Professionalität auf solche Merkmale gründen, schaffen eine erziehliche Basis, die im Gleichgewicht zwischen Normierung und Freiheit des Schülers stehen" (S. 141/142).

Eine besondere (und nicht immer zu bewältigende) pädagogische Herausforderung im Rahmen der Heterogenitätsproblematik stellt der Umgang mit *verhaltensauffälligen Kindern* und sog. „Problemkindern" dar (vgl. Havers 2005, Helbig 2007). Dazu bedarf es entsprechender Lehrerbildung in Form von Fallseminaren, Lehrertrainings und problembezogener Supervision, aber auch des Wissens, wie ggf. therapeutische Maßnahmen von außen herangezogen oder eingeleitet werden können.

Pädagogische Leitlinie und akzeptierende Grundhaltung basiert auf der Einsicht, dass sich diese Kinder nicht generell, sondern nur in bestimmten Situationen auffällig verhalten, und dass sie das nicht böswillig tun, sondern unter den gerade gegebenen Umständen nicht anders handeln können. Häufig handelt es sich um entmutigte Kinder mit Selbstwertproblemen und Selbstzweifeln. Sie sind besonders darauf angewiesen, vom Lehrer angenommen zu werden, ungeachtet momentaner Verhaltensweisen und Leistungen. In Anwendung des bereits beschriebenen „positiven Regelkreises" gilt es hier in besonderer Weise, verborgene Stärken des Kindes zu entdecken und diese konstruktiv ins Klassenleben einzubringen. Provokationen sollte man ins Leere laufen lassen oder mit einem positiven Angebot entschärfen. Der Wunsch nach Beachtung wird zwar akzeptiert, nicht aber die eingesetzten Mittel. In Situationen mit destruktivem und aggressivem Verhalten eines Kindes sind offene Machtkämpfe zu vermeiden, die Aufmerksamkeit sollte umgehend wieder der Klasse zugewendet werden; dem betroffenen Kind können Ersatzhandlungen angeboten werden, die beruhigen und es ihm ermöglichen, sich wieder einzugliedern, ohne „das Gesicht zu verlieren" (vgl. auch Fleischmann/ Rolletschek 2003).

Aus sozialer Verantwortung der Klasse gegenüber ist in der Regel bei Störverhalten rasches Eingreifen erforderlich, das jedoch durch Einzelgespräche mit dem Kind und ggf. den Eltern ergänzt werden muss. Im Sinne situationsorientierter Sozialerziehung bieten sich auch Gruppengespräche und themenzentrierte Klassengespräche an, z. B. die „Stuhlkreisgespräche" wie sie Grabbe (1992) vorschlägt. All dies erfordert jedoch zusätzliche Zeit, die für die Erfüllung fachlicher Lehrplanaufgaben verloren geht.

In diesem sensiblen Bereich zeigt sich exemplarisch, wie schwer Bildungs- und Erziehungsauftrag der Grundschule gleichzeitig zu erfüllen sind, wie weit Bildungsansprüche der Institution einerseits und Erziehungsmöglichkeiten im pädagogischen Handlungsfeld angesichts ihrer Grenzen tatsächlich auseinander liegen. Die erfolgreiche Lehrerpersönlichkeit erweist sich nicht allein am durchschnittlichen „Klassen-Output" nach standardisierten, item-basierten Leistungsmaßstäben, sondern eben auch in der Sorge um Förderung des einzelnen Kinds. Vielleicht wäre die Rückbesinnung auf das „pädagogisches Ethos" auch ein Schlüssel, die viel beklagte Abhängigkeit der Schulleistung vom sozioökonomischen Status (vgl. Gomolla/ Radtke 2002) allmählich abzubauen und mehr Kindern eine Zukunftschance zu geben.

3.2.2 Kooperative Lernformen

Im pädagogischen Begründungszusammenhang werden Begriffe wie „Kooperationsfähigkeit" und „Team- oder Gruppenfähigkeit" weniger als ökonomisch orientierte „Schlüsselqualifikationen" verstanden, die vor allem Arbeitgeberinteressen im Blick haben, sondern vielmehr als Chance gegenwärtiger Lebensbewältigung des Einzelnen im Zusammenleben mit Anderen und Lebensbereicherung durch zwischenmenschliche Beziehungen. Entsprechende pädagogische Ansätze finden sich schon bei Comenius (Lernen durch Lehren), Pestalozzi (gegenseitige Hilfe) und in der Reformpädagogik, insbesondere in der Arbeitsschulbewegung und in der Jena-Plan-Schule Peter Petersens (vgl. die Übersicht bei Traub 2004). Heute wird diese Chance vor allem im Aufgreifen verschiedener Vorerfahrungen, Kenntnisse, Perspektiven, Fähigkeiten und kultureller Differenzen in heterogenen Lerngemeinschaften gesehen.

Da sich in weiterführenden Schulen oft einseitig Konkurrenzdenken und „Einzelkämpfertum" (schon wegen Leistungsvergleich und Benotung) verfestigen, sollte die

Grundschule von Anfang an gruppendynamische Wechselwirkungen und kooperative Lernformen akzentuieren – in der Hoffnung, dadurch allmählich eine „Reform von untern" in Gang zu setzen. Denn gerade die Schule als „organisiertes Sozialsystem" bietet viele Möglichkeiten der Förderung kooperativen Handelns, wenn Rahmenbedingungen geschaffen werden, in denen miteinander und nicht gegeneinander gearbeitet wird.

Bei der Frage, wer miteinander kooperieren soll, ist die *pädagogische Intention* maßgebend: Zusammenführung gleicher oder unterschiedlicher Leistungsniveaus, (Geschlechter-) Interessen, Arbeitseinstellungen, Vorerfahrungen und soziokultureller Hintergründe.

Hempel (1999) zeigt dies am Beispiel der Organisation geschlechtshomogener bzw. geschlechtsheterogener Kooperationsformen auf: Trennung von Jungen und Mädchen, wenn Mädchen im technischen Bereich mehr Vertrauen in die eigenen Fähigkeiten entwickeln sollen, wenn im Sportunterricht körperliche Bedürfnisse zu berücksichtigen sind…; Zusammenführung, wenn z. B. bei sexuellen Themen Jungen eher ihre Probleme und Gefühle zum Ausdruck bringen und Mädchen dazu ermutigt werden sollen, wenn z. B. im Schriftspracherwerb unterschiedliche Vorerfahrungen zur gegenseitigen Hilfe genutzt werden (S. 198).

Beim Aufbau kooperativer Einstellungen spielt wiederum das *Lehrervorbild* eine große Rolle. Gegenseitiger Respekt als Grundvoraussetzung für kooperatives Lernen ist nur möglich, wenn auch die Lehrperson diese Haltung ausstrahlt (Dies ist u. a. dann der Fall, wenn sie allen Kindern gleichermaßen Aufmerksamkeit schenkt und nicht durch ihr Verhalten zum Ausdruck bringt, dass es sich bei manchen Kindern gar nicht lohnt zuzuhören).

Grundsätzlich ist (unter Einbezug von Ergebnissen der Kommunikationsforschung, z. B. Bateson 1993) Kontingenz zu beachten:

– Sender und Empfänger sind keine bloßen Instanzen, die nicht denken, fühlen und wünschen; sie haben vielmehr unterschiedliche Bedürfnisse und Fähigkeiten; sie kommunizieren miteinander unter jeweils ganz konkreten und immer kontingenten Bedingungen in konkreten Situationen.

– Jede Information hat neben dem Inhaltsaspekt auch eine Beziehungsebene; Kommunikation überträgt somit nicht nur Informationen, sondern drückt auch (oft nonverbal) aus, wie sich der Sender fühlt und wie er gerade die Beziehung zwischen sich und dem Empfänger empfindet (nach Schräder-Naef 2002, S. 49).

Der Schwerpunkt der Arbeit liegt in der (freilich arbeitsintensiven) Vorbereitung der Lernumgebung und in der Begleitung der Lernprozesse:

– Zur Vorbereitung kooperativer Lernphasen gehört der präzise Arbeitsauftrag, die Gruppen- und Rollenfestlegung, die Vorbereitung des Materials und die Raumplanung.

– Während des Unterrichts zieht sich die Lehrkraft weitgehend zurück und versteht sich vor allem als „Lernhelfer" und Koordinator.

– Die abschließende Bewertung und Nachbereitung dient der gemeinsamen Reflexion der Gruppenprozesse („Metakognition").

In diesem Zusammenhang wird deutlich: „Ziele kooperativen Lernens sind neben Wissenserwerb und Wissensvertiefung vor allem Aufbau von Kompetenzen im sozialen, kommunikativen und konfliktlösenden Bereich" (Heyder 2000, S. 113).

Grundschulspezifisch geht es um erste Schritte des Aufeinanderzugehens, der Vertrauensbildung und allmählicher Überwindung von altersbedingtem Egozentrismus. Dazu ist es vorteilhaft, den vom Kind zunächst noch unüberschaubare Klassenverband zeitweise aufzulösen, feste Lernpartnerschaften (über Wochen und Monate) anzuregen und gezielt Kleingruppenarbeit anzubahnen.

Orientieren kann man sich dabei an den Elementen kooperativen Lernens (vgl. Johnson/Johnson 1999 und Kagan 2001):

– Positive Abhängigkeit (wenn sich alle in der Gruppe wohl fühlen und ein gemeinsames Ziel erreichen wollen: „Wir brauchen einander"),
– individuelle Verantwortungsübernahme und Verbindlichkeit (wenn alle Mitglieder gleichermaßen die Lernleistung der Gruppe unter Beweis stellen: „Jeder kann drankommen"),
– direkte Interaktion mit dem Gegenüber (wenn sich alle in unmittelbarer Nähe zueinander befinden und sachbezogen miteinander reden: „Feedback geben"),
– soziale Fähigkeiten (wenn die Kompetenzen zum Wohle der Gruppe eingesetzt werden: „Rücksichtsvoll miteinander umgehen") und
– Evaluation (wenn die gemeinsamen Anstrengungen beurteilt und Verbesserungen anstrebt werden: „Lernergebnisse der ganzen Klasse vorstellen").

Grundschulpädagogisch steht dabei nicht so sehr, wie in der Berufswelt, der produktorientierte Arbeitserfolg im Mittelpunkt, sondern die grundsätzliche Erfahrung eines gemeinsamen Lernprozesses: Die Erfahrung, dass man nicht nur allein oder in Konkurrenz zu Anderen, sondern auch *mit Anderen lernen* und hierdurch Vorteile für sich selbst ziehen kann – und die Einsicht, dass dies umso besser gelingt, wenn alle der Reihe nach sprechen, man sich gegenseitig zuhört, ermutigt und gegenseitig hilft, Probleme und Verständnisschwierigkeiten offen klärt, andere Perspektiven akzeptiert und mit widersprüchlichen Ansichten zurecht kommt.

Freilich kann man hier nicht von Hochformen der Gruppenarbeit ausgehen, die selbst Erwachsenen Schwierigkeiten bereiten. Am Anfang steht vielmehr der behutsame Aufbau kooperativen Lernverhaltens, insbesondere wenn eine Klasse neu übernommen wird. Folgende *Zugangsweisen*, die auch parallel stattfinden können, bieten sich an:

(a) Einführung in kooperative Spielformen
Wiederum „Brückenfunktion" nimmt das Spiel ein, wenn Spielformen eingeführt werden, bei denen nicht Gegnerschaft, sondern Solidarität im Vordergrund steht.

Bekannte Beispiele aus dem Sportbereich sind der „Lawinenzeck" (Ein Kind fängt die Davonlaufenden. Jeder Abgeschlagene wird zum Fänger), der „Hilfezeck" (Ein Kind versucht, jemanden zu fangen, der Verfolgte darf aber nicht abgeschlagen werden, sobald ihm ein anderes Kind beide Hände reicht), „Die Salzsäule" (Der Abgeschlagen muss wie eine Salzsäule stehen bleiben, darf aber durch Berühren von frei Herumlaufenden wieder lebendig gemacht werden), „Dreibeinlaufen" (Die mittleren Beine zweier Kinder werden zusammengebunden, so dass die auf „drei Beinen" zu einem Ziel hüpfen müssen), „Eisenbahnstaffel" (Der erste Läufer rennt zum Ziel und zurück zum Start und schlägt den zweiten Läufer ab. Dieser hängt sich an, beide laufen zum Ziel und wieder zurück und holen den dritten Läufer ab usw.) (Knoll-Jokisch 1981, S. 121/122).

Auch andere Regelspiele (Karten-, Geschicklichkeits- Brett- und Denkspiele) werden danach ausgesucht, ob nicht der Konkurrenzgedanke, das „Besser-Sein als die Anderen" im Vordergrund steht, sondern das Miteinander. Solche Spiele werden inzwischen als eigenständige Spielform „Kooperative Spiele" in der Spiele-Systematik geführt (vgl. Kammermeyer 2005). Zwar gibt es bisher nur wenige empirische Nachweise für Wirkungen von Kooperationsspielen auf das Sozialverhalten generell (vgl. Einsiedler 1999, Kap. 6.5), es ist aber plausibel, dass in solchen Spielformen, vor allem durch die offene Kommunikation, die egoistische Dimension des Konkurrenzspiels abgebaut werden kann. Zu bedenken ist auch die kompensatorische Aufgabe der Grundschule, einen Gegenpol zur Medienwelt zu setzen, in der Streit, Kampf, Rivalität und Triumph über andere längst zum Normalfall geworden ist.

(b) Einführung in die Partnerarbeit

Das Zweierverhältnis ist für die Kinder Anfangs leichter zu bewältigen als das Beziehungsnetz einer größeren Gruppe. Partnerarbeit kann so als Vorstufe zur anspruchsvolleren Gruppenarbeit gesehen werden. Sie ist organisatorisch leicht durchzuführen und ist auch für den kurzfristigen Einsatz (Partnergespräch, wechselseitige Hilfe und Kontrolle, Partnerdiktat usw.) geeignet. Sie hat jedoch auch eigenen Wert, vor allem im Zusammenhang systematischen Bewusstmachens unterschiedlicher Sozialformen des Unterrichts und der pädagogischen Bedeutung des Helfersystems. Hier wirken sich Altersunterschiede und Leistungsunterschiede durchaus positiv aus, nicht nur für den Betreuten, sondern auch für den Helfer selbst, der im Erklären die Sache besser verstehen lernt. Neben der Lerneffektivität geht es um die Haltungen, einerseits uneigennützig zu helfen, andererseits sich ohne Einbußen im Selbstwertgefühl helfen zu lassen (vgl. Glöckel 2003, Kap. 2.3).

In den ersten Schulwochen lautet das entsprechende Thema „Aus dem Tischnachbarn wird ein Partner" (Lichtenstein-Rother/ Röbe 2005, S. 80): Die Kinder lernen die Form des Gegenübersitzens, wie man leise und deutlich spricht, die Art der Kontrolle, das Hinweisen auf Fehler, die gerechte Aufteilung von Materialien und der Arbeitsfläche usw.

Aber auch während der gesamten Grundschulzeit sollte die Sozialform der Partnerarbeit immer wieder zum Gegenstand des Unterrichts werden. Besonders geeignet hierfür sind szenische Darstellungen, bei denen anhand eines Rollenspiels vorbildliches und falsches Partnerverhalten reflektiert und auf neue Situationen übertragen wird.

Bei materialgeleiteter Gestaltung von Lernumgebungen hat die Partnerarbeit einen festen Platz, weil die meisten Lernmaterialien und -spiele für Partnereinsatz geeignet sind (Frage-Antwort, Aufgabenstellung wechselweise, Partnerkontrolle, Ergebnisvergleiche usw.). Gut einsetzbar sind auch Computerprogramme für die Grundschule (vgl. Schorch 2005), deren Lern- und Übungssoftware auf einen interaktiven Partnermodus eingestellt werden kann.

Kooperatives Lernen kann über den Klassenverband hinaus initiiert werden, wenn in der Schule Partnerschaften geknüpft werden, z. B. als „Patenschaften", die Schülerinnen und Schüler aus der 5./6. Jahrgangsstufe für Erst- und Zweitklässler übernehmen und für (mindestens) zwei Jahre bestehen. Als entsprechende Aktionen und Projekte bieten sich an: Kennenlernen-Tag(e), gemeisames Feiern von Erntedank, Martinstag, Nikolaus, Advent und Weihnachten, Fasching, Ostern, gemeinsame Wandertage und Unterrichtsgänge, gemeinsame Gestaltung von Projektwochen zu Themen wie Müll, Wiese, Wasser, Schulverschönerung usw. Für die jüngeren Schüler erleichtert dies die Integration in die Schule, vor allem zu Beginn des Schullebens, fördert den Abbau von Angst vor den „Großen" und erweitert die Erfahrung der Möglichkeiten partnerschaftlichen Arbeitens. Die älteren Schüler übernehmen konkrete Verantwortung für „Schutzbefohlene", können die Aufgabe individuell gestalten, „Lernen durch Lehren" und gewinnen an Selbstsicherheit und Selbstwertgefühl. Freilich ist das verbunden mit erhöhtem Arbeits-, Zeit- und Organisationsaufwand der Lehrkraft und zusätzlichen pädagogischen Herausforderungen, wenn bei individuellen Partnerschaften Probleme entstehen.

(c) Einführung in die Gruppenarbeit

Im Gegensatz zum Abteilungsunterricht, bei dem die SchülerInnen nach verschiedenen Aufgabenstellungen im Block einzeln arbeiten, ist Gruppenarbeit eine zusammenwirkende Arbeitsform, bei der die Mitglieder ein gemeinsames Ziel verfolgen, die Aufgaben für die Durchführung selbständig verteilen und am Schluss (in der Regel durch einen Gruppensprecher) dem Plenum die Ergebnisse vorstellen. Ziele des Gruppenunterrichts bestehen darin, die Schüler stärker am Unterrichtsprozess zu beteiligen, die Selbständigkeit des Arbeitens und Denkens zu fördern, die Fähigkeit sozialer Koordination zu entwickeln und demokratische Umgangsformen vorzubereiten (vgl. Terhart 2000, Kap. 5.3).

Empirisch nachgewiesen sind Vorteile auch bei kognitiven Lernzielen, wenn die Arbeitsaufträge durch die Lehrkraft präzise gestellt und für Gruppenbetreuung, Ergebnissicherung und Integration der Ergebnisse in den Unterrichtsablauf genügend Zeit investiert wird (vgl. z. B. Haag/ Hopperdietzel 2000).

In der Grundschule sind in der Regel nur Annäherungsformen „echter" Gruppenarbeit erreichbar, vor allem weil die Selbstorganisationsfähigkeit der Kinder sich erst allmählich entwickelt. Bei der Anbahnung dieser Arbeits- und Sozialform sollte der Begriff „Gruppe" spezifisch und nicht inflatorisch für alle möglichen Organisationsformen gebraucht werden. Die Kinder sollten (zumindest für einen festgelegten Zeitraum) ein „Gruppenbewusstsein" aufbauen und sich ihrer Gruppe zugehörig fühlen, in der Gruppe die gleiche Anerkennung wie die Anderen erfahren, „stolz" auf die gemeinsame Leistung sein und durchaus in Konkurrenz zu anderen Gruppen treten können. Hilfreich ist es, wenn sich die Mitglieder durch einen selbst gewählten Gruppennamen (Logo) eine gemeinsame Gruppenidentität erarbeiten (vgl. Heckt/ Green 2000).

Für die Grundschule geeignete *Formen der Gruppenarbeit* (vgl. Gudjons 2003, Kap. 2.4) sind

– die Kleingruppe als ständige Arbeits- und Sozialform (die „Tischgruppe" als festes Team gemeinsamer Lernarbeit),
– die tägliche Kleingruppenarbeit (als wechselnde Gruppenbildung nach jeweiligem Lernstand im Rahmen innerer Differenzierung),
– die kurzzeitige themengleiche Kleingruppenarbeit (zur Vertiefung, Übung, aber auch zur Vorbereitung neuer Unterrichtsinhalte),
– die arbeitsteilige Kleingruppenarbeit (z. B. für epochal angelegte Themenbearbeitung im Sachunterricht oder für Teilbeiträge zu einem größeren Vorhaben im Kunstunterricht) sowie
– die Gruppenarbeit als Bestandteil „offenen Unterrichts" (insbesondere im projektorientierten Grundschulunterricht).

Hinzu kommen Interessengruppen, die sich außerunterrichtlicher Aufgaben annehmen wie z. B. Pflege des Schulgartens, Betreuung des Klassenaquariums, der Klassensammlung, der turnusmäßigen Aktualisierung der Wandzeitung, der Homepage …Hier wird Gruppenarbeit zum festen Bestandteil eines Klassen- und Schullebens, das die Heterogenität der Schülerschaft als gegebene Voraussetzung akzeptiert und Gestaltungsmoment einbezieht.

3.2.3 Schulleben

a) Schulpädagogischer Bezugsrahmen

Allgemein beziehen „Schulen als lernende Organisationen" gezielt den Sozialfaktor der personalen Interaktionen mit ein. Dies kommt in neueren Begriffen wie Schulklima, Schulprofil, Schulautonomie, Schulentwicklung, Schulqualität und Schulprogramm in unterschiedlichen Akzentsetzungen zum Ausdruck.

Nach der aktuellen Reformidee der *autonomen Schule* beispielsweise soll jede Schule ihr eigenes pädagogisches Profil entwickeln, prägen und spezifische Schwerpunkte, die sich von anderen Schulen unterscheiden, ausbauen (vgl. Korinek 2000). Dies ist wegen der zu erwartenden positiven Effekte wie Teamarbeit, pädagogische und didaktische Kreativität im Kollegium, Engagement bei den Eltern usw. zu begrüßen, muss vom Auftrag der Grundschule als gemeinsame Schule für alle Kinder aber auch vorsichtig abwägend eingeschätzt werden: Schulen mit (vermeintlich) weniger attraktivem Profil dürfen nicht als „langweilige Restschulen" degradiert werden, die Eltern dazu veranlassen, die Schulsprengelregelung zu unterlaufen. Würde die obligatorische Schule vor Ort „entmischt", könnte ihre Vielfalt (aufgrund homogenisierter Herkunft aus gleichgesinnten oder -gestellten Familien) verarmen. Frühzeitige Spezialisierung und fachliche Kanalisierung (in tendenzieller Rückkehr zu den früheren „Pro-Gymnasien") könnte „Offenheit nach oben" gefährden und bei der Schullaufbahnentscheidung die ohnehin zu großen soziokulturell bedingten Unterschiede bei den Startbedingungen verschärfen. Mit pädagogischem Profil der Einzelschule kann jedenfalls nicht „Profilierung" im Sinne zu früher Spezialisierung, Absonderung oder gar Durchsetzung von Gruppeninteressen gemeint sein (vgl. auch Inckemann 1997, S. 178-186).

Der Grundgedanke aber ist dann nachhaltig zu befürworten, wenn ständiges Bemühen um die Qualität der Schule im Vordergrund steht, wenn ernsthaft, kompetent und phantasievoll die erste Schule als Teil des Wohnumfeldes gestaltet und zur „Kinderheimat" wird.

„Auf ein absonderndes Profil zu verzichten, heißt nicht, auf einen ausgewiesenen Ruf einer Grundschule, auf eine spezifische Farbe zu verzichten, die sich aus dem sozialen Milieu und den Aktivitäten der Eltern und Lehrer ergibt; es bedeutet, gerade nicht auf eine homogene, nivellierte Lerngruppe zu setzen... Die allgemeine Grundschule für alle Kinder des Einzugsbereichs muss in einer pluralistischen Gesellschaft erhalten werden. Nicht zuletzt, damit die Kinder unterschiedlichster Herkünfte und Zukünfte wenigstens in der Grundschule ein paar Jahre gemeinsame Erfahrungen gewinnen können" (Preuss-Lausitz 1995, S. 2).

Schulleben und Gestaltungsautonomie der Schule werden in letzter Zeit häufig auch im Umfeld des „Integrationsbegriffs" *Schulkultur* gebraucht. Gemeint sind in der Regel folgende Bereiche:

– „Lernkultur": Inhalte und Methoden der Schularbeit (Beispiele: Gestaltung der Lernumgebung als Lernanreiz, methodische Vielfalt, zeitliche Rhythmisierung und Arbeitshygiene).

– „Erziehungskultur": Formen und Qualität des sozialen Umgangs (Beispiele: Schul- und Klassenklima, Verhaltensregeln, demokratische Gepflogenheiten).

– „Organisationskultur": Qualität und Struktur des Handelns (Beispiele: Zusammenarbeit mit Schulverwaltung und Eltern, Raumverteilung, Stundenplan, Schulbusbetrieb, Kinderbetreuung).

In seiner Funktion als Kollektivbegriff, der von einer eigendynamischen Kinder- bzw. Schülerkultur einerseits bis hin zu überprüfbaren Qualitätskriterien der Schulevaluation reicht, steht der Terminus „Schulkultur" allerdings auch in der Gefahr, ökonomisch-betriebswirtschaftliche („Humankapital"), schulpolitische (Konkurrenz durch Evaluation), organisationspsychologische (Optimierung gruppendynamischer Prozesse) einerseits und pädagogische Konturen andererseits zu verwischen. Der erzieherische Auftrag vertraut darauf, dass die „formenden Kräfte des Schullebens" das allgemeine Leben positiv beeinflussen (vgl. Herbarts Formel vom „Erziehenden Unterricht"). Insofern ist pädagogisch gestaltetes Schulleben nicht einfaches „Abbild des Lebens", sondern vielmehr an Zielvorstellungen und Ideale (z. B. kooperatives Zusammenleben, demokratisches Verhalten) gebunden. Die Realität des Lernorts Schule, in den die Kinder ihre Lebenserfahrungen „von außen" hineintragen, bildet den Ausgangspunkt entsprechender „Lebensnähe". Schulleben als Leben in einer bestimmten Institution kann so durchaus Modellcharakter für Zusammenleben in anderen Institutionen haben – allerdings auch nicht mehr.

Unter pädagogischer Sichtweise akzentuiert der Begriff Schulleben vier Faktoren (vgl. Keck 1993):

– Herstellung der Einheit von Unterricht und Erziehung in der Schule als ein in allen Dimensionen verantworteter Raum (Schulrituale und Gewohnheitsbildung, unterrichtsübergreifende Veranstaltungen, emotionales Wohlbefinden,...).

– Schule als Lebenswelt des Kindes (Freizonen und -zeiten, Raum für Selbsttätigkeit,...).

– Schule als Lernort im Netzwerk von Lernorten (direkte Begegnung, außerschulische Lernorte, heimatlicher Nahraum,...).

– Herstellung einer erzieherischen Kontinuität zwischen Schule und Elternhaus (Hausaufgabenpraxis, Schullaufbahnberatung, schulergänzende Aktivitäten von Eltern im Sinne einer „Schulgemeinde",...).

b) Grundschulpädagogische Einordnung des Schullebens

Da die Begriffe Schulkultur und -entwicklung eher dem Kontext der „Grundschule als Bildungsinstitution" (Teil B) zuzuordnen sind, soll unter systematischem Aspekt für die „Grundschule als pädagogisches Handlungsfeld" auf den traditionsreichen Begriff *Schulleben* zurückgegriffen werden. Für die Grundschulpädagogik ist mit diesem (weiterhin ausbaufähigen) Begriff weiterhin eine zentrale Konzeption bedeutsam, die der stufenspezifischen Aufgabe grundlegender Sozialerziehung und kindgemäßer Schulgestaltung in Einheit von Erziehung und Unterricht am ehesten gerecht wird. Gemeint ist das Alltagsgeschäft der einzelnen Lehrkraft, die für den Beginn der Schulzeit „Schulleben als pädagogisches Programm" versteht, das explizit den Erfahrungsraum Schule zum Thema macht.

Im Begriff der Schulkultur gehen institutionelle Bedingungen und pädagogische Umsetzung ein komplexes und schwer trennbares Beziehungsgeflecht ein. Im Rahmen der bisher entworfenen Leitlinien systematischer Grundschulpädagogik wird demgegenüber der Begriff Schulleben favorisiert, weil er sich eindeutiger dem Strukturmerkmal „Grundschule als pädagogisches Handlungsfeld" zuordnen lässt.

Hinzu kommt, dass „Schulleben" mehr als andere Begriffe im Bewusstsein der Praktiker „lebt" (wie z. B. Internet-Recherchen mit unzähligen Treffern belegen. Unter dem Stichwort Schulleben finden sich zahlreiche Homepages von Grundschulen).

Begründungen für eine grundschulspezifische Sichtweise des Schullebens:

– Im Zusammenhang mit der *Heterogenitätsproblematik* spielt die Tatsache, dass die Grundschule der einzige verbliebene Raum ist, in der weitgehend alle Mitglieder unserer Gesellschaft verpflichtet sind, einen Teil ihres Lebens zu verbringen. Damit erhält die Grundschule den Modellcharakter der „Schule als Polis" (H. v. Hentig). Zumindest ist sie ein „Haus des Lernens", das die Chance bietet, wenigstens für vier Jahre gemeinsame Werte und Regeln des Zusammenlebens kennen zu lernen, zwischen den vielfältigen Polen der sog. pluralistischen Gesellschaft zu vermitteln und hierfür sogar einen gewissen Wertekonsens (in Form von Lehrplänen) zur Verfügung zu haben.

– In der Grundschule liegt ein *spezielles Verhältnis von Schulleben und Unterricht* vor: Während in weiterführenden Schulen Unterricht und Aktivitäten des Schullebens in der Regel isoliert existieren (z. B. Klassenfahrten) oder sich allenfalls zeitweise in einigen wenigen Fachbezügen überschneiden (z. B. im Beitrag der musischen Fächer zu Fest- und Feiergestaltung) und Unterricht der beherrschende Faktor ist, stellt in der Grundschule Schulleben eine zentrale übergeordnete pädagogische Kategorie dar. Unter dem Aspekt der „Vermittlerschule" wird Schulleben zum Oberbegriff, in den Unterricht eingeschlossen ist. Dieses Verständnis wird begünstigt durch das Klassenlehrerprinzip in der Grundschule (mit festem Klassenzimmer), da – im Gegensatz zum Fachunterricht mit ständig wechselnden Fachlehrern als Bezugspersonen – KlassenlehrerIinnen die meiste Zeit der Wochenstunden innehaben und ohne ständige Gebundenheit an den 45-Minuten-Rhythmus die Zeit relativ flexibel einteilen können. Schultag, Schulwoche und Schuljahr werden mit den Kindern „durchlebt" und ein entsprechender „Lebensrhythmus" gestaltet. Die Grundschule wird zum gemeinsamen „Lebensraum" (dessen Bedeutung mit zunehmender Einrichtung von Ganztagsschulen noch erweitert wird).

– Schließlich gehört „Schule und Gemeinschaft" selbst zu den regulären *Lehrplanthemen* der Grundschule. Damit hat Schulleben im Stoffverteilungsplan einen legitimen Ort. Die Zeit für situationsgemäße Behandlung von Themen zum und aus dem Schulleben muss nicht von anderen Lernbereichen abgerungen werden (Zu den entsprechenden Unterrichtsinhalten siehe C 3.2.1 b).

Hinzu kommt, dass die Eltern der Grundschüler in der Regel auf ein funktionierendes Schulleben vertrauen, ohne dass Schul- oder Elternvereine als „Lobby" eingesetzt werden müssten: „Ein durchaus eigenes Bild bietet die Grundschule... Schulfeste sind im Grundschulalter neben Einschulungsfeiern, Weihnachtsspielen und gemeinschaftlichen Ausflügen ein Integrationspunkt für Eltern, Lehrer und Schüler, der dem Schulleben halt gibt" (Cortina/ Baumert u. a. 2003, S. 112).

Für den Schulanfänger stellt das soziale Erfahrungsfeld Schule gegenüber den gewohnten Interaktionen in Elternhaus und ggf. Kindergarten eine neue Herausforderung dar.

„Der Schüler muß das institutionelle Leben kennenlernen, und er muß erste Erfahrungen eigenen Verhaltens in einem institutionellen Rahmen sammeln. Das ist nicht schwierig, denn die Schule selbst ist ja eine derartige Institution. Es ist also möglich, den Schülern das Funktionieren der Institution Schule klarzumachen und sie zu einem verantwortlichen Verhalten in diesem Rahmen anzuleiten" (Aebli 1997, S. 68).

Gerade hier hat die Grundschule Grundlegungs- und Aufbauarbeit zu leisten, da beim Kind das Bild von Schule erst entsteht, aber auch nachhaltig geprägt wird (wie viele Autobiographien Erwachsener belegen; vgl. Behnken/ Zinnecker 2001, Kap. VI). Während selbstverständlich auch das außerschulische „Leben bildet" (Pestalozzi), aber eben nur beliebig und zufällig, unterliegt das Leben in der Schule den besonderen Rahmenbedingungen einer „künstlichen" Institution.

Historisch gesehen ist festzustellen, dass das pädagogische Profil der Grundschule stark durch die *reformpädagogische* Konzeption der „Schule als Lebensstätte" geprägt wurde. In Anknüpfung an Peter Petersen hat nach dem zweiten Weltkrieg vor allem Lichtenstein-Rother (1969) die erzieherische Bedeutung der Schule und Klasse als „Ordnungsgestalt" hervorgehoben und mit ihren Vorschlägen für die Praxis der ersten Schuljahre fruchtbar gemacht. Inhalte und Ordnungen des Schullebens sind bestimmt durch bewusste Rhythmisierung, die zu Vertrautheit, Sicherheit und emotionaler Stabilität der Kinder beitragen soll. So wird der Schultag durch seine „täglich wiederkehrenden Glieder" rhythmisiert: Gleitender Schulbeginn nach klaren Ordnungsregeln, Begrüßung im Morgenkreis, Andacht, Musizieren und Vorlesen, Tagesbericht, tägliche Übung, gemeinsames Frühstücken im Klassenzimmer, Unterricht, Bewegung im Freien, Verabschiedung im Abschlusskreis.

Die Schulwoche beginnt mit dem Berichten vom Sonntag und dem Verteilen der Wochendienste und klingt mit dem Wochenrückblick aus. Im Mittelpunkt steht der Wochenplan, der auch im Klassentagebuch dokumentiert wird. Wöchentlich wiederkehrende Einrichtungen sind z. B. Bücherstunde und freie Arbeit. Klassenraum, Klassentagebuch und Klassenmappen sind „Spiegel des Klassenlebens", dessen „äußere Freiheit durch innere Ordnung" ermöglicht wird.

Das Schuljahr wird inhaltlich durch Thematisierung der Jahreszeiten gegliedert und erhält seine Höhepunkte durch „festliche Stunden im Jahreslauf": Geburtstagsfeiern, Kinderfest, Erntefest, Laternenumzug, Nikolaus, Weihnachtsfeier, Elternnachmittag, usw. Durch Patenschaften älterer Schüler, gemeinsame Schulfeste und -projekte sowie starke Einbindung der Eltern entwickelt sich über Klassenleben hinaus ein wirkliches Schulleben, das von der Idee der „Lebensgemeinschaftsschule" und „Schulgemeinde" getragen wird.

Mit beginnender „Curriculumphase" in den 1970-er Jahren und betonter Fachorientierung in der Grundschule verlor der Schulleben-Gedanke, zumindest idealgeschichtlich gesehen, an pädagogischem Eigenwert. Schulleben wurde als „soziales Lernen" für Lernziele des fachlichen Bereichs „Soziallehre" instrumentalisiert und mehr zum Anwendungsfeld sozialkundlichen Unterrichts, in dem soziale Grundqualifikationen wie Empathie, Rollendistanz, Ambiguitätstoleranz und kommunikative Kompetenz als Zielkategorien im Mittelpunkt standen (vgl. z. B. Krappmann 1972): „Grundschule als Trainingsstätte demokratischer Verhaltensweisen".

Aus *heutiger Sicht* ist eine Zusammenführung beider Ansätze notwendig: Klare Zielsetzung bei der Gestaltung des Schullebens, die auch den Kindern bewusst sein sollte; Ausrichtung an „Sitte und Ordnung", dabei soviel Freiheit wie möglich, soviel äußerer Zwang wie nötig; Lernen des Zusammenlebens über Gewöhnung und Einsicht; Beteiligung der Kinder beim Erstellen von Regeln und Ordnungen; kritische Reflexion unnötiger Reglementierungen; nicht Tabuisierung, sondern bewusste Thematisierung von Konflikten; Probleme des Schullebens als Gegenstand im situationsbedingten „Gelegenheitsunterricht" ebenso wie im lehrplanmäßigen Unterricht.

Die Kinder sollen von Anfang an erfahren, dass die Gestaltung des Schullebens nicht nur eine Angelegenheit des Lehrers ist, sondern maßgeblich von eigenen Ideen, Eigeninitiativen und Eigenverantwortlichkeit abhängt.

Konkretisiert wird ein solches pädagogisches Programm für die Grundschule als „formelles und informelles soziales Erfahrungsfeld" (Petillon 1993) durch die Bereitstellung günstiger räumlicher und zeitlicher Rahmenbedingungen sowie wechselseitiger Lehrer-Schüler-Eltern-Impulse.

c) Schulpraktische Anregungen zur Gestaltung des Schullebens

Schule als Lebensstätte von Kindern ist selbst sinnvoll und sinngebend, vor allem durch Stärkung des Erfahrungsbezugs und Stärkung der Verantwortlichkeit des Einzelnen gegenüber der Gemeinschaft. Humanes Zusammenleben ist regelorientiert und regelgeleitet, es basiert auf Akzeptanz, Toleranz und persönlicher Wertschätzung. Das gelingt umso besser, wenn das soziale System Schule in seiner Aufgabenverteilung (Schulleiter, Hausmeister, Putzpersonal, Elternvertreter usw.) auch für das Kind überschaubar bleibt. Der einzelne Schüler sollte die Erfahrung machen können, selbst seinen Beitrag zum Gelingen des Schullebens zu leisten und stolz auf „seine" Klasse und Schule zu sein.

Als entsprechende Teilaspekte sind zu nennen:

– *Gutes Schulklima:* Schaffen einer vertrauten und freundlichen Schulatmosphäre, die von einem guten „Betriebsklima" auch im Lehrerkollegium getragen wird. In der „Schule als Begegnungsstätte" geht es um den kultivierten sozialen Umgang, wobei positive Vorbildwirkung von „reversiblem" Lehrerverhalten (siehe dort) abhängt. Im Klassenleben: Auswerten von Soziogrammen (evtl. mit den Schülern) im Hinblick auf gruppendynamische Prozesse, Cliquen-Bildung, Außenseiter- und

„Star"-Problematik, geschlechtsspezifische Interessen und Möglichkeiten der Zusammenarbeit von Jungen und Mädchen (vgl. Hanke 2002).

– *Gestaltung des schulischen Lebensraums:* Ordnung am Gruppentisch; Pflege und von Kinderinteressen getragene ästhetische Gestaltung des Klassenzimmers (auch im Sinne projektorientierten Unterrichts); schonender Umgang mit der Schulausstattung (z. B. Unterrichtsmittel, Bücher der Klassen- und Schulbibliothek), Sauberkeit in Toiletten, auf Fluren, Treppen und in Pausehof; Mitgestaltung bzw. Verschönerung von Schulhaus, Schulhof und Schulgarten, die als gemeinsame Aufgabe der Planung und Durchführung sowie als Modell politischer Grundbildung und Annäherung an demokratische Strukturen verstanden wird (z. B. Gespräche mit Schulleitung, Aufwandsträger, Baufirma, Sicherheitsbeauftragten, Elternbeirat usw.).

– *Zunehmende Verantwortungsübernahme:* Selbstverwaltung des Schulbetriebs durch schrittweise Übernahme von Klassenämtern, durch Arbeitsteilung und Helferfunktionen (Blumen- und Tierpflege, Reinigungs- und Aufräumdienste, Klassentagebuch-Dienst, Aktualisierung von Kalender, Zeitleiste und Wandzeitung, Schulgartenarbeit, Vorbereitung von Ausflügen, Sammeln von Unterrichtsmaterialien, Informieren und Betreuung kranker Schulkameraden, ...).

– *Rhythmisierung* des Schultags (Morgenkreis, tägliche Übung, reflektierter Wechsel von Spannung und Entspannung, gemeinsames Frühstück, Gestaltung der Hofpause, Bewegungsphasen, Verabschiedungsritual, Abschlusskreis,...) und der Schulwoche, damit die Kinder an Sicherheit gewinnen und sich bei jedem Wochentag auf einen „kleinen Höhepunkt" freuen können (wie z. B. Mo: Wochenendbericht, Di: Bücherstunde, Mi: freie Spielzeit oder „Praxistag", Do: Fragestunde, Fr: Ergebniszusammenfassung der Wochenplanarbeit, Erzählstunde).

– *Feste und Feiern* als „pädagogische Grundform" (Petersen): Gemeinsame Planung und Gestaltung von Festen und Feiern (Geburtstage, Wochenabschluss, Ereignisse im Kirchenjahr wie Erntedank, Advent, Nikolaus, Ostern und Pfingsten; Fasching/ Karneval; Sommerfest mit Sing-, Tanz- und Bewegungsspielen, Sportfest, Klassengrillparty usw.).

– *Klassen- und Schulprojekte:* Theateraufführungen (Schulspiel, Musical), Chor- und Orchesterdarbietungen, Power-Point-Präsentationen zu einer Themenwoche (z. B. gesunde Ernährung), Hörspiel- und Videoproduktionen, Herstellen einer interaktiven CD/DVD (z. B. „Unser Heimatort früher und heute")

– *Einbezug von Experten in den Unterricht:* Einladung von Personen, die als Amtsträger oder Vertreter eines Berufs authentisch zu einem Themenkreis (von den Schülern vorbereitete Fragen) beantworten können, wie Schulleiter, Hausmeister, Postzusteller, Polizeibeamter, Drogenberater, Eltern als Fachleute, ältere Menschen als geschichtliche „Augenzeugen", usw.

– *Soziale Kontakte zu außerschulischen Personenkreisen:* Elternbesuche im Unterricht, „Tag der offenen Schultür", Kontakte zur Kinder- und Jugendarbeit der Kirchen, zu sozialen Einrichtungen wie Kindergarten, Seniorenheim, Behindertenwerkstätte, Heilerziehungsheim, Kinderabteilung im Krankenhaus u.v.a.

– *Unterrichtsgänge und Wandertage:* Gemeinsame Planung, Durchführung und Nachbereitung von Unterrichtsgängen, Ausflügen und Wandertagen (im Rahmen des Sachunterrichts Besuche außerschulischer Lernorte wie Museum, Burg, Tierpark, Handwerksbetrieb, Rathaus, Kläranlage, Feuerwehr, Wetterstation,...; in Verbindung mit Deutsch-, Musik-, Kunstunterricht: Theater-, Konzert-, Ausstellungsbesuche...; als Schul- und Klassenaktivitäten: Wandertag mit Spielen, Wettbewerben, Erkundungen).

– *Schullandheimaufenthalt*: Kennenlernen aller Mitschüler in außerschulischer Umgebung, Umgang mit neuen sozialen Spannungen, Einhalten von Regeln, Anpassung an andere Gewohnheiten, Erfahrung anderer Gepflogenheiten und Rituale; aber auch konzentriertes Arbeiten an einem thematischem Wochenprojekt). Für jüngere Jahrgangsstufen sollte zunächst ein „Schnupperprojekt" angeboten werden, z. B. eine „Lesenacht" mit Übernachtung in der Schule.

– *Beiträge zur schulischen „Öffentlichkeitsarbeit":* Homepage der Schule, Informationsbrett, Wandzeitung der Klasse, Schulzeitung, Leserbriefe, Sammelaktionen, Wohltätigkeitsbasare, Säuberungsaktionen, Mitwirkung an Projekten der Gemeinde (z. B. bei Eröffnung des Adventsmarkts, Mitgestaltung eines Stadtteilfestes usw.).

– *Verständnis der Schule als „Schulgemeinde":* Elternmitarbeit im Unterrichtsarbeit (z. B. bei Differenzierungsmaßnahmen), bei Anschaffung und Herstellung von Unterrichtsmaterial, bei Vorbereitung und Durchführung von Projekten; Patenschaften mit anderen Klassen; gemeinsames Feiern bei Aufnahme der Schulanfänger in die Schulgemeinde, bei Schulfesten und Schuljubiläen; Erfahren und Gestalten des Zusammenlebens in einer multikulturellen Lerngruppe (z. B. Sprachen, Sitten und Bräuche, Religion, Familienleben, Rollenverteilung der Geschlechter, Ernährungs- und Kleidungsgewohnheiten, Freizeitaktivitäten).

Schulleben in der Grundschule versteht sich so durchaus als Vorbereitung auf das gesellschaftliche Leben; es nutzt dabei die Vorteile als pädagogisch geschaffener „Schonraum", allerdings nicht als Rückzug aus Erfahrung und Verantwortlichkeit oder Abschottung von der Erwachsenenwelt, sondern als schützendes „Basislager", von dem aus zunehmend gewagtere Entdeckungsreisen zu „außerschulischen Lernorten" unternommen werden.

3.3 Resümee

Die noch weitgehend unselektierte Schülerschaft in der sog. „gemeinsame Schule für alle Kinder" einerseits, der Auftrag grundlegender Bildung („literacy"/ Bildungsstandards) andererseits führen zu einem grundschulpädagogischem Spannungsverhältnis, das unter den gegebenen institutionellen Rahmenbedingungen prinzipiell unauflösbar ist und im Sinne Luhmanns (2002) wohl auch als „Paradoxon" bezeichnet werden könnte.

Dass dennoch oder gerade deswegen Selektionsmechanismen von außen in Gang gesetzt werden, zeigen die Ergebnisse internationaler Vergleichsstudien, nach denen Schulleistung in Deutschland in besonders starkem Maß vom soziokulturellem Milieu (einschließlich Migrantenhintergrund) abhängt. „Verspätete Einschulung, Sitzenbleiben und Sonderschulzuweisung bewirken, dass am Ende der Grundschulzeit bereits etwa ein Fünftel der Schüler eines Jahrgangs nicht mehr mit den anderen Kindern eines Jahrgangs unterrichtet werden. Deshalb kann man nicht von der Grundschule als der Schule sprechen, in der noch alle gemeinsam lernen" (Tillmann 2006, S. 18).

Daraus können divergierende Konsequenzen gezogen werden: Weiterer Ausbau von Spezialschulen mit homogeneren Lerngruppen im Sinne äußerer Differenzierung *oder* konsequente Umsetzung des ursprünglichen Auftrags der „gemeinsamen Schule", allerdings mit vielfältigen Möglichkeiten von Individualisierung und innerer Differenzierung. Da in Ländern ohne Spezialschulen die Abhängigkeit der Schulleistung vom sozio-ökonomischen Status geringer ist als in Deutschland, wird die ursprüngliche (demokratische) Idee der Grundschule als Lern- und Lebensstätte für möglichst alle Kinder in der bildungspolitischen Diskussion derzeit wieder stärker betont. Das durch den Bildungsauftrag der Grundschule vorgegebene pädagogische Profil der ersten, grundlegenden und *gemeinsamen* Schule im Bildungssystem scheint damit (vorerst) gestärkt zu werden.

Das bedeutet jedoch auch, dass die extreme Heterogenität der Schülerschaft weiterhin das grundschulpädagogische Kernproblem darstellt! Die Bewältigung dieses Problems stellt eine immense schulpraktische Herausforderung dar, die letztlich immer nur in Ansätzen erfüllbar ist. Lehrerinnen und Lehrer sollten deshalb das Kerschensteiner-Zitat „Nicht jedem das Gleiche, sondern jedem das Seine!" eher als Dilemma-Beschreibung, weniger als tatsächlich einlösbaren Grundsatz auffassen, wenn sie nicht von permanent schlechtem Gewissen geplagt werden wollen. Es handelt sich um eine pädagogische Leitlinie, bei der nicht (ideologisch-weltanschaulicher) Absolutheitsanspruch im Vordergrund steht, sondern der pragmatische Annäherungswert, möglichst „allen" Kinder unter gegebenen Bedingungen möglichst häufig „gleiche" Förderung zukommen zu lassen. Gemeint ist hier auch „inklusiver Unterricht", bei dem alle in den gemeinsamen Bildungsprozess eingeschlossen werden (vgl. Kaiser

2006, S. 11 f.). Angesichts dieser Prämisse geht es im pädagogischen Handlungsfeld stets um Streben nach Ausgewogenheit, in der Individualität und Gemeinsamkeit nicht nur berücksichtigt, sondern in ein Verhältnis gegenseitiger Befruchtung gebracht werden.

Für den angemessenen Umgang mit dem Problem der Heterogenität können folgende *Grundfragen zur Selbstvergewisserung und Reflexion der Praxisarbeit* beitragen: Im Hinblick auf *individualisierende Förderung kindlicher Entwicklung* unter den Bedingungen gemeinsamen Lernens:

– Werden im lehrgangsorientierten Unterricht stets auch Maßnahmen innerer Differenzierung (quantitativ, qualitativ, methodisch und medial) bedacht und ggf. begründet eingesetzt?

– Wird im Sinne einer „Didaktik der Lernwege" der Bildungsgang vom „Ich" (Sammeln individueller Eigenkonstruktionen zum Thema) über das „Wir" (Kommunikativer Austausch innerhalb der „Lern- und Forschungsgemeinschaft") zum „Es" (Annäherung an die Sach- und Fachstruktur des Gegenstands) genutzt?

– Besteht „pädagogisches Vorvertrauen", das den Kindern Möglichkeiten individueller Lernwege und damit der „Selbstdifferenzierung" zugesteht?

– Wird selbständiges und selbstverantwortliches Lernen angebahnt, z. B. durch Einführung von Tages- und Wochenplanarbeit?

– Wird die Lehrerrolle als „Lernbegleiter" zumindest phasenweise bewusst eingenommen und Zeit für die Beobachtung individueller Lernprozesse eingeplant, z. B. bei Freiarbeit?

– Wird der lehrplanmäßige Unterricht durch Projekte ergänzt, bei denen individuelle Fähigkeiten in den Dienst der Gemeinschaft gestellt werden?

Im Hinblick auf *Förderung gemeinsamen Lernens* unter den Bedingungen individueller Voraussetzungen:

– Wird ein „positiver Regelkreis" der Förderung von Sach-, Sozial- und Selbstkompetenz in Gang gesetzt und gehalten, bei dem in Sachzusammenhängen durch soziale Rückmeldung das Selbstkonzept des Einzelnen gestärkt werden kann?

– Werden elementare soziale Situationen und einschlägige Lehrplanthemen für Intentionen der Sozialerziehung genutzt?

– Geht von „reversiblem Erzieherverhalten" Vorbildwirkung für demokratische Grundbildung aus und werden, wenn immer möglich, kooperative Lernformen eingesetzt?

– Werden schließlich Schulleben und Schulkultur als „pädagogische Programme" verstanden, die Unterricht integrieren und in denen der gestaltete „Lebensraum Schule" Modellcharakter für nachhaltige Sozialisations- und Enkulturationsprozesse in der zukünftigen Lebenspraxis erhält?

Die Komplexität des Praxisfelds zeigt wiederum, dass es auch unter systematischer Zugangsweise nicht möglich ist, die vielfältigen Aufgabengebiete trennscharf (im Sinne disjunkter Begriffe) voneinander abzugrenzen. Vielmehr handelt es sich um akzentuierende Leitlinien zur Erfassung von Grundstrukturen, die professionelles Entscheidungshandeln erst ermöglichen.

Dies gilt auch für die folgenden Überlegungen zum Grundsatz der Kindgemäßheit, die sozusagen „quer" zu den bisherigen Bestimmungsmerkmalen des grundschulpädagogischen Handlungsfelds liegen.

4 Kindgemäßheit als pädagogische Handlungsvorgabe

Der grundschulpädagogische Grundsatz der Kindgemäßheit basiert auf zeitabhängigen Konstruktionen des Begriffs „Kind" bzw. „Kindheit" (vgl. B 4.1). Als fundierendes didaktisches Prinzip steht er im Spannungsverhältnis zum Grundsatz der Sach- bzw. Fachgemäßheit. Wenn im Folgenden nur die Berücksichtigung des Kindes thematisiert wird, heißt das keinesfalls, dass in der Grundschule das Prinzip der Sachgemäßheit nachrangige Bedeutung hätte. Selbstverständlich geht es auch hier um „Sachstruktur" und Sachangemessenheit, da dies schon im Auftrag „grundlegender Bildung" (vgl. B 1.2) und in der Bemühung um „Wissenschaftsnähe" (vgl. C 1.2) impliziert ist. Es ist allerdings Aufgabe der Fachdidaktiken, für jeden einzelnen Lernbereich fachliche Strukturen zu elementarisieren und kindgemäß aufzubereiten.

Während in früheren Epochen der Grundschulgeschichte Kindgemäßheit mit „Alters- und Entwicklungsgemäßheit" bzw. „optimaler Passung und Startchancengerechtigkeit" gleichgesetzt wurde (vgl. B 4.2), orientiert man sich heute eher am Lernbegriff, vor allem in Anlehnung an die sog. „Neue Lernkultur" und an das Modell „kumulativen Lernens".

4.1 Kindgemäßheit angesichts „Neuer Lernkultur"

Zu folgendem *Exkurs* ist kritisch anzumerken, dass Erziehungswissenschaft derzeit stark von sozialwissenschaftliche Methoden bestimmt wird („Bildungsforschung"). Auch zeichnet sich eine zunehmende „Psychologisierung" (Reichenbach/ Oser 2002) ab, die sich auf die empirische, kognitivistisch orientierte Lehr-Lern-Forschung konzentriert. Starken Einfluss hat die sog. „neue" Lernkultur gewonnen (vgl. z. B. die Übersichten bei Mandl u. a. 1998, Gasser 1999, Meixner/ Müller 2000, Reinmann-Rothmeier/ Mandl 2001, Dubs 2005). Von der Grundschuldidaktik werden derzeit besonders systemische und konstruktivistisch-orientierte Aussagen (z.B. Reich 2005) aufgegriffen (z. B. Rehle/ Thoma 2003), wobei mehr oder weniger auch die kritischen Aspekte der aktuellen Konstruktivismus-Debatte zur Kenntnis genommen werden (Grundsatzkritik: vgl. z. B. Terhart 1999; Ablehnung des „radikalen Konstruktivismus", vgl. z. B. die Übersicht bei Möller 2001).

Im hier vorliegenden systematischen Kontext grundschulpädagogischen Handelns können solche Grundsatzdiskussionen erkenntnistheoretischer Art nicht aufgearbeitet werden. Vielmehr geht es um bedenkenswerte Impulse, die sich pragmatisch und durchaus innovativ innerhalb institutioneller Rahmenbedingungen umsetzen lassen. Das gilt vor allem für die Aspekte, die keineswegs neu sind, sondern eine lange philosophische Tradition haben (Aristoteles, Platon, Thomas v. Aquin, Kant…)

und auch in frühere pädagogisch-didaktische Konzeptionen Eingang gefunden haben (z. B. in der konstruktiven Didaktik der 1970-er Jahre, in der Schule als „Modellbauwerkstätte von Wirklichkeit" verstanden wurde).

In Zusammenführung verschiedener Ergebnisse der Entwicklungspsychologie und neuerer Unterrichtsforschung wird heute ein *Lernbegriff* angenommen, der sich gegen mechanistische Lernmodelle, einfache Informationsübertragung („Abbilddidaktik"), sinnleeres Speichern oder gar Dressur beinhaltet richtet.

Lernen wird nunmehr gekennzeichnet als
– Prozess, bei dem die internen Strukturen des Kindes permanent mit externen Strukturen der Umwelt gekoppelt sind („strukturelle Koppelung"),
– Ausformung kognitiver Schemata,
– Eigenleistung der Selbstorganisation,
– aktive Konstruktion von Welt und Umwelt,
– situationsbezogener und domänenspezifischer Prozess, der sozial zwischen Interaktionspartnern vermittelt wird und der im Zusammenhang mit Erfahren, Handeln und emotionalen Dimensionen steht.

Schulisches Lernen wird im Sinne „didaktischer Transparenz" verstanden und soll organisiert werden als
– reziprokes, d.h. z.T. auch umkehrbares, Lehr-Lern-Verhältnis,
– gemeinsame Auseinandersetzung von Lehrer und Schüler mit der Sache („Gemeinschaft von Forschenden") und gemeinsame Reflexion der Lernerfahrungen,
– Anregung zur Selbstorganisation der Wissensaneignung und Förderung problemlösenden Denkens,
– Anregung zur Reflexion über das eigene Lernen und zur „Selbstberatung" (Metakognition),
– Aufforderung, eigenständig-individuelle „Konstruktionen von Wirklichkeit" darzulegen, zu begründen und „Prä-Konzepte" ggf. zu revidieren („Conceptual Change"),
– „Situiertes Lernen" konkreter Bezüge und Herstellen von nachvollziehbaren „authentischen Kontexten", die Transfer-Leistungen fördern,
– Abstimmung von vorausgegangenem und nachfolgendem „Anschlusswissen",
– Schaffen günstiger Umfeldbedingungen und „starker Lernumgebungen",
– deutliche Trennung von (prozess- und entwicklungsabhängigen) Lernsituationen einerseits und (ergebnisorientierten) Leistungssituationen andererseits,
– „Neue Fehlerkultur", die Fehler als Bestandteil des Lernprozesses akzeptiert.

Hieraus wird auch eine *veränderte Lehrerrolle* abgeleitet: Die Lehrkraft solle nicht ständig selbst im Mittelpunkt des Unterrichts stehen; sie sei zur Zurückhaltung in Selbstgewissheit und „Wahr-Falsch-Zuordnungen" verpflichtet. Beim Lehrerhandeln werden vor allem Lernbeobachtung (Prozessdiagnostik) und Lernbegleitung herausgestellt. Aktivitäten wie Präsentieren, Erklären, Instruieren, Strukturieren, Impulse-Geben, Motive-Setzen u. ä. unterstützen diese Aufgabe. Die Hauptaufgabe liegt in der Vorbereitung von Materialien für das Arrangement „bildungsträchtiger" Lernkontexte.

Im Programm „Neuer Lernkultur" wird den aktiv-konstruktiven Leistungen des *Lernenden* höchste Priorität beigemessen. Der Lernende solle stärker die aktive Rolle übernehmen; die Aufgabe der Lehrkraft liege vor allem im Arrangement günstiger Lernsituationen und in der Lernberatung. Eine zentrale Forderung an den Lehrer lautet demgemäß: Konzentriere dich stärker auf die Lernprozesse deiner Schüler als auf deren Lernergebnisse oder deinen Lehrgang! (Weinert 2001).

Notwendig ist hier die pädagogische Reflexion und Abgleichung der Fragestellung, wie Ergebnisse der Lehr-Lern-Forschung unter dem Erziehungsaspekt fruchtbar gemacht werden können – oder anders formuliert: Wo treffen sich empirische Forschungsergebnisse mit dem Anliegen einer (auch normativ verpflichteten) Grundschulpädagogik, die Schule als Erziehungsfeld unter Berücksichtigung der kindlichen Voraussetzungen ernst nimmt?

Die aufgezeigte Beachtung der Eigenaktivität des Lernenden entspricht der pädagogischen Grundeinsicht, dass Erziehung in erster Linie „Anleitung zur Selbsterziehung" ist. Unter diesem Aspekt sind die proklamierten Leitkonzepte der aktuellen Konzeption nur als empirische Bestätigung ohnehin bekannter Erkenntnisse einzustufen, die für das Erziehungsfeld Schule anwendbar sind. Exemplarisch herausgestellt werden sollen drei *Bestimmungsmerkmale*:

(a) *„Lernen des Lernens"* steht im Zusammenhang mit Schulbefähigung als zentrale grundschulpädagogische Aufgabe: Das Kind soll dazu angeregt werden, über seine eigenen Lernprozesse nachzudenken, individuelle Lernstrategien zu entwickeln und zunehmend unabhängiger von der Lehrerhilfe zu werden: Erziehung zur Selbständigkeit und Mündigkeit.

Die Schule hat im Zeitalter der Informations- und Kommunikationstechniken weitgehend ihr Informationsmonopol verloren, zugleich aber eine neue Aufgabe erhalten: Hilfestellung beim „Navigieren im Datendschungel", Orientierung bei der Frage, was, wann und wie gelernt werden soll und Anbahnung von „Allgemeinbildung" als Fähigkeit, aus vielen Einzelheiten das Allgemeine abheben zu können („Kategoriale Bildung"). Im Vordergrund „neuer Lernkultur" unter pädagogischer Auslegung steht also weniger die „Stoffvermittlung" als die Befähigung, sich selbst neues Wissen aneignen zu können.

Die empirische Unterrichtsforschung zeigt, dass guter Unterricht immer wieder Zeit für *Nachdenken über das eigene Lernen* gibt. D.h.: Lernen und Üben werden selbst zum Unterrichtsthema; es werden „Inseln der Reflexion" eingebaut, die Gelegenheit geben, die Kinder auch selbst unterrichtsmethodisch mitdenken zu lassen (Was wissen wir jetzt? Was wissen wir noch nicht? Wie könnte es weitergehen? Was ist der nächste Lernschritt?).

Nicht der bloße Erwerb von Kenntnissen steht hier im Vordergrund, sondern das Verstehen, wie Wissen und Können zustande kommen. Ein solcher Unterricht begnügt sich nicht allein mit gängigem, „trivialem" Schulwissen (Luhmann), sondern mündet bewusst auch in die Frage „Was man heute noch nicht weiß".

„Pro-aktiver Unterricht" berücksichtigt vorausgehendes und folgendes „Anschlusswissen" und fördert vorausschauendes Lernen. Ein solcher Unterricht orientiert sich am tatsächlichen Lernstand und Lernprozess der Kinder und versucht, sich an die vorhandenen Lernvoraussetzungen „anzukoppeln" und selbständiges Weiterlernen anzuregen (Forschendes und entdeckendes Lernen). Die Komponente „Selbsterziehung" ist hier besonders ausgeprägt: Die Schüler erfahren von Anfang an, dass sie für ihr Lernen selbst zuständig und verantwortlich sind (Wie kann ich mich selbst informieren, wie kann ich es mir selbst beibringen?).

Die Erziehungsdimension eines solchen Unterrichts erweist sich darin, dass sich die Kinder als „Akteure des eigenen Lernens" erfahren. Dies steht in engem Zusammenhang mit dem „pädagogischen Leistungsbegriff", der vornehmlich auf das individuelle Können des Einzelnen, auf den Zuwachs an persönlichen Kräften gerichtet und mit dem Streben nach Vervollkommnung der eigenen Person verbunden ist.

(b) *„Neue Fehlerkultur"* wird hier ebenfalls als Teilaspekt des Prinzips der Kindgemäßheit verstanden: Fehler geben Aufschluss über Lernwege und Lernvoraussetzungen und werden als normale Begleiterscheinungen des Lernens gesehen. Fehlleistungen zeigen das erreichte Können und geben Hinweise, welche weiteren Lernangebote gemacht werden müssen, um zum nächsten Lernschritt zu ermutigen. Fehler geben Auskunft über individuelle Entwicklungen, stellen damit sozusagen „Fenster zum Lernen" dar und sind deshalb nicht von vornherein negativ zu bewerten.

Im Vordergrund steht die „Schatz-Suche", nicht die „Fehler-Fahndung". Pädagogisch wichtig ist es um so mehr, Lernsituationen und Lernprozesse einerseits und Leistungsbeurteilung und Wettbewerbssituationen andererseits deutlich voneinander zu trennen (vgl. die Zusammenfassung entsprechender Studien bei Stark/ Mandl 1998, 14 ff.). Lernen als iterativer Prozess (schrittweises Annähern und „pendelndes Lernen") muss sich phasenweise frei entfalten können und darf nicht durch ständige Kontrolle ausgebremst werden. Bereits in den Untersuchungen von Heckhausen (1971) wurde nachgewiesen, dass vorschnell tadelndes Erzieherverhalten und Zuweisung von negativen Persönlichkeitsmerkmalen zu „Misserfolgsängstlichkeit", ermunterndes Erzieherverhalten, bei dem Fehler nicht überbewertet werden, hingegen zu „Erfolgszuversicht" und Leistungssteigerung mit entsprechendem Selbstkonzept führt. Fehlertoleranz einerseits und sofortige Verstärkung gehören danach zu den empirisch nachweisbaren Hauptmerkmalen erfolgreicher Lehrer.

Dahinter steht die Leitidee einer „Leistungskultur", die (systemtheoretisch gesehen) nicht allein auf „trivialem", d.h. ohnehin bekanntem, abfragbarem Schulwissen beruht, sondern vermehrt auf innovative und kreative Leistungen sowie eigenständige Problemlösungen abzielt.

(c) *Das pädagogische Arrangement sozialer und kommunikativer Situationen:* Bei der Gestaltung der Lernumgebung sollten möglichst oft soziale Lernarrangements integriert werden, um kooperatives Lernen und Problemlösen sowie Interaktionen zu fördern, die die Entwicklung einer Lern- und Praxisgemeinschaft dienen. Befunde der neueren empirischen Lehr-Lern-Forschung zeigen, dass Kinder mehr und nachhaltiger von Gleichaltrigen als von Erwachsenen lernen. Das kann auf das geringere „Bildungsgefälle" zwischen Gleichaltrigen zurückgeführt werden (wie es schon Petersen erkannt hat) oder auch mit der „gleiche Wellenlängen" unter Kindern und der besseren „strukturellen Koppelung" der Vorstellungswelten (wie es die System-theorie aufzeigt). Wie grundschulspezifisch sozial-kommunikative Situationen arrangiert werden können, wurde bereits in B 3.2.1 ausgeführt.

Das Programm „neue Lernkultur" profiliert sich vor allem durch neue Begrifflichkeit, enthält aber eine Reihe neuer Begründungen für bekannte pädagogische Grundsätze, die auch in die folgenden Ausführungen einfließen.

4.2 Unterrichtsgrundsätze

Das fundierende Prinzip der Kindgemäßheit stellt eine übergeordnete Leitlinie dar, die durch weitere regulierende Grundsätze zu konkretisieren ist. Zu nennen sind vor allem:
– Anschauung und Veranschaulichung
– Lebensnähe, Aktivierung und Handlungsorientierung
– Elementarisierung und Strukturierung
– Motivation und Gestaltung
– Individualisierung und soziale Integration.
Hier kann auf die allgemeindidaktische Literatur (z.B. Glöckel 2003, Seibert 2006) verwiesen werden. Zur Interpretation von Anschauung als Unterrichtsprinzip sind allerdings Anmerkungen erforderlich, weil aus grundschuldidaktischer Sicht Tendenzen zu Einseitigkeiten und Missverständnissen erkennbar sind: Siehe Schorch 1998, S. 70-76; vgl. auch Duncker 2007, S. 183 ff.).

Speziell eingegangen wird im Folgenden auf den Grundsatz der Kindgemäßheit mit Blick auf Lernvoraussetzungen im Grundschulalter.

4.2.1 Berücksichtigung altersspezifischer Merkmale

Auch wenn Einwände gegen Verallgemeinerung und Typisierung berechtigt sind, können doch bestimmte (epochenunabhängige) Gemeinsamkeiten von Kindern im Grundschulalter ausgemacht werden, wie sie auch aus empirisch-anthropologischer und entwicklungspsychologischer Sicht beschrieben werden:
– Im *körperlichen Bereich* sind zu nennen: Überwindung des Gestaltwandels (von der Kleinkind- zur Schulkindform) und des Zahnwechsels, stetiges Wachstum, in der Regel starkes Bewegungsbedürfnis und begrenzte Belastbarkeit, Ausreifung der Entwicklungs- und Grobmotorik, Training der Erwerbsmotorik und Ausdifferenzierung der Feinmotorik, hohes Schlafbedürfnis, große Wertschätzung körperlicher Geschicklichkeit im Zusammenhang mit Selbsteinschätzung und sozialer Anerkennung.
– Hinsichtlich der *kognitiv-intellektuellen Entwicklung* sind folgende Merkmale von Bedeutung: Fortschreiten von egozentrischen zu mehr sachbezogenen Einstellungen; Gebundenheit an unmittelbare Anschauung und handelnd-spielerischen Um-

gang mit den Dingen; zunehmend gegenstandsgemäßes Handeln; Beziehungs-
denken von „Wenn-dann"– zu Kausal-Beziehungen fortschreitend; Ausbau „konkreter" zu mehr „abstrakt-formalen Operationen"; zunehmende Orientierung an
der (räumlichen und zeitlichen) Fernwelt; das Auffällige, Spannende, Einzel-
persönliche suchend; phantasiereich und offen für bauendes, planendes, konstru-
ierendes und gedankliches Spiel; Verwenden von „Altersmundart" und einer
aktional-konkreten, vom Dialekt und Soziolekt abhängigen Sprache; erst allmählich erwachendes Verständnis für formale Regeln der Sprache und Formen
mehrschichtigen Sprechens wie Metapher und Ironie.

– Im *sozialen Bereich:* Entwicklung von starker Erwachsenenfixierung zur Orientierung an Gruppenbeziehungen, von ich- zu sozialbezogenen Einstellungen; zunehmende Herausbildung von Gruppenstrukturen, Rangordnungen, Rollenverständ-
nissen und Wertsystemen; zeitweiliges Auseinanderrücken der Geschlechter; beginnende Fähigkeit zur Selbstorganisation des Spiels in der Spontangruppe, weniger der gemeinsamen Arbeit in der Schule; Bedürfnis nach Führung, aber auch
zunehmende Distanzierung von Autoritätspersonen.

– *Beim Arbeitsverhalten:* Von der Spiel- zur Arbeitshaltung; allmähliches Beherrschen
der eigenen Antriebe und Verzicht auf die Durchsetzung eigener Bedürfnisse; wachsende Aufmerksamkeitsspanne, Zielgerichtetheit, Planungsfähigkeit und Zeit-
perspektive; Lust an Wiederholung und Übung; Freude an Selbstbestätigung, aber
auch starkes Angewiesensein auf Lob und Bestätigung bei Wissen und Können.

Die prinzipielle Einstellung der Grundschularbeit auf allgemeine Charakteristika,
Entwicklungsmuster und Typologien von Kindern dieser Altersstufe muss selbstverständlich ergänzt werden durch Akzeptanz und Berücksichtigung der Persönlichkeit
und Individualität des einzelnen Kindes.

4.2.2 Berücksichtigung von Vorwissen und Vorerfahrungen

Seit Herbart gehört es zu den Grunderkenntnissen wissenschaftlicher Didaktik, dass
Lernen durch vorher Gelerntes entscheidend beeinflusst und unterstützt wird. In
der heutigen kognitiven Psychologie bestätigt man erneut die große Bedeutung der
Vorkenntnisse und des individuellen Lernstands für das verstehende Erlernen von
Sachverhalten.

Ausgehend vom Modell des kumulativen Lernens nach Gagné (1973), welches unmittelbare Vorkenntnisse („learning sets") in eine Hierarchie mit nächsthöheren Lernaufgaben setzt, hat sich in weiteren Untersuchungen (vgl. z. B. die Studien bei Helmke/
Weinert 1997) bestätigt, dass Inhalt und Struktur des Langzeitgedächtnisses, also
das verfügbare Wissen, großen Einfluss auf das weitere Lernen haben.

„Verständnisvolles Lernen ist ein aktiver und konstruktiver Aufbau von Wissenssystemen. Dies ist immer
ein individueller Konstruktionsprozess, der maßgeblich durch das verfügbare Vorwissen und den dadurch
beschriebenen Verständnishorizont beeinflusst wird. Der kumulative Verlauf des Lernens innerhalb eines Wissensbereichs wird unmittelbar durch die Qualität des Vorwissens bestimmt. Umfang, Organisa-

tion, mentale Repräsentation und Abrufbarkeit machen die Qualität des Wissensbestandes aus" (BLK 1997, S. 17).

Tatsächlich besteht sowohl bei isolierten wie auch in komplexen Behaltens- und Lernleistungen ein engerer Zusammenhang mit dem vorhandenen Vorwissen als beispielsweise mit der allgemeinen (Test-) Intelligenz. Bedeutungshaltiges Wissen wird größtenteils in netzartigen Strukturen abgespeichert:

„Leichtigkeit und Effizienz der Informationsverarbeitung hängen aber nicht nur vom Umfang verfügbarer Vorkenntnisse ab, sondern auch davon, wie dieses Wissen strukturiert ist. Zur Beschreibung von Wissensstrukturen hat sich in den letzten Jahren die Metapher der Vernetzung durchgesetzt. Verfügbare Begriffe werden dabei als Knoten eines Netzes beschrieben, dessen Qualität entscheidend von der Anzahl und Stärke der Verbindungen (Relationen) zwischen den Netzwerkknoten abhängig ist ... Beim Aufbau von Vorwissen ist es daher wichtig, es möglichst vielfältig mit bereits vorhandenen Wissensbeständen zu vernetzen" (Hasselhorn 1997, S. 15).

Dieser kognitionspsychologische Sachverhalt ist im Kontext neuerer ökologischer bzw. ökopsychologischer Betrachtungsweise zu sehen. Im Rückgriff auf Bronfenbrenner (1981) wird heute individuelle Entwicklung mit entsprechenden Lernprozessen in Abhängigkeit vom ökologischen System verstanden, wobei zwischen (subjektivem) „Lebensraum" und (objektivem) „Setting" unterschieden wird. Das Kind bewegt sich vom Lebensraum Familie in den Lebensraum Schule und befindet sich dabei in Umweltausschnitten mit sozialen Partnern. Solche „Settings" sind beispielsweise die elterliche Wohnung (mit der in ihr lebenden Familie), das Klassenzimmer (mit den Mitschülern und dem Lehrer), der Spielplatz usw. In Analogie zu biologischen Ökosystemen wird die menschliche Entwicklung in ökologischen Systemen beschrieben, die ineinander verschachtelt sind und in denen sich die Elemente wechselseitig beeinflussen.

Vor diesem Hintergrund erhält die Forderung des Prinzips der Kindgemäßheit, „das Kind da abzuholen, wo es steht" differenziertere Bedeutung: Kennenlernen und Berücksichtigung von Vorkenntnissen und Vorerfahrungen, die Kinder aus ihrem Lebensraum und ihren „ökologischen Umwelten" mitbringen.

Dabei sind Modelle der Entwicklungs- und Lernpsychologie, Kindheitsmuster der Sozialisationstheorie usw. als Groborientierung und Kriteriensensibilisierung sehr hilfreich, sie können aber nicht – weder auf Unterrichts-, noch auf Lehrplanebene – eine spezifische Erhebung der jeweiligen Voraussetzungen bei den Kindern ersetzen.

Da es sich um biologische, psychologische und soziologische Sachverhalte handelt, sind diese Voraussetzungen grundsätzlich empirisch zu ermitteln und zwar ganz konkret im Blick auf die jeweilige Bildungsaufgabe.

Kindgemäßheit versteht sich grundschulpädagogisch demnach als zweckrational-realistisch fundierte Kategorie, die weniger von einem allgemeinen (oder gar idealisierten) Bild des Kindes geleitet wird, sondern möglichst exakt die anthropogenen und sozio-kulturellen Voraussetzungen der Kinder zu erfassen und in speziellen Bildungshilfen und Bildungsangeboten zu berücksichtigen versucht.

a) Pädagogische Diagnostik

Angesichts der PISA-Ergebnisse erhält bei den Berufsaufgaben (Erziehen, Unterrichten, Beurteilen und Beraten) die *Diagnosekompetenz* einen besonderen Stellwert (vgl. Haag/ Lohrmann 2007), der auch für die Grundschule eingefordert wird (vgl. Faust 2002). Dabei kann die Grundschule die lange Tradition der Schuleingangsdiagnostik einbeziehen (vgl. B 2.4.2) und bereits vorhandene differenzierte Diagnose-Instrumente aufgreifen, die in vielen Punkten für die gesamte Grundschulzeit ausbaufähig sind.

Lernstandsdiagnosen dienen dazu, die Wirkung und den Erfolg unterrichtlicher Fördermaßnahmen abzuschätzen und über regelmäßig stattfindende Lernentwicklungskontrollen möglichst konkrete Ausgangsniveaus zu beschreiben, die Grundlage für den nächsten Schritt der Unterrichtsplanung sind. Als Maßstäbe für die Beurteilung des Lernerfolgs kommen, wie generell bei der Leistungsbeurteilung, folgende Vergleichsgrößen in Frage:
– Die individuelle Bezugsnorm (Maßstab ist der messbare Lernzuwachs des Einzelnen in einer definierten Zeitspanne – ohne von außen gesetzte Bezugsgrößen),
– die sachliche Bezugsnorm (Maßstab ist die Annäherung bzw. das Erreichen vorher festgelegter Lernziele oder Standards),
– die soziale Bezugsnorm (Lernzuwachs und Lernergebnisse des Einzelnen werden mit anderen verglichen, z. B. Klasse, Schulform, nationale Altersgruppe).
Im Gegensatz zur gesellschaftlich orientierten „Platzierungsdiagnostik", die auf Selektion (im Hinblick auf Versetzung und Schullaufbahn), Bewertung und Benotung des Leistungsstands abzielt, steht bei der pädagogisch-didaktisch orientierten *Förderdiagnostik* der individuelle Lernforschritt im Vordergrund. Hier geht es um die Diagnose von Fähigkeiten und Lernstörungen aufgrund einer gründlichen Analyse des Lern- und Leistungsverhaltens, mit der Konsequenz gezielter Fördermaßnahmen und Interventionen, die die „Zone der nächsten Entwicklung" (Wygotski 1969, 1987) anstreben. Insbesondere dient eine solche Diagnostik der Selbst- und Fremdkorrektur falscher Lernergebnisse, dem (Selbst-) Erkennen von Lerndefiziten, der Bestätigung erfolgreicher Lernschritte, der Planung nachfolgender Lernschritte sowie der Verbesserung der Lernbedingungen. Neben dem Vergleich anhand o. g. Bezugsnormen bezieht sich diagnostisches Handeln auf Analyse (Gründe für abweichendes Verhalten suchen), Prognose (Vorhersage künftigen Verhaltens), Interpretation (Ordnen, Bewerten und Gewichten der diagnostischen Informationen zu einem Gesamtbild), Mitteilung (Feedback geben, damit selbstregulierendes Lernen in Gang gesetzt werden kann) und Wirkungskontrolle (Ingenkamp 2005).
Der Einsatz von *Schulleistungstests* hat, neben Objektivität, Gültigkeit und Zuverlässigkeit, vor allem den Vorteil der Standardisierung der Ergebnisse, die auch einen Vergleich über die Schulklasse hinaus ermöglicht. Das gilt auch für klassen- oder schulübergreifende „Vergleichsarbeiten", die unter bildungspolitischem Aspekt der

Steuerung von Förderressourcen und der Schulorganisation dienen. Solche Testinstrumente sind meist lernbereichs- bzw. fachgebunden (z. B. Lesetests; vgl. die Übersicht bei Lenhard 2005) und können deshalb im hier vorliegenden allgemeingrundschul-pädagogischen Zusammenhang nicht einzeln dargestellt werden.

In der *Alltagsdiagnostik* werden Lernstandsdiagnose und Lernentwicklungskontrolle, auch unter Einbezug informeller Klassentests, in der Regel durch die Lehrkräfte selbst durchgeführt: Das hat den Vorteil, dass die Gesamtpersönlichkeit des Kindes berücksichtigt wird, vor allem wenn längerfristige Lernentwicklungen und konkrete Rahmenbedingungen von Schule und Elternhaus einbezogen werden. Eine solche Langzeitbeurteilung der Lernfortschritte kann letztlich durch kein anderes Diagnoseinstrument ersetzt werden (nach May 2002; vgl. auch Knauf u. a. 2006).

Grundlage ist *systematische Beobachtung*, die über spontane und zufällige Gelegenheitsbeobachtung hinaus geht und die Beobachtungskriterien mit reflektiert. Als Bedingungen systematisch angelegter Beobachtung sind zu nennen: Zielorientierung (Was soll beobachtet werden?), Planung (Wer, wie, wann, wie lange, wie oft und womit soll beobachtet werden?), Dokumentation (systematische Protokollierung) und Prüfung (wiederholte Kontrolle nach den Gütekriterien der Objektivität, Zuverlässigkeit und Gültigkeit). Zur Beschreibung systematischer Beobachtungen dienen

- Merkmals-, Zeichen- bzw. Indexsysteme: Beobachtungskategorien, die verschiedene Ereignisse konkret beschreiben, sich auf das Auftreten und evtl. die Dauer eines bestimmten Verhaltens konzentrieren und mit Strichlisten, Zahlen oder Symbolen registriert werden.
- Kategoriensysteme: Zuordnung von Einzelereignissen in inhaltlich beschreibbare und möglichst eindeutig interpretierbare Kategorien (aufwendig, zusätzlicher Beobachter erforderlich – „Supervision").
- Schätz- bzw. Ratingsskalen: Untersuchung des Grads der Intensität und/ oder Häufigkeit ausgewählter Ereignisse in einem gewählten Beobachtungszeitraum, die nach sprachlichen, numerischen oder graphischen Einschätzungskategorien beschrieben werden (nach Zumhasch 2005).

Für Lehrkräfte ergibt sich allerdings das Problem, dass sie sich im Alltag in der Doppelrolle des Beobachters und teilnehmenden Interaktionspartners zugleich befinden, kaum Beobachtungsfehler kontrollieren können und meist auch kein wissenschaftlich abgesichertes Beobachtungstraining absolviert haben. Dennoch ist eine regelmäßige und genaue Dokumentation von Schülerbeobachtungen unverzichtbar: Sie ist dienstliche Verpflichtung und rechtliche Absicherung, Grundlage für die diagnostische Arbeit weiterer Beratungsinstanzen, für Überweisungen (z. B. Förderschule) und Empfehlungen (weiterführende Schulen), für individuelle Förderung und erzieherische Maßnahmen, für Beschreibung des Sozialverhaltens und Vorarbeit der Zeugniserstellung und für Lern- und Schullaufbahnung der Kinder bzw. Eltern (vgl. den Erhebungsbogen zum Schülerarbeitsverhalten bei Rothkegel 2002).

Eine praktikable Möglichkeit, „Beobachtung und Dokumentation als Grundlage pädagogischen Handelns" (Andreas/ Laewen 2004) angemessen zu genügen ist das *Pädagogische Tagebuch:* In einer Sammlung von Notizen aus dem Schulalltag werden ohne größeren Aufwand spontane wie auch systematische Schülerbeobachtungen in persönlichem Schreibstil registriert und in Zusammenhang gebracht, aber auch die eigenen beruflichen und persönlichen Entwicklungsprozesse dokumentiert. Das hat den Vorteil, dass bestimmte Faktoren, Situationen und Details im Nachhinein neu interpretiert und gewichtet, eigene Gefühle einbezogen, Schwierigkeiten mit Einzelschülern aufgearbeitet sowie Diagnosen und pädagogische Ideen festgehalten werden können. Eine solche „Erinnerungshilfe", stichwortartig oder als detailliertes Protokoll angelegt, kann durch weitere Informationen wie Gespräche mit Kollegen, Eltern und Kindern, aber auch durch Foto, Video und Skizzen ergänzt werden. Um die diagnostischen Möglichkeiten zu nutzen, sollte sich das pädagogische Tagebuch auf durchgeführte Unterrichtseinheiten beziehen und dazu jeweils ein „persönliches Themenblatt", ein „Dokumentationsblatt" und ein „Auswertungsblatt" bearbeiten und dazu ein „Analyseschema" verwenden: Zeitpunkt, Schwerpunkt der Beobachtung, Interpretation und kritische Prüfung der Zuverlässigkeit der Ergebnisse, Überlegungen zur pädagogischen Weiterarbeit einschließlich Selbstreflexion (nach Jürgens/ Standop 2002).

Pädagogische Diagnostik ist kein einseitiger Akt der Lehrkraft, sondern impliziert, dass die Beteiligten wechselseitig aufeinander eingehen. Im Vordergrund steht dabei nicht (vermeintliche) „objektive Realität", sondern die Bemühung, gemeinsam mit den Lernenden konstruktive Perspektiven für neue Lern- und Entwicklungsmöglichkeiten in Gang zu setzen. Im Sinne *dialogischer Diagnostik* wird versucht, die Situation des Kindes retrospektiv (Anamnese, Befragung) oder prospektiv (Lernzielbestimmung) zu erfassen, wobei es um Dynamiken (Muster, Verläufe) und nicht nur um punktuelle Einzelereignisse (Fakten, Testergebnisse) geht. Man will wissen, wo die Probleme sitzen und nutzt dabei Dialogpartner (Kind, Eltern, Erzieher, Kollegen), um die Diagnostik abzusichern. Dies entspricht (im Unterschied zur Statusdiagnostik) einer „Prozessdiagnostik", die sich aus Dialog und Kommunikation entwickelt (Was könnte ich anders machen, was war bisher erfolgreich, welche Hilfen haben wir bisher übersehen usw.) und konsequent eigene Vorstellungen und Erklärungen der Schüler aufgreift (nach Werning/ Willenbring 2005).

b) Erfassen der Lernvoraussetzungen bei der Unterrichtsplanung
Lange war es, besonders in der Ausbildungssituation (schriftliche Unterrichtsvorbereitungen), üblich, die Frage nach den Lernvoraussetzungen sehr allgemein abzuhandeln: Soziometrische Zusammensetzung der Klasse, entwicklungspsychologische Zuordnung der Altersstufe (z. B. Stufentheorie nach Piaget), bisher durchgenommener Lehrplanstoff... Die tatsächliche, situations- und themenbezogene „Individuallage"

der Klasse hinsichtlich des konkreten Unterrichtsvorhabens wurde dabei nur selten getroffen.

Mit Blick auf möglichst „authentisches Lernen" ist es jedoch notwendig, bei der geplanten Zielsetzung möglichst nahe an konkrete Vorstellungen und Erfahrungen der Kinder zum Unterrichtsthema heranzukommen (freilich immer in bescheidener Einschätzung der eigenen, systemisch bedingten Befangenheit).

Obligatorische Fragen lauten: Welche sozialen „settings", welche themenbezogenen Lernbedingungen in der Umwelt der Kinder sind zu beachten? Welche individuellen Konstruktionen vom Unterrichtsthema haben sie? Können sie die Aufgabenstellung überhaupt erfassen und in ihr vorhandenes Erfahrungsrepertoire und Denkraster aufnehmen? Welche Bezüge zu aktuellen Lebenssituationen der Schüler ergeben sich? Welche (alters-, gruppen-, milieubedingten) Begriffe verwenden die Schüler selbst für die zu behandelnden Sachverhalte? Im Zentrum stehen biologische, psychologische (insbesondere kognitive und motivationale) sowie soziologische Kategorien und deren „empirische" Ermittlung, wobei der Feststellung der Leistungs- und Interessenstreuung (im Blick auf Differenzierungsmaßnahmen) besondere Bedeutung zukommt.

Dazu gehört auch ein Umdenken im Sinne der beschriebenen „Didaktik der Lernwege": Bereits in den Praktika der ersten Lehrerbildungsphase sollten die Themen der Lehrversuche möglichst lange vor der eigentlichen Unterrichtsdurchführung ausgegeben werden, um den Lehranfängern Gelegenheit zu geben, sich nicht nur in die sog. „Sachstruktur" des Stoffes einzuarbeiten, sondern sich gleichermaßen mit den Lernvoraussetzungen der Schüler auseinander zu setzen.

Bei einer entsprechenden *Erhebung der Ausgangslage* können, abhängig von der jeweiligen Unterrichtsaufgabe, u. a. folgende *Möglichkeiten der Informationsbeschaffung* genutzt werden:
– Persönliche Einzelgespräche,
– Vorgespräche in kleinen Gruppen,
– mündliche Schülerbefragungen oder mit Fragebögen,
– Interviews zur Erfassung „subjektiver Theorien" zu einem Sachverhalt,
– Schülerberichte und Erhebung von Meinungsbildern,
– themenzentrierte inner- und außerschulische Beobachtungen (evtl. mit Foto oder Video dokumentiert),
– Elterngespräche,
– Durchsicht bisheriger schriftlicher Leistungen und Lernergebniskontrollen,
– Einbezug vorliegender Portfolios,
– Auswertung von Kinderzeichnungen und Kinderaufsätzen,
– Auswertung von früheren und aktuellen Soziogrammen,
– Einsicht in bevorzugte Literatur, Videos, CDs, Computerspiele etc.;
– „Pilotstudien" oder (Vor-) Experimente in kleinen Gruppen zur Erfassung von

„Präkonzepten" (kindlichen Erklärungsversuchen),
– Einbezug informeller und standardisierter Tests.
Inhaltlich wird dabei besonderes Augenmerk gerichtet auf:
– Sprachvermögen, Abstraktionsfähigkeit, Problemverständnis und Vorstellungsgabe,
– spezielle Lebensraum- bzw. „Setting"erfahrungen (Familienstrukturen, Wohnverhältnisse, soziale Belastungen und Probleme usw.),
– außerschulisch erworbene Vorkenntnisse (vor allem mittels neuer Medien, aber auch durch schulergänzende Bildungsangebote),
– aktuelle Interessen (beeinflusst durch Werbung, Peer-Group, regionale Ereignisse usw.).

Damit entzerrt sich im Übrigen auch das Problem sog. „Bindestrich-Erziehungen" (Nicht an jeder Schule ist z. B. Anti-Drogen-Erziehung oder Gewaltprävention dringlich).

Ausschlaggebend für eine so verstandene „Kindorientierung" ist, dass nicht Pauschalmerkmale (von Entwicklungsstufen oder „veränderter Kindheit"), sondern die jeweils konkreten Gegebenheiten „vor Ort" zugrunde gelegt werden. Dies hilft nicht nur dem Unterrichtenden, sich in Lernwege der Kinder hinein denken und sicherer „einklinken" zu können, sondern erleichtert ebenso die fundierte didaktisch-pädagogische Diskussion bei der Unterrichtsplanung, Unterrichtsanalyse und -nachbesprechung.

Auch erfahrene Lehrer sind, selbst wenn sie die Schüler ihrer Klasse länger kennen, von solch stoff- und zielorientierten Erhebungen der Vorerfahrungen und Lernvoraussetzungen nicht entbunden, wenn einem schleichenden „Entfremdungsprozess" und mangelnder Kongruenz mit den Schülervorstellungen entgegengewirkt werden soll.

Das bedeutet nicht „Anbiederung" an Schülerniveau und Schülersprache, sondern beugt Missverständnissen vor (z. B. bei vermeintlich klare Begrifflichkeit), kann aber auch gezielter Konfrontation und Verunsicherung als Leitimpulse des Unterrichts dienen:

Lehrer als sokratisch Fragende sowie als „berufsmäßige Störer" bei Vorurteilen und nicht tragfähigem Wissen, bei unreflektiert hingenommenen „Selbstverständlichkeiten" und vermeintlichen „Wahrheiten".

c) Berücksichtigen von Lernvoraussetzungen während des Unterrichts
Auch bei der Unterrichtsdurchführung kommt der Frage „Was weißt bzw. kannst du schon?" eine Schlüsselstellung zu. Besonders bei Einführungsstunden in den Sachfächern bietet es sich an, zunächst Vorkenntnisse zu sammeln, um dann gemeinsam eine Problem- und Fragehaltung zu erarbeiten und Neugierde anzuregen: Was interessiert uns (über den Schulbuchinhalt hinaus), was möchten wir (noch) wissen? Weiterhin: Wie können wir das herausfinden? Und schließlich: Welche (verlässlichen) Informationsquellen gibt es hierfür?

In der Zusammenarbeit in einer „Lerngemeinschaft" wird eigenständiges „Entdeckendes Lernen" ebenso gefördert wird wie die didaktische transparente Verwendung (neuer) Medien als gemeinsame Informationsgrundlage für Lehrer und Schüler.

Für den Unterrichtsbeginn eignen sich sog. „didaktische Driftzonen" (Kösel 1993, S. 240). Das sind „didaktische Felder, in denen sich Lernende kognitiv und emotional wohl fühlen, in denen sie ‚bei der Sache' sind und mit anderen produktiv kommunizieren können" (Siebert 1999, S. 91). Sie werden charakterisiert durch ein „gemeinsames thematisches Universum", durch „ähnliche kognitive Strukturen", „ähnliche Vorkenntnisse" und „ähnliche Affektlogiken" (Stimmungen, Betroffenheiten, Motive; vgl. die „Stimmungslehre" der Rhetorik), „ähnliche kulturelle Deutungsmuster" (Wertsysteme, Umgangsformen, Tabuzonen) sowie durch „ähnliche Lerngewohnheiten" (ebd. S. 92).

Weiterhin kommt es darauf an, die Schüler zum methodischen Mitdenken aufzufordern und z. B. Vorschläge für Unterrichtsorganisation, für geeignete Sozial-/ Aktionsformen und Medien einzubeziehen. Das Nachdenken über das eigene Lernen wird insbesondere durch bewusste Zeitplanung des Lernens gefördert. Das gilt für kürzere Lerneinheiten wie Tages- und Wochenplan ebenso wie für die Erstellung von Jahresplänen oder den Jahresrückblick auf das Gelernte (vgl. Schorch 1982).

Eine solche „Modellierung von Lernwelten" als pädagogische Gestaltung der Lernumgebung und Lernbedingungen erweitert das Verständnis guten Unterrichts, der selbstverständlich nach wie vor von der Führungsqualität des Lehrers getragen wird. Kindgemäß ist Grundschulunterricht dann, wenn er die Vorerfahrungen der Kinder wirklich ernst nimmt und flexibel in die (zukunftsgerichtete) Bildungsarbeit einfließen lässt. Dies setzt das Kennenlernen der einzelnen Schüler und ihres Umfeldes voraus und wird durch engagierte Pflege der Beziehungen zum Elternhaus gestützt.

d) Beispiel: Hausaufgaben als Vorbereitung des Unterrichts

In der Regel werden Hausaufgaben zur Nachbereitung des Unterrichts eingesetzt: Zum Üben und Festigen, Wiederholen, Zusammenfassen und Vertiefen. Dies verstärkt beim Schüler den Eindruck, dass schulisches Lernen in erster Linie fremdbestimmt ist, und die Verantwortung der eigenen Lernplanung dem Lehrer überlassen bleiben müsse.

Demgegenüber können Hausaufgaben als Vorbereitung des Unterrichts dazu verhelfen, individuelle Lernwege sowie selbstverantwortliches und entdeckendes Lernen zu fördern. Die Schüler können die Erfahrung machen, dass ihre Vorkenntnisse, ihre konkrete Lebenswirklichkeit, ihre Ideen und Vorschläge den Unterricht tatsächlich mitbestimmen. Ausgehend von der pädagogischen (Schlüssel-)Frage „Was wissen wir schon?" ergeben sich in selbstverständlicher Weise die Anschlussfragen „Was wissen wir noch nicht?" und „Wie können wir das herausfinden?" Die Schüler werden so ermutigt, ihren Lernprozess zu reflektieren, vorausschauend zu planen – und so in ihrem Selbstbildungsprozess ernst genommen. Damit ist eine wichtige Voraussetzung für Steigerung und Erhaltung der Lernmotivation gegeben, zumal vielfältige

Möglichkeiten entstehen, schulisches und außerschulisches Lernen miteinander zu verbinden.

– *Die Hausaufgabe als Zeit- und Lernplanung* unterstützt bewusste Zeiteinteilung und -planung und damit reflektierten Umgang mit der Zeit: Die Kinder sollen sich bereits am Vortag den nächsten Tagesplan zurecht legen, sich „Eigenaufgaben" ausdenken, einen strukturierten und arbeitshygienisch angelegten Wochen-Hausaufgabenplan erarbeiten, einen Freizeitplan (ggf. unter Berücksichtigung des Fernsehprogramms) machen, ... Im Sinne „pro-aktiven Unterrichts" stellen die Kinder Material für die Freiarbeit zusammen, entwickeln Ideen, Aufgaben und Regeln für das Stationenlernen, denken sich selbst Lernspiele aus, überlegen und konkretisieren den eigenen Beitrag für die nächste Werkstattarbeit oder das geplante Projekt, verfassen ein Gedicht zum Thema der nächsten Deutschstunde, suchen lebenspraktische Situationen für die Aufgaben der nächsten Mathematikstunde, ...

– *Die Hausaufgabe als Vorinformation* über einen Sachverhalt bietet eine Grundlage, über „triviales Schulbuchwissen" hinaus, lebensnahe und interessante neue Aspekte in den Unterricht einzubeziehen, aber auch Einblick über Informationsmöglichkeiten und -quellen der Schüler (z. B. Internet) zu gewinnen. Die Kinder berichten über ihr Vorwissen zum geplanten Unterrichtsthema (z. B. in Form von Bildern, Aufsätzen, Portfolios zum Thema). Sie erkennen die Abhängigkeit der Information von der jeweiligen Interessenlage der Informanten, insbesondere wenn als Hausaufgabe verschiedene Gruppen auf Informationen aus unterschiedlichen Quellen „angesetzt" werden, um dann im gemeinsamen Unterricht ihre vermeintlich objektiven Informationen vorzutragen und zu vergleichen.

– *Die Hausaufgabe als Beobachtungsauftrag* fördert die Anwendung dieser grundlegenden Arbeitsweise und garantiert aktuellen Lebensbezug: Sich selbst beim Zähneputzen beobachten, Beobachten von Eßgewohnheiten in der Familie, des Verhaltens von Personen am Fußgängerüberweg, der Körpersprache von Mitmenschen, von Arbeitsabläufen in verschiedenen Berufen und Arbeitsstätten, von Gemeindeaufgaben (z. B. Müllabfuhr, Straßenreinigung, Stadtgärtner), der Verkehrsdichte an bzw. zu bestimmten Orten und Zeiten, von charakteristischen Bewegungen in verschiedenen Sportarten, der Verhaltensweisen von Haustieren, von Sonnenlauf und Schattenlage, von Temperaturunterschieden, von Veränderungen in der Natur, von Wettererscheinungen, ...

– *Die Hausaufgabe als Befragung* dient ebenfalls dem Aufbau von Methodenkompetenz und liefert authentische Inhalte für die Unterrichtsarbeit: Themenspezifisches Befragen von Eltern und Großeltern zu Spielzeug (Schule, Freizeit, Medien,...) in ihrer Kindheit, von Anwohnern eines Kinderspielplatzes, einer werdenden Mutter zu ihren Gefühlen und Problemen, eines behinderten Menschen zu seinen Wünschen, von ausländischen Mitschülern zu Festen und Bräuchen, von (jüngeren oder älteren) Mitschülern aus anderen Klassen und von Experten zu einem bestimmten Unterrichtsthema,...

– *Die Hausaufgabe als Sammeln von Unterrichtsmaterial* ergänzt und bereichert die in der Schule vorhandenen Unterrichtsmittel und kommt darüber hinaus dem altersspezifischen „Sammeleifer" der Kinder entgegen. Zugleich werden weiterführende Arbeitsweisen wie Klassifizieren und Generalisieren initiiert: Sammeln von Blättern der Laubbäume, von wilden Früchten, von Kalendern, von Fotos zum Unterrichtsthema (z. B. aus der Kinderzeit), von Stadtplänen und Landkarten, Kinderbüchern, Werbetexten, von Zeitungsausschnitten zum nächsten Unterrichtsthema, von Tonerzeugern für den Musikunterricht, von Naturmaterialien für die Kunsterziehung oder das textile Gestalten, ...

– *Die Hausaufgabe als Erkundungsauftrag* zielt auf systematische Erschließung der Lebenswelt ab, wie dies z. B. schon Anliegen der traditionellen Heimatkunde war: Erkunden der näheren Schulhausumgebung, von Gefahrenstellen und markanten Punkten des Schulwegs, des Spielplatzes und seiner Umgebung, von weiteren Spielmöglichkeiten in Wohnungsnähe, von Sportstätten, Freizeiteinrichtungen, Straßennamen, eines nahen Handwerksbetriebs, der Gemeinde- oder Stadtverwaltung, von Museen, des Wochenmarktes, ...

– *Die Hausaufgabe als „Detektiv-Spiel"* schließlich setzt beim natürlichen Neugierverhalten, beim Abenteuer- und Erlebnischarakter des Lernens an, sensibilisiert aber auch für fachorientierte Umweltwahrnehmungen und soziale Problemfelder: Entschlüsseln von „Geheimschriften", Entdecken von Rechtschreibfehlern auf Schildern und Plakaten, Deuten von Spuren am Boden, von Geräuschen im Dunkeln, „Entlarven" von heimlichen Stromverbrauchern im Haus, Melden von Fällen mutwilliger Zerstörung und Umweltverschmutzung in der näheren Umgebung, von Verstößen gegen Tierschutz und das „Kinder- und Jugendschutzgesetz", Beobachten von Situationen ungerechtfertigter Benachteiligung von Kindern durch Erwachsene, Ermitteln von Fällen der Diskriminierung sozialer Minderheiten, Gewaltanwendung, Herausfinden von „Einkaufsfallen" und „Kaufverführung" in Supermärkten, ...

Kindgemäßer Unterricht als „pro-aktiver Unterricht" zeichnet sich demnach auch durch sein Aufgabenverständnis aus: Aufgaben, die vorausschauendes Lernen fördern, von Anfang die Kinder in die mitverantwortliche Gestaltung einer „starken" Lernumgebung einbeziehen und die pädagogische Idee von der „forschenden Lerngemeinschaft" praxisnah umsetzen (zu Qualitätsindikatoren von Hausaufgaben vgl. auch Kleinschmidt-Bräutigam 2006).

4.3 Kind- und sachorientierte Unterrichtsvorbereitung

Planung und Vorbereitung des Unterrichts gehören zu den unumgänglichen Berufsaufgaben von Lehrkräften: Unterricht als zielgerichtetes Handeln ist ohne Planung nicht denkbar. Die Praxiserfahrung zeigt, dass unzureichende Planung – zumindest längerfristig – nicht nur die Unterrichtsqualität stark beeinträchtigt, sondern das gesamte pädagogische Arbeitsfeld negativ beeinflussen kann. Die Problematik der Unterrichtsplanung liegt in ihrer Eigenart als zweckrationale Vorwegnahme künftiger Situationen: Unterricht stellt ein kompliziertes Geflecht einzelner Faktoren dar, deren Wechselwirkungen – auch für den erfahrenen Lehrer – niemals voll durchschaubar sind. Da Kinder in der frühen Schullaufbahn noch nicht so stark in der Institution Schule und ihren formalisierten Besonderheiten sozialisiert sind, reagieren sie noch häufig spontan, emotional und oft didaktisch unvorhersehbar; hinzu kommt die ausgeprägte Heterogenität der Schülerschaft. So bedarf es grundschulpädagogisch und -didaktisch in besonderem Maße des Ausgleichs durch Flexibilität, Variabilität und Improvisation, was nicht nur den Weg, sondern auch die Zielsetzung des Unterrichts betreffen kann.

Da Lernerfolg nicht vollständig vorhersagbar und steuerbar ist, bleibt das Unterrichtsergebnis grundsätzlich offen. Unterrichtsvorbereitung als „Lernarrangement" kann zwar günstige Voraussetzungen schaffen, der tatsächliche Verlauf stellt sich aber als einmalige, unwiederholbare Situation dar, in der der „fruchtbare Moment" (Copei) nicht erzwingbar ist. Perfekte Planung würde den Schüler nur als Objekt behandeln und das vom personalen Bezug getragene dialogische Wechselverhältnis zwischen Lehrer und Schüler sowie der Schüler untereinander missachten.

Unterrichtsvorbereitung vollzieht sich demnach im polaren Spannungsfeld pädagogischen Reflektierens und Handelns. Je umfassender die Lehrkraft vorbereitet ist, desto souveräner kann sie in der tatsächlichen Unterrichtssituation entscheiden, desto freier kann sich der pädagogische Bezug entfalten. Dabei geht es um Erfassen von Vorwissen und -erfahrungen, Hineinversetzen in Bedürfnisse, Denkstrukturen und Interessen der Kinder, um Vorausdenken möglicher Alternativen, um Bereitstellen eventuell benötigter Materialien, um räumliche und zeitliche Organisation, vor allem aber um Klarheit über die längerfristige Zielsetzung und die schulische Gesamtaufgabe.

Wenn Eigeninitiative und „Selbststeuerung" der Schüler tatsächlich ernst genommen werden und nicht in „äußerer Geschäftigkeit" verflachen und sich in Nebensächlichkeiten verlieren sollen, ist Orientierung an übergeordneten Zielen, längerfristiges Voraus- und Überschauen des Lernprozesses dringend erforderlich. Dieses mündet in konkrete Überlegungen und Maßnahmen, die Unterricht erst realisierbar machen. Dabei soll wie folgt unterschieden werden:

– Unterrichtsplanung bedeutet längerfristige Verteilung bzw. Bereitstellung des Lehrstoffes, z. B. über einen Monat, ein Halbjahr, ein Schuljahr.
– Unterrichtsvorbereitung bezieht sich als kurzfristige Maßnahme auf bevorstehende Unterrichtseinheiten, z. B. Unterrichtsstunde, Doppelstunde, Wocheneinheit.

So gesehen wird der Begriff Unterrichtsplanung vornehmlich der Lehrplan-/Lehrgangsebene, der Begriff Unterrichtsvorbereitung der konkreten Unterrichtsebene zugeordnet. Da bei „Lehrversuchen" der ersten bzw. bei „Lehrproben" der zweiten Phase der Lehrerbildung die „Unterrichtseinheit" im Vordergrund steht, wird im Folgenden schwerpunktmäßig auf Unterrichtsvorbereitung eingegangen.

Heutige Anleitungen zur Unterrichtsvorbereitung gehen über reine Methodik hinaus und verstehen sich in der Regel als Modelle, die eine umfassendere didaktische Theoriegrundlage widerspiegeln (vgl. die Übersicht bei Schorch 2001). Der Begriff „Modell" verweist auf die Notwendigkeit, jedoch auch auf die Problematik, die situationsabhängige Komplexität von Unterrichtswirklichkeit auf bestimmte Denkmuster einzugrenzen. Modellvorstellungen entlasten den Planenden, enthalten allerdings die Gefahr, dass bestimmte Faktoren übersehen werden und Abweichungen von der vorgegebenen Denkstruktur als „Fehler" interpretiert werden. Solche Modelle stellen nicht ein Abbild der Realität dar, sondern sind immer nur „Erklärungen auf Zeit" (Karl Popper). Im Rahmen des Professionalisierungsprozesses sind sie jedoch notwendig als gemeinsame Verständigungsgrundlage, die der Weiterentwicklung und Optimierung des Lehr-Lern-Prozesses dient.

In Modellen traditioneller Lehr-Lern-Philosophie kommt bei Vorbereitung und Gestaltung des Unterrichts dem Lehrenden der aktive Part, dem Lernenden eher die rezeptive Position zu. Ziel ist der „Transport" didaktisch aufbereiteten Wissens vom Lehrenden zum Lernenden, wobei der Lehrende die Lernprozesse zu steuern und zu kontrollieren sucht.

In späteren didaktischen Auffassungen wird demgegenüber den aktiv-konstruktiven Leistungen des Lernenden höchste Priorität beigemessen: Der Lernende soll stärker eine aktive Rolle übernehmen, die Aufgabe des Lehrenden liegt mehr im Arrangement günstiger Lernsituationen und in der Lernberatung.

Neue Impulse für Theorie und Praxis der Unterrichtsvorbereitung in der Grundschule ergeben sich vor allem aus der soziologisch-geprägten Kindheitsforschung, aus der empirischen, kognitivistisch orientierten Lehr-Lern-Forschung sowie aus der Diskussion um Systemtheorie und Konstruktivismus. In Zusammenführung dieser Ergebnisse und Leitgedanken lassen sich für das Problemfeld der Unterrichtsvorbereitung (im Gesamtkontext allgemeiner Schulkritik) kritische Einwände, aber auch weiterführende Akzente ableiten:

So wird in *Kritik* gegen Fehlformen der Anwendung von (traditionellen) Modellen der Unterrichtsvorbereitung eingewendet, dass sie

– als formale und obligatorische „Richtlinien" eingesetzt würden, die den iterativen und kreativen Planungsprozess eher einengten als förderten,

– häufig zu stark vom (Lehrplan-)Ziel und nicht genügend von individuellen Voraussetzungen (sozialen „settings", Vorerfahrungen und Vorwissen, vorhandenen Wirklichkeitskonstruktionen usw.) der Schüler her angelegt seien,

– von einer ontologisch angelegten „Sachanalyse" ausgehen würden, die suggeriere, dass die Eigenart in der Sache selbst stecke und es so etwas wie eine „prinzipiell richtige" oder generell gültige Gegenstandsstruktur gäbe.

Unterrichtsvorbereitung in der Grundschule berücksichtigt die hieraus abzuleitende *veränderte Lehrerrolle*: Die Lehrkraft braucht nicht ständig selbst im Mittelpunkt des Unterrichts zu stehen, sondern plant Lernbeobachtung, Lernbegleitung und Lernberatung mit ein. Aber auch beim (notwendigen) Instruieren versteht sie sich als Teil einer umfassenderen Lernumgebung, zuständig für das Präsentieren, Erklären, Impulse-Geben und Motive-Setzen. So zielt die pädagogisch begründete Unterrichtsvorbereitung nicht nur aufs „Stundenhalten" ab, sondern auf ein gut strukturiertes, aufgabenzentriertes und rhetorisch angemessenes „Unterrichtsarrangement".

4.3.1 Leitgedanken der Unterrichtsvorbereitung

a) Der Entstehungsprozess der Unterrichtsvorbereitung

Jeder Entstehungsprozess läuft zunächst ungeordnet, nichtlinear, sprunghaft und mehrschichtig ab. Besonders Lehranfänger geraten dabei in Widersprüche, die durch Ratschläge erfahrener Lehrer bisweilen noch verstärkt werden (Siehe Abbildung 7). Hier geht es um spontane Einfälle, produktive Fantasie, vorläufige Entscheidung und wagende Entwürfe. „Entstehungsprozess" bzw. „Erfindungszusammenhang" stellen die Vorphase bei der Bewältigung der (selbst- oder fremd-) gestellten „Unterrichtsaufgabe" dar, zu der auch Rückfragen bei Betreuern und die Orientierung in der Fachliteratur gehören.

b) Der Begründungszusammenhang der Unterrichtsvorbereitung

Die schriftliche Darstellung der „UV" umfasst nur das Endergebnis des o. g. Denkprozesses. Hierzu bedarf es eines vereinbarten Bearbeitungsrasters, das der Selbst- und Fremdüberprüfung des Unterrichtsentwurfs dient und eine Diskussionsgrundlage für die Unterrichtsanalyse bildet. Die systematische Prüfung anhand einer schriftlichen Darstellung des Begründungszusammenhangs gehört zum Standard akademischer Lehrerbildung, die sich deutlich von der alten „Meisterlehre" abhebt. Notwendig ist eine geregelte Fachsprache, die (weitgehend unabhängig von bestimmten didaktischen Konzeptionen) einen Grundkonsens in der professionellen Verständigung ermöglicht.

Entstehungszusammenhang
("Erfindungszusammenhang")

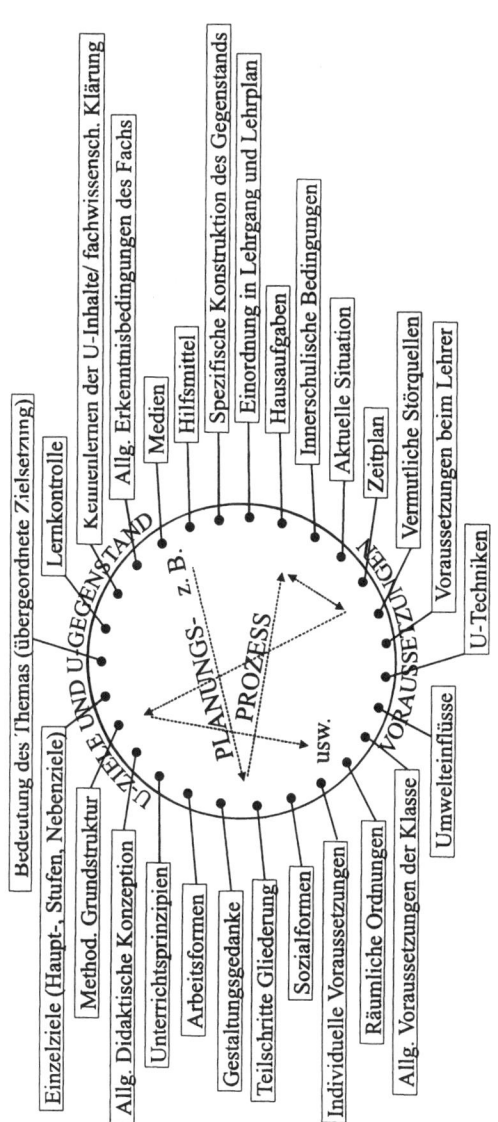

Abbildung 7

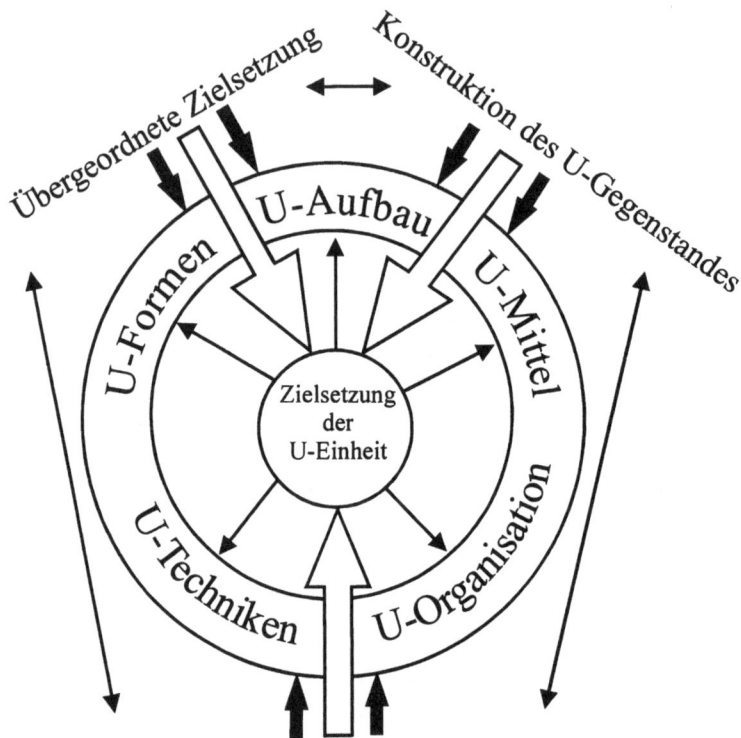

Abbildung 8

Nach dem „Prinzip der Isolation von Schwierigkeiten" wird in der Ausbildungssituation darauf geachtet, dass zunächst die für begründete Vorbereitung unerlässlichen Unterrichtsfaktoren in einen systematischen Zusammenhang gebracht werden. Dazu dient das folgende Strukturschema: Siehe Abbildung 8!

Die schriftliche Ausarbeitung der Begründungen soll zeigen, ob über die Zielsetzung Klarheit besteht und die methodischen Entscheidungen dazu in Interdependenz stehen.

c) Unterrichtsfaktoren

Übergeordnete Ziele
Pädagogische Ebene: Mündigkeit, Selbständigkeit, Verantwortung, Identitätsfindung, Sach-, Sozial-, Ich-Kompetenz usw.
Lehrplanebene: Allgemeine Leitziele der Lernbereiche, Lehrgangsziele, Jahresziel usw.

Konstruktion des Unterrichtsgegenstandes
Die „Sachstruktur" liegt nicht ontologisch vor, sondern wird für die Unterrichtsaufgabe „konstruiert". Diese Konstruktion beruht auf Fachkenntnissen, umfassender Sachinformation, gründlicher Einarbeitung in die Materie und eigener Auseinandersetzung mit dem Unterrichtsgegenstand. Genannt werden die Quellen des Fachwissens sowie der leitenden Schlüsselbegriffe und -fragen.

Vorerfahrungen und Vorwissen der Schüler
Gemeint sind biologische, psychologische (besonders kognitive und motivationale) sowie soziologische Voraussetzungen und deren empirische Ermittlung. Im Vordergrund steht die (rechtzeitige) Feststellung der Leistungs- und Interessenlage sowie die Leistungsstreuung in der Klasse.
Situative Bedingungen betreffen Möglichkeiten und Einschränkungen im Lernraum, Ausstattung in der Schule, evtl. Störfaktoren usw.

Zielsetzung der Unterrichtseinheit
Die Zielsetzung der Unterrichtseinheit orientiert sich in der Regel an vorgegebenen Grobzielen des Lehrplans, die hierfür konkretisiert und möglichst operational formuliert werden (Inhaltsangaben und Beschreibung des gewünschten Endverhaltens der Schüler, das ggf. einer Ergebniskontrolle unterzogen werden kann).
Das *Hauptziel* wird über *Teilziele* erreicht, die mit den Unterrichtsstufen (siehe Artikulation) korrespondieren. Sie können durch themenbezogene (z. B. „Wiederholung" früherer Unterrichtsinhalte) oder nicht-themenbezogene Nebenziele (z. B. „Einhaltung von Gesprächsregeln") ergänzt werden.

Aufbau der Unterrichtseinheit
Die Verlaufsstruktur der Unterrichtseinheit ergibt sich vor allem aus lerntheoretischen Erwägungen.
Artikulation bedeutet Unterteilung des Lehr-Lern-Prozesses in Stufen und Schritte. Eine neue Stufe beginnt, wenn sich die didaktische Intention ändert (z. B. Ergebniszusammenfassung → Anwendung). Die jeweils neue Stufe im Lernprozess sollte auch für die Schüler erkennbar sein, damit sie „methodisch mitdenken" können.

Innerhalb der Stufen können weitere Schritte erforderlich sein (z. B. verschiedene Varianten des Übens).

Die Stufenbezeichnungen sollen möglichst prägnant die jeweilige didaktische Intention kennzeichnen. Beispiele für die Anfangsphase: Aufgabenstellung, Zielangabe, Einstimmung, Anknüpfung, Einstieg (nur bei problemhaltiger Ausgangssituation!) usw. Die Bezeichnung „Motivationsphase" ist ungeeignet, da Motivation ein durchgängiges Unterrichtsprinzip darstellen sollte.

Die methodischen Grundstrukturen unterliegen lernbereichs- und fachspezifischen Erfordernissen, die in der jeweiligen Fachdidaktik unter Berücksichtigung der Jahrgangsstufe zu klären sind.

Unterrichtsformen

Unterschieden werden *Arbeitsformen* (darbietend, zusammenwirkend, aufgebend), *Sozialformen* (Großklasse, Klasse, Abteilung, Gruppe, Partner, Einzelne) und *räumliche Ordnungen* (Hörblock, Hufeisenform, Kreis, Gruppensitzordnung), die als Aktivitätsformen unterschiedlich kombiniert werden können, z. B. Lehrervortrag, Frageunterricht, Unterrichtsgespräch, Diskussion, Einzel-/Partner-/Gruppenarbeit, Rollenspiel.

Unterrichtsmittel

Unterrichtsmittel (als Oberbegriff) umfassen aus Lehrerperspektive Lehrmittel (Tafelanschrift, Folie, Wandkarte, Tabellen usw.) und für die Schüler Lernmittel (Schulbücher, Arbeitshefte, Lexika, Wörterbücher usw.)

Unterrichtsmedien verstehen sich als Repräsentanten des Unterrichtsgegenstands. Sie stellen allerdings nicht reines „Abbild" der Wirklichkeit dar, sondern werden selbst zu neuen Wirklichkeiten („mediale Welten"). Unterrichtsmedien sind Teil der Lernumgebung, geben Schülern Gelegenheit zum Rekonstruieren bzw. Nacherfinden von Sachverhalten und werden mit bestimmter didaktischer Absicht eingesetzt.

Personale Medien sind durch die Person des Lehrers selbst getragen: Bewegung – Gestik – Mimik – Sprache.

Nicht-personale Medien umfassen hingegen: Nachbildung (Experiment, Modell) – Abbildung (auditiv, visuell, audio-visuell) und Symbol (grafische Zeichen, Schrift, Karte usw.).

Sonderfall ist das *Beispiel* (sozusagen „reales Medium") als ausgewählter Ausschnitt der Wirklichkeit (Pflanze, lebendiges Tier, Fundstück usw.).

Viele Medien sind an *Hilfsmittel* (technische Vorrichtungen und Geräte) gebunden: Tafel, Projektor, Videogerät u. ä.

Unterrichtsorganisation und Unterrichtstechniken

Lehrtechniken gehören zum „Handwerkszeug" des Lehrers, bei dem es darum geht, „Kunstfehler" zu vermeiden.

Bei der *Unterrichtsorganisation* handelt es sich um Maßnahmen zur Sicherung eines reibungslosen äußeren Unterrichtsablaufs, vor allem Zeitplanung (einschließlich Zeitreserven), räumliche Ordnungen und ihre möglichst störungsfreie Veränderung, Bereitstellung der Hilfsmittel und ihre vorherige Überprüfung, gut sicht-/hörbare Präsentationen der Medien und die Vermeidung vorab erkennbarer Störungen.

Besondere Bedeutung hat die *Impulstechnik* als Lehrerverhalten, das ein bestimmtes Schülerverhalten auslösen, insbesondere „Denkanstöße" geben soll: Frage, Anweisung, Feststellung, Interjektion, stummer Impuls, Verweis auf Gegenstand, Schweigen/Warten,...

Weitere Lehrgriffe und -fähigkeiten beziehen sich z. B. auf wirkungsvolles Erzählen und Vorlesen, strukturierte Erstellung von Tafelanschrift, Folien oder Powerpoint-Präsentation, richtiges Aufrufen, überlegte Hausaufgabenstellung, hilfreiche Heftkorrekturen.

d) Anleitung zur schriftlichen Ausführung der Unterrichtsvorbereitung

Die im Folgenden angegebene Reihenfolge der Bearbeitungspunkte ist keine Vorgabe für den Denkablauf im individuellen Planungsprozess (vgl. „Entstehungszusammenhang"), sondern Ergebnisdarstellung in Form eines vereinbarten Kriterienrasters (vgl. „Begründungszusammenhang"): Siehe Abbildung 9!

Unterrichtsvorbereitung zum Thema:

A Zielsetzung

1. Lehrplanbezug
Richtziele für das Fach/ den Lernbereich in der betreffenden Jahrgangsstufe; Grobziel für die Unterrichtssequenz, innerhalb der die Unterrichtseinheit einzuordnen ist.

2. Zielformulierung
- Hauptziel der Unterrichtseinheit
- Teilziele
- Ggf. Nebenziele (fach-, nicht-fachbezogen)

3. Begründung der Zielsetzung
- von übergeordneten (pädagogischen und fachlichen) Zielen her
- von der Konstruktion und Eigenart des Unterrichtsgegenstands her
- von Vorerfahrungen und Vorwissen der Schüler sowie von situativen Bedingungen her

B Methodischer Entwurf

4. Plan der Durchführung

Zeit	Artikulation Lehreraktivität Schüleraktivitäten	Merkhilfen zur Unterrichtsorganisation
0:00	**Stufenbezeichnung** (z. B. Anknüpfung) Lehreraktivität (Instruktion, Impuls, Ersatzimpulse usw.) Schüleraktivität (erwartete Beiträge, Verhaltensweisen)	z. B. Bereitstellung von Hilfsmitteln und Medien, Änderung der Sozialform und räumliche Ordnung

5. Begründung der methodischen Entscheidungen
Begründung
a) des Unterrichtsaufbaus im Hinblick auf sachlogische (Lehrstoff) und psychologische (Lernweg) Erwägungen,
b) der *Differenzierungs- bzw. Individualisierungsmaßnahmen* im Hinblick auf Leistungs- und Interessenstreuung in der Klasse,
c) der *Unterrichtsformen* (Aktivitätsformen, räumliche Ordnungen),
d) der eingesetzten *Unterrichtsmittel* (Auswahl, zeitlicher „didaktischer Ort" des Einsatzes),
e) der *Unterrichtsorganisation* einschließlich geplanter Unterrichtstechniken (z. B. Impulsgebung), auch im Hinblick auf zu erwartende Schwierigkeiten.

C Nachbereitung des Lehrversuchs

Kurzbericht über den Unterrichtsablauf (allgemein und in den einzelnen Phasen)
a) Abweichungen vom geplanten Unterrichtsverlauf, mögliche Gründe (z. B. unzutreffende didaktische Annahmen)
b) Einschätzung des Unterrichtserfolgs, ggf. unter Einbezug ausgewerteter Ergebniskontrollen
c) Alternativen/Verbesserungsvorschläge aufgrund der gemachten Erfahrungen
d) Überlegungen zur Weiterführung des Unterrichts

D Anhang

Abbildung 9

e) Handreichung zum Begründungszusammenhang
Die nachfolgend aufgeführten Kriterien und Fragen haben je nach Unterrichtsaufgabe fachspezifisch unterschiedliche Bedeutung.
Sowohl für Anfänger als auch für erfahrene Lehrkräfte muss sicher gestellt sein, dass zumindest die grundlegenden Unterrichtsfaktoren bedacht und begründet werden, auch wenn die (schriftliche) Ausarbeitung für Ausbildungszwecke anders als für die tägliche Unterrichtsvorbereitung angelegt ist.

(1) Bei der *Begründung von übergeordneten Zielen* her handelt es sich um die bildungstheoretische Rechtfertigung der Unterrichtsaufgabe in Beantwortung entsprechender Grundfragen wie:
– Welchen Beitrag leistet der Unterricht im Blick auf Selbständigkeit, Mündigkeit, Wertorientierung, verantwortliches Handeln, Identitätsfindung und Kompetenzentwicklung? (Eine alleinige Begründung mit dem Stellenwert des Themas im Lehrplan oder Lehrgang ist nicht zureichend).
– Welche Bedeutung hat der Sachverhalt für die Kinder in Gegenwart und Zukunft? Warum soll dies gerade in der Schule gelernt werden?
– Hilft der Unterricht, lebenspraktische Aufgaben zu meistern, vermittelt er lebensnotwendige Informationen?
– Welcher Beitrag zur Konstruktion und Strukturierung von Wirklichkeit wird geleistet?
– Welche allgemeinen Kenntnisse, Arbeitstechniken und -weisen sowie Problemlösungsverfahren werden vermittelt?

(2) Die *Überlegungen zur Konstruktion des Unterrichtsgegenstandes* gehen von folgenden Fragestellungen aus:
– Welche Denkschritte, Bewertungen, vorläufige („subjektiven") Theorien, Einsichten und Fertigkeiten werden im Hinblick auf den Unterrichtsgegenstand als notwendig erachtet?
– Wie ist das Wissen über den Sachverhalt entstanden, was wissen wir heute darüber, was wissen wir noch nicht?
– Welche innere Struktur, Systematik und Begrifflichkeit wurde früher und wird heute dem Sachverhalt zugeordnet?
– Welche Transfermöglichkeiten („multiplen Kontexte") können hergestellt werden?
– Welche inhaltlichen Impulse und Hilfen können den Schülern gegeben werden, damit sie das Lernangebot in Anspruch nehmen wollen und können?
Mit Blick auf anzustrebendes „authentisches Lernen" und „situiertes Wissen" sind bei den geplanten Zielen möglichst realistisch *Vorerfahrungen und Vorwissen der Kinder* und situative Bedingungen zu berücksichtigen (im Sinne von „Anamnese" und „Diagnostik"). Eine rein formale entwicklungspsychologische Beschreibung der Al-

tersstufe reicht nicht aus. Vielmehr müssen themenbezogen die tatsächlichen Lernbedingungen der konkreten Klasse vor Ort erfasst werden.

(3) Eine solche *Erhebung der Ausgangslage* sollte in der Regel schon lange Zeit vor der eigentlichen Unterrichtsdurchführung beginnen. Sie bewahrt davor, dass der Lehrende eine Gegenstandsstruktur konstruiert, die möglicherweise kaum mit Anschlusswissen und Vorstellungen der Schüler kompatibel ist. Dabei geht es vor allem um folgende Fragen:

– Welche Lernbedingungen im regionalen und sozialen Umfeld der Schüler müssen beachtet werden?
– Welche Besonderheiten des Alters und des Geschlechts sind zu berücksichtigen?
– Welche individuellen Vorstellungen („Konstruktionen") vom Unterrichtsthema haben die Schüler? Welche Vorurteile oder „Prä-Konzepte" müssen ggf. überwunden werden werden?
– Können sie die Aufgabenstellung überhaupt erkennen, in ihr kindliches Erfahrungsrepertoire und Denkraster aufnehmen?
– Wo ergibt sich ein Zusammenhang zwischen Lernbedürfnis und Lernangebot? Gibt es Bezüge zu aktuellen Lebenssituationen der Schüler?
– Welche (alters- und gruppenspezifischen Alltags-) Begriffe verwenden die Schüler (Kindersprache)?
– Was ist vom Thema schon bekannt (außerschulisches Wissen)?
– Welche schulisch erworbenen Sachkenntnisse haben die Schüler bereits?
– Mit welchen Verständnisschwierigkeiten ist zu rechnen?
– Welche Schüler können die Lernaufgabe ggf. nur schwer oder gar nicht bewältigen?
– Wie steht es um Arbeitsverhalten, Arbeitstempo, Konzentration in der Klasse?
– Inwieweit sind Ausstattung der Schule und des Klassenraums, Größe und Zusammensetzung der Klasse, gruppendynamische Strukturen, Schulklima, spezielles pädagogisches Profil der Schule, Elterneinflüsse... in die Überlegungen einzubeziehen?

(4) Begründung der *methodischen Entscheidungen*
Unterrichtsaufbau
In der Verlaufsstruktur (Artikulation) des Unterrichts überlagern sich die Ergebnisse verschiedener Gedankengänge: Es geht nicht um starre Einhaltung des geplanten Verlaufsschemas; guter Unterricht zeichnet sich vielmehr durch Variabilität und Flexibilität aus. Umso notwendiger ist ein umfassendes „Lernarrangement", das durch die vorbereitete Umgebung und die Qualität eines „gestaltenden Gedankens" getragen wird. Der Unterricht sollte einen für die Schüler nachvollziehbaren „geistigen Spannungsbogen" enthalten, Sinnmitte, gedankliche Einheitlichkeit, klare Struktur

und Folgerichtigkeit besitzen. Der Unterrichtsaufbau ergibt sich aus dem Lernweg als schrittweise (Re-)Konstruktion der Sache durch die Schüler, nicht allein durch die Art des geplanten gedanklichen Fortschreitens des Lehrers. Entsprechende Fragen lauten demnach:

– Werden die Schüler zielführend auf das Thema eingestellt?
– Können die Schüler die didaktische Absicht(en) des Lehrers und die Gliederung des Unterrichts nachvollziehen?
– Erfahren sie die Artikulation bewusst als Strukturierungshilfe für den eigenen Lernprozess?
– Sind metakognitiv-orientierte Impulse für das „Lernen des Lernens" ("Inseln der Reflexion") enthalten?
– Sind genügend Teilschritte eingebaut, damit alle Schüler die Intention der nächsten Lernstufe erfassen können?
– Erhalten die Schüler Rückmeldung über erreichte Lernziele?
– Steht die Zusammenfassung in Beziehung mit einem Ausblick, der die „Anschlussfähigkeit" des weiteren Lernens aufzeigt?

Unterrichtsformen

Die Festlegung bzw. Veränderung der Unterrichtsformen (Sozial-, Aktivitätsformen und räumliche Ordnungen) ist nur im Blick auf die Gesamtaufgabe und unter Einbezug von Tätigkeitswechseln und Arbeitshygiene begründbar. Unter dem Anspruch möglichst widerspruchfreier Wechselwirkung der Unterrichtsfaktoren (Interdependenz) ergibt sich als Idealfall, dass mit jedem Wechsel der didaktischen Absicht bzw. Stufe auch die Unterrichtsform angepasst wird, z. B.: Hörblock bei Darbietung des Lehrers, Sitzkreis bei Diskussion, Gruppentische bei Gruppenarbeit. Dies ist allerdings unter Abwägung des Zeitaufwandes und möglicher Störrisiken nur bedingt möglich. Gefragt werden muss hier deshalb nach realisierbaren Kompromissen:

– Wo liegt bei den Aktivitätsformen der Schwerpunkt der Unterrichtseinheit?
– Welche räumlichen Ordnungen sind für möglichst viele Unterrichtsphasen geeignet?
– Wie lassen sich mit wenig Aufwand die räumlichen Ordnungen verändern?
– Sind die Schüler bereits an solche Veränderungen gewöhnt? Sind die „Umbauarbeiten" bereits eingeschult?

Unterrichtsmittel

Die Schüler sollten die Möglichkeit haben, selbständig unterschiedliche Medien, auch unabhängig voneinander, als Informationsquellen heranzuziehen und miteinander zu vergleichen (wobei stets abzuwägen ist, ob unbedingt Arbeitsblatt-Einsatz erforderlich ist).

Zu klären ist der didaktische Ort (Zeitpunkt und Art) des Einsatzes (z. B. Film am Anfang, in der Mitte oder am Schluss der Unterrichtseinheit; vollständig oder in Sequenzen vorgeführt). Wo immer möglich und sinnvoll, sind unmittelbare Erfahrungen sowie Begegnungen mit realen Beispielen, ggf. auch an „originalen Orten" zu ermöglichen. Zu fragen ist u. a.:
– Welche Medien sind von ihrem Abstraktionsgrad her für die Veranschaulichung des Unterrichtsgegenstandes geeignet?
– Welche „mediale Differenzierung" ist notwendig, die individuelle Eigenkonstruktionen des Sachverhalts bei Schülern mit unterschiedlichem Leistungsniveau zu unterstützen?
– Aber auch: Welche fragwürdigen „Modelle" als (simplifizierende) Anschauungshilfen sollten vermieden werden, um Trivialvorstellungen entgegenzuwirken?

Lehrtechniken und Unterrichtsorganisation
Der Berufsanfänger muss sich auf Lehrtechniken, die in der Unterrichtseinheit von Bedeutung und noch nicht routiniert sind, einstellen und mögliche „Kunstfehler" im Blick haben. Erforderlich ist deshalb die „innere" („mentale") Vorbereitung auf Lehrverhalten und Klassenführung. Schriftlich wird darauf eingegangen, wenn (absehbar) der Unterrichtserfolg von bestimmten Lehrweisen abhängt oder sich besondere Probleme ergeben könnten.
Um die *Unterrichtsorganisation* abzusichern, sollte im „Plan der Durchführung" in einer eigenen Spalte entsprechende „Merkhilfen" aufgenommen werden. Zu bedenken ist z. B., dass
– Tageslichtprojektor oder „Beamer" vor dem punktgenauen Einsatz eine Vorwärmzeit brauchen,
– bei Dia-/ Filmprojektion die problemlose Abdunkelung des Raumes in Auftrag gegeben wird,
– Film, Toncassette, Power-Point-Präsentation u. ä. bereits auf den richtigen Startpunkt gestellt sind,
– Arbeitsmaterialien unverzüglich ausgeteilt werden können (Vorabsortierung),
– bei experimentellen Vorführungen zeitlich parallele Lehreraktivitäten bedacht werden usw.

Den *Plan der Durchführung* sollte der Lehrende weitgehend „im Kopf haben", die „Partitur" liegt als Gedächtnisstütze („Spickzettel") bereit.
In der Ausbildungssituation in Studium und Referendariat sollte die gesamte schriftliche Vorbereitung vor dem Lehrversuch bzw. der Lehrprobe fertig gestellt sein und den Beobachtern (Betreuungs-, Praktikumslehrer, Dozent, andere Praktikanten, Seminarleiter, Schulaufsicht) zum Zwecke der Unterrichtsanalyse und -beurteilung vorliegen.

4.3.2 Gestaltung der Lernumgebung

Der Begriff „Lernumgebung" kann zwei Ebenen zugeordnet werden:

(1) Auf der *Ebene didaktischer Konzeptionen* spielt die Gestaltung von „Lehr-Lernumgebungen" vor allem in (moderat-)konstruktivistischen Ansätzen eine zentrale Rolle, die Lernumgebungen umfassend als Arrangement von Unterrichtsmethoden und -techniken sowie von Lernmaterialien und Medien verstehen (Reinmann-Rothmeier/ Mandl 2001, vgl. auch Meixner/ Müller 2000).
Prämisse ist hier, dass Lernen in spezifischen Erwerbssituationen stattfindet und sich das erworbene Wissen auf konkrete Anwendungsbereiche bezieht. Lern- und Anwendungssituationen sollten deshalb zunächst kontextgebunden möglichst ähnlich gestaltet werden. Das gilt insbesondere für Kinder im Grundschulalter, bei denen sich abstraktere Transferleistungen (Übertragungen des Gelernten auf andere Sachverhalte und Domänen) erst allmählich entwickeln. „Problemorientierte Lernumgebungen" unterstützen flexiblem Transfer des Gelernten, wenn zunehmend darauf geachtet wird, dass Inhalte anhand verschiedener Probleme aus verschiedenen Kontexten gelernt werden (vgl. Gräsel 2006).
Von „starken" Lernumgebungen wird gesprochen, wenn Lernsituationen komplex und möglichst „authentisch" angelegt sind und die Kinder in ihren lebensweltlichen Vorstellungen, Erwartungen und Problemen angesprochen werden. Um Situiertheit und Authentizität zu erreichen, kann es öfter auch notwendig sein, das Klassenzimmer zu verlassen und außerschulische Lernorte aufzusuchen.
Wenn mit Blick auf „Lernen als aktiver Konstruktionsprozess" Kinder Gelegenheit zum selbständigen Handeln und Denken haben sollen, ist – in Balance zwischen natürlichem und angeleitetem Lernen – auch ein angemessenes Verhältnis von Strukturierung und Führung notwendig.

(2) Auf *pragmatischer Ebene* geht es bei der Gestaltung von Lernumgebungen vorrangig um den räumlichen Aspekt, nämlich Raumausstattung und Unterrichtsmaterialien im pädagogischen Handlungsfeld der Schule. Das ist nicht vordergründig zu verstehen, vielmehr ist generell „am Raum das Erziehungs- und Unterrichtsverständnis ablesbar" (Rehle/ Thoma 2003, S. 126). Nachvollziehbar ist diese Aussage beispielsweise an der Entwicklung von der „Schulstube" bis zur „Lernlandschaft" und „Lernumgebung" (vgl. C 2.1.4: Die räumliche Erfahrung der Schule).
Bereits *Schulhaus* und Schulumgebung strahlen in ihrer Präsentation des Schulprofils eine „Anmutungsqualität" aus, die das Verständnis vom „kindlichen Entfaltungsraum" signalisiert: Präsentation von Projekten, an denen die Klassen derzeit arbeiten, Auswahl der „Kunst am Bau" mit (wechselnden) Präsentation von Schülerarbeiten aus dem Kunstunterricht, aber auch die Beteiligung der Schüler an der Gestaltung von Schulhof und Schulgarten. Bei der Raumverteilung im Schulhaus ist ggf.

die reformpädagogische Idee der Freinet-Pädagogik einzubeziehen, feste „Ateliers" für Kunst, Literatur, Mathematik, Werken, Experimentieren und/oder Schulspiel einzurichten.

Ein solches Anregungspotenzial setzt sich bei der „Ausstrahlung" („Lernklima") der *Klassenzimmergestaltung* fort: Übersichtlichkeit, Ästhetik, Geborgenheit, Platz für Persönliches, für selbständiges Tun und für soziale Kontakte (Sitzordnungen), Erholungs- und Rückzugmöglichkeiten („stille Ecke"), Anregung durch interessante Materialien und Experimentalanordnungen, Ermöglichen verantwortlichen Umgangs mit Sachen, Pflanzen und/oder Tieren (nach Rehle/ Thoma 2003, S. 132/133).

Die Ausstattung des Klassenzimmers, die auch auf Wochenplanlernen, Freiarbeit, Stationen- und Projektlernen eingerichtet ist, wächst mit Erfahrung und Dienstzeit d. Klassenlehrer/in, sollte aber stets Qualität, Überschau- und Kontrollierbarkeit, nicht Quantität der Materialen im Blick behalten und vor allem stets die Kinder an der Raumgestaltung beteiligen. Als Beispiele sind zu nennen (vgl. u. a. Schönknecht/ Klenk 2005, Zierer 2005):

– Klassenbibliothek (mit Kinderbüchern, Sachbüchern, Lexika, Hör-CDs usw.),
– Lese-, Schreib- und Gestaltungsecke (mit Stiften, Papier, Stempeln, Schreibmaschine, Mini-Druckerei, usw.),
– Computerarbeitsplätze (mit entsprechender Lernsoftware),
– Forscher- und Experimentierbereich (mit Mikroskop, Becherlupe, Taschenlampe, Experimentierkästen, Pflanzenpresse usw.),
– Bastelecke (mit Werkzeugen, Kleber, Naturmaterialien, Bastelanleitungen usw.),
– Pinwände (für „Klassenzeitung", Kommunikationsaustausch, Organisation usw.),
– Ausstellungstisch, -regal oder -vitrine (für die Präsentation der Arbeitsergebnisse),
– Blumenfenster, Käfig, Terrarium oder Aquarium,
– Feste Ablagemöglichkeiten für persönliche Gegenstände (die nicht jeden Tag in der Schultasche transportiert werden müssen).

In *Zusammenführung der beiden Ebenen* ist stets davon auszugehen, dass die Lernenden „nicht über dasselbe Wissen und über gleiches Wissen nicht in gleicher Weise verfügen" (Klein/ Oettinger 2000, S. 37): Deshalb kommt es darauf an, vorschnelle Einführung vermeintlich allgemein verständlicher Begriffe zu vermeiden. Vielmehr gilt es, über bereitgestellte Materialien den Kindern die „strukturelle Koppelung" der Lerngegenstände mit den eigenen Vorstellungen zu erleichtern und ihre individuellen Begriffe verwenden zu lassen.

Auch hier ist zu bedenken, dass die *Lehrerpersönlichkeit Teil der Lernumgebung* ist; d.h. bei Vorbereitung und Durchführung des Unterrichts arrangiert sich die Lehrperson sozusagen selbst als „personales Medium", das mit Sprache, Gestik und Mimik den Unterrichtsgegenstand repräsentiert und die Wirkung der Lernumgebung ergänzt und verstärkt. Dabei werden persönliche Stärken eingebracht und Schwächen (z. B. durch Einsatz anderer Medien oder Personen) ausgeglichen. (Beispiel:

Wer nicht auf eigene Gesangskünste vertraut, wird CD, Instrumente und/oder gute Sänger einbeziehen).

In der *Ausbildungssituation* konzentriert sich der Lehranfänger bei entsprechenden Versuchen und Lehrproben auf Beschaffung, didaktische Entwicklung und Bereitstellung von Unterrichtmaterial sowie auf überlegte Organisation des Materialeinsatzes. Bei der Unterrichtsdurchführung selbst stehen präzise Arbeitsaufträge, Aktivierung der Lerngemeinschaft(en), Organisation, Lernberatung und Dialog im Vordergrund. Anzumerken ist, dass selbstverständlich auch im Praktikum die Lehranfänger dazu ermutigt werden sollte, Lehrversuche im Sinne „offenen Unterrichts" durchzuführen und ein entsprechendes „didaktisches Lernarrangement" zu planen. Für die Ausbildungssituation geeignet sind z. B. Arbeitsprogramme (genaue Arbeitsaufträge; auch Computerlernprogramme), Büffet-Modell (Material-, Experimentier-, Büchertische, Informationstafeln usw.) und Stationenlernen (Lernzirkel im Rotationsprinzip/Gruppenwechsel), wobei ggf. Tutoren (Schüler, andere Praktikanten) instruiert und eingesetzt werden können. Im Rahmen der Blockpraktika sind auch komplexere Unterrichtsaufgaben wie Vorbereitung und Betreuung einer Wochenplanarbeit sowie (überschaubarer) Projektarbeit einzubeziehen. Dabei münden schrittweise die Einzelaspekte guter „klassischer" Unterrichtsvorbereitung und „Vorführstunden" in die umfassendere pädagogische Aufgabe kindgemäßer Gestaltung anregungsreicher Lernumgebungen.

4.4 Resümee

Die eingangs formulierte Aussage, dass der Grundsatz der „Kindgemäßheit" auf zeitabhängigen Konstruktionen der Begriffe „Kind" und „Kindheit" basiert, ist nicht nur historisch zu verstehen, sondern auch im Hinblick auf eine kritische Analyse der Gegenwart.

So wird im aktuellen Zeitgeist (ähnlich wie schon einmal in der Bildungsreform der 1970-er Jahre, nunmehr unter dem Diktat der internationalen Wirtschaftsorganisation OECD) Kindheit vornehmlich als volkswirtschaftliche „Ressource" gesehen, die im internationalen Konkurrenzkampf als eine Art „Human Factor" einsetzbar ist. Dabei wird auch auf die frühe Kindheit zugegriffen, indem frühes Lernen organisiert und schon für Kindergärten Bildungspläne, Bildungsstandards und Qualitätsmanagements entwickelt und zunehmend verpflichtend gemacht werden. Die Intention ist leicht durchschaubar: Es geht um interessengeleitete ökonomische „Mobilmachung", die sich der gesamten Kindheit zu bemächtigen versucht:

„Die totale Mobilmachung, Maßnahme des ‚organisierten Denkens', macht den Menschen bereit, mit der ziellosen Bewegung des ‚Fortschritts' Schritt zu halten. Nichts liegt näher, als schon bei den ganz Kleinen anzusetzen. Sie nämlich können am dauerhaftesten geprägt und am wirksamsten gelenkt werden" (Koch 2006, S. 631).

Umso mehr ist es notwendig, die klare und regulierende Gegenposition des *pädagogischen Standorts* einzunehmen, der (über die reformpädagogische Floskel „Vom Kinde
aus" hinaus) die individuelle Entwicklung der Persönlichkeit in den Vordergrund
stellt und den Eigenwert der Kindheit gegenüber allen anderen Ansprüchen vertei-
digt. Dies ist schon deshalb notwendig, weil Kinder kaum eine eigene Lobby haben
und auf erwachsene „Fürsprecher" angewiesen sind. Die Aufgabe, „Anwalt des Kindes" zu sein, obliegt, neben den Eltern, insbesondere den in der „Kinderschule"
tätigen professionellen Pädagogen. Wie aufgezeigt haben Grundschullehrer jedoch
auch Ansprüche der Sache (siehe „Grundlegende Schule") und der Gesellschaft (siehe „Gemeinsame Schule") zu vertreten.

In Akzeptanz dieses Spannungsverhältnisses gilt es abschließend, den Anspruch des
Kindgemäßen bewusst zu akzentuieren und wiederum in einigen exemplarischen
Grundfragen zu Selbstvergewisserung und Reflexion der Praxisarbeit zusammenzufas-
sen:

– Werden alterstypische Merkmale im geistigen und sozialen Bereich sowie im Arbeits-
verhalten berücksichtigt?
– Wird dem Spiel- und Bewegungsbedürfnis der Kinder Rechnung getragen?
– Werden Grundsätze wie Anschaulichkeit, Handlungsorientierung und Ganzheit-
lichkeit berücksichtigt, aber auch in ihrer begrenzten Gültigkeit erkannt?
– Werden in angemessenen Abständen lernbereichsspezifische Vorkenntnisse und
Vorerfahrungen als diagnostisch zuverlässige Grundlage für weitere Lernangebote
erhoben?
– Werden konkrete Gegebenheiten vor Ort zugrunde gelegt und Lernumgebungen
hinreichend situationsbezogen und authentisch gestaltet?
– Werden Kinder als Subjekt und Mitgestaltende im didaktischen Arrangement ernst
genommen?
– Werden nicht nur gute „Standardleistungen", sondern gleichermaßen auch individuelle Stärken und kreative Eigenleistungen erkannt und verstärkt?
– Werden Lob, Anerkennung und Leistungsrückmeldung gezielt, kontinuierlich und
gerecht eingesetzt?
– Wird bei aller Förderarbeit und Ausrichtung auf künftige Bildungswege gleichermaßen die Gegenwart des Kindes als „Eigenwert" angenommen und „gelebt"?
– Letztendlich: Ist die Kindheit eines Kindes, dessen Leben tragischerweise abrupt
beendet wird, nur als abgebrochenes Durchgangsstadium zu beklagen? Was rechtfertigt es, auch und vielleicht allein diesen Lebensabschnitt als erfüllte und in sich
wertvolle Zeit anzuerkennen?

Solche Fragen und Kriterien sind keineswegs einem verklärten, romantisierendem
Bild von Kind und Kindsein verhaftet, auch nicht dem Idealbild des „geborenen
Erziehers", der stets von „aufopfernder Hingabe und Liebe zum Kind" geleitet wird.
Professionalität bemüht sich vielmehr um realistische, empirisch begründete und

analytisch-reflektierende Hinwendung zum Kind. Dass diese freilich auch von dauerhafter Zuneigung, Respekt und Verständnis getragen werden muss, ist im Berufsethos enthalten…

Schlussgedanke

„Vermittlung" als grundschulpädagogische Kategorie
Im alltäglichen Sprachgebrauch pädagogischer und didaktischer Zusammenhänge wird der Begriff „Vermittlung" ebenso häufig wie unreflektiert verwendet. An Wendungen wie Stoffvermittlung, Wissensvermittlung, Kompetenzvermittlung, aber auch Vermittlung von Fertigkeiten und Fähigkeiten, Kompetenzvermittlung, Vermittlung von Einsichten, Einstellungen und Haltungen bis hin zur „Wertevermittlung" sowie Vermittlung von Allgemeinbildung haben wir uns längst gewöhnt. Didaktisch wird mit dem Begriff häufig „Vermittlungsdidaktik" assoziiert, die nachfolgend *nicht* gemeint ist.

Unter pädagogischer Sichtweise ist vielmehr der *Doppelsinn des Vermittlungsbegriffs* hervorzuheben (vgl. Schorch 2007):
– „Vermitteln *von* ..." im Sinne von „Übermittlung": Wenn „jemanden etwas vermittelt wird", steht das Subjekt der vermittelnden Person, der „Sender" und seine „Mitteilung" im Vordergrund, der Adressat wird zum Objekt und „Empfänger".
– „Vermitteln *zwischen* ..." im Sinne einer Mittlerfunktion: Beziehungen herstellen und erhalten: Im Vordergrund stehen die Pole, zwischen denen vermittelt werden soll. Der Vermittler selbst tritt in den Hintergrund, er versteht sich als „Mediator" und Impulsgeber.

In der Antike war der „Päd-Agoge" („Kinderführer") nur für die Betreuung des Schützlings zwischen elterlicher Aufsicht einerseits und der Unterrichtzeit beim Gelehrten andererseits zuständig. Er hatte in dieser Mittlerfunktion die Verantwortung, den Zögling der Bildung zuzuführen, nicht aber selbst einen inhaltlichen „Bildungsauftrag". Der beschriebene Doppelsinn des Vermittlungsbegriffs kommt erst mit der sich verändernden Rollenzuweisung des Pädagogen ins Spiel: Er soll nun auch selbst unterrichten und Experte für ein bestimmtes Fachgebiet sein. Ständig zunehmende Stofffülle erzwingt eine Schwerpunktverlagerung, bei der sich der Pädagoge in der Verpflichtung sieht, den Stoff möglichst vollständig weiterzugeben, verliert aber dabei die ursprüngliche Aufgabe des für das Kind verantwortlichen „Zubringers" allmählich aus dem Auge.

In schulpädagogischer Ausrichtung dieser Überlegungen ist die Institution Schule als eigene Vermittlungsinstanz in das Gesamtsystem einzubeziehen, so dass sich relativ trennscharf drei Vermittlungsfelder unterscheiden lassen:
– Die wissenschaftliche Pädagogik, die aus ihrem Selbstverständnis heraus zwischen anderen Bezugswissenschaften, zwischen Wissenschaftsmethoden, normativen und empirischen Zugängen, aber auch zwischen Theorie und Praxis zu vermitteln sucht.
– Die Schule als Institution, die eine Mittlerolle zwischen gesellschaftlichem (Selektions-) Auftrag und pädagogischem (Förder-) Anspruch einnimmt und zwischen staatlichen Auflagen, Eltern- und Schülerinteressen vermittelt.

– Die einzelne Lehrkraft, die im institutionell bedingten Rahmen ihres pädagogischen Handlungsspielraums zwischen Schüler und Sache (Fach, Kultur, Norm...) vermittelt und zur Selbstbildung anregt.

Für die *Grundschulpädagogik* ist die pädagogische Leitidee des „Vermittelns zwischen..." auf allen drei Ebenen bedeutsam:

Als *Wissenschaftsdisziplin* ist die Grundschulpädagogik auf Vermittlung verschiedener Forschungszugänge angewiesen, insbesondere bei Zusammenschau historischer, vergleichender und empirischer Grundschulforschung. Als „Stufenpädagogik" bezieht sich Grundschulpädagogik auf die Rahmenvorgabe eines gegliederten Schulsystems und erhält damit die Aufgabe einer Vermittlung zwischen der Vorschul- bzw. Elementarpädagogik einerseits und Sekundarstufenpädagogik andererseits. Die „Pädagogik der *Grund*stufe" erfordert die Auseinandersetzung mit der Verantwortung für die Basis des Bildungssystems und einer entsprechenden Theorie grundlegender Bildung, die sich auch um koordinierende Vermittlung zwischen den beteiligten Fachdidaktiken bemüht und insbesondere für den Anfangsunterricht ein pädagogisch stimmiges Gesamtkonzept vorlegen muss. Auch in der *Lehre* ist der Gedanke des „Ver-Mittelns" evident, zumal in der Lehrerbildung die Kluft zwischen reinem Fächerstudium und pädagogischem Studium überwunden werden muss (erst recht bei „polyvalenter" Ausrichtung von BA-/MA-Studiengängen). Pädagogisches Vermitteln im Streben nach Einheit von Gegenstand und Methode sollte deshalb generelle Leitlinie in allen Teilgebieten der Lehramtsstudiengänge (auch beim Studium der Fächer) sein. So geht es doch stets um Vermitteln zwischen

– Berufsvorstellungen und Berufswahlmotiven der Studierenden einerseits und tatsächlichen Berufsanforderungen andererseits,

– Alltagsverständnis und subjektiven Theorien einerseits und wissenschaftlich belegten Erklärungsmodellen andererseits,

– fachlichen Grundlagen (Prüfungswissen) und später anwendbaren Kenntnissen,

– Kriterien „guten Unterrichts" und „idealem Lehrerbild" einerseits sowie persönlichen Möglichkeiten und Grenzen angesichts individueller Stärken und Schwächen andererseits.

Als „*Vermittlerschule*" versteht sich die Grundschule als Vermittlungsinstanz zwischen Natur und Kultur, zwischen Gesellschaft und Einzelnem, zwischen Homogenisierung und Individualisierung, zwischen Normierung und persönlicher Entfaltung. Idee einer Vermittlungsschule mit eigener Qualität, die eine verlässliche Vorschulerziehung ins Gesamtsystem einbezieht, wird aktuell unter dem Begriff „Anschlussfähige Bildung im Kindesalter" und in der Bemühung um Erstellung verbindlicher Bildungspläne für den Kindergarten neu diskutiert. Vermittelt werden muss zwischen

– eigenständigem Bildungsauftrag und Kontinuität im Bildungsgang,

– extremer Heterogenität der Schülerschaft und „Kanalisierung" für normierte Schullaufbahnen des gegliederten Schulsystems,

– spezifischer Förderung des einzelnen Kindes und verbindlichen „Bildungsstandards",
– kindgerechter „Schonraumfunktion" und Vorbereitung auf die Anforderungen weiterführender Schulen,
– Integration bzw. Inklusion und (viel zu früher) Selektion,
– gegenwärtigem kindlichem Lebensweltbezug und zukünftigen Herausforderungen der Erwachsenenwelt,
– Situationsorientierung und fachlicher Propädeutik bzw. Systematik.

Die *einzelne Lehrkraft* ist im pädagogischen Handlungsfeld an institutionelle Rahmenbedingungen gebunden. Dennoch ist in pädagogischem Verständnis das Spannungsfeld unterschiedlichster Ansprüche und Erwartungen (staatliche Administration, Eltern, gesellschaftliche Interessengruppen,...) stets „vom Kinde aus" zu betrachten. In der Praxissituation versteht sich „pädagogische Urteilskraft" als Bemühung um Ausgewogenheit und entsprechender Vermittlung zwischen den Polen. Der Bildungsauftrag liegt somit in der Vermittlung zwischen *Nähe* als Lebensbezug, Leiblichkeit, Empfindsamkeit, Lebendigkeit, Wunschdenken, spielerischer Umgang und Subjektivität einerseits und *Distanz* als ordnende Vernunft, übergeordnete Sichtweise, Verstehen von Zeichen, Veränderung des Standpunkts und Objektivität andererseits. Die pädagogische Vermittlerfunktion besteht darin, „Brücken zu bauen":

– Das Verständnis von Schule als Brücke zwischen der subjektiven Lebenswelt und anderen Weltperspektiven mit ihren konstruierten Ordnungen, Maßstäben und Erklärungsweisen.
– Die Gestaltung der Schule als Brücke zu den Anderen, als Brücke zwischen dem Einzelnen und der „Lerngemeinschaft" von Lehrer und Schülern.
– Die Auffassung der Schule als Brücke zum Selbst, als Brücke zwischen Fremdbestimmung und Selbstbestimmung; in Selbstvergewisserung des eigenen pädagogischen Standpunktes.

In dieser Vermittlungsaufgabe verliert die pädagogische Einflussnahme allmählich ihren instrumentalen Erziehungscharakter, sie versucht, sich zurückzunehmen, sich selbst überflüssig zu machen und schließlich auf die eigene Urteilskraft des jungen Menschen zu vertrauen. Vielleicht hat dieser dann eine eigene pädagogische Urteilskraft erworben, die ihm die schwierige Aufgabe erleichtert, taktvoll und tolerant mit Pädagogen umzugehen...

Literatur

AEBLI, H.: Über die geistige Entwicklung des Kindes. Stuttgart 1973.

AEBLI, H.: Grundlagen des Lehrens. Stuttgart 1997.

AHRBECK. B.: Kinder brauchen Erziehung. Die vergessene pädagogische Verantwortung. Stuttgart 2004.

ALTENBERGER, H.: Stärkung der Fachdidaktik in der Lehrerbildung. In: Macha, H./ Solzbacher, C.: Welches Wissen brauchen Lehrer? Bad Heilbrunn 2002, S. 215-227.

ALTRICHTER, H./ POSCH, P.: Lehrerinnen und Lehrer erforschen ihren Unterricht. Bad Heilbrunn 2007.

ANDRES, B./ LAEWEN, H.-J.: Beobachtung und Dokumentation als Grundlage für pädagogisches Handeln. In: Diskowski, D./ Hammes-Di Bernardo, E. (Hrsg.): Lernkulturen und Bildungsstandards. Baltmannsweiler 2004, S. 138-150.

APEL, H. J.: Schulpädagogik – Eine Grundlegung. Köln 1990.

APEL, H. J.: Theorie der Schule. Donauwörth 1995.

APEL, H. J./ SACHER, W. (Hrsg.): Studienbuch Schulpädagogik. Bad Heilbrunn 2005.

ARIÈS, Ph.: Geschichte der Kindheit. München (1960) 1994.

ARNOLD, R./ PÄTZOLD, H.: Schulpädagogik kompakt. Berlin 2002.

ARNOLD, K.-H./ Sandfuchs, U./ Wiechmann, J. (Hrsg.): Handbuch Unterricht. Bad Heilbrunn 2006.

AUSTERMANN, A.: Was wissen wir über „Medien-Kindheit"? In: Erdmann, J. W./ Rückriem, G. (Hrsg.): Kindheit heute. Bad Heilbrunn 1996, S. 89-99.

BAACKE, D.: Die 6- bis 12jährigen – Einführung in Probleme des Kindesalters. Weinheim 1999.

BALLAUFF, Th.: Interpretationen der Kindheit. In: Ullrich, H./ Hamburger, H. (Hrsg.): Kinder am Ende ihres Jahrhunderts. Langenau 1991, S. 153-168.

BÄRMANN, F.: Über die Schule – Plädoyer für eine Angeklagte. In: Die Deutsche Schule, Heft 9, 1980, S. 521-530.

BÄRMANN, F.: Übung – eine vergessene Selbstverständlichkeit. In: Grundschule, Heft 13, 1981, S. 4-7.

BÄRMANN, F.: Schreib- „Erziehung"? In: Arbeitsgemeinschaft Schreiberziehung: Schreiben will gelehrt sein (Pelikan). Hannover 1986, S. 13-20.

BARTH, K.: Schulfähig? Beurteilungskriterien für die Erzieherin. Freiburg 1996.

BARTH, K.: Ist die Schuleingangsdiagnostik überflüssig? In: Grundschule Heft 7/8, 1997, S. 63-65.

BARTMANN, TH./ ULONSKA, H. (Hrsg.): Kinder in der Grundschule. Bad Heilbrunn 1996.

BARTNITZKY, H., Welche verbindlichen Vorgaben braucht die Schule? In: Heyer, P./ Preuss-Lauritz, U./ Sack, L. (Hrsg.): Länger gemeinsam lernen. Grundschulverband Band 115. Frankfurt/ M. 2003.

BATESON, G.: Ökologie des Geistes. Frankfurt/ M. 1993.

BAUER, H. F./ ENGELHARDT, W.-D. u. a.: Fachgemäße Arbeitsweisen im Sachunterricht der Grundschule. Bad Heilbrunn 1975.

BAUER, J.: Du bist nicht die Schule! In: Bayerische Schule, Heft 4/5, 2006, S. 40-41.

BAUMANN, M./ NICKEL, H.: Einschulung und Anfangsunterricht. In: LOMPSCHER, J. u. a., Leben, Lernen und Lehren in der Grundschule. Neuwied 1997, S. 165-186.

BAUMERT, J. u. a. (Hrsg.): PISA 2000. Opladen 2001.

BÄUML-ROSSNAGL, M. A. (Hrsg.): Sachunterricht. Bad Heilbrunn 1995.

BAYERISCHES STAATSMINISTERIUM FÜR UNTERRICHT UND KULTUS: Empfehlungen zur Zusammenarbeit von Kindergarten und Grundschule. Amtsblatt vom 30.10.1980 Nr. III A4. München 1980.

BAYERISCHES STAATSMINISTERIUM FÜR UNTERRICHT UND KULTUS: Lehrplan für die Grundschulen in Bayern. Amtsblatt vom 25.5.2000. München 2000.

BECHER, H.-R. (Hrsg.): Anthropologische und Pädagogische Grundfragen des Grundschulunterrichts. Baltmannsweiler 1981 (a).

BECHER, H.-R. (Hrsg.): Taschenbuch des Grundschulunterrichts. Baltmannsweiler 1981 (b).

BECHER, H. R./ BENNACK, J./ JÜRGENS, E. (Hrsg.): Taschenbuch Grundschule. Baltmannsweiler 2000.

BECKMANN, H.-K.: Fachdidaktik, Bereichsdidaktik, Stufendidaktik. In: Roth, L. (Hrsg.): Pädagogik. München 1991, S. 674-689.

BEHNKEN, I./ JAUMANN, O. (Hrsg.): Kindheit und Schule. Weinheim 1995.

BEHNKEN, I./ ZINNECKER, J. (Hrsg.): Kinder – Kindheit – Lebens-geschichte. Ein Handbuch. Seelze-Velber 2001 (a).

BEHNKEN, I./ ZINNECKER, J.: Neue Kindheitsforschung ohne eine Perspektive der Kinder? In: FÖLLING-ALBERS, M. u. a.: Jahrbuch Grundschule III. Frankfurt/ M. 2001 (b), S. 52-55.

BELLENBERG, G./ KLEMM, K.: Die Grundschule im deutschen Bildungssystem. In: Einsiedler, W. u. a. (Hrsg.): Handbuch Grundschulpädagogik und Grundschuldidaktik. Bad Heilbrunn 2005, S. 30-38.

BENNER, D.: Systematische Pädagogik. In: Lenzen, D. (Hrsg.): Pädagogische Grundbegriffe 2. Reinbeck/ Hamburg 1989, S. 1231-1246.

BENNER, D.: Allgemeine Pädagogik. Weinheim 1991.

BENNER, D.: Was ist Schulpädagogik? In: Apel, H. J./ Grunder, H.-U. Texte zur Schulpädagogik. Weinheim 1995, S. 54-83.

BENNER, D.: Schulische Allgemeinbildung versus allgemeine Menschenbildung? In: Zeitschrift für Erziehungswissenschaften, Heft 4, 2005, S. 563-575.

BENNER, D./ BRÜGGEN, F.: Erziehung und Bildung. In: Wulf, Chr. (Hrsg.): Vom Menschen. Handbuch Historische Anthropologie. Weinheim 1997, S. 768-779.

BERTHOLD, B.: Übergänge zur flexiblen und integrativen Schuleingangsstufe. In: Denner, L./ Schuhmacher, E. (Hrsg.): Übergänge im Elementar- und Primarbereich reflektieren und gestalten. Bad Heilbrunn 2004, S. 229-240.

BILDUNGSKOMMISSION der Länder Berlin und Brandenburg (Hrsg.): Bildung und Schule in Berlin und Brandenburg. Berlin 2003.

BILDUNGSKOMMISSION NRW: Zukunft der Bildung – Schule der Zukunft. Neuwied 1995.

BLK (BUND-LÄNDER-KOMMISSION): Materialien zur Bildungsplanung und Forschungsförderung, Heft 60, Bonn 1997.

BLOCK, R.: Schulrecht vor Elternrecht? Neue empirische Befunde zur Zuverlässigkeit von Übergangsempfehlungen der Grundschulen. Essen 2006.

BLOOM, B. S.: Stabilität und Veränderung menschlicher Merkmale. Weinheim 1971.

BOHNENKAMP, H. u. a.: Empfehlungen und Gutachten des Deutschen Ausschusses für das Erziehungs- und Bildungswesen 1953-1965. Stuttgart 1966.

BÖLLERT, K./ GOGOLIN, J.: Stichwort Professionalisierung. In: Zeitschrift für Erziehungswissenschaft, Heft 2, 2002, S. 367-383.

BÖNSCH, M.: Differenzierung als Optimierung von Lernprozessen. In: Die Deutsche Schule, Heft 3, 1997, S. 335-352.

BÖNSCH, M.: Lerngerüste, Didaktik 2000 für die Grundschule. Baltmannsweiler 1998.

BÖNSCH, M: Projektarbeit – Projektorientierung. In: Haarmann, D. (Hrsg.): Wörterbuch Neue Schule. Weinheim 1998, S. 131-138.

BÖNSCH, M. / LEHMANN, TH.: Ist die Grundschule eine sozialpädagogische Einrichtung? Pro und Contra. In: Grundschule, Heft 5, 1999, S. 46-48.

BOS, W. u. a. (Hrsg.): IGLU – Einige Länder der Bundesrepublik Deutschland im nationalen und internationalen Vergleich. Münster 2004.

BÖTTGER, H.: Englisch lernen in der Grundschule. Bad Heilbrunn 2005.

BRAUN, K.-H./ WETZEL, K.: Wie können Schulen ein sozialpädagogisches Profil entwickeln? In: Pädagogik und Schulalltag, Heft 3, 1997, S. 373-382.

BREIDENSTEIN, G./ HELSPER, W./ KÖTTERS-KÖNIG, C. (Hrsg.): Die Lehrerbildung der Zukunft – eine Streitschrift. Opladen 2002.

BRESLAUER, K.: Grundlegende Werterziehung. In: Schorch, G. (Hrsg.): Grundlegende Bildung. Bad Heilbrunn 1994, S. 125-147.

BREZINKA, W.: Erziehung als Lebenshilfe. Wien 1971.

BRONFENBRENNER, U.: Die Ökologie der menschlichen Entwicklung. Stuttgart 1981.

BRÜGELMANN, H.: Öffnung des Unterrichts. In: Brüggelmann, H./ Fölling-Albers, M./ Richter, S. (Hrsg.): Jahrbuch Grundschule. Seelze 1998, S. 8-42.

BRÜGELMANN, H.: Wie verbreitet ist offener Unterricht? In: Jaumann-Graumann, O./ Köhnlein, W. (Hrsg.): Lehrerprofessionalität – Lehrerprofessionalisierung. Bad Heilbrunn 2000, S. 133-143.

BRÜGELMANN, H.: Prinzipien des Anfangsunterrichts: Spielen. In: Die Grundschulzeitschrift, Heft 143, 2001, S. 35-37.

BRUNER, J. S.: Bereitschaft zum Lernen. In: Weinert, F. E. (Hrsg.): Pädagogische Psychologie. Köln 1967, S. 105-117.

BUNK, H.-D.: Zehn Projekte zum Sachunterricht. Frankfurt/ M. 1990.

BURGENER WOEFFRAY, A.: Grundlagen der Schuleintrittsdiagnostik. Bern 1996.

BURK, K. H.: Grundschule – Kinderschule oder Vorschule der Wissenschaft? Frankfurt/ M. 1976.

BURK, K. H.: Brauchen wir ein neues Förderverständnis? In: Arbeitskreis Grundschule aktuell Nr. 45, Januar 1994, S. 1-3.

BURK, K./ DECKERT-PEACEMAN, H. (Hrsg.): Auf dem Weg zur Ganztags-Grundschule. Grundschulverband Bd.122. Frankfurt/ M. 2006.

CARLE, U./ UNCKEL, A. (Hrsg.): Entwicklungszeiten. Forschungsperspektiven für die Grundschule. Wiesbaden 2004.

CHOMSKY, C.: Zuerst schreiben, später lesen. In: Hofer, A. (Hrsg.): Lesenlernen – Theorie und Unterricht. Düsseldorf 1976, S. 239-245.

CLAUSSEN, C.: Unterricht mit Wochenplänen. Weinheim 1997.

COMENIUS, J. A.: Große Didaktik (1657). Hrsg. von A. Flitner. München/ Düsseldorf 1954.

CORTINA, K.S./ BAUMERT, J./ LESCHINSKY, A./ MAYER, K. U./ TROMMER, L. (Hrsg.): Das Bildungswesen in der Bundesrepublik Deutschland. Reinbek 2003.

CZERWENKA, K.: Die Zukunft beginnt in der Grundschule. In: Pädagogische Welt, Heft 9, 1997, S. 418-420.

DAHLKE, M.: Schule und wie weiter? Beginn einer konstruktivistischen Annäherung. Frankfurt/ M. 1997.

DE MAUSE, L. (Hrsg.): Hört ihr die Kinder weinen? Eine psychogenetische Geschichte der Kindheit (1974) Frankfurt/ M. 1977.

DENNER, L./ SCHUMACHER, E. (Hrsg.): Übergänge im Elementar- und Primarbereich reflektieren und gestalten. Bad Heilbrunn 2004.

DERBOLAV, J.: Systematische Perspektiven der Pädagogik. Heidelberg 1971.

DEUTSCHER BILDUNGSRAT: Strukturplan für das Bildungswesen. Stuttgart 1970.

DEUTSCHES JUGENDINSTITUT (Hrsg.): Was für Kinder. Aufwachsen in Deutschland. München 1993.

DIEHM, I.: Kindergarten und Grundschule – Zur Strukturdifferenz zweier Erziehungs- und Bildungsinstitutionen. In: Helsper, W./ Böhme, J. (Hrsg.): Handbuch Schulforschung. Wiesbaden 2004, S. 529-547.

DIETRICH, TH. (Hrsg.): Die pädagogische Bewegung „Vom Kinde aus". Bad Heilbrunn 1973.

DIETRICH, TH.: Zeit- und Grundfragen der Pädagogik. Bad Heilbrunn 1992.

DILTHEY, W.: Gesammelte Schriften. Bde. I-XIV. Stuttgart und Göttingen 1962/ 1966.

DISKOWSKI, D./ HAMMES-DI BERNARDO, E. (Hrsg.): Lernkulturen und Bildungsstandards. Baltmannsweiler 2004.

DITTON, H.: Unterrichtsqualität. In: Arnold, K.-H./ Sandfuchs, U./ Wiechmann, J. (Hrsg,): Handbuch Unterricht. Bad Heilbrunn 2006.

DREWS, U./ SCHNEIDER, G./ WALLRABENSTEIN, W.: Einführung in die Grundschulpädagogik. Weinheim/ Basel 2000.

DUBS, R.: Konstruktivistische Überlegungen zur Unterrichtsgestaltung. In: Baumgart, F. u. a. (Hrsg.): Theorien des Unterrichts. Bad Heilbrunn 2005, S. 223-230.

DUNCKER, L.: Lernen als Kulturaneignung. Weinheim 1994.

DUNCKER, L./ POPP, W. (Hrsg.): Kind und Sache. Weinheim 1994.

DUNCKER, L.: Die Grundschule – Schultheoretische Zugänge und didaktische Horizonte. Weinheim 2007.

EGGIMANN, E.: Die Landschaft des Schülers. Zürich 1972.

EINSIEDLER, W.: Innere Differenzierung und offener Unterricht – Ein Vergleich. In: Grundschule, Heft 11, 1988, S. 20-22.

EINSIEDLER, W.: Spielen in der Schule. In: Pädagogische Welt, Heft 3, 1992, S. 116-119.

EINSIEDLER, W.: Sollen Lehrer Sozialpädagogen werden? In: Bayerische Schule, Heft 12, 1994, S. 25-28.

EINSIEDLER, W.: Grundlegung individueller Entwicklung und individuellen Lernens. In: Schorch, G. (Hrsg.): Grundlegende Bildung – Erziehung und Unterricht in der Grundschule. Bad Heilbrunn 1994, S. 50-69.

EINSIEDLER, W.: Empirische Grundschulforschung im deutschsprachigen Raum: In: Unterrichtswissenschaft 25, 1997 (a), S. 291-315.

EINSIEDLER, W.: Grundlegende Bildung durch Sachunterricht. In: Drews, U./ Durdel, A.: Grundlegung von Bildung in der Grundschule von heute. Potsdam 1997 (b), S. 157-161.

EINSIEDLER, W.: Grundlegende Bildung. In: Einsiedler, W./ Götz, M./ Hacker, H./ Kahlert, J./ Keck, R. W./ Sandfuchs, U. u. a. (Hrsg.): Handbuch Grundschulpädagogik und Grundschulschuldidaktik. Bad Heilbrunn 2001, S. 184-194.

EINSIEDLER, W./ FRANK, A./ KIRSCHHOCK, E.-M./ TREINIES, G.: Der Einfluss verschiedener Unterrichtsmethoden auf die phonologische Bewusstheit. In: Psychologie in Erziehung und Unterricht, Jg. 49, 2002, S. 194-209.

EINSIEDLER, W.: Unterricht in der Grundschule. In: Cortina, K. S./ Baumert, J. u. a. (Hrsg.): Das Bildungswesen in der Bundesrepublik Deutschland. Reinbek 2003, S. 285-341.

EINSIEDLER, W./ GÖTZ, M./ HACKER, H. u. a. (Hrsg.): Handbuch Grundschulpädagogik und Grundschuldidaktik. Bad Heilbrunn 2005.

ELSCHENBROICH, D.: Weltwissen der Siebenjährigen. München 2001.

ENDERS, A.: Der Verlust von Schriftlichkeit – Erziehungswissenschaftliche und kulturtheoretische Dimensionen des Schriftspracherwerbs. Habilitationsschrift der Universität Augsburg 2006.

ENGFER, A./ MINSEL, B./ WALPER, S.: Zeit für Kinder. Weinheim/ Basel 1991.

ERDMANN, J. W./ RÜCKRIEM,G. (Hrsg.): Kindheit heute. Bad Heilbrunn 1996.

FATKE, R./ VALTIN, R. (Hrsg.): Sozialpädagogik in der Grundschule (AKG-Bd. 100). Frankfurt/ M. 1997.

FAUSER, P.: Welche pädagogische Verfassung braucht die Schule? In: Deutsche Schule, Heft 81, 1989, S. 5-25.

FAUST, G.: PISA und die Grundschule. In: Die Deutsche Schule, Heft 3, 2002, S. 300-317.

FAUST, G.: Zum Stand der Einschulung und der neuen Eingangsstufe in Deutschland. In: Zeitschrift für Erziehungswissenschaft, Jg. 9, 2006, S. 328-347.

FAUST, G./ ROßBACH, H.-G.: Der Übergang vom Kindergarten in die Grundschule. In: Denner, L./ Schuhmacher, E. (Hrsg.): Übergänge im Elementar- und Primarbereich reflektieren und gestalten. Bad Heilbrunn 2004, S. 91-103.

FAUST, G./ GÖTZ, M./ HACKER, H./ ROßBACH, H.-G. (Hrsg.): Anschlussfähige Bildungsprozesse im Elementar- und Primarbereich. Bad Heilbrunn 2004.

FAUST-SIEHL, G. u. a. (Hrsg.): Kinder heute – Herausforderungen für die Schule. Frankfurt/ M. 1990.

FAUST-SIEHL, G.: Kindgemäßheit – Leitbild im Wandel. In: Götz, M. (Hrsg.): Leitlinien der Grundschularbeit. Langenau-Ulm 1994, S. 133-154.

FAUST-SIEHL, G.: Die neue Schuleingangsstufe in den Bundesländern. In: Faust-Siehl, G./ Speck-Hamdan, A. (Hrsg.): Schulanfang ohne Umwege. AKG-Bd. 111. Frankfurt/ M. 2001, S. 194-252.

FAUST-SIEHL, G./ GARLICHS, A. u. a.: Die Zukunft beginnt in der Grundschule. (AKG-Bd. 98). Frankfurt/ M. 1996.

FEES, K.: Schule als „lernende Organisation". In: Die Deutsche Schule, Heft 1, 2004, S. 10-22.

FEIGE, B.: Differenzierung. In: Einsiedler, W. u. a. (Hrsg.): Handbuch Grundschulpädagogik und Grundschuldidaktik. Bad Heilbrunn 2005, S. 430-439.

FEIGE, B.: Der Sachunterricht und seine Konzeptionen. Bad Heilbrunn 2007.

FEND, H.: Theorie der Schule. München 1980.

FEND, H./ STÖCKLI, G.: Der Einfluß des Bildungssystems auf die Humanentwicklung: Entwicklungspsychologie der Schulzeit. In: Weinert, F. E. (Hrsg.): Psychologie des Unterrichts und der Schule. Göttingen 1997, S. 1-35.

FIEGE, H.: Der Heimatkundeunterricht. Bad Heilbrunn 1969.

FISCHER, H.-J.: Grundschule – Vermittlungsschule zwischen Kind und Welt. Bad Heilbrunn 2002.

FISCHER, H.-J.: Auf den Anfang kommt es an. In: Sache-Wort-Zahl. Heft 57, 2003, S. 51-57.

FLEISCHMANN, S./ ROLLETSCHEK, H.: Was tue ich, wenn...? Schwierige Situationen im Schulalltag. München 2003.

FLITNER, W.: Die vier Quellen des Volksschulgedankens. Stuttgart 1966.

FLITNER, A.: Mißratender Fortschritt. Pädagogische Anmerkungen zur Bildungspolitik. München 1977.

FLITNER, A.: Konrad, sprach die Frau Mama... über Erziehung und Nicht-Erziehung. München 1985.

FÖLLING-ALBERS, M. (Hrsg.): Veränderte Kindheit – Veränderte Grundschule (Arbeitskreis Grundschule Bd. 75), Frankfurt/ M. 1989.

FÖLLING-ALBERS, M.: Erziehung in der Schule – eine alte Aufgabe neu gestellt. In: Grundschule, Heft 2, 1992, S. 10-12.

FÖLLING-ALBERS, M.: Kindgemäßheit – neue Überlegungen zu einem alten pädagogischen Anspruch. In: Götz, M. (Hrsg.): Leitlinien der Grundschularbeit. Langenau-Ulm 1994, S. 117-132.

FÖLLING-ALBERS, M.: Veränderte Kindheit – revisited. In: Fölling-Albers, M. u. a.: Jahrbuch Grundschule III. Frankfurt/ M. 2001, S. 10-51.

FÖLLING-ALBERS, M.: Grundschulpädagogik, Grundschulforschung und Kindheit. In: Panadiotopoulou, A./ Brügelmann, H. (Hrsg.): Grundschulpädagogik meets Kindheitsforschung. Opladen 2003, S. 34-43.

FÖLLING-ALBERS, M./ HOPF, A.: Auf dem Weg vom Kleinkind zum Schulkind. Leverkusen 1995.

FORSCHERGRUPPE BiKS Bamberg: Bildungsprozesse, Kompetenzentwicklung und Selektionsentscheidungen im Vorschulalter. Bamberg 2007 (www.uni-bamberg.de/leistungen/forschung/biks).

FREY, K.: Die Projektmethode. Weinheim 1998.

FRÖSE, S./ MÖLDERS, R./ WALLRODT, W.: Kieler Einschulungsverfahren. Weinheim 1986.

FTHENAKIS, W. E.: Bildungs- und Erziehungspläne für Kinder unter sechs Jahren – nationale und internationale Perspektiven. In: Faust, G. u. a. (Hrsg.): Anschlussfähige Bildungsprozesse im Elementar- und Primarbereich. Bad Heilbrunn 2004, S. 9-26.

FÜRNROHR, W.: Arbeitsweisen und Arbeitstechniken des Geschichtsunterrichts. In: unterrichten/ erziehen, Heft 2, 1982, S. 5-10.

GAGNÉ, R. M.: Die Bedingungen menschlichen Lebens. Hannover 1973

GARDNER, H.: Der ungeschulte Kopf. Wie Kinder denken. Stuttgart 1993.

GASCHKE, S.: Die Erziehungskatastrophe. Stuttgart 2001.

GASSER, P.: Neue Lernkultur. Eine integrative Didaktik. Aarau 1999.

GAUGER, J.-D. (Hrsg.): Bildung der Persönlichkeit. Freiburg 2006.

GDSU (Gesellschaft für Didaktik des Sachunterrichts): Perspektivrahmen Sachunterricht. Bad Heilbrunn 2002.

GEHLEN, A.: Studien zur Anthropologie und Soziologie. Neuwied 1963.

GIACONIA, R. M./ HEDGES, L. V.: Identifying features of effective open education. In: Review of Educational Research, Jg. 52, 1982, S. 579-602.

GIEL, K.: Zur Philosophie der Schulfächer. In: Duncker, L./ Popp, W: Kind und Sache. Weinheim 1997, S. 33-71.

GIESECKE, H.: Wozu ist die Schule da? Stuttgart 1996.

GIESECKE, H.: Die pädagogische Beziehung. Pädagogische Professionalität und die Emanzipation des Kindes. Weinheim 1997.

GIEST, H.: Entwicklungsfaktor Unterricht – Empirische Untersuchungen zum Verhältnis von Unterricht und Entwicklung in der Grundschule. Landau 2002.

GIEST, H.: Fachdidaktik – Eine Standortbestimmung. In: Cech, D./ Giest, H. (Hrsg.): Sachunterricht in Praxis und Forschung. Bad Heilbrunn 2005, S. 57-71.

GIEST, H./ LOMPSCHER, J.: Lerntätigkeit – Lernen aus kulur-historischer Perspektive – Ein Beitrag zur Entwicklung einer neuen Lernkultur im Unterricht. Berlin 2006.

GLÖCKEL, H.: Volkstümliche Bildung? Versuch einer Klärung. Weinheim 1964.

GLÖCKEL, H.: Ist der Begriff des Schullebens noch zeitgemäß? In: Twellmann, W. (Hrsg.): Handbuch Schule und Unterricht. Bd. 7.1. Düsseldorf 1985, S. 640-648.

GLÖCKEL, H.: Vom Beitrag des Schreibens zur Kultivierung des Menschen. In: Arbeitsgemeinschaft Schreiberziehung: Schreiben will gelehrt sein (Pelikan). Hannover 1986, S. 8-13.

GLÖCKEL, H.: Was ist „Grundlegende Bildung"? In: Schorch, G. (Hrsg.): Grundlegende Bildung – Erziehung und Unterricht in der Grundschule. Bad Heilbrunn 1994, S. 11-33.

GLÖCKEL, H.: Vom Unterricht. Bad Heilbrunn 2003.

GLUMPLER, E.: Vergleichende Grundschulforschung. In: Glumpler, W./ Luchtenberg, S. (Hrsg.): Jahrbuch Grundschulforschung. Band 1. Weinheim 1997, S. 89-102.

GODEMANN, J./ STOLTENBERG, U.: Subjektive Theorien und biographische Erfahrungen im Professionalisierungsprozess von Lehrkräften – am Beispiel von Umweltbildung. In: Hartinger, A./ Fölling-Albers, M. (Hrsg.): Lehrerkompetenzen für den Sachunterricht. Bad Heilbrunn 2004, S. 67-77.

GOMOLLA, M./ RADTKE, F.-O.: Institutionelle Diskriminierung. Opladen 2002.

GOTTSCHALK, K./ HAGEMANN, K.: Die Halbtagsschule in Deutschland. In: Aus Politik und Zeitgeschehen, B 41, 2002, S. 12-22.

GÖTZ, M.: Heimat – eine zwiespältige Größe des Grundschulunterrichts. In: Götz, M.: Leitlinien der Grundschularbeit. Langenau-Ulm 1994, S. 211-226.

GÖTZ, M.: Entwicklung und Status der universitären Grundschulpädagogik und -didaktik. In: Zeitschrift für Pädagogik, Heft 4, 2000, S. 525-539.

GÖTZ, M. (Hrsg.): Auffällige Kinder in der Grundschule. Donauwörth 2004.

GÖTZ, M.: Verbalzeugnisse in der Grundschule – Anspruch und Realisierung. In: Götz, M./ Nießeler, A. (Hrsg.): Leistung fördern – Förderung leisten. Donauwörth 2005.

GÖTZ, M./ NIESSELER, A. (Hrsg.): Leistung fördern – Förderung leisten. Donauwörth 2005.

GÖTZ, M./ SANDFUCHS, U.: Geschichte der Grundschule. In: Einsiedler, W. u. a. (Hrsg.): Handbuch Grundschulpädagogik und Grundschuldidaktik. Bad Heilbrunn 2005, S. 13-30.

GRABBE, B.: Stuhlkreisgespräche. In: Grundschule, Heft 1, S. 46-48, Heft 2, S. 56-57, 1992.

GRÄSEL, C.: Gestaltung problemorientierter Lernumgebungen. In: Arnold, K.-H./ Sandfuchs, U./ Wiechmann, J. (Hrsg.): Handbuch Unterricht. Bad Heilbrunn 2006, S. 335-339.

GRAUMANN, G.: Mathematikunterricht in der Grundschule. Bad Heilbrunn 2002.

GRAUMANN, O.: Gemeinsamer Unterricht im heterogenen Gruppen. Bad Heilbrunn 2002.

GREB, K./ FAUST, G./ LIPOWSKY, F.: Projekt PERLE. Persönlichkeits- und Lernentwicklung von Grundschulkindern. Bamberg 2007.

GRIEBEL, W.: Schulanfang aus der Familienperspektive. In: Diskowski, D./ Hammes-Di Bernardo, E. (Hrsg.): Lernkulturen und Bildungsstandards – Kindergarten und Schule zwischen Vielfalt und Verbindlichkeit. Baltmannsweiler 2004, S. 217-224.

GRITTNER, F.: Leistungsbewertung mit Portfolio – ein Schulversuch an einer Berliner Grundschule. In: Götz, M./ Müller, K. (Hrsg.): Grundschule zwischen den Ansprüchen der Individualisierung und Standardisierung. Wiesbaden 2005, S. 145-149.

GUDJONS, H.: Handlungsorientiert lehren und lernen. Bad Heilbrunn 2001.

GUDJONS, H.: Didaktik zum Anfassen. Bad Heilbrunn 2003.

HAAG, L./ HOPPERDIETZEL, H.: Gruppenunterricht – Aber wie? In: Die Deutsche Schule, Heft 4, 2000, S. 480-490.

HAAG, L./ LOHRMANN, K.: Diagnostische (In-)Kompetenz von Lehrern. In: Fuchs, B./ Schönherr, Chr. (Hrsg.): Urteilskraft und Pädagogik. Würzburg 2007, S. 239-249.

HAARMANN, D.: Was heißt hier „offen"? In: Grundschule, Heft 6, 1988, S. 37-41.

HAARMANN, D.: Grundschule 2000: Welches ist ihre zentrale Aufgabe? In: Grundschule, Heft 3, 1991, S. 49-51.

HAARMANN, D. (Hrsg.): Handbuch Grundschule. Bd.1/2. Weinheim 1991/ 1993.

HAARMANN, D.: Verlässliche Halbtagsgrundschule. In: Ders. (Hrsg.): Wörterbuch Neue Schule. Weinheim 1998.

HAARMANN, D./ HORN, A.: Innovative Tendenzen in den Lehrplänen der Grundschulen. In: Brügelmann, H./ Fölling-Albers, M./ Richter, S. (Hrsg.): Jahrbuch Grundschule. Seelze 1998, S. 139-150.

HABERMAS, J.: Zur Logik der Sozialwissenschaften. Frankfurt/ M. 1970.

HACKER, H.: Vom Kindergarten zur Grundschule. Bad Heilbrunn 1998.

HACKER, H.: Fällige Korrekturen. Von der Notwendigkeit zur Neugestaltung der Schuleingangsstufe. In: Grundschule, Heft 6, 2003, S. 8-10.

HACKER, H.: Die Anschlussfähigkeit von Kindertagesstätte und Grundschule. In: Einsiedler, W./ Götz, M. U. a. (Hrsg.): Handbuch Grundschulpädagogik und Grundschuldidaktik. Bad Heilbrunn 2005, S. 286-291.

HANKE, P.: Anfangsunterricht – Grundschule. Leben und Lernen in der Schuleingangsphase. Neuwied 2002.

HANKE, P.: Öffnung des Unterrichts. In: Einsiedler, W. u. a. (Hrsg.): Handbuch Grundschulpädagogik und Grundschuldidaktik. Bad Heilbrunn 2005, S. 439-448.

HANSEL, T.: Schulstart – Fehlstart? Düsseldorf 1982.

HANSEL, T.: Eigenständigkeit – Zur erziehungswissenschaftlichen Begründung einer eigenständigen Grundschulpädagogik und –didaktik. In: Grundschulmagazin Heft 5, 1999, S. 7-9.

HANSEN, W.: Kind und Heimat – Psychologische Voraussetzungen des Heimatkundeunterrichts. München 1968.

HANSMANN, O.: Kindheit und Jugend zwischen Mittelalter und Moderne. Weinheim 1995.

HARTINGER, A.: Verschiedene Formen der Öffnung von Unterricht und ihre Auswirkungen auf das Selbstbestimmungsempfinden von Grundschulkindern. In: Zeitschrift für Pädagogik, Heft 3, 2005, S. 397-414.

HASSELHORN, M: Entwicklung und Beeinflussbarkeit der kognitiven Voraussetzungen des Lernens. In: Bayerische Schule, Heft 10, 1997, S. 15-18.

HAVERS, N.: Verhaltensauffälligkeiten im Grundschulalter. In: Einsiedler, W. u. a. (Hrsg.): Handbuch Grundschulpädagogik und Grundschuldidaktik. Bad Heilbrunn 2005, S. 196-216.

HECKER, U.: Den Leistungen ein Gesicht geben. Schreibend lernen mit Portfolios. In: Grundschulverband aktuell, Heft 85, 2004, S. 13-15.

HECKHAUSEN, H.: Motivation und Handeln. Berlin 1980.

HECKT, D./ GREEN, N.: Was ist kooperatives Lernen? In: Grundschule, Heft 12, 2000, S. 27/28.

HEESEN, B.: Klein aber clever. Nachdenken und Philosophieren mit Kindern. Mülheim/Ruhr 1998.

HEINRICH, M.: Schulentwicklungsforschung in der „neuen Reformphase". In: Die Deutsche Schule, Heft 3, 2001, S. 302-316.

HELBIG, P.: Begabung im pädagogischen Denken. Weinheim 1988.

HELBIG, P.: „Orientierung am Kind" – zwischen pädagogischem Anspruch und gesellschaftlicher Konstruktion der Wirklichkeit. Nürnberg (Institut für Grundschulforschung Heft Nr. 77) 1994.

HELBIG, P. u. a.: Schriftspracherwerb im entwicklungsorientierten Unterricht. Bad Heilbrunn 2005.

HELBIG, P. (Hrsg.): Problemkinder als Herausforderung – Neue Perspektiven für die Grundschule. Bad Heilbrunn 2007.

HELMKE, A./ WEINERT, F. E. (Hrsg.): Entwicklung im Grundschulalter. Weinheim 1997 (a).

HELMKE, A./ WEINERT, F. E.: Bedingungsfaktoren schulischer Leistungen. In: Weinert, F. E. (Hrsg.): Psychologie des Unterrichts und der Schule. Göttingen 1997 (b), S. 71-176.

HELSPER, W.: Kompetenzen von Lehrkräften – eine Fundierung der Lehrerarbeit? In: Hinz, R./ Pütz, T. (Hrsg.): Professionelles Handeln in der Grundschule. Baltmannsweiler 2006, S.15-31.

HEMMER, K. P./ WUDTKE, H. (Hrsg.) Erziehung im Primarschulalter (Enzyklopädie Erziehungswissenschaften Band 7). Stuttgart 1995.

HEMPEL, M.: Lernen durch Kooperieren. In: Hempel, M. (Hrsg.): Lernwege der Kinder. Baltmannsweiler 1999, S.190-205.

HENDRICKS, J.: Baustein Grundlegende Bildung. In: Wittenbruch, W. (Hrsg.): Das pädagogische Profil der Grundschule. Heinsberg 1989. S. 100-116.

HENNING, C./EHINGER, W.: Das Elterngespräch in der Schule. Donauwörth 2003.

HENTIG, H. v.: Die Schule neu denken. München 1994.

HENTIG, H. v.: Bildung. München/ Wien 1996.

HERBART, J. F.: Pädagogische Schriften (1806/1835). Hrsg. v. Willmann, O. und Fritsch, T., 3 Bände, Osterwiek 1913-1919.

HERRMANN, U.: Alternativen zum Schwindel mit „Bildungsstandards". In: Die Deutsche Schule, Heft 2, 2004, S. 134-137.

HEUSS, G. E.: Erstlesen und Erstschreiben. Donauwörth 1993.

HEYDER, F.: Autorensysteme – Moderne Werkzeuge für die Schule. Bad Heilbrunn 2000.

HEYER, P./ Preuss-Lausitz, U./ Sack, L. (Hrsg.): Länger gemeinsam lernen. AKG-Bd. 115. Frankfurt/ M. 2003.

HINZ, R./ PÜTZ, T. (Hrsg.): Professionelles Handeln in der Grundschule. Baltmannsweiler 2006.

HINZ, R.: Darstellung des Schulanfangs in der Kinderliteratur. In: Grundschule, Heft 7/8, 1997, S. 72-75.

HOLTAPPELS, H. G.: Lernkultur braucht Zeit und Raum. In: Friedrich Jahresheft 1994, S. 22-24.

HOLTAPPELS, H. G.: Ganztagsschule – Chance für Schulentwicklung? In: Hanke, P. (Hrsg.): Grundschule in Entwicklung. Münster 2006, S. 78-103.

HONIG, M.-S. u. a. (Hrsg.): Kinder und Kindheit. Weinheim 1996.

HOPF, A./ ZILL-SAHM, I./ FRANKEN, B.: Vom Kindergarten in die Grundschule. Weinheim 2004.

HORN, H. A.: Die Lehrpläne der Grundschule in der Gegenwart. In: Pädagogische Rundschau, Heft 4, 2002, S. 367-377.

HÖRNER, W.: Primarschulsystem im europäischen Vergleich. In: Duncker, L. (Hrsg.): Bildung in europäischer Sicht. Langenau-Ulm 1996, S. 181-197.

HÖRNER, U.: Grundschule in Europa. In: Einsiedler, W. u. a. (Hrsg.): Handbuch Grundschulpädagogik und Grundschuldidaktik. Bad Heilbrunn 2005, S. 38-49.

HUF, Chr.: Didaktische Arrangements aus der Perspektive von SchulanfängerInnen. Bad Heilbrunn 2006.

HUSSERL, E.: Gesammelte Werke. Band VI. Den Haag 1954.

INGENKAMP, K.: Die Fragwürdigkeit der Zensurengebung. Weinheim 1995.

INCKEMANN, E.: Gestaltungsautonomie – nur eine Frage der Schulkultur? In: Seibert, N. (Hrsg.): Anspruch Schulkultur. Bad Heilbrunn 1997, S. 159-187.

INGENKAMP, K./ LISSMANN, U.: Lehrbuch der Pädagogischen Diagnostik. Weinheim 2005.

JOHACH, H./ LANG, H./ NÜNDEL, E. (Hrsg.): Handlungstheorie. Königstein/ Ts. 1978.

JOHNSON, D./ JOHNSON, R.. Learning together an alone. Boston 1999.

JUNG, J.: Projektunterricht im Überblick. In: Grundschulmagazin, Heft 5, 2000, S. 8-10.

JUNG, J.: Formen, Prinzipien und Probleme der Leistungsbeurteilung. In: Götz, M./ Nießeler, A. (Hrsg.): Leistung fördern – Förderung leisten. Donauwörth 2005, S. 63-77.

JÜRGENS, E.: Planen im offenen Unterricht. In: Lernchancen, Heft 25, 2002, S. 46-50.

JÜRGENS, E.: Offener Unterricht. In: Arnold, K.-H./ Sandfuchs, U./ Wiechmann, J. (Hrsg.): Handbuch Unterricht. Bad Heilbrunn 2006.

JÜRGENS, E./ STANOP, J.: Das Tagebuch in der Pädagogischen Diagnostik. In: Grundschulmagazin, Heft 9/10, 2002, S. 29-31.

KAGAN, J.: Die Natur des Kindes (1984). München 1987.

KAGAN, S.: Cooperative Learning. San Clemente 2001.

KAHLERT, J.: Der Sachunterricht und seine Didaktik. Bad Heilbrunn 2005.

KAHLERT, J.: Zwischen Grundlagenforschung und Unterrichtspraxis – Erwartungen an die Didaktik (nicht nur) des Sachunterrichts. In: Cech, D./ Giest, H. (Hrsg.): Sachunterricht in Praxis und Forschung. Bad Heilbrunn 2005, S. 37-56.

KAHLERT, J./ JUNCKERMANN, E./ SPECK-HAMDAN, A. (Hrsg.): Grundschule – sich Lernen leisten. Neuwied 2000.

KAISER, A.: Praxisbuch interkultureller Sachunterricht. Baltmannsweiler 2006.

KAMMERMEYER, G.: Schulfähigkeit. Bad Heilbrunn 2000.

KAMMERMEYER, G.: Lernen im Spiel. In: Einsiedler, W. u. a. (Hrsg.): Handbuch Grundschulpädagogik und Grundschuldidaktik. Bad Heilbrunn 2005, S. 414-419.

KAMMERMEYER, G./ MARTSCHINKE, S.: Schulleistung und Fähigkeitsselbstbild im Anfangsunterricht. In: Empirische Pädagogik, Heft 4, 2003, S. 486-503.

KANT, J.: Über Pädagogik (1803). Kants gesammelte Schriften. Hrsg. von der Königlich Preußischen Akademie der Wissenschaften. Band IX. Berlin 1923.

KANT, I.: Kritik der reinen Vernunft (1781). Hrsg. von Raymund Schmidt. Hamburg 1952.

KANT, I.: Werke I-X „Über Pädagogik". Darmstadt 1975.

KARNICK, R.: Frohes Schaffen und Lernen mit Schulanfängern. Weinheim 1968.

KATZENBERGER, L. F.: Begabungstheorien sind nicht folgenlos. In: Bayerische Schule, Heft 3, 1982, S. 77-80.

KECK, R. W.: Schulleben. In: Becher, H. R./ Bennack, J. (Hrsg.): Taschenbuch Grundschule. Baltmannsweiler 1993, S. 127-138.

KELLER, G./ HAFNER, K.: Soziales Lernen will gelernt sein. Donauwörth 1999.

KELLMER-PRINGLE, M.: Was Kinder brauchen. Stuttgart 1979.

KEMMLER, L.: Erfolg und Versagen in der Grundschule. Göttingen 1967.

KEMPER, H.: „Das Kind wird nicht erst ein Mensch, es ist schon einer" (J. Korczak). In: Renner, E. (Hrsg.): Kinderwelten. Weinheim 1995, S. 13-25.

KERN, A.: Sitzenbleiberelend und Schulreife. Freiburg 1951.

KIEREPKA, W. u.a. (Hrsg.): Frühes Fremdsprachenlernen im Blickpunkt. Tübingen 2004.

KILLERMANN, W./ BIEBERBACH, M.: Projektunterricht – wirklich sinnvoll? In: Grundschulmagazin, Heft 2, 2005, S. 33-37.

KIPER, H.: Das „Kindgemäße" als Leitorientierung der Schule? In: Grundschule, Heft 11, 1990, S. 54-55.

KIRSCHHOCK, E.-M.: Die Entwicklung schriftsprachlicher Kompetenzen im ersten Schuljahr. Dissertation Universität Erlangen-Nürnberg. Nürnberg 2003.

KIRSCHHOCK, E.-M.: Entwicklung schriftsprachlicher Kompetenz im Anfangsunterricht. Bad Heilbrunn 2004.

KIRSCHNER, G.: Kinder wollen Zeugnisse – Wollen Kinder Zeugnisse? In: Bartnitzky, H./ Portmann, R. (Hrsg.): Leistung der Schule – Leistung der Kinder (Arbeitskreis Grundschule Bd. 87), Frankfurt/ M. 1992, S. 79-83.

KLAFKI, W.: Didaktische Analyse als Kern der Unterrichtsvorbereitung (Reihe Auswahl A1). Hannover 1962.

KLAFKI, W.: Studien zur Bildungstheorie und Didaktik. Weinheim 1963.

KLAFKI, W.: Das pädagogische Problem des Elementaren und die Theorie der kategorialen Bildung. Weinheim 1964.

KLAFKI, W.: Schulnahe Curriculumentwicklung und Handlungsforschung. In: Roth, H./ Blumenthal, A.: Das Marburger Grundschulprojekt (Auswahl Reihe A der Zeitschrift Deutsche Schule). Hannover 1977, S. 7-33.

KLAFKI, W.: Neue Studien zur Bildungstheorie und Didaktik. Weinheim 1985.

KLAFKI, W.: Leistung. In: Lenzen, D. (Hrsg.): Pädagogische Grundbegriffe 2. Reinbek 1989, S. 983-987.

KLAFKI, W.: Allgemeinbildung in der Grundschule und der Bildungsauftrag des Sachunterrichts. In: Lauterbach, R. u. a. (Hrsg.): Brennpunkt des Sachunterrichts. Kiel 1992, S. 11-31.

KLAFKI, W.: Unterricht. In: Vom Menschen – Handbuch Historische Anthropologie. Weinheim 1997, S. 788-797.

KLAFKI, W.: Gesellschaftliche, bildungspolitische und pädagogische Implikationen zum Problembereich Leistung und Leistungsanspruch. In: Preuß, E./ Itze, U./ Ulonska, H. (Hrsg.): Lernen und Leisten in der Grundschule. Bad Heilbrunn 1999, S. 45-66.

KLEIN, K./ OETTINGER, U.: Konstruktivismus. Die neue Perspektive im (Sach-)Unterricht. Baltmannsweiler 2000.

KLEINSCHMIDT-BRÄUTIGAM, M.: Qualitätsindikatoren für Hausaufgaben. In: Grundschulunterricht, Heft 12, 2006, S. 7-9.

KLIPPEL, F.: Englisch in der Grundschule. Berlin 2000.

KNAUF, T.: Schlüsselqualifikationen – ein Thema für die Grundschule? In: Drews, U./ Durdel, A.: Grundlegung von Bildung in der Grundschule von heute. Potsdam 1997, S. 138-156.

KNAUF, T.: Vom Kindergarten zur Grundschule. Notwendige Entwicklungen nach PISA. In: Die Deutsche Schule, Heft 3, 2004, S. 313-321.

KNAUF, T.: Einführung in die Grundschuldidaktik. Stuttgart 2006.

KNAUF, T./ KORMANN, P./ UMBACH, S.: Wahrnehmung, Wahrnehmungsstörungen und Wahrnehmungsförderung im Grundschulalter. Stuttgart 2006.

KNAUF, A./ LIEBERS, K./ PRENGEL, A. (Hrsg.): Länderübergreifende Curricula für die Grundschule. Bad Heilbrunn 2005.

KNOLL, M.: Projektmethode. In: Arnold, K.-H./ Sandfuchs, U./ Wiechmann, J. (Hrsg.): Handbuch Unterricht. Bad Heilbrunn 2006, S. 270-275.

KNOLL-JOKISCH, H. (Hrsg.): Sozialerziehung und soziales Lernen in der Grundschule. Bad Heilbrunn 1981.

KNÖRZER, W./ GRASS, K.: Den Schulanfang pädagogisch gestalten. Weinheim 1992.

KOCH, L.: Bildung und Negativität. Weinheim 1995.

KOCH, L.: Pädagogik und Urteilskraft. In: Vierteljahresschrift für wissenschaftliche Pädagogik, Jg. 74, 1998 (a), S. 387-399.

KOCH, L.: Pädagogik der Grundschule. In: Becher, H.-R./ Bennack, J./ Jürgens, E. (Hrsg.): Taschenbuch Grundschule. Baltmannsweiler 1998, S. 61-68.

KOCH, L.: Zur Theorie der Lernanfänge. In: Vierteljahrsschrift für Wissenschaftliche Pädagogik, Heft 4, 2003, S. 462-472.

KOCH, K.: Von der Grundschule zur Sekundarstufe. In: Helsper, W./ Böhme, J. (Hrsg.): Handbuch Schulforschung. Wiesbaden 2004, S. 549-565.

KOCH, L.: Wer denkt progressiv? In: Vierteljahrsschrift für Wissenschaftliche Pädagogik, Heft 4, 2005, S. 460-465.

KOCH, L: Organisierte Kindheit. In: Pädagogische Rundschau, Heft 6, 2006, S. 627-633.

KOCH, L./ SCHORCH, G. (Hrsg.): Erziehender Unterricht – Eine Problemformel. Bad Heilbrunn 2004.

KÖCK, P.: Handbuch der Schulpädagogik. Donauwörth 2000.

KOHLBERG, L.: Zur kognitiven Entwicklung des Kindes. Frankfurt/ M. 1974.

KOHLBERG, L.: Kognitive Entwicklung und moralische Erziehung. In: Politische Didaktik, Heft 3, 1977, S. 5-21.

KOHN, A.: The Case Against Standardized Testing, Raising Scores, Ruining the Schools. Heinemann 2001.

KOHTZ, K.: Es gibt nichts Ungerechteres als Ungleiche gleich zu behandeln! Plädoyer für eine bessere Begabtenförderung in der Grundschule. In: Grundschulzeitschrift, Heft 112, 1998, S. 40-47.

KÖNIG, E./ ZEDLER, P.: Theorien der Erziehungswissenschaft. Weinheim 1998.

KORINEK, W.: Schulprofil im Wandel. Bad Heilbrunn 2000.

KORING, B.: Das Theorie-Praxis-Verhältnis in Erziehungswissenschaften und Bildungstheorie. Donauwörth 1997.

KORING, B.: Eine Theorie pädagogischen Handelns. Weinheim 1989.

KÖSEL, E.: Die Modellierung von Lernwelten. Elztal 1993.

KÖßLER, H.: Bildung und Identität. In: Erlanger Forschungen Reihe B, Erlangen 1989, S. 51-65.

KÖßLER, H.: Selbstbefangenheit – Identität – Bildung. Weinheim 1997.

KRAPP, A./ MANDL, H.: Einschulungsdiagnostik. Weinheim 1977.

KRAPPMANN, L.: Die Entstehung der Lernfähigkeit im Interaktionssystem der Familie und ihre Förderung in der Schule. In: Halbfas/ Maurer/ Popp (Hrsg.): Neuorientierung des Primarbereichs Bd. 1: Entwicklung der Lernfähigkeit. Stuttgart 1972.

KRAPPMANN, L.: Sozialisation in der Gruppe der Gleichaltrigen. In: Hurrelmann, K./ Ulich, D. (Hrsg.): Neues Handbuch der Sozialisationsforschung. Weinheim 1991, S. 355-376.

KRAWITZ, R. (Hrsg.): Bildung im Haus des Lernens. Bad Heilbrunn 1997.

KRENZER, R.: Schulanfang. Lahr 1995.

KROH, O.: Psychologie des Grundschulkindes. Langensalza 1928.

KRÜGER, H. H.: Einführung in Theorien und Methoden der Erziehungswissenschaft. Opladen 1997.

KRÜGER, H.-H.: Stichwort: Qualitative Forschung in der Erziehungswissenschaft. In: Zeitschrift für Erziehungswissenschaft, Heft 3, 2000, S. 323-342.

KRUSE, U./ WATERKAMP, D.: Grundbildung in Entwicklungsländern. In: Einsiedler, W./ Götz, M./ Hacker, H./ Kahlert, J./ Keck, R. W./ Sandfuchs, U., u. a. (Hrsg.): Handbuch Grundschulpädagogik und Grundschulschuldidaktik. Bad Heilbrunn 2005, S. 50-61.

KUHN, P.: Was Kinder bewegt. Berlin 2007.

KULTUSMINISTERKONFERENZ: Empfehlungen zur Arbeit in der Grundschule vom 6.5.1994. Bonn 1994.

KULTUSMINISTERKONFERENZ: Standards für die Lehrerbildung (2004). In:. Zeitschrift für Pädagogik, Heft 2, 2005, S. 280-290.

KULTUSMINISTERKONFERENZ und Bildungs- und Lehrergewerkschaften (gemeinsame Erklärung vom 19.10.2006): Fördern und Fordern – eine Herausforderung für Bildungspolitik, Eltern, Schule und Lehrkräfte. Bonn 2006.

KUROWSKI, E. u. a.: Fächerübergreifender Sachunterricht – Konzept der Didaktischen Zentrierung. In: Löffler, G. u. a. (Hrsg.): Sachunterricht – zwischen Fachbezug und Integration. Bad Heilbrunn 2000, S. 147-169.

LAGING, R.: Altersgemischtes Lernen. In: Die Grundschulzeitschrift, Heft 84, 1995, S. 6-13.

LANKES, E.-M./ BOS, W./ SCHWIPPERT, K.: IGLU – Internationale Grundschul-Lese-Untersuchung. In: Grundschule, Heft 7-8, 2003, S. 62-65.

LASSEK, M.: Außendifferenzierung muss nicht trennen. In: die Grundschulzeitschrift Heft 181, 2005, S. 4.

LAUDENBACH, M.: Grundlegende Bildung – Kernaufgabe der Grundschule. In: Pädagogische Welt, Heft 9, 1995, S. 390-394.

LEE, J.: Kindheit – drei begriffliche Modelle. In: Büttner, Chr./ Ende, A. (Hrsg.): Jahrbuch der Kindheit 2. Weinheim 1985, S.237-249.

LEHMANN, TH.: Ist die Grundschule eine sozialpädagogische Einrichtung? Contra. In: Grundschule, Heft 5, 1999, S. 47-48.

LENHARD, W.: Diagnostische Verfahren zur Schulleistungsfeststellung in der Grundschule. In: Götz, M./ Nießeler, A. (Hrsg.): Leistung fördern – Förderung leisten. Donauwörth 2005, S. 38-62.

LENZEN, D.: Kindheit – Stichwort in: Lenzen, D. (Hrsg.): Pädagogische Grundbegriffe Bd. 2. Reinbek 1989, S. 845-859.

LERSCH, R.: Elemente einer Theorie grundlegender Bildung. In: Lersch, R. (Hrsg.): Aspekte moderner Grundschulpädagogik. Baltmannsweiler 1997, S. 8-36.

LERSCH, R.: Integration. In: Jürgens, E. u. a.: Die Grundschule – Zeitströmungen und aktuelle Entwicklungen. Baltmannsweiler 1997, S. 159-170.

LEßMANN, B.: Einsichten in US-amerikanische Schulwirklichkeit. In: Grundschulunterricht, Heft 9, 2003, S. 45-49.

LICHTENSTEIN-ROTHER, I.: Die Bedeutung der ersten Schulerfahrungen. In: Portmann, R. (Hrsg.): Kinder kommen zur Schule. Frankfurt 1988, S. 196-204.

LICHTENSTEIN-ROTHER, I.: Leistung – pädagogisch gesehen. In: unterrichten/erziehen, Heft 1, 1989, S. 7-12.

LICHTENSTEIN-ROTHER, I.: Schulanfang. Frankfurt 1969 (1.Aufl. 1954).

LICHTENSTEIN-ROTHER, J./ RÖBE, E.: Grundschule – Der pädagogische Raum für Grundlegung der Bildung. Weinheim/ Basel 2005.

LIEGLE, L.: Kind und Kindheit. In: Fried, L. u. a.: Einführung in die Pädagogik der frühen Kindheit. Weinheim 2003, S. 14-55.

LIPOWSKY, F.: Offene Lernsituationen im Grundschulunterricht. Reihe XI Pädagogik. Frankfurt/ M. 1999.

LISSMANN, U.: Die Schule braucht eine neue Pädagogische Diagnostik – Formen, Bedingungen und Möglichkeiten der Portfoliobeurteilung. In: Die Deutsche Schule, Heft 4, 2001, S. 486-497.

LOCH, W.: Forschungen zur Anthropologie des Kindes. In: Bartmann, Th./ Ulonska, H. (Hrsg.): Kinder in der Grundschule. Bad Heilbrunn 1996.

LUBOWSKY, G.: Der pädagogische Sinn des Sachunterrichts. München 1967.

LUHMANN, N.: Soziale Systeme – Grundriß einer allgemeinen Theorie. Frankfurt/ M. 1987.

LUHMANN, N.: Aufsätze und Reden. Hrsg. von Jahraus, O. Stuttgart 2001.

LUHMANN, N.: Das Erziehungssystem der Gesellschaft. Frankfurt/ M. 2002.

LUHMANN, N./ SCHORR, K. E. (Hrsg.): Zwischen Anfang und Ende. Fragen an die Pädagogik. Frankfurt/ M. 1990.

MANDL, H. u. a.: Gutachten zum BLK-Programm: Systematische Einbeziehung von Medien, Informations- und Kommunikationstechnologien in Lehr-Lern-Prozesse. Forschungsberichte des Lehrstuhls für Empirische Pädagogik und Pädagogische Psychologie Nr. 93. Ludwig-Maximilian-Universität München 1998.

MANNHAUPT, G.: Lernvoraussetzungen im Schriftspracherwerb. Köln 2001.

MARAS, R. u. a.: Handbuch für die Unterrichtsgestaltung in der Grundschule. Donauwörth 2003.

MARTSCHINKE, S.: Identitätsentwicklung und Selbstkonzept. In: Einsiedler, W. u. a. (Hrsg.): Handbuch Grundschulpädagogik und Grundschuldidaktik. Bad Heilbrunn 2005, S. 262-266.

MARTSCHINKE, S./ KIRSCHOCK, E.-M./ FRANK, A.: Diagnose und Förderung im Schriftspracherwerb „Der Rundgang durch Hörhausen". Donauwörth 2002.

MAURER, F.: Lebenssinn und Lernen. Bad Heilbrunn 1992.

MAY, P.: Lernstandsdiagnose – mit und ohne Test. In: Grundschule, Heft 5, 2002, S. 44-46.

MAYER, W. G.: Freie Arbeit in der Primarstufe und in der Sekundarstufe, Heinsberg 1992.

MAYRING, Ph.: Qualitative Sozialforschung. Weinheim 2002.

MEIER, R.: Tendenzen der Grundschulentwicklung. In: Grundschulunterricht, Heft 9, 1997, S. 2-3.

MEIER, R.: Üben in der Grundschule. In: Grundschulunterricht, Heft 11, 1997, S. 2-4.

MEIERS, K.: Grundlegung der Bildung. In: Grundschule, Heft 6, 1990, S. 10-13.

MEIERS, K.: Lesen lernen und Schriftspracherwerb im ersten Schuljahr. Bad Heilbrunn 1998.

MEIERS, K.: Problem Schulfähigkeit. In: Grundschule, Heft 5, 2002, S. 10-12.

MEIERS, K.: Die altersgemischte Lerngruppe. In: Sache Wort Zahl, Heft 64, 2004, S. 52-54.

MEIXNER, J./ MÜLLER, K.: Lernumgebungen gestalten – Elemente einer konstruktivistischen Lernkultur. In: Kahlert, H. J./ Inckemann, E./ Speck-Hamdan (Hrsg.): Grundschule: Sich Lernen leisten. Neuwied 2000.

MENKE, A.: Werden und Wesen der Grundschule. Wiesbaden 1970.

MESSNER, R.: Das Bildungskonzept von PISA als Teil einer globalen gesellschaftlichen Neuorientierung. In: Die Deutsche Schule, Heft 3, 2002, S. 290-299.

MEYER, H.: Was ist guter Unterricht? Berlin 2004.

MISCHKE, W.: Kinder unterstützen – Kinder erziehen. Trainingskonzepte für Eltern, Erzieher, Lehrkräfte. In: Grundschule, Heft 10, 2003, S. 43-45.

MÖLLER, K.: Konstruktivistische Sichtweisen für das Lernen in der Grundschule. In: Rossbach, H.-G./ Nölle, K./ Czerwenka, K.: Forschungen zu Lehr- und Lernkonzepten für die Grundschule. Opladen 2001, S. 16-31.

MÖLLER, K./ JONEN, A./ HARDY, I./ STERN, E.: Die Förderung von naturwissenschaftlichem Verständnis bei Grundschulkindern. In: Zeitschrift für Pädagogik, Jg. 45, 2002, S. 176-191.

MOELLER-ANDRESEN, U.: Das erste Schuljahr. Stuttgart 1974.

MÜLLER, W.: Lehrplantheorie und Lehrplanentwicklung. In: Apel, H. J./ Sacher, W.: Studienbuch Schulpädagogik. Bad Heilbrunn 2002, S. 86-130.

NAUJOK, N.: Schülerkooperation im Rahmen von Wochenplanunterricht, Weinheim 2000.

NEUHAUS-SIEMON, E.: Grundschulpädagogik und -didaktik. In: Heckt, D. /Sandfuchs U. (Hrsg.): Grundschule von A bis Z. Braunschweig 1993, S. 89-90.

NEUHAUS, E.: Reform der Grundschule. Bad Heilbrunn 1994.

NEUHAUS-SIEMON, E./ GÖTZ, M.: Die Bedeutung der historischen Grundschulforschung. In: Grundschule, Heft 7-8, 1998, S. 62-65.

NICKEL, H.: Entwicklungstheorien und ihre Bedeutung für den Grundschullehrer. In: Rost, D. H. (Hrsg.): Entwicklungspsychologie für die Grundschule. Bad Heilbrunn 1980, S. 26-40.

NICKEL, H.: Die Einschulung als pädagogisch-psychologische Herausforderung. In: Haarmann, D.: Grundschule 2000: Welches ist ihre zentrale Aufgabe? Bd. 1, Heft 3, 1991, S. 88-100.

NIEDERSÄCHSISCHES KULTUSMINISTERIUM (Hrsg.): Zur Arbeit in der Grundschule. In: Schulverwaltungsblatt 5 /1981, Hannover 1981.

NÖLLE, K.: Probleme der Form und des Erwerbs unterrichtsrelevanten pädagogischen Wissens. In: Zeitschrift für Pädagogik, 48. Jg., 2002, S. 48-67.

OBOLENSKI, A./ MEYER, H. (Hrsg.): Forschendes Lernen – Theorie und Praxis einer professionellen LehrerInnenausbildung. Bad Heilbrunn 2003.

OELKERS, J.: Bildung ist ein ständiges Abenteuer. In: MERZ (Medien + Erziehung), Heft 6, 2001, S. 3-9.

OERTER, R.: Moderne Entwicklungspsychologie (1969). Donauwörth 1982.

OERTER, R.: Entwicklungsgemäß fördern? In: Pädagogische Welt, Heft 12, 1985, S. 548-553.

OERTER, R.: Die Entwicklung sozialer Kompetenz im Schulalter. In: Schäfer, G.E. (Hrsg.): Soziale Erziehung in der Grundschule. Weinheim/München 1994, S. 27-47.

OERTER, R./ MONTADA, L. (Hrsg.): Entwicklungspsychologie. Weinheim 2002.

OLECHOWSKI, R./ WOLF, W. (Hrsg.): Die kindgemäße Grundschule. Wien 1990.

OSER, F.: Sozial-moralisches Lernen. In: Weinert, F. E. (Hrsg.): Psychologie des Unterrichts und der Schule. Göttingen 1997, S. 461-501.

OSSOWSKI, E./ RÖSLER, W. (Hrsg.): Kindheit – Interdisziplinäre Perspektiven zu einem Forschungsgegenstand. Hohengehren 2002.

OSSOWSKI, E.: Evolution, Anthropologie und Kindheit. In: Ossowski, E./ Rösler, W. (Hrsg.): Kindheit. Baltmannsweiler 2002.

OTTO, B.: Ausgewählte pädagogische Schriften (1901). Paderborn 1963.

PANAGIOTOPOULOU, A./ BRÜGELMANN, H. (Hrsg.): Grundschulpädagogik meets Kindheitsforschung. Opladen 2003.

PARADIES, L,/ WESTER, F./ GREVING, J.: Leistungsmessung und Leistungsbewertung. Berlin 2005.

PARADIES, L./ LINSER, H. J.: Differenzierung im Unterricht. Berlin 2001.

PAULSEN, F.: Das deutsche Bildungswesen in seiner geschichtlichen Entwicklung. Leipzig 1906.

PENNING, K.: Das Problem der Schulreife. Leipzig 1926.

PESCHEL, F.: Offener Unterricht. Baltmannsweiler 2005.

PETERSEN, P.: Eigenständige Erziehungswissenschaft und Jena-Plan im Dienste der Pädagogischen Tatsachenforschung und der Lehrerbildung. München 1951.

PETILLON, H.: Soziales Lernen in der Grundschule. Frankfurt/ M. 1993.

PETILLON, H.: Lernen durch Spielen. In: Sache – Wort – Zahl, Heft 37, 2001, S. 4-10.

PFEUFFER, P.: Grundlegung sozialer Handlungsfähigkeit und -bereitschaft. In: Schorch, G.: Grundlegende Bildung – Erziehung und Unterricht in der Grundschule. Bad Heilbrunn 1994 S. 70-84.

PICHT, G.: Die deutsche Bildungskatastrophe. Olten/ Freiburg 1964.

POPP, W.: Die anthropologische Dimension des Übens. In: Mühleisen, H.-O. u. a. (Hrsg.): Anthropologie und Kulturelle Identität. Lindenberg und Beuron 2005, S. 167-180.

POPPER, K.: Logik der Forschung (1934). Tübingen 1973.

PORTMANN, R.: Wieviel Diagnostik braucht ein Kind vorm Schulanfang? In: Grundschule, Heft 4, 1993, S. 19-20.

POSTMAN, N.: Das Verschwinden der Kindheit. Frankfurt/ M. 1983.

PRANGE, K./ STROBEL-EISELE, G.: Die Formen pädagogischen Handelns. Stuttgart 2006.

PREUSS-LAUSITZ, U. u. a.: Kriegskinder, Konsumkinder, Krisenkinder. Weinheim/ Basel 1983.

PREUSS-LAUSITZ, U.: Die Kinder des Jahrhunderts. Weinheim/ Basel 1993.

PROTE, I.: Soziales Lernen in der Grundschule – wichtiger denn je. In: George, S./ Prote, I.: Handbuch zur politischen Bildung in der Grundschule. Schwalbach/ Ts. 1996, S. 76-97.

PROTE, I.: Veränderte Lebensbedingungen von Kindern. In: George, S./ Prote, I.: Handbuch zur politischen Bildung in der Grundschule. Schwalbach/ Ts. 1996, S. 17-48.

RABENSTEIN, R.: Erstunterricht. Bad Heilbrunn 1979 (a).

RABENSTEIN, R.: Zur geschichtlichen Entwicklung der Grundschuldidaktik. In: Heuß, G./ Rabenstein, R. (Hrsg.): Grundschuldidaktik 1. München 1979 (b).

RABENSTEIN, R.: Grundschuldidaktik: Aspekte, Grundbegriffe und Probleme. In: Becher, H.-R. (Hrsg.): Anthropologische und Pädagogische Grundfragen des Grundschulunterrichts. Baltmannsweiler 1981 (a), S. 21-28.

RABENSTEIN, R.: Aspekte grundlegenden Lernens im Sachunterricht. In: Einsiedler, W./ Rabenstein, R. (Hrsg.): Grundlegendes Lernen im Sachunterricht. Bad Heilbrunn 1985, S. 9-23.

RABENSTEIN, R./ HAAS, F.: Die Handlungseinheit im Sachunterricht. Bad Heilbrunn 1971.

RADISCH, F./ KLIEME, E.: Wirkungen ganztägiger Schulorganisation. In: Die Deutsche Schule, Heft 2, 2004, S. 153-169.

RAMSEGER, J.: Gesellschaft im Umbruch – Was wird aus der Grundschule? In: Die Grundschulzeitschrift, Nr. 71, 1994, S. 6-11.

RAMSEGER, U./ STANGE, E. M./ KOST, S. (Hrsg.): Kleine Grundschule und jahrgangsübergreifendes Lernen. Bad Heilbrunn 1997.

RAUIN, U.: Erziehungswissenschaft in der Kritik. In: Forschung und Lehre, Heft 12, 2005, S. 648-650.

REHLE, C./ THOMA, P.: Einführung in grundschulpädagogisches Denken. Donauwörth 2003.

REICH, K.: Systemisch-konstruktivistische Pädagogik. Weinheim 2005.

REICHENBACH, R./ OSER, F. (Hrsg.): Die Psychologisierung der Pädagogik. Weinheim 2002.

REINMANN-ROTHMEIER, G./ MANDL, H.: Unterrichten und Lernumgebungen gestalten. In: Krapp, A./ Weidemann, B. (Hrsg.): Pädagogische Psychologie. Weinheim 2001, S. 601-646.

RENNER, E. (Hrsg.): Kinderwelten. Weinheim 1995.

RETTER, H.: Soziales Lernen – so nicht! In: Grundschule, Heft 2, 1995, S. 56-57.

REYER, J.: Einführung in die Geschichte des Kindergartens und der Grundschule. Bad Heilbrunn 2006.

RHEINBERG, F.: Bezugsnormorientierung. In: Rost, D. (Hrsg.): Handwörterbuch Pädagogische Psychologie. Weinheim 1998, S. 39-43.

RICHERT, P.: Unterricht als Lehrer-Schüler-Interaktion. In: Arnold, K.-H./ Sandfuchs, U./ Wiechmann, J. (Hrsg.): Handbuch Unterricht. Bad Heilbrunn 2006, S. 225-229.

RICHTER, D: Sachunterricht – Ziele und Inhalte. Baltmannsweiler 2002.

RICHTER, I./ WINKLHOFER, U.: Veränderte Kindheit – veränderte Schule. In: Die Deutsche Schule, Heft 4, 1997, S. 459-473.

RÖBE, E.: So sind SchulanfängerInnen (auch)! In: Die Grundschulzeitschrift, Heft 85, 1995, S. 8-15.

RÖBE, E.: Grundschule ist mehr als Unterricht. In: Lompscher, J. u. a. (Hrsg.): Leben, Lernen und Lehren in der Grundschule. Neuwied 1997, S. 95-128.

RÖBE, H.-J.: Klassenraum und Schüler-Sein. In: Die Grundschulzeitschrift, Sammelband „Schulanfang". Seelze 1997, S. 52-56.

RÖBER-SIEKMEYER, Chr.: Schulanfang interkulturell. In: Die Grundschulzeitschrift, Sammelband „Schulanfang". Seelze 1997, S. 78-79.

RODEHÜSER, F.: Epochen der Grundschulgeschichte. Bochum 1989.

ROHLFS, C.: Freizeitwelten von Grundschulkindern. Weinheim 2006.

ROLFF, H.-G./ ZIMMERMANN, P.: Kindheit im Wandel. Weinheim/ Basel 1993.

ROSENBERGER, K: Kindgemäßheit – Zur Normierung der (schul)pädagogischen Praxis. Wien 2005.

ROßBACH, H.-G.: Lage und Perspektive der empirischen Grundschulforschung. In: Empirische Pädagogik, Heft 10, 1996, S. 167-191.

ROßBACH, H.-G.: Empirische Vergleichsuntersuchungen zu den Auswirkungen von jahrgangsheterogenen und jahrgangshomogenen Klassen. In: Laging, R. (Hrsg.): Altersgemischtes Lernen in der Schule. Baltmannsweiler 1998, S. 80-91).

ROßBACH, H.-G.: Heterogene Lerngruppen in der Grundschule. In: Einsiedler, W. u. a. (Hrsg.): Handbuch Grundschulpädagogik und Grundschuldidaktik. Bad Heilbrunn 2005, S. 176-181.

ROTH, H. (Hrsg.): Begabung und Lernen. Stuttgart 1969.

ROTH, L. (Hrsg.): Pädagogik – Handbuch für Studium und Praxis. München 2001.

ROTH, L.: Forschungsmethoden in der Erziehungswissenschaft. In: Roth, L. (Hrsg.): Pädagogik – Handbuch für Studium und Praxis. München 2001, S. 43-80.

ROTHKEGEL, A.: Schülerbeobachtung. In: Grundschulmagazin, Heft 5/10, S. 25-28.

RÜLCKER, T.: Selbständigkeit und Schulbeginn. In: Die Grundschulzeitschrift, Heft 85, 1995, S. 32-34.

RUHLOFF, J.: Prüfen. In: Fuchs, B./ Schönherr, Chr. (Hrsg.): Urteilskraft und Pädagogik. Würzburg 2007, S. 9-18.

SACHER, W.: Medienerziehung als Aufgabe der Grundschule. In: Sacher, W. u. a.: Medienerziehung konkret. Bad Heilbrunn 2003, S. 1-32.

SACHER, W.: Leistung und Leistungserziehung. In: Einsiedler, W. u. a. (Hrsg.): Handbuch Grundschulpädagogik und Grundschuldidaktik. Bad Heilbrunn, 2005, S. 251-262.

SACHSER, N.: Neugier, Spiel und Lernen: Verhaltensbiologische Anmerkungen zur Kindheit. In: Zeitschrift für Pädagogik, Heft 4, 2004, S. 475-486.

SANDER, A.: Zentrale Aufgabe der Lehrerausbildung: Ausgleichende Erziehung schulschwacher Grundschüler. In: Haarmann, D. (Hrsg.): Die Grundschule der achtziger Jahre (Arbeitskreis Grundschule e. V. Bd. 43/44). Frankfurt/ M. 1980, S. 285-295.

SANDFUCHS, U.: Erziehender Unterricht – grundsätzliche Reflexion und das Beispiel interkulturellen Lernens. In: Koch, L./ Schorch, G. (Hrsg.): Erziehender Unterricht – eine Problemformel. Bad Heilbrunn 2004, S. 81-90.

SCHÄFER, G. E. (Hrsg.): Soziale Erziehung in der Grundschule. Weinheim/ München 1994.

SCHENK, CHR.: Lesen u. Schreiben lernen u. lehren. Baltmannsweiler 2004.

SCHENK-DANZINGER, L.: Entwicklungspsychologie. Wien/ München 1969.

SCHILMÖLLER, R.: Entwicklung und Sicherung einer Leistungskultur in der Grundschule. In: Wittenbruch, W./ Lennartz, A. (Hrsg.): Grundschulentwicklung voranbringen. Heinsberg 2003, S. 116-135.

SCHILMÖLLER, R.: Noten und Zeugnisse: pädagogisch fragwürdig? In: Felten, M. (Hrsg.): Neue Mythen in der Pädagogik. Donauwörth 1999, S. 123-143.

SCHLOMS, Chr.: Freie Arbeit mit dem Wochenplan. In: Hell, P. (Hrsg.): Öffnung des Unterrichts in der Grundschule. Donauwörth 1993, S. 56-95.

SCHMACK, E.: Die Grundschule – Entwicklung und Auftrag. Ratingen 1970.

SCHMEINCK, D. (Hrsg.): Forschungen zu Lernvoraussetzungen von Grundschulkindern. Wie Kinder die Welt sehen. Karlsruhe 2004.

SCHMITT, R. u. a.: Grundschule in Europa – Europa in der Grundschule (AKG Bd. 83/84). Frankfurt/ M. 1992.

SCHNEIDER, I. K.: Kinder kommen zur Schule. Schulanfang aus biographischer Sicht. In: BEHNKEN, I./ ZINNECKER, J. (Hrsg.): Kinder – Kindheit – Lebensgeschichte. Seelze-Velber 2001, S. 458-474.

SCHOLZ, G.: Die Konstruktion des Kindes. Opladen 1994.

SCHOLZ, G.: Kinder lernen von Kindern. Baltmannsweiler 1996.

SCHÖNKNECHT, G./ KLENK, G.: Sachunterricht. Frankfurt/ M. 2005.

SCHORCH, G.: Kind und Zeit. Entwicklung und schulische Förderung des Zeitbewußtseins. Bad Heilbrunn 1982.

SCHORCH, G.: Der Einstieg. In: unterrichten / erziehen, Heft 1, 1987 (a), S. 58-59.

SCHORCH, G.: Sicherheitserziehung in der Grundschule. In: unterrichten/ erziehen, Heft 2, 1987 (b), S. 6-10.

SCHORCH, G.: „Schicksalsgemeinschaft" Schulklasse? In: unterrichten/ erziehen, Heft 1, 1990, S. 58-60.

SCHORCH, G. (Hrsg.): Grundlegende Bildung – Erziehung und Unterricht in der Grundschule. Bad Heilbrunn 1994.

SCHORCH, G. (Hrsg.): Schreibenlernen und Schriftspracherwerb. Bad Heilbrunn 1995.

SCHORCH, G.: Medienerziehung beginnt beim kompetenten Umgang mit Unterrichtsmedien. In: Pädagogische Welt, Heft 11, 1996, S. 463-467.

SCHORCH, G.: Neue Medien und grundlegende Bildung. In: Drews, U./ Durdel, A.: Grundlegung von Bildung in der Grundschule von heute. Potsdam 1997, S. 146-149.

SCHORCH, G.: Grundschulpädagogik – Eine Einführung. Bad Heilbrunn 1998.

SCHORCH, G.: Unterrichtsplanung und Unterrichtsvorbereitung. In: Roth, L. (Hrsg.): Pädagogik. Handbuch für Studium und Praxis. München 2001. S. 789-800.

SCHORCH, G.: „Die Schüler dort abholen, wo sie stehen..." – Guter Unterricht berücksichtigt Vorerfahrungen und Vorwissen der Schüler. In: Lernchancen, Heft 3, 2003 (a), S. 14-19.

SCHORCH, G.: Geschichte der Didaktik des Handschreibens. In: Bredel, U. u. a. (Hrsg.): Didaktik der deutschen Sprache, Band 1. Paderborn 2003 (a), S. 273-285.

SCHORCH, G.: Schreiben mit der Hand – eine unverzichtbare Kulturtechnik. In: Schubert, A. (Hrsg.): Qualität im Deutschunterricht. Braunschweig 2003(b), S. 43-54.

SCHORCH, G.: Entwicklung des Handschreibens, In: Bredel, U. u. a. (Hrsg.): Didaktik der deutschen Sprache, Band 1. Paderborn 2003, (b), S. 286-296.

SCHORCH, G.: Erziehender Unterricht angesichts „Neuer Lernkultur". In: Koch, L./ Schorch, G. (Hrsg.): Erziehender Unterricht – Eine Problemformel. Bad Heilbrunn 2004, S. 63-80.

SCHORCH, G.: Computergestütztes Lernen in der Grundschule. In: Einsiedler, W./ Götz, M. u. a.: Handbuch Grundschulpädagogik und Grundschuldidaktik . Bad Heilbrunn 2005, S. 407-414.

SCHORCH, G.: „Pädagogische Vermittlung" unter grundschulpädagogischer Perspektive. In: Fuchs, B./ Schönherr, Chr. (Hrsg.): Urteilskraft und Pädagogik. Würzburg 2007.

SCHORCH, G./ STEINHERR, E.: Zeitbewustein und Zukunftsvorstellungen von Grundschulkindern. In: Behnken, J./ Zinnecker, J. (Hrsg.): Kinder – Kindheit – Lebensgeschichte. Ein Handbuch. Seelze-Velber 2001, S. 420-431.

SCHRAEDER-NAEF, R.: Lerntraining in der Schule. Weinheim 2002.

SCHREIER, H.: Der Gegenstand des Sachunterrichts. Bad Heilbrunn 1994.

SCHREIER, H.: Philosophische Gespräche mit Kindern. In: Grundschule, Heft 3, 1995, S. 18 -21.

SCHREIER, H.: Nachdenken mit Kindern. Aus der Praxis der Kinderphilosophie in der Grundschule. Bad Heilbrunn 1999.

SCHULTEBRAUKS-BURGKART, G.: Eltern als Partner gewinnen. In: Grundschule, Heft 7-8, 2003, S. 34-35.

SCHUMACHER, E.: Die Ganztagsschule als zukunftsfähiges Schulkonzept. In: Denner, L./ Schumacher, E. (Hrsg.): Übergänge im Elementar- und Primarbereich reflektieren und gestalten. Bad Heilbrunn 2004, S. 241-256.

SCHWARTZ, E. (Hrsg.): Begabung und Lernen im Kindesalter. Grundschulkongreß 1969, Bd. 1. Frankfurt/ M. 1970.

SCHWARTZ, E.: Die Grundschule – Funktion und Reform. Braunschweig 1969.

SCHWARTZ, E. (Hrsg.): Funktion und Reform der Grundschule (Grundschulkongreß 1969). Frankfurt 1970.

SEHRBROCK, P. M: Offener Unterricht als befreiende Pädagogik in der Schule. Oldenburg 1997.

SEIBERT, N.: Anspruch Schulkultur. Bad Heilbrunn 1997.

SEIBERT, N.: Unterrichtsprinzipien. In: Arnold, K.-H./ Sandfuchs, U./ Wiechmann, J. (Hrsg.): Handbuch Unterricht. Bad Heillbrunn 2006, S. 251-260.

SIEBERT, H.: Pädagogischer Konstruktivismus. Neuwied 1999.

SIGEL, R.: Qualität in Grundschulen. Bad Heilbrunn 2001.

SILBERER, G.: Einführung in die Grundschulpädagogik. Bochum 1976.

SILBERER, G.: Grundschulpädagogik. In: Becher, H. R.: Anthropologische und pädagogische Grundfragen des Grundschulunterrichts. Baltmannsweiler 1981, S. 16-20.

SPECK, O.: Systematische Heilpädagogik. München/ Basel 2003.

SPECK-HAMADAN, A.: Leistungen und neue Lernkultur. In: Grundschulverband aktuell, Heft 85, 2005, S. 3-7.

SPRANGER, E.: Der Bildungswert der Heimatkunde (1923). In: Schoenichen, W. (Hrsg.): Handbuch der Heimaterziehung. Berlin 1924, S. 3-26.

SPRECKELSEN, K./ MÖLLER, K./ HARTINGER, A. (Hrsg.): Ansätze und Methoden empirischer Forschung zum Sachunterricht. Bad Heilbrunn 2002.

STÄHLING, R.: Multiprofessionelle Teams in altersgemischten Klassen. Ein Konzept für integrativen Unterricht. In: Die Deutsche Schule, Heft 1, 2004, S. 45-55.

STAMM, M.: Die Grundschule als neues Eingangsstufenmodell. In: Die Deutsche Schule, Heft 3, 2003, S. 293-303.

STANGE, H.: Kindheit und Jugend zwischen Chancen und Risiken. In: Nyssen, E./ Schön, B. (Hrsg.): Perspektiven für pädagogisches Handeln. München 1995, S. 57-99.

STARK, R./ MANDL, H.: Konzeptualisierung von Motivation und Motivierung im Kontext situierten Lernens. Forschungsberichte des Lehrstuhls für Empirische Pädagogik und Pädagogische Psychologie Nr. 91. Ludwig-Maximilian-Universität München 1998.

STEINDORF, G.: Einführung in die Schulpädagogik. Bad Heilbrunn 1976.

SÜNKEL, W.: Schule mit Verspätung. In: Protext, Heft 3, Erlangen 1990, S. 14-18.

SUSTECK, H.: Gemeinsamer Schulbeginn. In: Pädagogische Welt, Heft 9, 1997, S. 421-425.

TENORTH, H.-E.: Die Historie der Grundsschule im Spiegel ihrer Geschichtsschreibung. In: Zeitschrift für Pädagogik, Heft 4, 2000, S. 541-554.

TENORTH, H.-E.: Bildungsstandards und Kerncurriculum. In: Zeitschrift für Pädagogik, Heft 5, 2004 (a), S. 650-661.

TENORTH, H.-E.: Stichwort „Grundbildung" und „Basiskompetenzen". In: Zeitschrift für Erziehungswissenschaft, Heft 2, 2004 (b), S. 169-182.

TENORTH, H.-E.: Grundbildung – institutionelle Restriktion oder legitimes Programm? In: Götz, M./ Müller, K. (Hrsg.): Grundschule zwischen den Ansprüchen der Individualisierung und Standardisierung. Wiesbaden 2005, S. 17-30.

TERHART, E.: Lehr – Lern – Methoden. Weinheim/ München 1997.

TERHART, E.: Konstruktivismus und Unterricht. In: Zeitschrift für Pädagogik, Heft 5, 1999, S. 629-647.

TERHART, E.: Lehr-Lernmethoden. Weinheim 2000.

THOMAE, H.: Entwicklungsbegriff und Entwicklungstheorie. In: Entwicklungspsychologie, Handbuch der Psychologie Bd. 3, Göttingen 1959.

TILLMANN, K.-J. (Hrsg.): Schultheorien. Hamburg 1987.

TILLMANN, K.-J.: „An der falschen Schule". In: Bayerische Schule, Heft 3, 2006, S. 18.

TOPSCH, W.: Einführung in die Grundschulpädagogik. Berlin 2004.

TREINIES, G./ EINSIEDLER, W.: Direkte und indirekte Wirkungen des Spielens im Kindergarten auf Lernprozesse im 1. Schuljahr. In: Unterrichtswissenschaft, Jg. 17, 1989, S. 194-209.

TRAUB, S.: Unterricht kooperativ gestalten. Bad Heilbrunn 2004.

VALTIN, R.: Grundschulpädagogik als empirische Forschungsdisziplin. In: Zeitschrift für Pädagogik, Heft 4, 2000, S. 555-570.

VAN LUIT, J. E. H. u. a.: Osnabrücker Test zur Zahlbegriffsentwicklung. Göttingen 2001.

VBW-Vereinigung der Bayerischen Wirtschaft e.V. (Hrsg.): Bildungsgerechtigkeit. Jahresgutachten 2007. Wiesbaden 2007.

VIERLINGER, R.: Die Kopernikanische Wende in der schulischen Leistungsbeurteilung. In: Grundschule, Heft 6, 2002, S. 22-24.

WAGENSCHEIN, M.: Ursprüngliches Verstehen und exaktes Denken. Stuttgart 1965.

WALLRABENSTEIN, W.: Offene Schule – Offener Unterricht. Reinbek 1991.

WALTER, G.: Spiel und Spielpraxis in der Grundschule. Bad Heilbrunn 1993.

WEBER-KELLERMANN, I.: Die Kindheit. Frankfurt/ M. 1979.

WEGE, CHR.: Fremdsprachen in der Grundschule – Lust oder Frust? In: Grundschulmagazin, Heft 5, 1996, S. 40-42.

WEIGERT, E.: „Der sogenannte Ernst des Lebens": Schulpflicht, Einschulung, Erstunterricht. In: Haarmann, D.: Welches ist ihre zentrale Aufgabe? In: Grundschule, Bd. 1, Heft 3, 1991, S. 102-113.

WEINERT, F. E.: Disparate Unterrichtsziele – Empirische Befunde und theoretische Probleme multikriterialer Zielerreichung. In: Bayerische Schule, Heft 2, 2001, S. 65-58.

WEIGERT, H./ WEIGERT, E.: Schuleingangsphase. Weinheim 1991.

WEINERT, F. E./ HELMKE, A. (Hrsg.): Entwicklung im Grundschulalter. Weinheim 1997.

WEISSBACH, B.: Ist der Sekundarstufenschock vermeidbar? In: Die Deutsche Schule Heft 5, 1985, S. 293-303.

WENIGER, E.: Theorie der Bildungsinhalte und des Lehrplans (1930/1952). In: Ders.: Ausgewählte Schriften zur geisteswissenschaftlichen Pädagogik. Weinheim 1975, S. 199-294.

WENNING, N.: Heterogenität als neue Leitidee der Erziehungswissenschaft. In: Zeitschrift für Pädagogik, Heft 4, 2004, S. 565-582.

WERNING, R./ WILLENBRING, M.: Dialogische Diagnostik für den pädagogischen Alltag. In: Lernchancen, Heft 43, 2005, S. 5-8.

WIATER, W.: Unterrichtprinzipien. Donauwörth 2001.

WIGGER, L.: Handlungstheorie und Pädagogik. St. Augustin 1983.

WINTER, F./ v. d. GRIEBEN, A./ LENZEN, K.-D. (Hrsg.): Leistung sehen, fördern, werten. Bad Heilbrunn 2002.

WITTENBRUCH, W.: Grundschule. Heinsberg 1995.

WITTENBRUCH, W.: Grundschulpädagogik – eine Verständigungsbrücke zwischen Schulforschung und Schulpraxis? In: Cech, D./ Giest, H. (Hrsg.): Sachunterricht in Praxis und Forschung. Bad Heilbrunn 2005, S. 13-36.

WITTENBRUCH, W./ LENNARTZ, A.: Grundschulentwicklung voranbringen. Heinsberg 2003.

WITTING, H.: Der Bildungsprozeß des Kindes im Übergang von der Familie in die Schule. Frankfurt/ M. 1989.

WITTMANN, J.: Theorie und Praxis eines ganzheitlichen Unterrichts. Dortmund 1967.

WULF, Chr.: Einführung in die Anthropologie der Erziehung. Weinheim 2001.

WYGOTSKI, L. S.: Denken und Sprechen (1934). Frankfurt/ M. 1969.

WYGOTSKI, L. S.: Unterricht und geistige Entwicklung im Schulalter. Ausgewählte Schriften Bd. 2, S. 287-306, Berlin (Ost) 1987.

ZIERER, K.: Schöner Lernen – zur Bedeutung der Schulraumgestaltung für ein intaktes Klassenklima. In: Grundschulmagazin, Heft 1, 2005, S. 17-22.

ZINNECKER, J./ SILBEREISEN, R. u. a.: Kindheit in Deutschland. Weinheim 1996.

ZUMHASCH, C.: Schulleistungsbeurteilung: Leistungen feststellen und bewerten. In: Einsiedler, W. u. a.: Handbuch der Grundschulpädagogik und Grundschuldidaktik. Bad Heilbrunn 2005, S. 307-335.

Sachregister